中国教育考试年鉴

（2011）

教　育　部　考　试　中　心
全国高等教育自学考试指导委员会办公室　编
教育部高等教育自学考试办公室

中国传媒大学出版社

图书在版编目（CIP）数据

中国教育考试年鉴.2011/教育部考试中心，全国高等教育自学考试指导委员会办公室，教育部高等教育自学考试办公室编著.—北京：中国传媒大学出版社，2012.6

ISBN 978-7-5657-0486-4

Ⅰ.①中... Ⅱ.①教...②全...③教... Ⅲ.①高等教育—考试制度—中国—2011—年鉴 Ⅳ.①G642.47-54

中国版本图书馆CIP数据核字（2012）第118872号

中国教育考试年鉴（2011）

组　　编　教育部考试中心（全国高等教育自学考试指导委员会办公室、教育部高等教育自学考试办公室）

责任编辑　陈　睿　阳金洲

封面设计　吕　默

出版发行　中国传媒大学出版社

社　　址　北京市朝阳区定福庄东街1号　　**邮　　编**　100024

电　　话　010-65779405　010-65738556　　**传　　真**　010-65779405

网　　址　www.cbbip.com

经　　销　新华书店

印　　装　北京市人卫印刷厂

开　　本　890毫米×1240毫米　1/16

印　　张　31.75

字　　数　790千字

版　　次　2012年6月第1版　2012年6月第1次印刷

ISBN 978-7-5657-0486-4/G·0486　　**定　价**：200.00元

编辑说明

《中国教育考试年鉴》是教育部考试中心（全国高等教育自学考试指导委员会办公室、教育部高等教育自学考试办公室）编纂的教育考试资料性工具书。它是各级教育考试部门执行党和国家的方针政策、做好教育考试工作情况的总结，是我国教育考试事业不断改革发展的成果记录。

编纂《中国教育考试年鉴》的目的，是为教育工作者和研究人员提供教育考试方面的文献资料，为教育考试战线沟通信息、交流经验开辟园地，为宣传中国教育考试改革发展成果设立窗口，为热心关注和研究我国教育考试事业的读者提供事实依据。

《中国教育考试年鉴（2011）》的内容反映 2010 年教育考试的基本情况。基本内容有：政策文献和年代要文，教育部考试中心（全国高等教育自学考试指导委员会办公室、教育部高等教育自学考试办公室）工作情况和各类教育考试综述，地方教育考试情况，各类教育考试统计数据，全国教育考试大事记和附录。

教育部考试中心（全国高等教育自学考试指导委员会办公室、教育部高等教育自学考试办公室）和各省（自治区、直辖市）教育考试机构参加了本卷年鉴的编写和资料收集工作。

在编纂过程中，力求客观、准确、简明。如有不足和需要改进之处，诚望各方面的专家和读者指正。

编　者

2012 年 4 月

《中国教育考试年鉴(2011)》编辑委员会

目　录

文 献 选 编

教育部考试中心

地方教育考试

统 计 资 料

全国教育考试大事记

附　录

文　献　选　编

教育部文件

教育部关于印发《2011年全国招收攻读硕士学位研究生统一入学考试考务工作规定》的通知

教考试［2010］1号

各省、自治区、直辖市教育厅（教委）、高等学校招生委员会办公室，有关省（市）科委（科技干部局），有关部门（单位）教育司（局），解放军总政治部干部部，各研究生招生单位：

按照我部关于做好2011年招收攻读硕士学位研究生工作的要求和部署，现将《2011年全国招收攻读硕士学位研究生统一入学考试考务工作规定》印发给你们，请遵照执行。

附件：2011年全国招收攻读硕士学位研究生统一入学考试考务工作规定

教育部

二〇一〇年九月二十八日

附件：

2011年全国招收攻读硕士学位研究生统一入学考试考务工作规定

第一章 总 则

第一条 为完善招收攻读硕士学位研究生入学考试（以下简称硕士生入学考试）考务工作，加强考务管理工作的规范化和制度化建设，保障考试的平稳实施，根据《中华人民共和国教育法》、《中华人民共和国高等教育法》及有关法律、法规，特制定本规定。

第二条 硕士生入学考试是选拔硕士生的主要手段。做好硕士生入学考试考务工作是保证研究生招生质量的基础和首要环节。

第三条　硕士生入学考试考务工作应遵循科学、公平、安全、规范的原则。

第四条　招收攻读硕士学位研究生入学考试是国家教育统一考试。其中全国统一命制的试题（由教育部考试中心组织命制的试题，包括副题）在启封并使用完毕前按国家绝密级事项管理，答案及评分参考在考试结束前按国家绝密级事项管理；各招生单位联合命制和自行命制的试题（包括副题、单考试题）在启封并使用完毕前按国家机密级事项管理，答案及评分参考在考试结束前按国家机密级事项管理。

答案及评分参考在考试结束后至使用完毕前按国家秘密级事项管理。

考生答卷（含答题纸、答题卡，下同）在成绩公布前按国家秘密级事项管理。

第二章　管理机构及职责

第五条　硕士生入学考试考务工作由教育部统一领导、部署。教育部考试中心负责硕士生入学考试初试全国统一命题科目的考务工作。省级教育考试机构负责组织、指导、协调、监督本地区硕士生入学考试考务工作。

第六条　各省级教育考试机构根据本地区实际情况确定报考点，并按规定报教育部备案。报考点要适当集中，相对稳定，应设在地（市、州）政府所在地，以设在地（市、州）招办或高等学校为宜。报考点的负责人由教育行政部门负责人或高等学校负责人担任。报考点接受考生咨询，办理报名手续，安排考场，组织考试（此情况下报考点也称考点），也可另设考点组织考试。

有条件的地区应按照教育部有关要求和标准，建立、完善国家教育考试标准化考点。

未经教育部批准，设有报考点的高校不得设置校外考点，否则考试成绩无效。

第七条　考点实行主考负责制，设主考1人，可根据情况设副主考若干人。考点主考由地（市、州）教育行政部门负责人或高等学校、科研院所有关负责人担任，由省级教育考试机构聘任或授权聘任。主考、副主考要履行并遵守《主考、副主考职责》（见附1）。

第八条　考点应设立办公室和试卷保管收发、监考、宣传、保卫、技术保障、医疗、后勤联络等若干小组（考生少的考点可不设组，但应至少有2人专门负责试卷保密保管等工作），实行岗位责任制，分工负责有关工作，以保证考试正常实施。

第九条　各级教育考试机构及高等学校要配备与所承担的硕士生入学考试考务工作任务相适应的专职与兼职相结合的考务工作人员。考务工作人员要实行岗位聘任制，经培训合格后方可上岗。

第十条　考务工作人员选聘的基本条件是：坚持四项基本原则，思想品德良好，作风正派，遵纪守法，遵守保密工作规定，熟悉考试业务，工作认真负责，身体健康的正式在职人员。

第十一条　考务工作人员选聘实行回避制度。专职的考务工作人员，如有直系亲属参加当年的硕士生入学考试，应回避接触试卷、答案及评分参考、答卷。兼职人员如有直系亲属参加当年的硕士生入学考试，不得参加当年的考务工作。

第三章　试卷的印制、运送与保管

第十二条　教育部考试中心提供统一命题科目试题、答案及评分参考清样，省级教育考试机构负责试卷印制。省级教育考试机构应当按照《试卷印制及封装规范》（见附2）自行印制、联合印制或委托印制，并在规定的时间内将印刷厂和监印人员名单报送教育部考试中心备案。

第十三条　教育部考试中心提供的统一命题科目试题、答案及评分参考清样通过机要渠道发往各省级教育考试机构。各省级教育考试机构由1名负责人亲自接收，签发回执，并负责本地区试卷、答案及评分参考的保密工作。在统一命题科目试卷的印制、运送与保管过程中，所有涉密事项，必须用加密方式进行联络。

第十四条　教育部考试中心提供的试卷清样，在印制过程中任何人不得擅自改动。如需变更，必须经教育部考试中心批准。印制过程中如有版式改动，应当以教育部考试中心提供的清样内容为准。

第十五条　统一命题科目试卷、答案及评分参考的清样应当存放于省级教育考试机构指定的保密室。招生单位自命题的试卷、答案及评分参考应当存放于本单位的保密室。

第十六条　招生单位自命题（含招生单位之间联合命制的试题）由招生单位负责试卷印制和寄送工作。

招生单位自命题试卷的试卷袋（以下称小信封）应严格按照规定的规格及标准印制。试卷按考试科目分别装入小信封内，核查无误后，加以密封，并在封面上注明考生编号、考生姓名、考试科目名称和具体考试时间。提倡有条件的省（区、市）在信封上印制条形码（具体标准及生成程序可在研招网下载）。小信封内仅封装试卷，招生单位不得装入答题纸和草稿纸。答题纸和草稿纸由考点负责发放。

招生单位将同一考生的装有各科试卷的小信封封装在中信封内。中信封封面上应注明考生编号和招生单位、报考点名称。

招生单位把同一报考点的中信封捆扎装入邮包（即大信封）。在邮包里附一个装有《硕士生入学考试初试考生情况汇总表》的信封，供报考点清点试卷。在邮包的封面注明“（接收试卷地点）××同志亲启”以及“机密”、“非收件人不得拆封”字样。在规定时间内以机要方式寄、送到报考点。

第十七条　报考点负责领取统一命题科目或接收招生单位自命题科目试卷。领取或接收试卷必须选派政治可靠、工作负责、保密观念强、身体健康，且无直系亲属参加当年硕士生入学考试的在职干部，由报考点负责人带队，并有公安（或武警）人员参加，3 人以上押运。

第十八条　报考点在领取试卷前须按照省级教育考试机构要求填写所有参加领卷和护送押运人员的姓名、性别、职务、工作单位等基本情况，加盖考点单位公章后报省级教育考试机构。领卷人员必须持考点单位介绍信、本人居民身份证、省级教育考试机构的领卷证明和由省级公安部门开具签发的《免检证》，按省级教育考试机构安排的时间、地点领取试卷。

第十九条　省级教育考试机构按各考点准考人数计算、核发硕士生入学考试统一命题科目试卷及招生单位自命题科目《硕士研究生入学考试初试招生单位自命题科目答题纸》、密封签。

第二十条　在接收到招生单位以机要方式寄、送达的自命题邮包后，报考点应及时将机要邮包送至试卷保管室（有条件的要安装视频监控装置），安排专人（2 人以上）核对邮包内中信封袋数与准考人数是否相符，检查中信封内的考生试卷袋与《硕士生入学考试初试考生情况汇总表》记载的考生信息、考试科目是否相符。如有差错，应有 2 人或 2 人以上书面记录差误情况，立即与相关招生单位联系，并妥善保管机要邮件信封、包装袋、纸箱等材料。如遇试卷袋遗失等情况要在第一时间报告省级教育考试机构。

第二十一条　试卷领取、运送、保管等环节的工作必须严格按照《国家教育考试考务安全保密工作规定》（教考试［2004］2 号）等有关保密规定执行。试卷的印刷、封装、移交、收发等各环节，手续要严密、清楚、精确无误，要保证试卷的绝对安全。

第四章　考试实施

第二十二条　各省级教育考试机构根据教育部的部署，在当地政府、省级招生委员会、教育行政部门的领导下，组织实施和管理本地区的考试工作，按照《国家教育考试突发事件应急处置预案实施办法（暂行）》，结合本地实际情况，制订相应的实施细则。

第二十三条 考试期间，各级教育考试机构派督考员或巡视员监督、检查考试实施的情况，协助做好考试工作。考试结束后，督考员或巡视员要向派出教育考试机构书面报告考试实施情况。

第二十四条 硕士生入学考试的科目和时间由教育部公布。

第二十五条 考生凭准考证和本人有效身份证件（限“居民身份证”、“军官证”、“文职干部证”、“军校学员证”）参加考试。考生必须遵守《考场规则》（见附3）。

第二十六条 考点设若干考场。考场应安全、安静，通风、采光条件好，桌椅整齐。室内除必备物品、文字外，不得留有其他任何可能影响考试的物品和字迹。

每个考场以安排30名考生为宜。考生座位隔列安排，相邻两行考生之间距离不得少于80厘米。

每个考场内配备2名至3名监考员，考场外设若干流动监考员。监考员由考点主考聘任。监考员必须恪守《监考守则》（见附4），严格按照《考试实施程序》（见附5）进行操作。

第二十七条 省级教育考试机构应按照教育部的要求建立考生诚信考试电子档案、统一制作《考生诚信考试承诺书》并制订具体的操作办法。

第二十八条 各级教育考试机构必须加强对备用试卷的管理，备用卷的领取、运送、试卷拆封、回收、清点、答卷封装等环节要求同试卷管理。如因试卷不完整、字迹模糊、错装等原因须启封备用试卷，须经省级教育考试机构批准，并由主考、副主考至少2人签名负责。

第二十九条 考试期间，各级教育考试机构应安排昼夜值班，值班电话应在考前告知上下级考试组织机构。遇有失密、泄密、大面积舞弊等重大事件，省级教育考试机构须立即采取有效措施控制扩散，并在第一时间报告省级人民政府、教育部（高校学生司和考试中心）。

第三十条 考试结束后，省级教育考试机构须立即将考试情况书面简要报告教育部考试中心。

第三十一条 副题的启用：

（一）因自然灾害等不可抗原因造成省（区、市）或地（市）未能按时实施考试，省级教育考试机构应当第一时间报告省级人民政府、教育部（高校学生司和考试中心），经批准后启用副题进行考试。

（二）因试卷丢失、被窃或其他原因造成试题失密、泄密，省级教育考试机构须立即采取有效措施控制扩散，并在第一时间报告省级人民政府、教育部（高校学生司和考试中心）。查清失密、泄密情况和范围后，根据不同情况采取相应措施：如在考前发现失密、泄密，则在失密、泄密范围内立即停止使用该试卷。如在考后发现失密、泄密，则由教育部宣布在失密、泄密范围内的此次考试无效。经教育部批准后，启用副题重新进行考试。

（三）启用副题进行考试的组织管理、评卷等工作均依照本规定相应条款执行，考试时间由教育部确定，教育部考试中心或有关单位负责提供副题及相应的答案及评分参考。

第三十二条 由于试卷印刷有误或自然灾害等原因造成全国统一考试开考时间拖延的，应当由考点主考或考区主任立即报省级教育考试机构批准延长考试结束时间，但延长的考试时间一般不应超过30分钟。

第五章 答卷接收、整理和寄送

第三十三条 各招生单位须按照机要保密管理制度，严格答卷收发手续。交接过程中要认真清点，详细记录各考点寄达的机要数量、编号以及机要袋密封情况。

第三十四条 招生单位在收到答卷机要后，应及时将机要送至安装了视频监控装置的答卷保管室，安排专人（2人以上）核对中信封袋数与准考人数是否相符，检查中信封内的考生答卷袋与《硕士生入学考试初试考生情况汇总表》记载的考生信息、考试科目是否相符。如有差错，应有2人或2人以上书面记录差误情况，立即与相关报考点联系核实，查明情况，并将机要邮件信封、包装袋、纸箱等材料妥善保管，以便核查。如遇答卷遗失等情况要在第一时间报告省级教育考试机构。

第三十五条 考生答卷在集中整理前，任何单位或个人不得以任何借口拆封考生的答卷袋。

第三十六条 招生单位要集中时间，到符合保密规定的场所进行答卷整理工作。整理时至少3人同时在场，禁止无关人员进入，要进行全程视频监控。

第三十七条 考生答卷袋拆封后，应检查答题纸和答题卡上的考生编号和考生姓名是否与答卷袋上的一致，有无漏写（涂）、错写（涂）。如有，应作详细记录，答题纸、答题卡需复印备查，然后再由专人（2人以上）补上或改正。复印件上同时标注出补、改之处。

考生如有加页，应与答题纸一并装订。考生答卷袋中试卷要放在原答卷袋中留存，以便特殊情况时查找。答卷袋按序存放，保存至初试成绩公布后1个月。

第三十八条 招生单位应按照所在地省级教育考试机构的规定，对考生答卷进行整理和封装，在省级教育考试机构规定的时间送交指定评卷点。

管理类专业学位联考综合能力，法律硕士（非法学）专业学位联考专业基础课、综合课，法律硕士（法学）专业学位联考专业基础课、综合课的答卷要按照有关要求进行整理和封装，在规定的时间以机要方式寄送到指定评卷点。

第六章 评卷与分数报告

第三十九条 统一命题科目试卷评卷工作由省级教育考试机构负责组织和管理。招生单位的自命题科目的评卷工作原则上由招生单位组织进行。

第四十条 考生答卷的运送与保管必须严格按照《国家教育考试考务安全保密工作规定》（教考试［2004］2号）等有关保密规定执行。

第四十一条 承担评卷任务的高等学校设评卷点。各评卷点要成立由省级教育考试机构负责人和承办高等学校负责人共同组成的评卷领导小组，加强对评卷工作的领导和管理。建立健全评卷工作系列规章制度，特别是评卷工作责任制度、异常情况报告制度、责任追究制度和评卷工作质量监督保证制度。逐步完善评卷员的聘任机制，保证评卷工作的需要。

分学科成立学科评卷小组，组长由具有本学科高级职称的人员担任，并必须遵守《学科评卷小组组长职责》（见附6）。学科评卷小组在评卷结束后，应撰写学科评卷工作总结和试题评价报告，经省级教育考试机构报送教育部考试中心。

第四十二条 评卷员由评卷领导小组聘任，评卷员应选聘业务水平高，遵守纪律，身体健康，能胜任评卷工作，当年无亲属参加该科目考试的高校教师。评卷员必须遵守《评卷员守则》（见附7）。

第四十三条 评卷工作按照《评卷工作要求》（见附8）的规定执行。采用网上评卷的，应严格按照国家教育考试网上评卷相关规定执行。

第四十四条 评卷过程中发现异常情况，应按规定程序迅速报告省级教育考试机构，并及时将查处结果报告教育部考试中心。

第四十五条 教育部考试中心负责监督检查各地评卷情况。

第四十六条 评卷结束后，考试成绩由招生单位通知考生本人。省级教育考试机构制订具体的答卷复查办法。

第七章　考试信息管理

第四十七条　考试信息包括考生情况，考区、考点、考场设置情况，考试情况，考试成绩等。

第四十八条　各级教育考试机构要加强考试信息管理，配备必要的专业技术人员和设备，搭建信息网络，逐步实现考试信息管理的科学化、规范化和现代化。

第四十九条　各级教育考试机构必须对评卷数据、成绩数据、违规数据的安全准确高度重视，应当使用管理和技术手段，对各种数据反复校验和多次审核，每次数据校验和审核后必须有当事人和负责人签字确认，要强化应急处置预案，做好数据的备份，数据备份应当采取异地备份方式。

第五十条　各级教育考试机构对考试信息的采集与处理要规定严格的管理程序和严肃的工作纪律，控制差错，保证考试信息的准确。

第五十一条　下一级教育考试机构须按要求，在规定的时间向上级教育考试机构准确报告有关考试信息。各省级教育考试机构应在考试结束后1天内，将本省（区、市）发现的违纪、作弊人数等考试信息汇总报送教育部考试中心。

第五十二条　考试信息未公布前按国家秘密级材料管理。各级教育考试机构要采取相应的保密措施，保证考试信息的安全。

第五十三条　任何单位或个人未经教育部或省级教育考试机构同意，不得擅自向社会或其他机构发布或提供考试信息。

第八章　附　则

第五十四条　承担硕士生入学考试相关工作是学校的责任和义务。各有关学校应为命题、考试、评卷等工作提供条件和支持。

第五十五条　各省级教育考试机构可根据本规定制订工作实施细则，并报教育部备案。

第五十六条　本规定在2011年全国招收攻读硕士学位研究生统一入学考试工作中施行。

（附略）

全国高等教育自学考试指导委员会文件

关于印发《高等教育自学考试社会助学管理试行办法》的通知

考委［2010］1号

各省、自治区、直辖市高等教育自学考试委员会，解放军自学考试委员会：

现将《高等教育自学考试社会助学管理试行办法》印发给你们，请结合各地实际情况，做好贯彻落实工作。

附件：高等教育自学考试社会助学管理试行办法

全国高等教育自学考试指导委员会
二〇一〇年三月一日

附件：

高等教育自学考试社会助学管理试行办法

第一章　总　则

第一条　为促进高等教育自学考试（以下简称“自学考试”）社会助学的健康发展，鼓励社会助学组织依法开展多种形式的助学活动，加强对社会助学的管理和指导，根据《中华人民共和国教育法》、《中华人民共和国高等教育法》、《高等教育自学考试暂行条例》等有关法律法规，制定本办法。

第二条　本办法所称社会助学是指各类高等学校、教育培训机构和其他社会力量，根据自学考试培养目标的总体要求，依据自学考试学历和非学历教育的要求，采取全日制、非全日制方式，通过电视、广播、函授、书刊、网络、面授等多种形式，为自学考试学习者（以下简称“学习者”）创造学习条件，帮助和指导学习者学习的活动。

第三条　社会助学是自学考试的重要组成部分，各级自学考试机构应建立健全社会助学管理制度和工作体系，依法对社会助学进行管理和指导。

第四条　社会助学活动应贯彻国家的教育方针、政策和自学考试政策、规定、办法等，保证教育质量。社会助学组织及各种形式的社会助学活动应当接受自学考试机构的管理和指导。

第二章　社会助学管理指导机构

第五条　全国高等教育自学考试指导委员会（以下简称"全国考委"）及其办公室负责制定全国自学考试社会助学政策和业务规范，指导各省、自治区、直辖市自学考试社会助学工作，并对其社会助学工作进行检查、评估。全国高等教育自学考试指导委员会办公室（以下简称"全国考办"）设置社会助学管理指导部门。

第六条　各省、自治区、直辖市高等教育自学考试委员会（以下简称"省考委"）及其办公室负责本地自学考试社会助学的管理指导工作。各省、自治区、直辖市高等教育自学考试委员会办公室（以下简称"省考办"）设置社会助学管理指导部门。

第七条　行业部门与自学考试机构合作考试的项目，行业部门应负责本系统的社会助学的管理、指导，接受自学考试机构的管理和指导。

第三章　社会助学组织

第八条　社会助学组织应经教育行政部门批准或持有教育行政部门颁发的"办学许可证"，经省考办登记注册，方可举办自学考试助学活动。

第九条　社会助学组织应具有与办学形式和办学规模相适应、产权明确且独立使用的办学场所、教学设备和教学管理人员，保障学习者必要的学习、生活和安全条件。

第十条　社会助学组织必须严格遵守独立自主办学原则，招生、教学、管理为同一主体。

第十一条　普通高校、成人高校举办自学考试助学活动，应由学校确定相应的管理部门，统一归口管理本学校举办的助学活动。

第十二条　社会助学组织的具体职责如下：

（一）依照自学考试专业计划和课程自学考试大纲，制定教学计划，开展助学活动，保障教学任务。

（二）聘任的专业教师应当具有国家规定的任教资格，并对教师进行思想品德教育、岗位职业素质和业务培训。

（三）建立自学考试学习者学习、生活等方面诉求的渠道。

（四）为学习者提供或选择专业实习实验基地，指导学习者进行实习实验；组织学习者参加实践性环节考核。

（五）为学习者提供自学考试咨询、考试报名、订购教材等服务。

第四章　登记注册制度

第十三条　凡开展自学考试助学活动的社会助学组织应当按要求向省考办进行登记注册，未经登记注册的或者登记注册审核不合格的社会助学组织或个人不得开展自学考试助学活动。

第十四条　社会助学组织提交登记注册材料，报省考办审核并登记注册。省考办按要求每年向全国考办报送社会助学组织登记注册情况。

第十五条　社会助学组织申请登记注册须按省考办要求提供相关材料。

登记注册主要内容：1. 教育行政部门批准的办学许可证；2. 自学考试助学组织名称、详细地址、法人代表及联系电话；3. 助学专业及学习者人数；4. 学习时限；5. 助学方式、教学计划；6. 助学组织管理人员；7. 经费来源等情况。

第五章　招生制度

第十六条　省考办建立社会助学组织招生、招生宣传和广告审查备案制度，加强监管。

第十七条　社会助学组织在每次招生前应将所设专业、招生人数、学习时限、助学方式、教师情况等向省考办登记；招生结束后将各专业实际招生人数向省考办备案。

第十八条　社会助学组织的招生简章和广告应经省考办审查备案后方可发布。

第十九条　社会助学组织招生应以向省考办登记注册的名称进行招生；严禁委托非法中介或个人介入招生工作。

第二十条　社会助学组织招生简章、广告内容必须真实、准确、合法，应注明“自学考试”、“颁发自学考试毕业证书”等字样，不得进行虚假宣传。

第二十一条　社会助学组织法定代表人要对招生简章和广告内容的真实性负责。

第二十二条　社会助学组织跨省、自治区、直辖市招生的也应接受生源地自学考试机构管理指导。

第二十三条　各省考办应逐步建立自学考试社会助学招生网络系统，为社会助学组织招生提供咨询服务平台。

第六章　助学活动

第二十四条　社会助学的教学活动应以课程自学考试大纲为依据，帮助学习者正确理解和掌握大纲所要求的基本理论、基本知识和基本技能，帮助学习者提高分析问题、解决问题的能力，帮助学习者提高学习能力，帮助学习者解决学习中难点问题。注重对学习者思想品德的教育培养和提高，加强遵纪守法教育。

第二十五条　社会助学组织在助学活动中，应遵循教育规律、体现自学考试特点开展助学活动。

第二十六条　社会助学组织应使用全国考委、省考委公布的课程自学考试大纲及指定的教材，不得参与盗版教材或使用盗版教材。

第二十七条　社会助学组织应建立健全有关教学、教师聘任和学籍档案等各项管理制度。

第二十八条　全国考办负责制定网络助学规范标准，省考办审核网络助学组织并进行登记注册。鼓励、支持社会助学组织进行自学考试网络助学。

第七章　学习服务中心

第二十九条　自学考试学习服务中心是在经省考办登记注册的社会助学组织中遴选优秀的社会助学组织，经省考办或者全国考办认证，履行自学考试教育职责的开放性的示范社会助学组织。

学习服务中心分“全国自学考试示范学习服务中心”、“省、自治区、直辖市自学考试学习服务中心”等。

第三十条　自学考试学习服务中心的设立、职责、管理、认证等由全国考委和省考委规定。学习服务中心在全国考办的指导下，由省考办进行管理。

第三十一条　鼓励、支持学习服务中心面向农村、面向社区、面向边远地区等开展助学活动。

第八章　检查与评估

第三十二条　全国考办、省考办建立社会助学检查评估制度，定期对社会助学组织进行检查评估。对优秀社会助学组织可由全国考委或者省考委给予表扬、奖励。根据评估结果，设立全国、省级自学考试优秀示范性社会助学组织。

第三十三条　社会助学组织未按规定进行登记注册，在招生、收费、助学管理等方面存在问题的，由省考办视其情节轻重予以警告、通报批评、会同教育行政部门暂停其招生或者取消其自学考试社会助学资格。

第三十四条　全国考办、省考办组织建立全国、省级自学考试社会助学活动督导组，对社会助学组织的教学及管理进行督导，帮助社会助学组织提高助学质量和管理水平。

第九章　公告与社会监督

第三十五条　全国考办、省考办定期向社会公告以下内容：

（一）社会助学组织登记注册情况；

（二）社会助学组织招生情况；

（三）对社会助学组织检查、评估情况；

（四）对社会助学组织表扬、奖励或批评、处罚情况等。

第三十六条　各级自学考试机构应建立健全社会助学活动社会监督制度。

各级自学考试办公室要建立社会助学活动咨询和举报电话，畅通咨询和反映问题、表达诉求的渠道，建立处理突发事件的应急预案和协调机制，快速妥善处置问题，及时化解矛盾，维护社会助学组织正常的学习生活秩序和社会稳定。

第十章　附　则

第三十七条　省考委、解放军自学考试委员会、与全国考委合作开考的行业部门，可以根据本办法，制定适合本地本系统实际情况的实施细则。

第三十八条　本办法由全国考办负责解释。

第三十九条　本办法自发布之日起实施。

关于印发高等教育自学考试移动商务技术专业（专科、独立本科段）和嵌入式技术专业（专科、独立本科段）考试计划的通知

考委［2010］2号

各省、自治区、直辖市高等教育自学考试委员会：

为促进我国移动商务技术和嵌入式技术的持续、健康发展，全国高等教育自学考试指导委员会（以下简称“全国考委”）决定开考高等教育自学考试移动商务技术专业（专科、独立本科段）和嵌入式技术专业（专科、独立本科段），并制定了以上专业考试计划，现印发给你们，请遵照执行，并将有关事项通知如下。

一、全国考委制定的高等教育自学考试移动商务技术专业（专科、独立本科段）和嵌入式技术专业（专科、独立本科段）考试计划，起着统一自学考试专业和课程总体标准的作用，各省（自治区、直辖市）开考以上专业，请报全国考委备案，并严格执行全国统一计划。

二、高等教育自学考试移动商务技术专业（专科、独立本科段）和嵌入式技术专业（专科、独立本科段），部分课程为全国信息技术高级人才水平考试“移动商务技术工程师”和“嵌入式技术工程师”证书课程，凡按照教育部考试中心《关于开考全国信息技术高级人才水平考试“移动商务技术工程师”和“嵌入式技术工程师”项目的通知》（教试中心函［2010］24号）和相关文件精神，通过证书课程考试的考生，可获得专业相应课程的学分。

三、高等教育自学考试移动商务技术专业（专科、独立本科段）和嵌入式技术专业（专科、独立本科段）各门课程均为全国统一命题考试课程，必须使用全国考委组编的课程自学考试大纲、教材，参加全国统一命题考试。具体大纲、教材目录和考试时间安排另行通知。

附件：高等教育自学考试移动商务技术专业（专科、独立本科段）和嵌入式技术专业（专科、独立本科段）考试计划

全国高等教育自学考试指导委员会
二〇一〇年四月十九日

抄送：全国考委电子、电工与信息类专业委员会

附件：

高等教育自学考试移动商务技术专业（专科、独立本科段）和嵌入式技术专业（专科、独立本科段）考试计划

一、指导思想

高等教育自学考试是我国高等教育基本制度之一，是以高等教育学历考试为主的国家考试，是个人自学、社会助学、国家考试相结合的高等教育形式，是我国高等教育体系的重要组成部分。

高等教育自学考试移动商务技术专业和嵌入式技术专业是为了适应我国当前产业升级、技术创新、社会发展的需要而设置的，在总体上与全日制普通高等院校相应专业的水平相一致。同时，在课程设置上突出了较强的创新性和实用性，并注重培养考生对基本理论、基本知识和基本技能的掌握以及分析、解决实际问题的能力。

二、学历层次与规格

高等教育自学考试移动商务技术专业和嵌入式技术专业分为专科和独立本科段；专业课程考试采用学分制，每门课程考试及格后，获得该课程学分。

凡取得移动商务技术专业（专科）考试计划所规定15门课程的合格成绩，学分累计在76分以上，思想品德经鉴定符合要求者，颁发高等教育自学考试移动商务技术专业专科毕业证书。

凡取得嵌入式技术专业（专科）考试计划所规定15门课程的合格成绩，学分累计在75分以上，思想品德经鉴定符合要求者，颁发高等教育自学考试嵌入式技术专业专科毕业证书。

凡取得移动商务技术专业（独立本科段）考试计划所规定12门课程的合格成绩，学分累计在75分以上，毕业论文经答辩成绩合格，思想品德经鉴定符合要求者，颁发高等教育自学考试移动商务技术专业本科毕业证书。

凡取得嵌入式技术专业（独立本科段）考试计划所规定12门课程的合格成绩，学分累计在71分以上，毕业论文经答辩成绩合格，思想品德经鉴定符合要求者，颁发高等教育自学考试嵌入式技术专业本科毕业证书。

本科毕业生的学业水平达到国家规定的学位标准，按《中华人民共和国高等教育法》和《中华人民共和国学位条例》的规定，由有学位授予权的主考院校授予工学学士学位。

三、培养目标与基本要求

高等教育自学考试移动商务技术专业（专科）和嵌入式技术专业（专科）培养适应21世纪创新经济需要的，能从事移动商务技术、嵌入式技术的复合型应用人才。专业基本要求：掌握本专业必需的基础理论、基本知识和基本技能；熟悉相关行业新发展、行业新需求；具有符合全日制普通高等院校相应专业水平的必备能力。

高等教育自学考试移动商务技术专业（独立本科段）和嵌入式技术专业（独立本科段）培养适应国际产业创新、行业经济发展需要的、从事移动商务技术、嵌入式商务技术应用工作并具有全日制普通高等院校相应专业水平与实际工作能力的专门人才。专业基本要求：系统掌握本专业的基础理论、基本知识和基本技能；了解或熟悉国际产业发展方向和我国行业发展趋势；能独立分析和解决创新技术与商务结合的实际问题。

四、课程设置与学分标准

1. 高等教育自学考试移动商务技术专业课程设置与学分标准

移动商务技术专业（专科）

专业代码：A080786

序号	课程代码	课程名称	学分	备注
1	03706	思想道德修养与法律基础	2	
2	03707	毛泽东思想、邓小平理论与“三个代表”重要思想概论	4	
3	00012	英语（一）	7	
4	00022	高等数学（工专）	7	
5	00181	广告学（一）	4	
6	00098	国际市场营销学	5	
7	00177	消费心理学	5	
8	00178	市场调查与预测	6	
9	00089	国际贸易	4	
10	11613	移动商务技术基础（C、C++语言程序设计）	4	初级证书
	11614	移动商务技术基础（C、C++语言程序设计）（实践）	1	
11	11615	移动商务概论	5	
12	11616	移动商务应用技术	5	
	11617	移动商务应用技术（实践）	1	
13	11618	跨平台开发语言——Java	4	
	11619	跨平台开发语言——Java（实践）	1	
14	11620	Internet应用基础	5	
15	11621	计算机操作系统及网络技术入门	6	
		总学分	76	

移动商务技术专业（独立本科段）

专业代码：B080787

序号	课程代码	课程名称	学分	备注
1	03708	中国近代史纲要	2	
2	03709	马克思主义基本原理概论	4	
3	00015	英语（二）	14	
4	00023	高等数学（工本）	10	
5	00184	市场营销策划	5	
6	00101	外经贸经营与管理	4	
7	11622	移动商务应用软件开发——Java EE	4	中级证书
	11623	移动商务应用软件开发——Java EE（实践）	2	
8	11624	移动商务应用软件开发——. NET	4	
	11625	移动商务应用软件开发——. NET（实践）	2	
9	11626	移动商务数据库应用技术	4	
	11627	移动商务数据库应用技术（实践）	2	
10	11628	移动商务应用软件系统架构	4	高级证书
	11629	移动商务应用软件系统架构（实践）	2	
11	11630	移动商务应用（移动媒体）	4	
12	11631	移动商务应用（移动媒体）（实践）	2	
	11632	通信网路与协议	4	
	11633	通信网路与协议（实践）	2	
	11634	移动商务毕业论文		
		总学分	75	
1	11613	移动商务技术基础（C、C++语言程序设计）	4	加考课
	11614	移动商务技术基础（C、C++语言程序设计）（实践）	1	
2	11615	移动商务概论	5	
3	11620	Internet 应用基础	5	

说明：

1）凡弱电类专科以上毕业生可直接报考本专业（独立本科段），电类其他专业专科以上毕业生须加考“移动商务技术基础（C、C++语言程序设计）”（含实践）、“移动商务概论”两门课程，其他专业专科以上毕业生须加考“移动商务技术基础（C、C++语言程序设计）”（含实践）、“移动商务概论”和“Internet 应用基础”三门课程。

2）英语（二）可另设为日语（二）、俄语（二）等其他语种课程，学分不低于14。

2. 高等教育自学考试嵌入式技术专业课程设置与学分标准

嵌入式技术专业（专科）

专业代码：A080788

序号	课程代码	课程名称	学分	备注
1	03706	思想道德修养与法律基础	2	
2	03707	毛泽东思想、邓小平理论与“三个代表”重要思想概论	4	
3	00012	英语（一）	7	
4	00022	高等数学（工专）	7	
5	02316	计算机应用技术	2	
	02317	计算机应用技术（实践）	3	
6	02323	操作系统概论	4	
7	02236	可编程控制器原理与应用	3	
8	02141	计算机网络技术	4	
9	02318	计算机组成原理	4	
10	11635	嵌入式电工技术基础	3	初级证书
	11636	嵌入式电工技术基础（实践）	2	
11	11637	嵌入式 Linux 系统及应用（高级）	4	
	11638	嵌入式 Linux 系统及应用（高级）（实践）	2	
12	11639	单片机及 ARM 嵌入式系统开发（初级）	4	
	11640	单片机及 ARM 嵌入式系统开发（初级）（实践）	2	
13	11641	基于 X86 结构的嵌入式系统（初级）	4	
	11642	基于 X86 结构的嵌入式系统（初级）（实践）	2	
14	11643	嵌入式 Symbian 操作系统（初级）	4	
	11644	嵌入式 Symbian 操作系统（初级）（实践）	2	
15	11645	嵌入式 Win Mobile 操作系统（初级）	4	
	11646	嵌入式 Win Mobile 操作系统（初级）（实践）	2	
		总学分	75	

嵌入式技术专业（独立本科段）

专业代码：B080789

序号	课程代码	课程名称	学分	备注
1	03708	中国近代史纲要	2	
2	03709	马克思主义基本原理概论	4	
3	00015	英语（二）	14	
4	00023	高等数学（工本）	10	
5	04741	计算机网络原理	4	
6	02202	传感器与检测技术	4	
	02203	传感器与检测技术（实践）	1	
7	11647	嵌入式系统程序设计（高级）	3	中级证书
	11648	嵌入式系统程序设计（高级）（实践）	2	
8	11649	基于 RISC 嵌入式系统及 FPGA 应用（高级）	3	
	11650	基于 RISC 嵌入式系统及 FPGA 应用（高级）（实践）	2	
9	11651	Java ME 应用开发	3	
	11652	Java ME 应用开发（实践）	2	
10	11653	嵌入式系统 ANDROID 操作系统	3	高级证书
	11654	嵌入式系统 ANDROID 操作系统（实践）	2	
11	11655	嵌入式 Symbian 系统高级应用开发	3	
	11656	嵌入式 Symbian 系统高级应用开发（实践）	2	
12	11657	嵌入式 CISC（X86）高级应用开发技术	4	
	11658	嵌入式 CISC（X86）高级应用开发技术（实践）	3	
	11659	嵌入式技术毕业论文		
		总学分	71	
1	11635	嵌入式电工技术基础	3	加考课程
	11636	嵌入式电工技术基础（实践）	2	
2	11637	嵌入式 Linux 系统及应用（高级）	4	
	11638	嵌入式 Linux 系统及应用（高级）（实践）	2	
3	11639	单片机及 ARM 嵌入式系统开发（初级）	4	
	11640	单片机及 ARM 嵌入式系统开发（初级）（实践）	2	

说明：

1）凡弱电类专科以上毕业生可直接报考本专业（独立本科段），电类其他专业专科以上毕业生须加考“嵌入式 Linux 系统及应用（高级）”（含实践）、“单片机及 ARM 嵌入式系统开发（初级）”（含实践）两门课程；其他专业专科以上毕业生须加考“嵌入式电工技术基础”（含实践）、“嵌入式 Linux 系统及应用（高级）”（含实践）和“单片机及 ARM 嵌入式系统开发（初级）”（含实践）三门课程。

2）英语（二）可另设为日语（二）、俄语（二）等其他语种课程，学分不低于 14。

五、课程说明（略）

关于印发《高等教育自学考试全国统考课程教材和大纲编写招标管理办法（试行）》的通知

考委［2010］3号

全国高等教育自学考试指导委员会各专业委员会：

为积极推动新形势下高等教育自学考试教材媒体建设的科学、规范和制度化管理，吸引社会各界高水平专家学者参与自考教材编写工作，不断提高教材和大纲的编写质量、突出特色，全国考办拟从今年起试行全国统考课程教材和大纲编写的招标制度，并制定了相应的管理文件。

现将《高等教育自学考试全国统考课程教材和大纲编写招标管理办法（试行）》印发给你们，请结合各专业教材建设实践，做好贯彻落实工作。

附件：高等教育自学考试全国统考课程教材和大纲编写招标管理办法（试行）

全国高等教育自学考试指导委员会
二〇一〇年六月十三日

附件：

高等教育自学考试全国统考课程教材和大纲编写招标管理办法（试行）

第一条 为了适应新形势下高等教育自学考试制度改革与创新要求，推动教材媒体建设的科学、规范、制度化管理，吸引社会各界高水平专家学者参与自学考试教材编写，逐步建立起面向社会、公开选聘教材主编人选的新机制，不断提高教材的编写质量和特色，特制定《高等教育自学考试统考课程教材和大纲编写招标管理办法（试行）》。

第二条 组织教材和大纲编写招标的工作原则是：程序严谨，操作规范，公开公正，择优聘用。

第三条 全国高等教育自学考试指导委员会办公室（以下简称全国考办）在各专业委员会的支持下，每年就计划编写的全国统考课程教材组织面向社会的公开招标活动。各专业委员会在确定教材编写任务、宣传和推荐人选、主持标书的评审，以及指导教材编写过程等方面，承担着重要职责。

第四条 根据每年教材使用情况，参考专业委员会意见和来自考生、助学机构的多方面反映，全国考办每年确定新编、重编或修订教材的目录。目录中应包含每一本拟编教材的相关信息，如课程名称、适用专业、专业层次、学分，以及课程简述等。对于考生规模小、发行量少的教材，可不列入招标目录，可以采用直接选用社会上已出版的同类教材的做法。

第五条 全国考办每年对外公布计划编写的教材目录、招标申报的程序和办法、申请人的资格要求，以及联系方式等信息。鼓励来自社会各界的符合条件的专家学者积极申请，参加招标活动。

第六条 对申请者的基本资格要求包括：热爱和熟悉高等教育自学考试工作，具有从事该专业课程较为丰富的教学和科研经验，出版过同类教材，具有高级专业技术职称，身体健康，年龄原则上不超过65岁。每位申请者同一批次只能申请一本教材主编，未完成先前教材编写任务的不能再申请新编教材。

第七条 申请者按自愿原则向全国考办提交申请材料。申请材料中提供个人相关经历和背景信息、对该课程教材的认识、新教材的内容和特色设计，以及著作和发表成果等证明材料，并于截止日之前寄至全国考办。

第八条 全国考办组织评审专家，按照科学规范化的评审程序，对申请标书进行集中评审。每门教材应具有3人以上申请的方可进入评审程序。评审过程由专业委员会主持，按大专业类别进行分组，采取专家独自打分和集体评议相结合的方式确定中标人选。每个评审组由3～4名专家构成，专家应具有权威性和代表性。如有必要，还可组织部分候选人的面试答辩。

第九条 评审结果于评审结束后一个月之内对外公布，公示期为10天。收到举报并确认申请人不适合的，应及时调换。公示结束后向中标的申请者下发书面通知。所有中标的申请人信息将登记进入自考教材建设专家智库系统。

第十条 全国考办划拨专门的经费用于每年的教材编写工作。在教材编写过程中，支付给教材主编的费用有两项：一是启动经费，在教材编写启动前支付到位；二是稿费部分，在教材和大纲出版之后3个月内支付。其额度标准按照委托编写合同条款及全国考办相应的财务规定。

第十一条 中标申请人收到书面通知后，应主动与全国考办联系签署委托编写合同，自觉接受所属专业委员会及全国考办的工作指导，参加与教材编写的有关活动，在合同规定时间内完成编写任务。编写过程中，如发生意外情况不能继续承担编写工作的，应及时报告全国考办。

第十二条 全国考办和专业委员会，组织对新任教材主编进行必要的培训会或召开研讨会，对自学考试制度沿革和专业课程体系、自考教材内容和版式要求、自学教材的特色等提出明确要求和进行系统指导。专业委员会还将通过编前会、审稿会、优秀教材评选等活动加强对教材和大纲编写的指导和监控工作。

第十三条 全国考办在教材编写过程中加强与主编的日常联系，协助专业委员会进行过程指导，严把质量关，监察编写进度，确保按时按质提交书稿。全国考办在教材建设的各个环节，还将陆续制定相应的管理办法，以不断提高自考教材的质量和特色。

第十四条 本办法由全国考办负责解释，自发布之日起实施。

教育部办公厅文件

教育部办公厅关于2010年普通高等学校招生全国统一考试科目时间安排的通知

教考试厅［2010］1号

各省、自治区、直辖市高等学校招生委员会、教育厅（教委）：

现将2010年普通高等学校招生全国统一考试科目时间安排通知如下：

科目 日期 / 时间	6月7日	6月8日
9:00—11:30	语　文	文科综合/理科综合
15:00—17:00	数　学	外　语

请做好考试的各项准备工作。外语选择含听力测试的省（区、市），听力测试部分应安排在外语笔试考试开始时进行。

各省（区、市）科目名称与全国统一考试科目名称相同的必须与全国考试时间安排一致，并将2010年普通高等学校招生考试时间安排报教育部（考试中心）备案后向社会公布。

二〇一〇年三月三日

抄送：各省、自治区、直辖市教育考试院（局、中心）、高等学校招生办公室

教育部办公厅关于做好2010年普通高等学校招生全国统一考试安全保密和考务管理工作的通知

教考试厅［2010］2号

各省、自治区、直辖市普通高等学校招生委员会、教育厅（教委）：

为做好2010年普通高等学校招生全国统一考试安全保密和考务管理工作，现就有关要求通知如下：

一、加强领导，周密部署。各地要从贯彻落实科学发展观的高度，切实加强领导，增强忧患意识，积极与公安（武警）、宣传、卫生（防疫）、交通、地震、地质、气象、电信、机要保密、纪检监察等部门协调，精心组织和做好普通高等学校招生全国统一考试实施工作。各地招生考试机构要按照《教育部关于做好2010年普通高等学校招生工作的通知》（教学［2010］1号）要求，严格执行《高等学校招生全国统一考试考务工作规定》（教考试［2009］2号），确保考试实施和评卷工作的平稳进行。

二、确保考试安全保密。试卷清样、试卷（含外语听力磁带，以下简称试卷）的安全保密事关考试能否正常举行和社会稳定，必须坚持“分级管理，逐级负责”、“谁主管，谁负责”、“谁使用，谁负责”的原则，省级教育行政部门和招生考试机构的“一把手”对本地区普通高等学校招生全国统一考试安全保密工作负总责，必须从维护稳定的大局出发，切实抓好各项安全保密规章制度和责任制度的落实。试卷必须在国家保密局确定的国家统一考试试卷定点印制单位印刷，试卷的运送、发放和保管以及答卷回收、运送、保管等每一个环节都要严格按照教育部、中宣部、公安部、国家保密局发布的《国家教育考试安全保密工作规定》的要求执行，实行无缝连接。严格执行回避制度，各级教育考试机构主要负责人及考点主考对本单位回避制度落实情况负管理责任。加强安全保密工作人员的业务培训，加强试卷保密室、答卷保管室值班和巡视检查工作，严格履行试卷、答卷交接手续，确保各项保密制度和措施落到实处，坚决杜绝任何失密、泄密事件的发生。北京等承担“分省命题”工作的省市应按有关规定采取有效措施，强化命题、试卷印制等各环节的安全保密工作。各地须加大对安全保密工作各环节的监督、检查力度。试卷保密室、答卷保管室在启用前必须全部达标，所有试卷保密室、试卷分发、答题卡扫描和评卷场所，均要安装视频监控录像系统，不留死角，工作期间全程录像。任何情况下，试卷和考生答卷不得在考点过夜存放。试卷和考生答卷中午确需在考点存放、保管的，需报省级考试机构批准，考点必须设立保管场所并安排包括公安（武警）和县级（或以上）考试机构专职工作人员在内的人员值守。条件具备和考风考纪薄弱地区，要尽快建成标准化考点。

三、严肃考风考纪。各地要按照有关规定进一步规范考场的设置和管理，加大督促检查的力度，保证考点设置规范、管理有效、措施到位。要建立考风考纪责任人制度，强化对监考人员的培训、考核；加强对考生的诚信教育，与考生签定诚信考试承诺书并建立考生诚信考试电子档案；对有考试作弊行为的考生要追踪其所在学校或单位并做好相应记录，按规定格式及时上报我部（考试中心）。充分发挥国家教育考试环境综合整治联席会议制度职能，积极运用多种现代科技手段，重点打击利用无线电设备考场内外串通作弊、替考和有组织的团伙舞弊等严重违规违法行为，切实保障考试公平和考场秩序。各地要进一步建立健全网络有害信息监控制度，采取有效技术手段，指定专人负责对互联网高考有害信息的监控，配合有关部门净化网络环境。主动与公安、工商、卫生防疫部门联系，切实做好考点周边、考生集中食宿地的安全保卫以及卫生防疫工作。

四、充分发挥国家教育考试管理与服务平台的作用。各地要继续按照教育部统一部署，建设考试管理与服务平台视频指挥系统，在国家指挥中心与省级指挥中心联通的基础上，向地市考试机构延伸，实现国家、省、地市三级指挥的互联互通。6月1日前视频会议、考务管理、应急指挥的功能联调开通进入工作状态，并指定专人负责平台的操作。

五、做好外语考试听力测试和评卷工作。在高考中进行外语听力测试的有关省（区、市）的各级招生考试机构要依照《普通高等学校招生全国统一考试英语、日语、俄语听力考试有关考务要求》（教考试厅［2008］3号），认真做好外语考试听力测试的考务准备工作，加强考试工作人员的培训。同时，要加强对评卷工作人员的培训和管理，严格按照有关规定进行评卷工作。未经省级教育考试机构同意，任何人不得以任何形式摘抄或向外界透露考生答题内容。

实行网上评卷的省级考试机构要依照教育部制定的《国家教育考试网上评卷暂行实施办法》、《国家教育考试网上评卷技术暂行规范》、《国家教育考试网上评卷统计测量暂行规范》执行和落实。

六、加强监督，从严查处。地方各级教育行政部门及其纪检监察部门要加强对普通高等学校招生全国统一考试考务管理工作的监督、检查，要设立举报箱和举报电话并在考前向社会公布，严肃查处弄虚作假和徇私舞弊行为，对考生及考试管理人员在考试中的各种违规行为，按照《国家教育考试违规处理办法》严肃处理；对违反国家有关法律、法规，造成严重后果、构成犯罪的人员，由司法机关依法追究法律责任。

七、做好突发事件应急处置工作预案。各省级考试机构应根据《国家教育考试突发事件应急处置预案实施办法（暂行）》制订实施细则，做好考试工作人员的培训。各地还要针对有可能出现的极端天气等、自然灾害情况，进一步完善各类应急工作预案，开展必要的演练，做好充分准备，提高快速反应和应急处置考试中各类突发事件的能力。

八、严格执行值班和报告制度。各省级教育行政部门、招生考试机构必须按《2010年普通高等学校招生全国统一考试安全保密工作报告要求》（见附件1）及时上报相关内容。5月20日至6月11日，我部考试中心开通普通高等学校招生全国统一考试考务管理工作值班电话：（略）。6月1日起，我部考试中心加密传真、考务管理与服务平台均进入昼夜值班状态，各省级招生考试机构也要保证加密传真和考务管理与服务平台24小时处于开通状态。

附件：1. 2010年普通高等学校招生全国统一考试安全保密工作报告要求

2. 2010年普通高等学校招生全国统一考试网上有害信息监控工作要求

3. 国家教育考试管理与服务平台使用说明

二〇一〇年五月五日

抄送：各省、自治区、直辖市教育考试院（局、中心）、普通高等学校招生委员会办公室

（附件略）

教育部办公厅
关于进一步加强2010年普通高等学校招生
全国统一考试安全工作的通知

教考试厅［2010］3号

各省、自治区、直辖市高等学校招生委员会、教育厅（教委）：

4月14日，青海玉树发生强烈地震。近日，南方部分地区出现大暴雨等极端天气，给当地造成人员伤亡和财产损失，也给高考准备工作带来压力和困难。目前，2010年普通高等学校招生全国统一考试在即。为切实做好相关工作，确保高考安全平稳实施，实现“平安高考”的目标，现将有关要求通知如下：

一、高度重视，强化部门协调。各级教育行政部门、考试机构要深刻认识到高考能否安全平稳实施关系到国家和社会安全稳定的大局。现在距高考不足月余，各级教育行政部门、考试机构必须紧急行动起来，结合本地实际情况，对考前各项工作尤其是涉及安全管理方面的工作再次进行深入细致的检查和落实，始终把“安全第一”作为高考第一要务，放在最突出的位置，抓好抓实，确保高考安全平稳。

各省级教育行政部门、考试机构要充分发挥省级招生委员会和省级国家教育考试联席会议的作用，密切联系公安、武警、信息产业、无线电、保密等部门，完善部门联动机制，开展考试综合整治，严厉打击利用现代化通信手段作弊行为，严厉查处打击非法制销、使用作弊工具的行为，对互联网有害信息及时封堵、删除，维护高考良好的社会信誉和政府形象。

二、加强管理，确保试卷安全。试题试卷安全保密工作是高考的基础和生命线，没有试题试卷的绝对安全，“平安高考”就无从谈起。各级教育行政部门、考试机构要充分认识到试卷安全的极端重要性，把高考试题试卷安全作为“一把手工程”，主要负责同志必须亲自抓，并对当地的高考试卷安全负总责。必须明确试卷等各种考试材料的印制、运送、分发、保管以及答卷回收、保管的工作职责，确保任务落实到岗，责任落实到人。各级教育行政部门、考试机构负责人要对相关安全保密环节实行有效监控和管理，确保这些环节安全有序。6月1日前，各地要对本地所有试卷保密室及答卷保管室进行全面的安全检查，所有试卷保密室、答卷保管室、试卷分发场所、答题卡扫描场所和评卷场所都要配备视频监控录像设备，视频监控不能有死角，工作期间全程录像。各省级教育行政部门、考试机构必须按照我部有关规定，认真做好评卷的组织与管理工作，确保不发生任何问题。

三、采取措施，确保考生和考试工作人员安全。确保考生、考试工作人员的人身安全是各级教育行政部门、考试机构在今年高考工作中的一项重要职责。各地要联合卫生防疫、交通、气象、地震、地质、建设等部门对高考考点、考场

（教室）等考试用房和考生集中食宿点相关设备、场地进行一次集中拉网式排查，消除各种不安全隐患。要加强对考生集中食宿场所的卫生防疫工作，加强环境卫生整治，注意食品和饮水卫生，防止传染病流行。要联合公安部门，切实加强考点安全保卫工作。

各级教育行政部门、考试机构在做好上述工作的同时，要采取多种形式，进一步加强考生、考试工作人员防灾抗灾救护知识教育，组织必要的防灾演练，进一步增强考生、考试工作人员避险意识，掌握实用的自防自救自护知识，切实提高自防自救自护能力。

四、完善预案，应对突发事件。各级教育行政部门、考试机构要按照《国家教育考试突发事件应急处置预案实施办法》（教考试厅［2008］1号）要求，进一步完善细化实施细则，逐级培训到位，做到严密防范，精心组织，措施到位，责任到人。要有应对各种情况发生的准备，及时、妥善处理各类突发事件，确保考生、考试工作人员人身安全和考试安全。

各地招生考试机构要协助有关部门对可能发生地震和次生灾害的地区及其设施采取紧急处置措施并加强监控，及时发布预警通知。要配合建设部门对考点、考场进行安全检查，只有通过权威部门和专家安全评估的考点、考场方可使用。

五、加强宣传，优化服务。各级教育行政部门、考试机构要在当地有关部门的积极支持下，开展形式多样、注重实效的正面宣传，防止炒作误导，营造和谐、积极、宽松的高考舆论氛围。

各级考试机构要把以人为本、服务考生融入到工作的每一个环节。地处灾区的各级教育行政部门、考试机构要给予考生更多的人文关怀，科学有效地组织开展对灾区考生进行心理辅导和各种集体活动，使他们能够以最佳的状态参加高考。

各地要认真履行好党和人民赋予的神圣职责，以扎扎实实和富有成效的工作，确保2010年普通高等学校招生全国统一考试工作安全平稳实施。

教育部办公厅
二〇一〇年五月七日

教育部考试中心文件

关于做好2010年全国英语等级考试（PETS）工作的通知

教试中心函［2010］3号

全国英语等级考试各省级承办机构：

2010年全国英语等级考试（PETS）上半年考试时间为3月20日、21日，开考级别为一级B、一级、二级、三级；下半年考试时间为9月11日、12日，开考级别为一级、二级、三级、四级。各省级承办机构应认真做好各项考试工作，确保考试顺利实施。现将有关工作通知如下：

一、做好考试的宣传推广工作，充分利用当地资源扩大考试知名度，促进考生规模增长。在报考期间各省应利用网站、媒体等进行全面宣传。还可根据本身实际情况开展评优、比赛等活动，提高考点、助学点的工作积极性。为便于考试宣传，我中心已开通社会证书考试网，网址：http://sk.neea.edu.cn，如各省承办机构有考试相关信息需要在该网站进行宣传，可发送至我中心社会考试处。

二、增强安全保密意识，认真贯彻《国家教育考试考务安全保密工作规定》（教考试［2004］2号）中的相关规定，采取措施，切实加强考试的安全保密工作，确保安全保密不出任何问题。

三、严格执行《全国英语等级考试考务管理规则和考务手册》（2010版将于2010年2月下发）的相关规定和操作规程，规范管理考试，加强考风考纪建设，坚决杜绝大规模违纪舞弊现象的发生，保证考试质量，维护考试社会信誉。

四、各省应加强对考生信息的核对工作，避免错误，以保证考生利益和考试机构的信誉。各省应于3月12日、9月3日前，分别将上、下半年的考试报名人数统计表（附件一）发送至我中心社会考试处。

五、强化考试值班制度和报告制度，保证考试实施过程中能做到及时的报告、传达。请各省级承办机构认真填写各级考试相关机构（省、地市、考点）的应急通信网络信息表（附件二）以及保密室应急通信表（附件三），并于正式开考前5天（即3月15日和9月6日前），按附件的格式要求上报我中心社会考试处。

六、我中心将从开考前三天开始对各省的保

密室值班情况进行抽查，如发现有不符合保密规定的，将于抽查的次日上午通过考务平台进行通报。

七、考试实施期间，每半天浏览一次“国家教育考试考务管理平台”http：// www. kaowu. neea. edu. cn，收取一次电子邮件。中心值班电话将在平台上公布（平台的使用说明详见附件四）。另，我中心旧考务平台已停止使用，我中心将仅通过“国家教育考试考务管理平台”发布相关消息。如仍无法使用新平台，请与我中心信息处赵雷进行技术咨询，联系电话：010－82520137。

八、从考试前三天开始直至考试结束（3 月 17 日至 21 日和 9 月 8 日至 12 日），须做到“每日一报”。各省级承办机构应在每日 19:00 前，向我中心以传真、电子邮件或登录考务平台的方式报告当天的情况。如实记录考试实施过程中出现的情况，对于涉及泄密、集体舞弊等事件应在第一时间报我中心。

九、各省级承办机构应于考试结束之日起 20 个工作日内将数据发送到：国家教育考试考务管理平台或 petsdata@ mail. neea. edu. cn。各省级承办机构在数据上报过程中如出现问题，可拨打电话：010－82520233，联系人：陈景才。各省级承办机构上报数据后应经常浏览我中心的“国家教育考试考务管理平台”，以了解数据处理工作进展并及时反馈。

十、此次采用计算机辅助口语考试的承办机构，在上报考试数据的同时，将本省口语机试考生信息及答案数据刻成光盘，寄送到我中心社会考试处。

十一、考试工作结束之日起 30 个工作日内，各省级承办机构应对本次考试工作进行总结，研究工作中存在的问题，并提出意见和改进建议，形成文字报告报我中心社会考试处。

十二、教育部考试中心综合查询网已正式投入使用。登录网址：http：//chaxun. neea. edu. cn 即可查询 2001—2009 年考生历史成绩及取证情况。我中心根据考试情况将对数据进行不断更新。从 2009 年 5 月起，我中心不再接受各省上报的考生补办成绩合格证明书的相关申请，考生如需补办合格证明书也可登录此网站完成补办申请。

十三、如考生对我中心发放的单项合格证、合格证书有疑问，应通过省级承办机构上报我中心。我中心在考试结束之日起 6 个月内处理当次考试的遗留问题，过期概不受理。

社会考试处联系方式：（略）

附件：一、全国英语等级考试报名人数统计表
二、全国英语等级考试各级考试机构应急通信网络信息表
三、全国英语等级考试保密室应急通信表
四、国家教育考试考务管理平台（PETS 新考务平台）使用说明

教育部考试中心
二〇一〇年一月十二日

（附件略）

关于2010年全国中小学教师教育技术水平考试考务工作的通知

教试中心函［2010］4号

各省、自治区、直辖市教育考试院（局、中心），高校招生办公室、高等教育自学考试办公室：

2010年全国中小学教师教育技术水平考试定于5月15日至19日，9月11日至13日，11月20日至24日举行。现将考务工作有关事项通知如下：

一、开考科目

教学人员·初级（5月、9月、11月三次考试均开设）

教学人员·中级（5月、11月两次考试开设）

二、考试方式和考场安排

上机考试。教学人员初级和中级的考试时间均为120分钟。考试场次必须从第1场开始连续编排，不得超过全国统一结束日期。除第一场次时间调整为9点开考外，其余两场次时间不变，各场次考试时间安排为：

上午9:00—11:00，下午13:00—15:00，16:00—18:00。

三、考务工作日程安排

本考试考务工作采用全国统一的网络平台进行管理，请严格按照日程表（见附件一）完成各项工作，以免影响全国工作的进度。

1. 培训与考试的衔接。请与本省（自治区、直辖市）教育厅（教委）有关部门沟通，做好考点布局、审批设置、报名、宣传等工作。

2. 报名工作。采用网上报名，具体报名的流程、手续、日期见“2010年全国中小学教师教育技术水平考试网上报名流程图”（附件二）。报名资格审查，请继续按照《关于2006年全国中小学教师教育技术水平考试有关问题的函》（教试中心函［2006］140号）的规定执行。

由于考试合格证书上要打印照片，各省级教育考试机构要制定具体措施，对考生照片质量严格把关，杜绝照片尺寸、头像大小等方面不符合规定、模糊不清的照片。摄像头标准应遵照《全国中小学教师教育技术水平考试考务工作手册》的相关规定，拍照环境及照片规格见附件四。

3. 考点审批与备案。新设立的考点必须报我中心进行书面备案和电子备案，其中电子备案格式采用新格式。备案表格与上述文件可登录NTET考试专用FTP服务器下载（地址：ftp6.ata.net.cn，账号：051NTETKcbjg，密码：cbjgNTET）。考点机器设备标准要严格按照《全国中小学教师教育技术水平考试考务工作手册》的相关规定执行，其中软件Microsoft Office升级为2003版本。

4. 技术培训与考核。新开考省由我中心统一组织进行技术培训与考核。已开考新设考点的系统管理员（包括原考点新更换的系统管理员）必须经过省级考试机构组织的技术培训与考核，持证上岗。需要NTET技术组提供现场培训的，有关人员的差旅、食宿费由申请单位承担。

5. 全网测试。新设立的考点以及更换了系统管理员的原考点，由省级考试机构统一组织，参加全国统一的全网测试工作。目的是让相关工作人员熟悉考试业务、测试系统在本考点的运行情况。具体流程和要求届时由考试网站提前发布。

6. 考前自检。各省级教育考试机构要组织考点严格对照“全国中小学教师教育技术水平考试考前自检表”（见附件三）进行考前自查，把潜在问题解决在考前，尤其注意杜绝成片死机的情况出现。

7. 安全保密。各省级考试机构要严格按照《全国中小学教师教育技术水平考试考务工作手册》的规定，做好安全保密和值班工作。针对教师监考教师的情况，加强监考组织和巡视，防止出现群体性舞弊事件。

8. 考试期间异常情况的处理。按照“全国中小学教师教育技术水平考试常见问题及异常情况处理规范”（教师中心函［2006］158号）的规定执行。

9. 考后成绩处理。除每场次考试结束后及时将考试数据上传到服务器外，当次考试全部结束后，考点应将全部考生答题的原始数据集中刻成光盘上交省级承办机构（具体备份要求于考前一周公布于考试网站 www. ntet. cn）。

四、新开考省上报考试计划

请与本省、自治区、直辖市教育厅（教委）师范处（师资处）或师资培训管理部门沟通，了解培训进度计划，确定开考时间。准备2010年5月、9月、11月首次开考的省，分别在2010年2月5日、4月1日、6月1日前将开考回执（附件五）传真给教育部考试中心，以便统一安排考务培训。

五、教学人员·中级考试

去年在上海市进行的教学人员·中级考试已经试点成功。教学人员·中级报考与考试时间、下设学科、考场硬件设备标准、网上报名系统等均与教学人员·初级考试相同。软件运行环境相同，但应用软件的种类有所增加，具体要求见本考试网站 www. ntet. cn 首页。教学人员·中级考试仍采用完全无纸化考试方式，但含有部分人工评卷试题，为此我中心开设了统一的网上阅卷平台，今年教学人员·中级考试网上阅卷工作由我中心直接组织，待摸索建立统一的阅卷流程和工作规范后，从明年起将在统一阅卷平台上由各省市负责。

联系人和联系电话：（略）

附件：一、2010年全国中小学教师教育技术水平考试考务工作日程表

二、2010年全国中小学教师教育技术水平考试网上报名流程图

三、全国中小学教师教育技术水平考试考前自检表（2010年版）

四、拍照环境及照片规格

五、全国中小学教师教育技术水平考试首次开考回执

教育部考试中心

二〇一〇年一月十二日

附件一：

2010年全国中小学教师教育技术水平考试考务工作日程表

五月考试日程安排

1月，教育部考试中心下发2009年考务工作有关文件

2月底，各省完成新考点的审批、备案工作

3月20日前，各省完成新考点技术培训、考核，准备参加全网测试

（注：更换了系统管理员的考点，需重新参加培训与考核及全网测试）

3月20日前，教育部考试中心发布全网测试工作流程

3月22日—26日，全网测试（新考点、省、教育部考试中心、ATA参加）

3月底，网上报名之前的准备工作（各省、考点参数设置）

4月6日—26日，考生网上报名，4月30日全国缴费结束

4月30日，教育部考试中心下发各省考试题库

5月上旬，各考点按统一下发的考点自检表进行检查，排查隐患

5月4日，网上统一编排考场、准考证号

5月6日—12日，准考证打印

5月12日前，各省按要求复制题库，下发题库到所属考点

5月13日—14日，各考点安装、调试正式考试题库，完成考前自检、考场环境检查、封闭机房

5月15日—19日，正式考试

九月考试日程安排

6月底，各省完成新考点的审批、备案工作

7月17日前，各省完成新考点技术培训、考核，准备参加全网测试

（注：更换了系统管理员的考点，需重新参加培训与考核及全网测试）

7月16日前，教育部考试中心发布全网测试工作流程

7月19日—23日，全网测试（新考点、省、教育部考试中心、ATA参加）

7月底，完成网上报名之前的准备工作（各省、考点参数设置）

8月9日—22日，考生网上报名，8月27日全国缴费结束

8月27日，教育部考试中心下发各省考试题库

8月31日，网上统一编排考场、准考证号

9月3日—8日，准考证打印

9月8日前，各省按要求复制题库，下发题库到所属考点

9月9日—10日，各考点安装、调试正式考试题库，完成考前自检、考场环境检查、封闭机房

9月11日—13日，正式考试

十一月考试日程安排

7月底前，教育部考试中心对下半年新开考的省级考试机构进行考务培训、讲解文件及工作部署，完成技术培训、考核

8月底，各省完成新考点的审批、备案工作

9月17日前，各省完成新考点技术培训、考核，准备参加全网测试

（注：更换了系统管理员的考点，需重新参加培训与考核及全网测试）

9月17日前，教育部考试中心发布全网测试工作流程

9月20日—24日，全网测试（新考点、省、教育部考试中心、ATA参加）

9月底，网上报名之前的准备工作（各省、考点完成相关参数设置）

10月9日—29日，考生网上报名，11月3日全国缴费结束

11月5日，教育部考试中心下发各省考试题库

11月上旬，各考点按统一下发的考点自检表进行检查，排查隐患

11月8日，网上统一编排考场、准考证号

11月11日—17日，准考证打印

11月17日前：各省按要求复制题库，下发题库到所属考点

11月18日—19日，各考点安装、调试正式考试题库，完成考前自检、考场环境检查、封闭机房

11月20日—24日，正式考试

附件二：

2010年全国中小学教师教育技术水平考试网上报名流程图

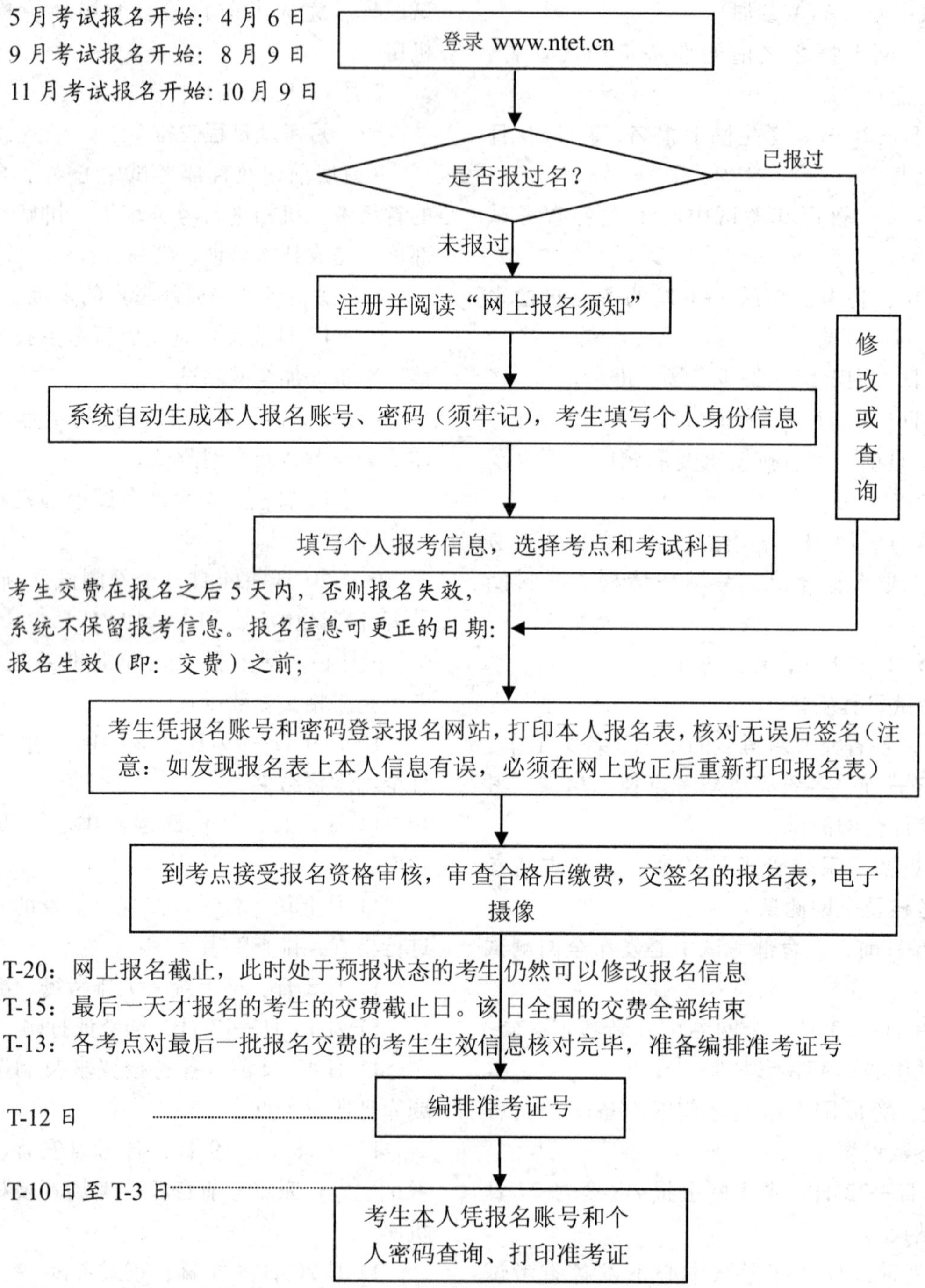

备注1：T指考试开始日期；上述时间均为自然日（节假日也计算在内）。

备注2：具体时间规定如果有变化，以 www.ntet.cn 网站上公布的为准。

附件三：

全国中小学教师教育技术水平考试考点考前自检表（2010 年版）

序号	大纲	具体内容
一	试考检查内容	1. 是否通过系统提供的更新功能更新完考场系统
		2. 是否通过系统的环境检查功能检查考场环境
		3. 考场管理机是否可以正常地上传与下载考试数据
		4. 在试考中是否检查过每个考场的每台考试机都能够正常地打开每一道试题
		5. 试考中是否检查过每一台考试机都能够正确地观看视频与声音
		6. 试考中试题打开的数据是否过慢（正常切换试题的时间在 1～3 秒左右）
		7. 考场中每一台考试机上是否已安装了拼音与五笔两种输入法，中英文输入法之间是否可以自如切换
		8. 考试机上是否已经安装了 Microsoft Office 2003
		9. 考试机已安装的 Word 2003 中是否可以正确地插入公式，“插入”菜单中“对象”里选择 Microsoft 3.0 公式
		10. 考试机的 IE 版本是否为 IE6.0 以上，且 IE 高级选项中是否设置了“允许在网页中播放动画”
		11. 考场使用的杀毒软件的品牌是否为使用手册中允许的
二	考试数据下载	1. 正式考试数据完整下载
		2. 正式考试数据是否导入考场系统，是否与 XLS 表格核对无误
		3. 工作人员首场到场时间（8 点）是否明确
三	考点环境	1. 考点当天能否正常供电
		2. 考场当天能否正常上网
		3. 考区近期是否有重大灾害
四	考场准备	1. 考场分布图和指路标牌是否准备好、是否放置在明显的位置、何时张贴
		2. 考场门贴是否已经准备好
		3. 考试机机号是否已经贴好
		4. 考试机的还原卡是否已经关闭或卸载
		5. 所有机器的系统是否都均已检查并确认无误
		6. 对于考试系统是否还有不明确的地方
		7. 对考务时间安排是否还有不明确的地方

附件四：

拍照环境及照片规格

考点在接受考生拍照时，需提前准备拍照环境，首先一定注意要提前将摄像头驱动程序安装好，保证摄像头工作正常。考场拍照要求如下：

1. 摄像头到人脸的距离：1.5米至1.7米；

2. 背景：统一用浅蓝色背景（使用亚光面，防止拍照反光）；

3. 考生正对摄像头；

4. 拍照环境光线充足；

5. 焦距要调准；

6. 拍照时注意调整人像在照片中的位置，高个子头顶留白，矮个子注意留取上半身；

7. 照片像素为宽240×高320，大小不超过15K，文件格式为.jpg；

8. 样张如下（头部高度大体占照片高度的一半）。

附件五：

全国中小学教师教育技术水平考试首次开考回执

单位名称：		
通信地址：		邮政编码：
分管领导	姓名：	电话：
业务科室	名称：	
	负责人姓名：	电话：
	联系人姓名：	电话：
	传真：	电子邮件：
机要通信收件人、地址		
单位意见： 经与有关部门协商，我省确定组织开考科目为： 1. 教学人员·初级　2. 教学人员·中级 首次组织开考时间为： 1. 2010年5月　2. 2010年9月　3. 2010年11月 （　）单位公章（　） 年　月　日		

教育部考试中心制

关于做好2010年非学历证书考试工作的通知

教试中心函［2010］20号

各省、自治区、直辖市教育考试院（局、中心），高等教育自学考试办公室：

在各级考试承办机构的共同努力下，全国非学历证书考试工作2009年发展顺利，全年5月、11月两次考试组织平稳，36万人次报考，报考规模创造历史新高。为进一步加强管理，迎接新的发展挑战，现提出2010年工作要点及考务工作要求。

一、2010年工作要点

2010年是教育部考试中心“十一五”事业发展规划的最后一年，也是谋划“十二五”事业发展规划的关键年，我们将继续贯彻“大力发展社会考试，打造精品考试项目”的要求，以及《关于积极发展非学历教育考试的若干意见》（教考试办函［2010］1号）文件的精神，做好以下几个方面的工作：

1. 精心组织，严格管理，做好2010年两次考试的组织管理工作，确保考试安全。各级教育考试机构要针对本地区考试工作中存在的薄弱环节和可能发生的问题，制定有效的防范措施，重大问题及时报告。加强对考点、考场的规范化管理，加大督促检查、考试巡查力度。加强对考生的道德教育、考风考纪教育以及对考试工作人员的业务培训，严密防范和制止各种形式的违纪舞弊事件的发生，确保考试顺利实施。

2. 切实做好试卷安全保密工作。做好运送、保管、使用、评卷等各环节的安全保密工作。严格执行国家教育考试保密有关规定，抓好各项安全保密规章制度的落实。

3. 加强评卷管理工作。要求各省级考试机构制定评卷工作实施细则，选聘从事本课程教学工作、业务水平较高、责任心较强的教师集中阅卷。正式评卷前要组织试评，按照《答案及评分参考》掌握评分标准，减小评卷误差，做好抽查检验工作，以确保评卷的质量。做好自查工作，如发现成绩异常，应采取有效措施及时解决。

4. 加强联系，统筹安排，解决考点设置问题。省级考试机构应加强同考试项目合作单位省级管理机构的联系，及时掌握各项目报考需求信息，整合利用已有考点、考场资源，统筹安排各项目的考试课程，同时深入调查研究、合理布局考点，着力解决非省会城市考点设置问题。

5. 加强宣传，服务考生。充分利用“社会证书考试网”（http：//sk.neea.edu.cn）做好考试宣传和考试服务工作。完善网站考试信息栏目。在实现成绩及证书查询功能基础上，逐步增加服务功能。年内计划召开新开发项目推介会、考试工作协调会等。

6. 中国物流职业经理资格证书考试项目在签署协议的前提下，研讨“证书计划课程体系改革方案”，制订考试大纲、教材修订（或改编）计划，增加实践环节考核内容比重，更好地体现职业能力培养要求。

中国物流职业经理资格证书考试《业务考

评》课程计划年内实施。考核方式采取考生撰写案例研究报告，专家评审与答辩相结合的形式。考试大纲及考务文件另行下发。考生届时可通过社会证书考试网下载考试要求等资料。

7. 中国餐饮业职业经理人资格证书考试年内完成证书课程的大纲、教材调整工作。新版大纲、教材和题型设计将更多考虑行业人才培养的需求，重点培训和考查学生的实际操作能力、应用能力和综合能力。在此基础上，加强面向行业从业人员的招生宣传和推广力度。

8. 调查分析师证书考试项目本年度加强专业计划开考推动工作。该项目专业考试计划实施情况为：14 个省已启动本科考试计划，2 个省启动专科考试计划。根据统计数据分析，专业开考省份的考生数量总体高于未开考专业省份。希望各省级承办机构根据本省需求，加大专业开考力度，为项目发展提供有力支持。

9. 按照考委［2009］5 号文件要求，做好“中国销售管理专业水平考试”开考准备工作。在调研基础上，设计考生成绩报告，按计划完成大纲、教材建设。结合报名、阅卷方式的调整，实现传统考试模式向体现评价内涵的转变。

二、2010 年上半年考务工作要求

2010 年上半年非学历证书考试定于 5 月 15 日、16 日开考。请按照我中心《非学历证书考试考务工作规定》（教试中心函［2004］109 号）要求，认真做好非学历证书考试考务工作，确保安全保密和考场管理不发生问题。考试中违规行为的记录及处理方式严格按照《国家教育考试违规处理办法》中的规定执行。

为保证考试工作的顺利实施和考试项目的健康发展，现将有关事项通知如下：

（一）开考项目

2010 年上半年非学历证书考试开考 6 个考试项目：

1. 中国餐饮业职业经理人资格证书考试。

2. 劳动和社会保障岗位资格证书考试。

3. 调查分析师证书考试。

4. 中国物流职业经理资格证书考试。

5. 中国市场营销资格证书考试。

6. 中英合作采购与供应管理职业资格证书考试。

（二）考试时间及课程

非学历证书考试时间安排在 5 月 15 日、16 日两天。详细开考课程安排见附件一。

（三）考务信息发布

要充分利用考务信息发布平台功能。非学历证书考试最新信息在考务信息发布平台及时发布，请关注、下载。各省有关情况可通过考务信息发布平台及时上报。

登录网址、用户名及密码见附件二。

（四）评卷工作

中英合作采购与供应管理职业证书考试结束后要对阅卷情况进行抽样分析，抽样具体要求另行通知。另要求按照试卷上的登分栏上报各小题分数，选答题中未选题目记为零分。请各省级考试承办机构认真配合。

（五）成绩数据上报及下发

非学历证书考试必须使用全国统一的考务管理系统。为及时下发考生成绩，请各省级考试机构务必在考试结束之日起 20 日之内，利用考务信息交换平台或数据信箱上报成绩数据，我中心将利用考务信息交换平台下发各省成绩数据。

1. 考务信息交换平台地址为 ftp：//ftp. neea. edu. cn；用户名：fxt + 省代码；密码：kw3718。请各省级考试机构登录考务信息交换平台后及时修改密码。信息处联系人：段伯岩　电话：010－82520136。

2. 数据信箱：fxldata@ mail. neea. edu. cn

（六）考务材料申领

各省级考试机构需填写书面申领单上报领取考务材料。见附件三。

（七）其他事项

1. 教育部考试中心综合查询网已经正式启

用，考生和用人单位可以自行查询成绩及证书。网址：http：//chaxun. neea. edu. cn

2. 自2009年下半年起，自学考试课程代码由4位升至5位，现有非学历证书考试报名软件系统不能接收5位课程代码。考生报名时，请仍按4位课程代码（即新的5位课程代码的后4位）填报，考试报名软件系统升级（或改版）之后将统一下发。从2010年5月考试开始，考生领取的课程合格证上将打印新的（5位）课程代码。

3. 2010年暂停机械工程师资格认证综合素质与技能考试，何时开考另行通知。

考务联系人：刘江平

电话：010－82520118

传真：010－82520200

附件：一、2010年上半年非学历证书考试开考课程时间安排表

二、考务信息发布平台登录网址、用户名及密码

三、考务材料申领单

教育部考试中心

二〇一〇年二月二日

附件一：

2010年上半年非学历证书考试开考课程时间安排表

<table>
<tr><th>考试名称及代码</th><th>考次</th><th>日期</th><th>时 间</th><th>课程代码</th><th>课程名称</th><th>备注</th></tr>
<tr><td rowspan="4">中国餐饮业职业经理人资格证书考试（01）</td><td rowspan="4">上半年</td><td rowspan="2">星期六
5月15日</td><td>上午9:00—11:30</td><td>09001</td><td>餐饮管理与实务</td><td>中级</td></tr>
<tr><td>下午14:00—16:30</td><td>09002</td><td>餐饮市场营销</td><td>中级</td></tr>
<tr><td rowspan="2">星期日
5月16日</td><td>上午9:00—11:30</td><td>09006</td><td>餐饮企业人力资源管理</td><td>高级</td></tr>
<tr><td>下午14:00—16:30</td><td>09008</td><td>餐饮企业信息管理</td><td>高级</td></tr>
<tr><td rowspan="3">劳动和社会保障岗位资格证书考试(02)</td><td rowspan="3">上半年</td><td rowspan="2">星期六
5月15日</td><td>上午9:00—11:30</td><td>03316</td><td>养老保险</td><td></td></tr>
<tr><td>下午14:00—16:30</td><td>03314</td><td>培训与就业</td><td></td></tr>
<tr><td>星期日
5月16日</td><td>上午9:00—11:30</td><td>03319</td><td>工伤保险</td><td></td></tr>
<tr><td rowspan="7">调查分析师证书考试(03)</td><td rowspan="7">上半年</td><td rowspan="4">星期六
5月15日</td><td rowspan="2">上午9:00—11:30</td><td>07159</td><td>市场分析方法</td><td>高级【计算器】</td></tr>
<tr><td>07146</td><td>消费者行为学</td><td>中级</td></tr>
<tr><td rowspan="2">下午14:00—16:30</td><td>07160</td><td>预测与决策</td><td>高级【计算器】</td></tr>
<tr><td>07150</td><td>抽样技术(二)</td><td>中级【计算器】</td></tr>
<tr><td rowspan="3">星期日
5月16日</td><td rowspan="2">上午9:00—11:30</td><td>07154</td><td>调查数据分析</td><td>中级【计算器】</td></tr>
<tr><td>07156</td><td>社会经济调查方法与实务</td><td>初级【计算器】</td></tr>
<tr><td>下午14:00—16:30</td><td>07158</td><td>调查报告写作</td><td>初级【计算器】</td></tr>
<tr><td>中国市场营销资格证书考试(06)</td><td>上半年</td><td>星期六
5月15日</td><td>上午9:00—11:30</td><td>909995</td><td>市场营销经理助理资格证书综合考试</td><td></td></tr>
</table>

（续表）

考试名称及代码	考次	日期	时　间	课程代码	课程名称	备注
中国物流职业经理资格证书考试（05）	下半年	星期六 5月15日	上午9:00—11:30	05365	物流信息技术	初级
				05378	运输管理(二)	中级—带计算器
			下午14:00—16:30	05370	运输管理(一)	初级—带计算器
				05373	物流企业管理	中、高级
		星期日 5月16日	上午9:00—11:30	05363	物流基础	初级
				05367	物流案例与实践(一)	初级—带计算器
				05379	仓储管理(二)	中级—带计算器
			下午14:00—16:30	05371	仓储管理(一)	初级—带计算器
				05375	物流案例与实践(二)	中级—带计算器
				05380	供应链管理	高级

注：备注栏中有【计算器】标记的课程，表示考生参加笔试时可携带不具备存储功能的计算器辅助计算。

2010年上半年中英合作采购与供应管理职业资格证书考试开考课程时间安排表

考试名称及代码	考次	日期	时　间	课程代码	课程名称	备注
中英合作采购与供应管理职业资格证书考试（08）	上半年	星期六 5月15日	上午9:00—11:30	05730	采购环境与供应市场分析	初级/CIPS三级
				03612	采购环境	中级/CIPS四级
			下午14:00—17:00	05731	采购绩效测量与商业分析	初级/CIPS三级
				03614	采购法务与合同管理	中级/CIPS四级
		星期日 5月16日	上午9:00—12:00	05732	采购过程与合同管理	初级/CIPS三级
				03615	采购绩效管理	中级/CIPS四级
			下午14:00—17:00	03617	采购与供应链案例	高级证书课程

注：可以携带非编程计算器。

（附件二、三略）

关于开考全国信息技术高级人才水平考试“移动商务工程师”和“嵌入式工程师”证书的通知

教试中心函［2010］24号

各省、自治区、直辖市教育考试院（局、中心）、高等教育自学考试办公室：

为解决目前国内在移动商务与嵌入式技术领域中专业人才不足的矛盾，多渠道、多层次、多方面加快复合实用型人才的培养，我中心决定在全国开考全国信息技术高级人才水平考试（简称NIEH）移动商务工程师和嵌入式工程师证书，现将考试计划（见附件一）印发给你们并就有关事项通知如下：

1. 2010年NIEH移动商务工程师和嵌入式工程师证书分别开考初级、中级、高级各三个级别，全国统一考试时间为每年5月和11月，具体时间另行通知。

2. NIEH移动商务工程师和嵌入式工程师证书将采用教育部考试中心、省级承办机构、考试点的三级管理模式，你们可根据情况申报省级承办机构（申报条件及表格见附件二），截止日期为2010年3月31日。

3. 项目考试大纲及其他有关资料将另行通知。

附件：一、NIEH移动商务工程师和嵌入式工程师证书考试计划

二、NIEH移动商务工程师和嵌入式工程师证书考试省级承办机构申请表

教育部考试中心

二○一○年二月四日

附件一：

NIEH移动商务工程师和嵌入式工程师证书考试计划

一、指导思想

全国信息技术高级人才水平考试（以下简称NIEH）“移动商务工程师”和“嵌入式工程师”证书是根据中华人民共和国职业教育法、中华人民共和国劳动法和国务院关于深化教育改革全面推进素质教育的决定精神而设立的，满足国家发展中对新型人才的需求，面向各个行业提供应用型、职业型、技能型高素质的移动商务与嵌入式专业人才，注重能力和实践技能的培养，通过实际操作、案例教学达到理论和实际相结合，在总体上与全日制普通高等院校相应专业的水平相一致，可全面促进我国移动通信产业、嵌入式产业

的健康发展。

二、培养目标

NIEH“移动商务工程师”和“嵌入式工程师”证书考试旨在培养掌握移动商务、嵌入式专业技术人才，解决行业快速发展中新型复合人才短缺的问题，培养德、智、体全面发展，具有良好的知识结构，较高的素质和较强的创新精神，能独立从事新技术应用的专业人才。培养重点在于掌握最新的国际水平移动商务新业务及推动产业发展的嵌入式应用技术，同时掌握全球行业发展方向、市场拓展和营销模式，不仅仅打造合格的技术人才，还要培养真正了解行业发展，明晰行业发展趋势，掌握创造性思维的复合型人才；以期通过向我国企业界输送具有创新精神的新生力量，推动我国现代商务领域和各行业智能应用领域企业水平的提高，满足国家基础建设及现代发展的人才需求。其基本要求是通过有关课程的学习，培养理论知识够用、职业技能实用的创新型复合人才。

三、证书种类

NIEH“移动商务工程师”和“嵌入式工程师”证书各分为初级、中级、高级三个级别，由教育部考试中心签发。

四、证书级别描述

初级证书——基础应用阶段：

• 面向人群：行业企业相关移动商务、嵌入式技术市场等希望获得提升并掌握新技术的员工、在校大中专学生、希望进入企业寻求发展的人员。

• 主要培训面向3G、4G及未来移动通信平台的移动商务初级基础理论、嵌入式初级应用技术，突出实际应用和行业技术、市场、发展方向的掌握，强调通过学习尽早入行。通过初级证书课程的学习，考生应：1. 基本掌握移动商务、嵌入式的基础理论知识和基本技能，如关于移动商务基本业务开发、嵌入式基础应用，移动商务、现代移动传媒、嵌入式业务的国际、国内发展方向和行业应用模型，掌握基础应用能力和基础商务经验。2. 能够达到企业初级技术应用、商务人才的要求。

• 通过全部6门证书课程考试以及实践环节考试合格者，获得初级证书。

中级证书——开发阶段：

• 面向人群：在校院校学生（大专以上水平、大学3年级以上学生），专科及以上学历在企业工作的员工；已经获得以上两个专业初级证书的人员。

• 主要培训面向3G、4G及未来移动通信平台的移动商务及嵌入式技术、业务开发能力，不仅掌握移动商务产品设计、商业模型分析、嵌入式产品应用开发（移动终端、智能终端、企业、工业级嵌入式产品）必备理论，还要通过真实的案例模拟训练，培养达到实际应用开发水平，技术同商业能够紧密结合，掌握基本的创新思维方式。通过中级证书5门课程的学习，考生应：1. 掌握移动商务业务基本模型、使用.NET、Java EE平台工具开发移动商务应用产品；使用Java ME、C、C++为工具开发基于ARM、Linux智能嵌入式产品；同时掌握相关技术同商务实践结合的能力，达到一定的产品分析和设计能力，提升业务解决综合能力。2. 具有运用所学理论和方法分析和解决实际问题的能力，具有参与国内、国际市场项目管理的基本能力。3. 达到企业相关业务开发人才的要求。

• 通过全部3门证书课程考试以及实践环节考试合格者，获得中级证书。

高级证书——设计阶段：

• 面向人群：已经获得以上两个专业中级证书的人员，获得国家承认的硕士及以上学位及毕业后工作1年以上人员，已经获得国家人事部正式工程师以上资格及工作3年以上人员。

• 主要培训内容：移动商务培养面向以3G、

4G为基础的移动通信平台商务高级理论知识与应用能力，嵌入式技术培养先进的嵌入式知识理论同实际案例设计相结合的实际综合能力。通过高级证书课程的学习，学生能够达到：1. 具备面向跨学科复合应用设计的基本素质，掌握移动商务、嵌入式应用设计基本技能。2. 了解移动商务、嵌入式产业整体发展方向，达到国际水平实际应用设计能力。3. 具备解决企业日常工作问题和应急问题的能力。

● 根据专项培养方案要求，参加3门课程考试及相关实践环节考试合格者，获得高级证书。

五、证书课程设置

移动商务工程师

序号	课程代码	课程名称	水平等级
1	待定	移动商务技术基础（C、C++语言程序设计）	初级证书
	待定	移动商务技术基础（C、C++语言程序设计）（实践）	
2	待定	移动商务概论	
3	待定	移动商务应用技术	
	待定	移动商务应用技术（实践）	
4	待定	跨平台开发语言——Java	
	待定	跨平台开发语言——Java（实践）	
5	待定	Internet应用基础	
6	待定	计算机操作系统及网络技术入门	
7	待定	移动商务应用软件开发——Java EE	中级证书
	待定	移动商务应用软件开发——Java EE（实践）	
8	待定	移动商务应用软件开发——. NET	
	待定	移动商务应用软件开发——. NET（实践）	
9	待定	移动商务数据库应用技术	
	待定	移动商务数据库应用技术（实践）	
10	待定	移动商务应用软件系统架构	高级证书
	待定	移动商务应用软件系统架构（实践）	
11	待定	移动商务应用（移动媒体）	
	待定	移动商务应用（移动媒体）（实践）	
12	待定	通信网路与协议	
	待定	通信网路与协议（实践）	

嵌入式工程师

序号	课程代码	课程名称	水平等级
1	待定	嵌入式电工技术基础	初级证书
	待定	嵌入式电工技术基础（实践）	
2	待定	嵌入式 Linux 系统及应用（初级）	
	待定	嵌入式 Linux 系统及应用（初级）（实践）	
3	待定	单片机及 ARM 嵌入式系统开发（初级）	
	待定	单片机及 ARM 嵌入式系统开发（初级）（实践）	
4	待定	基于 X86 结构的嵌入式系统（初级）	
	待定	基于 X86 结构的嵌入式系统（初级）（实践）	
5	待定	嵌入式 Symbian 操作系统（初级）	
	待定	嵌入式 Symbian 操作系统（初级）（实践）	
6	待定	嵌入式 Win Mobile 操作系统（初级）	
	待定	嵌入式 Win Mobile 操作系统（初级）（实践）	
7	待定	嵌入式系统程序设计（高级）	中级证书
	待定	嵌入式系统程序设计（高级）（实践）	
8	待定	基于 RISC 嵌入式系统及 FPGA 应用（高级）	
	待定	基于 RISC 嵌入式系统及 FPGA 应用（高级）（实践）	
9	待定	Java ME 应用开发	
	待定	Java ME 应用开发（实践）	
10	待定	嵌入式系统 ANDROID 操作系统	高级证书
	待定	嵌入式系统 ANDROID 操作系统（实践）	
11	待定	嵌入式 Symbian 系统高级应用开发	
	待定	嵌入式 Symbian 系统高级应用开发（实践）	
12	待定	嵌入式 CISC（X86）高级应用开发技术	
	待定	嵌入式 CISC（X86）高级应用开发技术（实践）	

1. 通过序号为 1～6 门课程的考核，可获得全国信息技术高级人才水平考试（NIEH）“移动商务工程师”和“嵌入式工程师”证书（初级）。

2. 通过序号为 7～9 门课程的考核，可获得全国信息技术高级人才水平考试（NIEH）“移动商务工程师”和“嵌入式工程师”证书（中级）。

3. 通过序号为 10～12 门课程的考核，可获得全国信息技术高级人才水平考试（NIEH）“移动商务工程师”和“嵌入式工程师”证书（高级）。

六、课程说明

移动商务工程师

（一）初级证书——基础应用阶段

1. 《移动商务技术基础》

本课程是整个课程体系的初级课程，主要包括：计算机基础、C 语言、C++的基础知识三个部分。

2. 《移动商务概论》

本课程是整个课程体系的初级课程，主要包

括：商务相关基础知识、中国3G技术、移动通信业务及其分类、3G终端业务等。

3.《移动商务应用技术》

本课程是整个课程体系的初级课程，主要包括：Web技术的基础知识和WAP技术的基础知识在3G等移动通信应用技术。包括CSS语言、XML可扩展标记语言、WML无线标记语言、WML Script脚本语言和XHTML MP语言，HTML标记语言和Java Script脚本语言。

4.《跨平台开发语言——Java》

本课程是整个课程体系的初级课程，主要包括：Java语言的基础知识、Java语言在3G领域中应用、Java虚拟机原理Java语言包的使用、异常处理、多线程、输入/输出、GUI编程、JDBC、Java实际应用的短信案例等。

5.《Internet应用基础》

本课程是整个课程体系的初级课程，主要包括：Internet网络技术、3G在Internet中的协议及服务、网络硬盘、网络电话及网络会议技术、HTML语言基础知识。

6.《计算机操作系统及网络技术入门》

本课程是整个课程体系的初级课程，主要包括：操作系统基本原理、Windows、Linux系统原理、网络基础结构、网络系统运行方式。

（二）中级证书——程序开发阶段

7.《移动商务应用软件开发——Java EE》

本课程是整个课程体系的中级课程，主要包括：Java EE的概念、核心技术、开发环境、Web服务开发、3G实例应用等。

8.《移动商务应用软件开发——. NET》

本课程是整个课程体系的中级课程，主要包括：ADO. NET编程、动态建立数据集、事务处理机制等。

9.《移动商务数据库应用技术》

本课程是整个课程体系的中级课程，主要包括：Oracle数据库的安装及卸载，Oracle数据库的函数、存储过程、游标、视图应用，Oracle数据库的增、删、改、查等基本操作。

（三）高级证书——设计阶段

10.《移动商务应用软件系统架构》

本课程是整个课程体系的高级课程，主要包括：软件架构的基本的概念、设计流程及相关图表技术的使用，3G软件架构设计实例。

11.《移动商务应用（移动媒体）》

本课程是整个课程体系的高级课程，主要包括：3G、4G移动通信系统、移动媒体的相关知识，3G系统的网络结构、基本功能和业务流程、关键技术及4G网络，手机报、手机电视等移动媒体的相关知识。

12.《通信网络与协议》

本课程是整个课程体系的高级课程，主要包括：通信网络和通信协议、通信系统的工作原理、主要设备、系统组网方式，相关3G通信协议，通信网络的基本组成、组网结构、发展趋势、关键技术、呼叫流程等。

嵌入式工程师

（一）初级证书——基础应用阶段

1.《嵌入式电工技术基础》

本课程是整个课程体系的初级课程，主要包括：电工的基础知识及其应用，数字电路的编码、逻辑运算、集成电路及其原理分析和使用方法，模拟电路中的放大电路、信号产生电路、整流和滤波电路及其在现实生活中的应用等知识。

2.《嵌入式Linux系统及应用（初级）》

本课程是整个课程体系的初级课程，主要包括：嵌入式Linux系统开发、环境搭建、开发工具的安装制作、Bootloader的移植、内核的配置编译及移植、根文件系统。

3.《单片机及ARM嵌入式系统开发（初级）》

本课程是整个课程体系的初级课程，主要包括：嵌入式系统知识、单片机技术、英特尔Xscale系列处理器、Arm指令系统、PXA255体系结构和特性、基于Xscale的PXA255结构、

PXA255 系统时钟和电源管理、PXA255 片内外围、LCD 控制器和 AC97 音频接口。

4.《基于 X86 结构的嵌入式系统（初级）》

本课程是整个课程体系的初级课程，主要包括：嵌入式系统的开发基础知识、X86 相关技术、操作系统、Atom 处理器及 AIMB－210 开发板、Win CE 系统软件开发、X86 嵌入式典型应用系统。

5.《嵌入式 Symbian 操作系统（初级）》

本课程是整个课程体系的初级课程，主要包括：Symbian OS 开发环境、HelloWorld 程序创建、面向对象基础、Symbian 编程规范基础、异常处理、清除栈机制和二次构造原理、活动对象机制以及进程间通讯知识。

6.《嵌入式 Win Mobile 操作系统（初级）》

本课程是整个课程体系的初级课程，主要包括：Windows CE 和 Windows Mobile 应用、Mobile 2 Market 开发知识、事件驱动和消息响应机制、Embedded Visual C＋＋的特性以及应用、NET-Compact Framework 开发、Pocket PC 的特性以及安全策略、Windows 标准控件和通用控件以及管理策略。

（二）中级证书——开发阶段

7.《嵌入式系统程序设计（高级）》

本课程是整个课程体系的中级课程，主要包括：嵌入式 Linux 系统下的 C 编程、多进程的应用开发、进程间通信、多线程编程、串口应用开发、驱动开发和嵌入式网络编程。

8.《基于 RISC 嵌入式系统及 FPGA 应用（高级）》

本课程是整个课程体系的中级课程，主要包括：RSIC 体系结构、ARM 编程模型、指令集以及汇编和 C/C＋＋混合编程、ARM 硬件平台资源、基于 ARM 的 Bootloader 启动分析、UML 的使用、嵌入式网络基础、基于 ARM 的音频系统、回顾 Linux 移植、基于 ARM 的图形编程、FPGA 应用技术原理及基本开发。

9.《Java ME 应用开发》

本课程是整个课程体系的中级课程，主要包括：Java ME 平台体系结构及开发流程；MIDlet 的运行机制、生命周期、安全机制、低级、中高级组件使用方法、事件处理方式，通用联网框架 GCF、3 种网络连接方式，Game Ganvas 使用方法及所设计的工具，Sun 公司提供的可选包及可选包中的 API，安全系统中的重要概念和 MIDP 2.0 安全体系结构开发。

（三）高级证书——设计阶段

10.《嵌入式系统 Android 操作系统》

本课程是整个课程体系的中级课程，主要包括：Android 系统的开发工具、开发环境的搭建、模拟环境的搭建、编程。

11.《嵌入式 Symbian 系统高级应用开发》

本课程是整个课程体系的中级课程，主要包括：Symbian OS 框架结构、平台安全、S60 应用程序设计、ECOM 架构、进程通讯、核心应用、多媒体和数据库知识。

12.《嵌入式 CISC（X86）高级应用开发技术》

本课程是整个课程体系的中级课程，主要包括：基于 X86 结构的嵌入式产品的开发，嵌入式开发流程、硬件电路基础知识，嵌入式操作系统的搭建、嵌入式数据库和嵌入式 QT，搭建 Windows XP Embedded 系统和制作组件，QT 开发环境的搭建，X86 应用的案例。

附件二：

NIEH 移动商务工程师和嵌入式工程师证书考试省级承办机构申请表

单位名称					
地　　址			邮编		
传　　真			E－mail		
负 责 人		电话		传真	
项目主管部门			电话		
项目负责人			手机		
承办项目	1. 移动商务工程师考试　□ 2. 嵌入式工程师考试　□ 注：以上可多选				
推广计划概述	（可另附纸传真或 E－mail）				
教育部考试中心： 我单位已做好承办以上项目的有关准备工作，特申请承办。 申办单位负责人签字 （加盖公章） 年　　月　　日					
填报说明： 1. 该表填报完毕请于 2010 年 3 月 31 日前寄至： 北京海淀区清华科技园立业大厦 603，邮编 100084， 教育部考试中心，社会考试处，赵英华（收）； 2. 项目咨询：010－82520203，FAX：010－82520204 E－mail：zhaoyh@ mail. neea. edu. cn； 3. 如未在 2010 年 3 月 31 日前申报，我中心将另行设置省级承办机构或直属考试点。					

教育部考试中心制

关于印发《2010 年国家教育考试标准化考点规范（试行）》的通知

教试中心函［2010］79 号

各省、自治区、直辖市教育考试院（局、中心）、普通高校招生办公室、高等教育自学考试办公室，解放军自学考试办公室：

为进一步做好国家教育考试标准化考点建设工作，提高考点管理水平，维护考试工作人员和考生的合法权益，确保国家教育考试的公平、公正，结合各地近年来各类国家教育考试考点建设的特点、实际和经验，我中心制定了《2010 年国家教育考试标准化考点规范（试行）》，现印发给你们，请遵照执行。

各地要进一步提高认识、加强领导、周密安排、精心实施，总结实际工作中遇到的问题和经验，不断改进和完善国家教育考试标准化考点建设工作。

附件：2010 年国家教育考试标准化考点规范（试行）

教育部考试中心
二〇一〇年五月十九日

附件：

2010 年国家教育考试标准化考点规范（试行）

总　则

第一条　为提高国家教育考试考点管理标准化、规范化工作水平，维护国家教育考试的严肃性、权威性和广大考生、考试工作人员的合法权益，根据有关法律、法规及国家教育考试工作规定，特制定本规范。

第二条　本规范适用于高等学校招生全国统一考试（特指普通、成人高等学校本专科招生全国统一考试）、全国招收攻读硕士学位研究生统一入学考试、高等教育自学考试等国家教育考试。

第三条　本规范制定的基本原则是科学、安全、规范、统筹。

第四条　各级各类学校有承担国家教育考试工作和按要求做好考试组织工作的义务。

考点设置

第五条　设置程序

标准化考点原则上由学校向考区招生考试委

员会提出申请，由考区招生考试委员会根据工作需要和考生分布情况，在统筹兼顾各项考试安排的基础上，依据统一规范标准进行评估合格后，报省级教育考试机构审核、备案后，向社会公布。

考区统一制作、下发“国家教育考试标准化考点”标示牌。

第六条　具备的条件

1. 设在县级及以上人民政府所在地，具备独立法人资格和办学许可证件。

2. 主要领导负责考试组织实施工作，能够协调有关部门共同参与、完成承担的各项考试工作。

3. 具有足够的工作人员和监考人员，接受上级考试机构的培训、调配。

4. 建筑、安全、照明、消防等设施须符合国家有关标准、规定和考试组织安排需要。

5. 具有的考场数量满足考试需要，且有一定数量的备用考场。

6. 考试用场所能与非考试场所分开，考试期间能够实行封闭管理。

7. 具有符合《国家教育考试网上视频巡查标准技术规范》的网上视频巡查监控系统，全面覆盖保密室、试卷保管室、试卷分发（回收）室、考场等场所，试卷存放、分发、回收以及考试实施期间实时监控和全程录像，可通过网络将监控图像传送到上级考试机构。

8. 具有指挥室、监控室、考务室、试卷分发（回收）室、咨询服务处、保卫处、医务室、饮水处、车辆存放处等考试组织机构和服务机构场所。

9. 存放试卷的，必须设置符合《国家教育考试安全保密工作规定》的保密室。临时存放当科考试科目试卷和答卷的，必须设置当次考试科目试（答）卷保管室。保管室为单独房间，本次考试专用于临时存放试（答）卷，不得兼顾他用。房间须有铁窗、铁门、铁柜、应急电话、消防设施、视频监控设备等。铁柜中可存放当科考试试（答）卷，并可以上锁。值守人员在试卷保管室内值守应能看到铁柜、铁窗、铁门。房间内安装的视频监控设备，能够在考点监控室内看到试卷保管室内全部情况，包括存放试卷铁柜和全部值守人员，存卷期间能够不间断录像。

10. 具有完善的广播系统、铃声信号系统和畅通的互联网、电话、传真、复印、打印、多媒体播放等设备。

11. 具有防范、打击利用现代科技手段舞弊的相关检查、检测设备及防止干扰考试正常进行的信号阻断设备，且该设备的使用应不影响考点外其他人员的正常生活秩序。

12. 其他用于考试组织管理的专用设备。

对于承担听力、计算机化、实践环节等考试的考场，根据考试需要，按相关规定配备必要的设备。

考点准备

第七条　组织体系准备

1. 设主考 1 人，副主考 2 人，分别任领导小组组长和副组长。主考及 1 名副主考由考点主要负责人担任，由考区招生考试委员会聘任。另 1 名副主考由考区委员会派遣。

2. 设立考点领导小组、考务组、监控组、医疗卫生组、保卫组、后勤服务组等工作小组，配备经培训、考核合格的考试工作人员。每个考点至少配备一名系统管理员，负责技术保障工作。

3. 考点工作人员由领导小组聘任，考点应根据考试需要至少每 4 个考场配备 1 名流动监考员或备用监考员。

4. 考试期间，领导小组能够联系当地公安、交通、卫生、防疫、无线电管理等部门，在考点周边及考点内值守，完成后勤保障、安全保卫、卫生防疫及考试综合环境治理等工作。

第八条　制度体系准备

1. 根据考试组织实施工作要求和规定，结合本地实际制定考务工作手册及实施细则。

2. 根据本地实际情况，制定突发事件应急处置预案实施细则，建立应急通信体系、安全疏散体系，应急演练制度。

3. 建立适合本考点工作人员的培训方式和方法，明确各个工作组、工作人员职责。

4. 建立与有关单位、部门的联动、协调机制。

5. 建立安全保密和值班制度。

6. 建立考试材料交接制度，经手人员必须签字制度。

7. 建立奖惩制度。

第九条 环境布置准备

1. 考点入口处正上方悬挂有考试项目、考点名称的横幅，考点入口处悬挂“国家教育考试标准化考点”标示。

2. 在考点入口处醒目位置设置公告通知栏。主要内容：考点布局示意图和考场分布示意图（包括考务室、医务室、保卫处、存车处、厕所和考场编号、位置、楼层等）；《考生守则》、《国家教育考试违规处理办法》（摘录）、《考试科目时间表》、举报电话等，并设置举报箱。

3. 根据突发事件处置预案要求，明确标示应急安全区域，明确疏散示意图、疏散线路。

4. 非涉密考试工作处室的明显位置张贴标志、引导指示标牌。

5. 考试期间实施封闭管理，所有距出入口4至6米处设立警戒线，由公安及保卫人员值守。

考场设置

第十条 考场是考试组织实施和考生进行考试的场所，考场安排应该相对集中。考场设置应符合国家建筑、安全、照明、消防等有关标准、规定和考试组织安排需要。

第十一条 考场座位数按25人或30人两种规格编排，每个考点座位安排必须统一规格。考生座位必须单人、单桌、单列，间距80厘米以上。根据教室面积，课桌可排成四列或五列。考生座位采用随机编排的方式确定。课桌左（右）上角贴考生座位号。

第十二条 场内须做到地面、桌斗、墙壁干净，无其他物品。板报、墙报等必须遮挡或摘除。考场内前面黑板上按考试规定要求统一书写文字。

第十三条 考场入口处墙壁上张贴考试科目、考场编号、考生准考证起讫号等标志。

第十四条 考场前端中间放置一张课桌，供监考人员考试实施使用，应摆放试卷、答题卡、草稿纸、监考员必备的文具和工具等。

考场内设置非考试物品暂放处，即在考场内前端远离考生座位处应放置一张课桌，供考生存放非考试物品。

除考试所需桌椅外，其他物品应清理出场且不能影响考生通行。

第十五条 每个考场须安装网上巡查系统，能够在监控室看到整个考场、监考员、考生情况。在无线电管理部门指导下，正确放置、操作防止干扰考试正常进行的信号阻断措施或设备，应能有效阻断考场内外无线电信号传输。

第十六条 每个考场至少配备2名监考员，监考员由主考聘任。所有工作人员必须佩戴工作证上岗。

第十七条 首场考试前一天及每场考试结束后，须认真做好各考场的清理工作，并在清理后实行封闭管理，考试全部结束前不得用于其他活动。

试（答）卷安全保密

第十八条 考点试（答）卷安全保密工作应严格按照《国家教育考试安全保密工作规定》执行。

第十九条 每场考试前，考点从考区领取试卷后，必须直达考点保密室或保管室。

试卷到达考点，再次清点数量无误后，将试

卷放入铁柜中，并上锁，钥匙由考点主考掌握。试卷保管室存有试卷（备用卷）、答卷期间，室内至少有3人专门值班，并保证任何时候不少于2人，有公安（武警）人员参与职守。铁门从内部上锁，无关人员禁止入内。监控系统必须全程覆盖保管室，实时录像。试卷、答卷不得在考点过夜。

因工作需要，确需要在考点存放试（答）卷过夜的，必须严格按照《国家教育考试安全保密工作规定》执行，并经省级考试机构审批备案后，方可存放试（答）卷。

试卷运达考点进入保密室或保管室铁柜后，应立即向考区上报安全到达信息。

第二十条　试卷分发、答卷回收、清点工作应在试卷分发（回收）室进行。试卷分发（回收）室有试（答）卷期间，至少有3人专门值班，并保证任何时候不少于2人，有公安（武警）人员参与职守。监控系统必须全程覆盖试卷分发（回收）室，实时录像。

第二十一条　试（答）卷在考点内领取、护送、试卷袋拆封、回收、清点、答卷封装过程中，任何情况下不得少于2人。每个环节必须由经手人履行签字交接手续。

第二十二条　开考前，主考及2名工作人员从试卷保密室或保管室提取试卷，由3人护送试卷，同行直达到试卷分发（回收）室，向监考教师发放考场试卷。

第二十三条　两名监考员共同签字领取试卷，并护送试卷至考场，必须全程同行直达考场，不得在途中办理其他事项或离开路线。开考前按规定向全场考生展示试卷密封完好，并当众启封。考试结束后，同场两名监考员立即将回收的答卷清点无误后，同行直达试卷分发（回收）室，经考务室人员再次清点无误并由考点主考签字确认后封装。

第二十四条　当科全部答卷回收后，考点主考指定专人再次清点所有答卷及备用试卷等材料，由主考签字确认后封装，送上级考试机构。

第二十五条　因试卷不完整、字迹模糊、错装等原因，经考区招生考试委员会批准，并由主考签字确认，启封备用试卷。备用卷的领取、护送、试卷袋拆封、回收、清点、答卷封装同试卷管理要求。

人员选聘与培训

第二十六条　考试工作人员的选聘由考点主考负责，要兼顾整体的年龄结构、身体状况及男女比例。既要考虑工作人员的相对稳定，又要注意吸收一些新生力量，保证队伍的高质量、高效率。

第二十七条　选聘监考人员的条件：

1. 遵纪守法，思想品德良好，作风正派。

2. 熟悉考试业务，工作认真负责，遵守保密工作规定。

3. 身体健康能胜任所担负的工作。

4. 经考前培训、考核合格。

5. 无直系亲属或利害关系人参加当次考试。

6. 未发生过严重的监考工作事故或过失行为的。

第二十八条　考试工作人员培训和考核由考点领导小组负责。培训、考核的内容围绕考试业务、职业道德教育和违规行为特别是高科技作弊手段的识别与防范等方面开展。主要内容有：政策规定、职业操守、纪律要求、安全保密规定、《国家教育考试违规处理办法》、考试实施程序及操作规范、反高科技作弊培训及相关工具等培训。专业性或技术性强的培训应当在相关部门的指导下进行。

第二十九条　被选聘的考试工作人员要认真填写登记表。

考试组织

第三十条　考前准备

1. 明确领导小组、各工作组人员组成和岗位。

2. 按考务规定和相关预案制定实施细则，并组织学习、培训、考核、发证。

3. 安排本次考试值班。

4. 完成考务工作需要的各种设施、物品的配置、考点环境和考场布置等各项工作。

5. 与公安、交通、卫生、无线电管理、供电等部门沟通、协调，安排有关人员进驻，明确职守场所和位置。

6. 测试、调试有关设备、系统，校准时钟和视频监控图像采集区。

7. 检查考试用车的安全，确定行车路线。

8. 将考前准备工作情况及应急通信录上报上级考试机构。

9. 安排考生熟悉考场环境。

10. 做好其他相关事项。

第三十一条　考试实施

考点必须严格按照考务管理规定、考试实施程序和指令组织考试实施。

考生进入考点后，考点应通过广播等方式，敦促考生直接进入考场。

一名监考员在考场内门口处，对考生进行舞弊器材的相关检查和检测，发现可疑物品，请考生自行出示，放于非考试物品暂放处。

监控组能够在监控室通过网上巡查系统看到每个考场的情况，从考生进场检查时开始监控、录像，直至考试结束考生离场。发现问题，应立即向领导小组汇报。

考点主考、副主考、工作人员及考场主监考员应配戴手表。开考、结束等考试组织环节的重要时间点，主考必须核对时间后方可打铃。

第三十二条　考试指挥

考点在考试准备、实施等阶段接受上级考试机构的指挥。

主考对本考点工作进行指挥和突发事件处置。及时按上级指令，组织协调各工作组和值守的有关单位人员工作。

第三十三条　值班报告制度

严格按照规定要求第一时间上报有关考试情况。报告的信息要求真实、准确、及时。报告的内容须考点主考确认、签字后，加盖单位公章有效。

第三十四条　材料保管

考场记录、暂扣违规物品等材料，严格按照有关规定妥善保管，以备查询和取证。

每天考试结束后，及时对监控录像进行备份，接受上级考试机构对录像资料调取。由主考、副主考、系统管理员签字封存后，并妥善保存至考试成绩公布后半年备查。

第三十五条　突发事件

考试中出现突发事件时，依据有关教育考试突发事件应急处置预案和本地制定的实施细则，进行决策和实施。

评估与奖惩

第三十六条　上级考试机构按照标准化考点评估要求对考点进行定期评估，对优秀的单位和先进个人给予表彰和奖励。对于不合格的考点，应予以警告、限期整改、暂停组织考试直至撤销考点等处理。

第三十七条　考试中出现考生或考试工作人员的违规行为，按照《国家教育考试违规处理办法》进行处理。

附　则

第三十八条　本规范在2010年国家教育考试中施行 。

第三十九条　各省（区、市）教育考试机构可根据本规范，结合本地实际制定实施细则。

第四十条　其他教育考试可参照本规范执行。

附 1：

主考、副主考职责

一、主考负责本考点的全面工作，主持本考点的考试，副主考协助主考工作。

二、负责选聘和培训监考员及其他工作人员。

三、负责组织布置考点及考场，做好考前准备工作。

四、负责本考点试卷和备用试卷的管理。

如因试卷不完整、字迹模糊、错装等原因须启封备用试卷，应报告考区主任或副主任批准，并须由主考、副主考 2 人签名负责。

五、负责本考点终止违规考生或违规考试工作人员继续参加考试或工作的处理，其他偶发事件的处理。

六、负责本考点答卷回收和运送工作。

每科考试结束后，组织和验收各考场的答卷装订与密封，并派专人保管与保卫，按时送到考区指定地点。

七、负责本考点的安全保卫、卫生防疫及后勤保障工作。

切实组织好安全保卫工作，发现问题及时处理，重大问题要立即报告考区主任。

八、负责本考点的考试情况报告工作。

考试结束后，向考区委员会报告本次考试情况。

附 2：

监考员职责

一、监考员在主考领导下，主持本考场的考试，维护考场秩序，严格执行考试实施程序，如实记录考试情况，保证考试正常进行。

二、监考员考前必须参加相关培训，认真学习考试的有关政策规定，熟悉监考业务，具有常见通讯工具作弊的识别能力，未经培训合格不得担任监考工作。

三、监考员必须佩戴规定标志，严格遵守考点作息制度，不迟到、不早退，不擅离职守。

四、对考生进行考试纪律教育，宣读《考生须知》，宣布考试注意事项。

五、检查考生《准考证》及规定的其他证件，督促考生填写姓名、准考证号等，并进行核对，发现填涂错误，应要求其改正。

六、监督考生按规定答卷，制止违纪舞弊行为，并按《国家教育考试违规处理办法》等规定做好相关工作。

七、考试中发现异常情况立即通过流动监考报告主考。

八、制止非本考场考生和除主考、副主考、督考员、巡视员外任何人进入考场。

九、考前领取、分发试卷必须严格履行交接手续，认真核对考试科目及密封情况，发现异常情况应立即向主考报告。

十、监考员对考生既要严格执行纪律，又要耐心热情，不要因执行纪律而影响考场正常秩序。

十一、遵守监考纪律，不擅离职守，不吸烟，不打瞌睡，不阅读书报，不聊天，不抄题、做题、念题，不检查、不暗示考生答题，不得擅自提前或拖延考试时间。

十二、考试期间，不得将手机等通信工具带

入考场，不得以任何理由把试卷、草稿纸带出或传出考场。

十三、负责本考场答卷、答题卡的回收、清点、整理、封装、上交，并做好考场记录。

十四、考前、考后检查、清理考场。

附 3：

系统管理员职责

一、系统管理员在主考领导下，负责管理、维护考试有关的系统和设备，解决系统出现的技术问题，保证其在考试期间处于正常工作状态，保障考试顺利实施。

二、接受上级考试机构的技术培训和考核，熟练掌握网上巡查（视频监控）系统、金属检测设备、无线信号屏蔽设备、校园广播系统、铃声信号系统的使用方法及故障排除方法，持证上岗。

三、做好设备的日常维护、数据备份等工作。

四、考前按要求做好网上巡查系统的初始化工作，保证监控正常，并能通过网络将图像传至上级考试机构。

五、考前按要求做好金属检测设备、无线电信号屏蔽设备的检查、调试和安装工作，保障设备工作正常。

六、考试期间实时监控各系统运行状态，发现问题在第一时间向主考报告，在不影响正常考试的情况下做相应处理。

七、系统管理员应注意保密，不得私自将考点的系统设置情况和考场监控图像、画面等资料外传。

附 4：

监控员职责

一、监控员应从监考员中选派政治素质过硬，业务熟练的人员担任。

二、监控员负责考试期间在考点网上巡查监控室内观看考场传来的考试图像，发现异常情况即刻向考点主考报告并做好相关记录。

三、考前监控员应接受相关技术培训，掌握监控系统的使用方法。

四、考试期间监控员必须严格按照规定时间、范围，集中精力严密观察，发现考场异常情况时做好记录并及时报告主考。

五、考试进行中监控员不准做与工作无关的事，严守工作纪律，监控室禁止无关人员入内。

六、监控员应爱护使用的设备，不得擅自拆装设备，严禁在监控室吸烟。

七、监控员应注意保密，不得私自将考场监控图像、画面等资料外传。

八、严格遵守监控设备操作规程，未经允许严禁擅自调整监控系统。

关于开考中国销售管理专业水平证书考试的通知

教试中心函［2010］80号

各省、自治区、直辖市教育考试院（局、中心）、高等教育自学考试办公室：

根据2009年9月教育部考试中心（全国考办）与中国市场学会共同下发的《关于合作开考中国销售管理专业水平证书和高等教育自学考试销售管理专业的通知》（考委［2009］5号）要求，定于2010年下半年首次开考中国销售管理专业水平证书考试项目。现将有关事项通知如下：

一、开考时间

中国销售管理专业水平证书考试项目于2010年11月20日首次开考。具体考试时间安排将在“2010年下半年非学历证书考试考务工作通知”中公布。

二、开考课程及代码

中国销售管理专业水平证书考试项目代码为（09）。

课程代码	课程名称	考试时间	备注
10500	市场调研与销售预测	150分钟	销售经理
10501	销售渠道管理	150分钟	销售经理
10516	销售客户管理	150分钟	销售经理

三、考务管理

中国销售管理专业水平证书考试项目仍使用原有的非学历证书考务管理软件系统。各省级考试承办机构按照考务工作流程（附件一）做好开考的准备和组织工作。

四、备案手续

拟承办该项目的各省级教育考试机构请填写省级考试承办机构申办表（附件二），并于6月底之前报送考试中心备案。

考试中心社考处考务联系人：刘江平 电话：010－82520118；传真：010－82520200。

附件：一、中国销售管理专业水平证书考试考务工作流程

二、中国销售管理专业水平证书考试省级考试承办机构申办表

教育部考试中心

二〇一〇年五月十八日

附件一：

中国销售管理专业水平证书考试考务工作流程

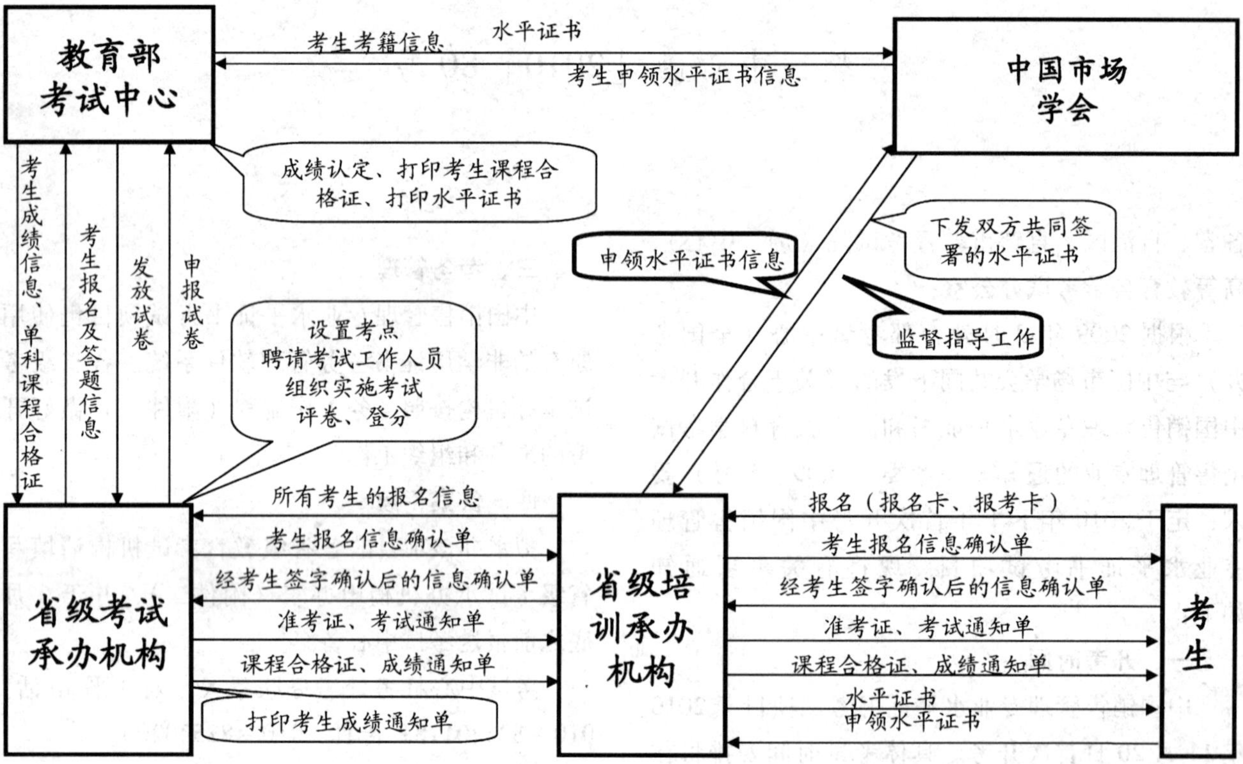

附件二：

中国销售管理专业水平证书考试省级考试承办机构申办表

<table>
<tr><td colspan="2">承办机构编号</td><td colspan="3"></td><td colspan="2">（由考试中心填写）</td></tr>
<tr><td rowspan="9">申办单位情况</td><td>单位名称</td><td colspan="5"></td></tr>
<tr><td>通信地址</td><td colspan="3"></td><td>邮编</td><td></td></tr>
<tr><td>上级主管部门</td><td colspan="5"></td></tr>
<tr><td rowspan="2">负责人姓名</td><td rowspan="2"></td><td rowspan="2">职务</td><td rowspan="2"></td><td rowspan="2">电话</td><td>（办公）</td></tr>
<tr><td>（手机）</td></tr>
<tr><td>项目实施部门</td><td colspan="5"></td></tr>
<tr><td>负责人姓名</td><td></td><td>职务</td><td></td><td>电话</td><td>（办公）
（手机）</td></tr>
<tr><td>联系人</td><td colspan="3"></td><td>电话</td><td>（办公）
（手机）</td></tr>
<tr><td>传　真</td><td colspan="3"></td><td>E－mail</td><td></td></tr>
<tr><td rowspan="4">项目推广情况</td><td rowspan="2">预计考点数量</td><td colspan="3">少于5 □</td><td colspan="2">5～10　□</td></tr>
<tr><td colspan="3">10～30　□</td><td colspan="2">大于30□</td></tr>
<tr><td>预计年考生人数</td><td colspan="5"></td></tr>
<tr><td>是否开考专业</td><td colspan="5">是 □　　否 □　计划专业开考时间（　　　　　）</td></tr>
<tr><td colspan="7">负责人签字：

（承办机构公章）

年　月　日</td></tr>
<tr><td colspan="7">注：
一、本表一式两份，一份申办单位存档，一份报教育部考试中心备案。
二、教育部考试中心
电话：010－82520103，82520118；传真：010－82520200
北京市海淀区清华科技园区立业大厦1105（邮编：100084）</td></tr>
</table>

教育部考试中心社考处制

关于2010年高考期间进一步防范洪涝等自然灾害影响的通知

教试中心函［2010］90号

各省、自治区、直辖市教育考试院（局、中心）、普通高校招生办公室：

4月底以来，南方大部分地区多次出现强降雨过程，造成局部地区出现洪涝灾害。预计5月下旬至6月上旬部分地区出现强降水并引发地质灾害、影响高考考试组织及考场安全事件发生的可能性仍然较大。对此，各地要高度重视，加强防范并做好以下各项应急处置准备工作：

1. 主动与气象、地质、交通部门联系，随时了解天气情况和趋势。

2. 考前对考点、考生集中住宿的房屋安全状况做进一步的检查。

3. 强降雨多发地区，应根据当地实际情况和考生规模，在现有备用考点（考场）的基础上，再准备数量充足的备用考点（考场），一旦出现极端自然灾害时，可以迅速作出转移安置部署，使考试能够正常进行。

4. 进一步细化紧急情况下考生转移考点（考场）的应急处置预案并进行必要的演练，确保考生、考试工作人员的安全和考风考纪。

高考工作责任重大，任务艰巨，各地必须做好各项准备工作，确保高考安全有序。

教育部考试中心

二〇一〇年五月二十六日

关于开考中英合作商务管理与金融管理证书管理段课程的通知

教试中心函［2010］97号

各省、自治区、直辖市教育考试院（局、中心），高校招生办公室，高等教育自学考试办公室：

1999年印发的《高等教育自学考试中英合作〈商务管理〉与〈金融管理〉专业（专科）考试计划通知》（考委［1999］1号）明确：符合条件的考生，可以获得全国考办和剑桥大学考试委员会（简称“CIE”）联合签发的课程合格证，CIE签署的剑桥商务管理证书、剑桥高级商务管理证书或剑桥高级金融管理证书，高等教育自学考试中英合作商务管理专业或金融管理专业专科毕业证书。

随着经济和社会的不断发展，商务管理与金融管理领域活动日益活跃、知识不断更新，为培养新时期的综合型、应用型和适用型人才，满足人们开展个性化、多样化教育和终身教育的需求，不断提高人们的职业能力和职业素质，教育部考试中心与剑桥大学考试委员会双方专家根据商务管理与金融管理专业情况和我国实际，经过反复研究和论证，再次共同设计开发新的商务管理与金融管理证书课程，即中英合作商务管理与金融管理证书管理段课程。

现将中英合作商务管理与金融管理证书管理段课程考试具体事项通知如下：

一、中英合作商务管理与金融管理证书管理段课程设计的能力和水平高于1999年开考的中英合作商务管理与金融管理证书课程的能力和水平。

二、现阶段，先推行证书课程考试。同时，教育部考试中心正在组织专家对管理段课程与我国高等教育自学考试本科专业课程结合的办法进行论证，具体结合办法另行公布。

三、开考中英合作商务管理与金融管理证书管理段课程，不影响各省、自治区、直辖市高等教育自学考试办公室执行考委［1999］1号文件和考委［2001］8号文件。

四、中英合作商务管理与金融管理证书管理段课程设置如下：

序号	商务管理证书管理段课程名称	课程代码	序号	金融管理证书管理段课程名称	课程代码
1	市场与市场营销	11741	1	市场与市场营销	11741
2	商务沟通方法与技能	11742	2	商务沟通方法与技能	11742
3	企业组织与经营环境	11743	3	企业组织与经营环境	11743

（续表）

序号	商务管理证书 管理段课程名称	课程代码	序号	金融管理证书 管理段课程名称	课程代码
4	会计原理与实务	11744	4	会计原理与实务	11744
5	战略管理与伦理	11745	5	战略管理与伦理	11745
6	国际商务与国际营销	11746	6	国际商务金融	11750
7	管理学与人力资源管理	11747	7	企业成本管理会计	11751
8	商务运营管理	11748	8	管理数量方法与分析	11752
9	商务管理综合应用	11749	9	金融管理综合应用	11753

五、通过全部商务管理或金融管理证书管理段1～5门课程考试的考生，获得CIE颁发的剑桥商务管理证书（管理段）。通过全部商务管理或金融管理证书管理段1～9门课程考试的考生，获得CIE颁发的剑桥高级商务管理证书（管理段）或剑桥高级金融管理证书（管理段）。证书的申领办法与1999年中英合作商务管理与金融管理证书的申领办法一致。

六、中英合作商务管理和金融管理证书管理段课程全部实行全国统一命题和组织考试，考试时间为每年的5月和11月。第一次考试时间是2010年11月20日—21日，考试科目是《市场与市场营销》、《商务沟通方法与技能》、《企业组织与经营环境》和《会计原理与实务》。

七、中英合作商务管理与金融管理证书课程考试按发改价格［2003］2161号规定的每生每科60元收取。

八、教育部考试中心负责制订证书考试计划、组织命题、组织考试、集中阅卷、发布成绩、印制证书，负责组织相关课程的教材编写、出版和发行。

九、省级考试承办机构按照《非学历证书考试考务工作规定》（教试中心函［2004］109号）做好申报试卷、编排考场、实施考试等工作，及时将考试情况报告给教育部考试中心。

十、其他有关证书考试的具体实施细则另行通知。

计划开考的省级考试承办机构请填写中英合作商务管理与金融管理证书管理段课程开考承办表（见附件）。为积极、稳妥地做好新证书的开考工作，2010年11月的考试在部分省（市、自治区）先行开考，在取得经验的基础上，再逐步增加开考的省（市、自治区）。教育部考试中心联系人：韩雁 010－82520193、林建华 010－82520195。

附件：一、中英合作商务管理与金融管理证书管理段课程说明

二、中英合作商务管理与金融管理证书管理段课程开考承办表

教育部考试中心

二〇一〇年六月二日

抄送：全国考委经济管理类专业委员会

附件一：

中英合作商务管理与金融管理证书管理段课程说明

1. 市场与市场营销

本课程主要内容包括经济学及经济体系的本质、市场经济体制的运作、市场间的相互关系、市场失灵、政府干预、营销职能、营销环境与市场细分、营销组合、定价与销售、消费者权益法及消费者服务的相关问题等。

2. 会计原理与实务

本课程的主要内容包括会计工作性质、会计业结构、会计业性质的演变、财务会计的理论框架、会计准则、资产负债与所有者权益、会计处理流程、复式记账法、收入成本和利润、最终财务报表编制和最终财务报表分析等。

3. 国际商务金融

本课程的主要内容包括国际贸易利益、国际贸易的记录、汇率的决定机制、国际金融机构、国际资本市场和政府在国际贸易中的作用等。

4. 国际商务与国际营销

本课程主要内容包括贸易的优势、国际收支、决定汇率的因素、国际贸易与国际贸易环境、国际营销调研、国际营销组合、国际营销活动战略、国际营销规划与控制和当前国际营销问题等。

5. 企业组织与经营环境

本课程主要内容包括商务简介、商务单位目标与利益相关者、商务单位类型、商务选址、公司规模、商务单位的结构、商务管理的作用、环境对商务活动的影响和政府政策对商务活动的影响等。

6. 商务沟通方法与技能

本课程主要内容包括个人学习成长记录、商务沟通的重要性、沟通的方法和途径、语言沟通、非语言交流、书面商务文件和视觉沟通等。

7. 战略管理与伦理

本课程主要内容包括战略管理与伦理概述、企业外部环境分析与企业伦理标准、企业资源能力分析与企业伦理理念、竞争战略分析与商业伦理关系、公司战略与伦理决策、国际化战略与道德原则、战略实施控制与伦理组织形式等。

8. 管理数量方法与分析

本课程主要内容包括数据分析、概率理论和抽样检测、时间序列分析、统计指数、线性规划介绍、决策树、与决策相关的成本、风险和不确定性、模拟决策技巧和排队理论、成本/产出/效益分析、标杆分析和预测决策、商业信息的空白表格程序和计算机分析等。

9. 商务运营管理

本课程主要内容包括运营与运营管理概念、运营环境、运营策略、质量管理、运营计划与控制、项目管理、供需管理、物料计划与控制等。

10. 管理学与人力资源管理

本课程主要内容包括企业的利益相关者、管理过程、管理理论概述、领导和领导风格、激励理论、激励实践、团体行为与冲突、人力资源规划和上岗引导、培训和考评等。

11. 企业成本管理会计

本课程主要内容包括成本管理会计简介、成本分类、成本性态、成本要素、成本核算系统、制定决策、预算和绩效评估等。

12. 商务管理综合应用

商务管理综合应用课程是以虚构但原型取材现实的一个村庄——湖滨为基点，讲述了从村庄，到城镇，到城市的演变过程中，河边及该地区一些公司的发展和变迁。通过对10个鲜活案例的描述和分析，折射了河边工业化过程中一些主要行业的演进与衰落。本课程旨在让学生领会商务的本质和目标、商务决策制定技能、商务理论框架等理论原理和方法，并能将其应用于假设的商务环境中，找到应对之策。在每个案例的结尾都附有与其他配套课程相关的关键知识点，并提供了解决问题的大致对策范围，但它们并非“标准答案”，学生要综合运用所学知识进行思考。课程评分主要基于学生的问题解决、决策制定、沟通、计算四个关键商务技能水平的高低。

13. 金融管理综合应用

金融管理综合应用课程是以虚构但原型取材现实的一个村庄——湖滨为基点，讲述了从村庄，到城镇，到城市的演变过程中，湖滨及该地区一些公司的发展和变迁。通过对10个鲜活案例的描述和分析，折射了湖滨工业化过程中一些主要行业的演进与衰落。本课程旨在让学生领会商务的本质和目标、商务决策制定技能、商务理论框架等理论原理和方法，并能将其应用于假设的商务环境中，找到应对之策。在每个案例的结尾都附有与其他配套课程相关的关键知识点，并提供了解决问题的大致对策范围，但它们并非“标准答案”，学生要综合运用所学知识进行思考。课程评分主要基于学生的问题解决、决策制定、沟通、计算四个关键商务技能水平的高低。

附件二：

中英合作商务管理与金融管理证书管理段课程开考承办表

<table>
<tr><td>单位名称</td><td colspan="3"></td><td>承办部门</td><td colspan="2"></td></tr>
<tr><td>详细地址</td><td colspan="6"></td></tr>
<tr><td>通信地址</td><td colspan="6"></td></tr>
<tr><td>传　　真</td><td colspan="3"></td><td>邮编编码</td><td colspan="2"></td></tr>
<tr><td>部门负责人</td><td>姓名</td><td></td><td>电话</td><td></td><td>邮件地址</td><td></td></tr>
<tr><td>业务联系人</td><td>姓名</td><td></td><td>电话</td><td></td><td>邮件地址</td><td></td></tr>
<tr><td>计划开考时间</td><td colspan="6"></td></tr>
<tr><td>开考科目及
预计报考量</td><td colspan="6"></td></tr>
<tr><td rowspan="6">实
施
规
划</td><td colspan="2">推广规划</td><td colspan="4"></td></tr>
<tr><td colspan="2">推广范围</td><td colspan="4"></td></tr>
<tr><td colspan="2">推广手段</td><td colspan="4"></td></tr>
<tr><td colspan="2">培训机构</td><td colspan="4"></td></tr>
<tr><td colspan="2">培训管理模式</td><td colspan="4"></td></tr>
<tr><td colspan="2">预计招生人数</td><td colspan="4"></td></tr>
</table>

（续表）

<table>
<tr><td>宣
传
计
划</td><td colspan="3"></td></tr>
<tr><td>申请
单位
意见</td><td>年　月　日</td><td>教育部考试
中心意见</td><td>年　月　日</td></tr>
</table>

注：一、本表一式两份，一份报教育部考试中心社考处，一份申请单位存档；

二、若表格有限，可在表后加附件；

三、教育部考试中心社考处传真：010－82520154。

关于中国物流职业经理资格证书考试高级证书课程《业务考评》报考的通知

教试中心函［2010］117号

各省、自治区、直辖市教育考试院（局、中心）、高等教育自学考试办公室，物流自考项目管理机构：

根据《关于合作开考中国物流职业经理资格证书和高等教育自学考试物流管理专业（专科、独立本科段）的通知》（考委［2004］10号）及《关于发布中国物流职业经理资格证书考试〈业务考评〉课程考试大纲的通知》（考委办函［2010］10号）的相关要求，教育部考试中心（以下简称考试中心）与中国交通运输协会（以下简称中国交协）经研究商定，有关中国物流职业经理资格证书考试高级课程《业务考评》（课程代码5383）报考的相关事宜通知如下：

一、报名

1．条件：考生必须具有5年以上的物流管理工作经验，并且已经通过《物流企业管理》（课程代码5373）、《供应链管理》（课程代码5380）、《物流战略管理》（课程代码5382）三门课程的考试。

2．时间：本次报考的报名截止时间为2010年7月20日。

3．地点：中国物流职业经理资格证书考试的报名地点。

4．提交材料：《业务考评》报名表（附件一）原件一份；考生本人2张2寸彩色证件照。

考生可自行下载报名表、考生报考须知（附件二）和“业务考评”课程考试大纲等相关资料。下载网址：http：//www. cplm. org. cn 。

5．费用：报名时考生须缴纳评审费（1200元/人·次）。

二、资格审查及交费流程

1．各省级物流自考项目管理机构（以下简称省管机构）负责通知考生报名及初审考生报考资格工作。省管机构于7月25日前将考生报名汇总表（附件三）以电子邮件方式发评审组秘书处（以下简称秘书处），同时将考生报名表原件快递至秘书处（复印件无效），并按报送名单将评审费汇入中国交协指定账户。

2．秘书处于8月5日前复审考生报考资格，并有最终审定权。考生资格复审结果由秘书处负责通知省管机构。未通过复审的考生由省管机构通知考生本人并将评审费全额退给考生，不得截留。

三、案例报告提交

1．报考资格审查通过的考生在8月20日之前提交案例报告。

2．考生按照《中国物流职业经理资格证书考试〈业务考评〉课程考试大纲》的要求撰写案例报告。

3．考生提交案例报告文档名称为：5383－省（直辖市）－准考证号码；提交格式为PDF；

提交秘书处邮件地址：inquiry@ cplm. org. cn，同时抄送 wuliu@ mail. neea. edu. cn 备案。

4．案例报告中不得出现考生姓名、单位等个人信息，否则取消考生本期参评资格；提交案例报告的邮件地址与考生报名时提供的邮件地址须一致。

5．8 月 20 日至 9 月 20 日由评审专家组专家初审案例报告。

6．对初审不合格的案例报告，秘书处将于 9 月 25 日之前以电子邮件方式通知考生。考生重新修改后的报告于 10 月 10 日之前提交评审组秘书处，专家重审确认后进入答辩程序。

7．报名后不能按时提交案例报告或不能按时参加答辩的考生，将视为自动放弃当期报考资格，评审费不退还。

四、答辩

1．参加案例报告初审（复审）并经专家确认的考生将进入答辩程序。答辩时间为 10 月 10 日至 11 月 25 日。

2．答辩未通过的考生须重新参加新一轮报考并交纳评审费用。

3．答辩将由考试中心（全国考办）、中国交协、省级考试承办机构和省管机构共同组织实施。具体安排将另行通知。

五、成绩发布

本期答辩全部结束一个月之内公布考生成绩。

各省级考试机构和省管机构要紧密配合，做好报考各环节的衔接工作。为规范管理，方便考生，报考中涉及的《报名表》、《考生报考须知》、《报名汇总表》等资料均已提供样本（见附件一、二、三）并可在网站下载。各省级管理机构可以依此制订本省的报考流程并及时通知考生。报考资料下载及成绩查询网址如下：

教育部考试中心社会证书考试网（http：//sk. neea. edu. cn）；

中国交协物流职业经理认证网（http：//www. cplm. org. cn）。

附件：一、中国物流职业经理资格证书考试《业务考评》（课程代码：5383）报名表
二、考生报考须知
三、报名汇总表

教育部考试中心
中国交通运输协会
二〇一〇年六月二十三日

附件一：

中国物流职业经理资格证书考试
《业务考评》（课程代码：5383）报名表

<table>
<tr><td>姓 名</td><td></td><td>准考证号</td><td></td><td>身份证号</td><td></td><td rowspan="7">贴照片处
（2 寸近照）</td></tr>
<tr><td>最高学历</td><td></td><td>职称</td><td></td><td>手 机</td><td></td></tr>
<tr><td colspan="2">参加工作日期</td><td></td><td>邮件地址</td><td colspan="2"></td></tr>
<tr><td>5373 成绩</td><td></td><td>5380 成绩</td><td></td><td>5382 成绩</td><td></td></tr>
<tr><td rowspan="4">现所在
工作单位
信息</td><td>单 位 全 称</td><td colspan="4"></td></tr>
<tr><td>单 位 网 址</td><td colspan="4"></td></tr>
<tr><td>单位法定地址</td><td colspan="4"></td></tr>
<tr><td>单 位 电 话</td><td colspan="2"></td><td>传 真</td><td></td><td></td></tr>
<tr><td colspan="7">个人简历（包括：时间、工作单位、所在部门及职务、工作描述、工作业绩等）</td></tr>
<tr><td colspan="3">报名人签字：

年 月 日</td><td colspan="4">现所在工作单位审查意见（公章）：
申请人所述简历属实。

经办人：
年 月 日</td></tr>
</table>

注：1. 栏目内所列工作单位信息必须填写完整，缺少信息将不能通过资格审查。

2. 申请人填写的个人简历必须真实，内容写不下可以增加附页。

3. 本表须加盖公章，报名时须提交原件，提交复印件无效。

附件二：

考生报考须知

1. 报考条件：考生必须具有5年以上的物流管理工作经验，并且已经通过以下三门课程考试《物流企业管理》（课程代码5373）、《供应链管理》（课程代码5380）、《物流战略管理》（课程代码5382）。

2. 报名时间：本次报考的报名截止时间为2010年7月20日。

3. 报名地点：原中国物流职业经理资格证书考试的报名地点。

4. 提交材料：《业务考评》报名表（附件一）原件一份；考生本人2张2寸彩色证件照。

考生可自行下载报名表、考生须知和“业务考评”课程考试大纲等相关资料。下载网址：http：//www. cplm. org. cn。

5. 费用：报名时考生需交纳评审费：1200元/人·次。

6. 资格审查：8月5日之前，由报名点通知考生资格审查情况。未通过资格审查的考生可以办理相关退费手续。

7. 提交案例报告：报考资格审查通过的考生在2010年8月20日之前提交案例报告。

8. 考生按照《中国物流职业经理资格证书考试，“业务考评”课程考试大纲》的要求撰写案例报告。

9. 考生提交案例报告文档名称为：5383－省（直辖市）－准考证号码；提交格式为PDF；提交秘书处邮件地址：inquiry@ cplm. org. cn，同时抄送 wuliu@ mail. neea. edu. cn 备案。

10. 案例报告中不得出现考生姓名、单位等个人信息，否则取消考生本期参审资格；提交案例报告的邮件地址与考生报名时提供的邮件地址一致。

11. 对初审不合格的案例报告，评审组秘书处将于2010年9月25日之前以电子邮件方式通知考生；考生重新修改后的报告于2010年10月10日之前提交评审组秘书处，专家重审确认后进入答辩程序。

12. 报考后不能按时提交案例报告或不能按时参加答辩的考生，将视为自动放弃当期报考资格，评审费不退还。

13. 参加案例报告初审（复审）并经专家确认的考生将进入答辩程序，答辩时间为10月10日至11月25日。请考生等候通知，根据统一安排准时参加答辩。

14. 本期答辩全部结束一个月之内考生成绩可以得到确认并公布。成绩查询地址：

教育部考试中心社会证书考试网（http：//sk. neea. edu. cn）；

中国交协物流职业经理认证网（http：//www. cplm. org. cn）。

15. 答辩未通过的考生需重新参加新一轮报考并交纳评审费用。

以上内容教育部考试中心和中国交通运输协会享有最终解释权。报考流程和时间安排以最后通知为准。

附件三：

报名汇总表

（　　　）省

合计（ ）人次

序号	地区	考生姓名	准考证号	身份证号	工作单位	邮箱地址	联系方式（手机/座机）	备注

关于全国外语翻译证书考试英语四级口译和笔译分别颁发证书的通知

教试中心函［2010］119号

各有关考点：

英语四级翻译证书考试自2008年开考以来受到社会尤其是高等院校英语专业学生的广泛欢迎。同时，我中心陆续收到一些考点的反映，要求将这项考试的口译部分和笔译部分单独颁发证书。经全国外语翻译证书考试考委会研究决定从2010年下半年的考试开始将全国外语翻译证书考试英语四级口译和笔译分为两个独立的考试。现就有关问题通知如下：

一、英语四级考试分成两个考试后项目名称分别为：英语四级笔译证书考试、英语四级口译证书考试。单独报考，分别颁发证书。

二、涉及这两个考试的报名、组考、数据不再互相关联。考生可以选择报考任何一项，也可同时报考两项，但不要求两项同时报考。同时报考两项的考生分别给两个考号，发两个准考证。所以，不再涉及保留单项合格成绩的问题。

三、考生到考点确认时分别收费，分项上报。收费标准不变，考点留成不变。

四、2010年5月考试英语四级成绩及证书的处理：

1. 双项考试中仅口译部分成绩合格的考生，不保留成绩，2010年11月补发《英语四级口译证书》，届时考生可持上半年考试成绩通知单到考点领取。双项考试中仅笔译部分成绩合格的考生，不保留成绩，2010年11月补发《英语四级笔译证书》，届时考生可持上半年考试成绩通知单到考点领取。

2. 双项考试成绩均合格的考生，按原办法发《英语四级翻译证书》，成绩在中国教育考试网2010年5月英语四级双项项目下查询。

3. 双项考试成绩均不合格的考生，按原办法只发成绩通知单，无保留成绩。

五、获得补发《英语四级口译证书》或者《英语四级笔译证书》的考生上网查询的时间为2010年11月，证书上载明的考试时间亦是此时间，准考证号使用原成绩单上的考号（2010年5月考试时的准考证号）。

六、请各考点收到此文后尽快通知有关考生。

教育部考试中心

二〇一〇年七月二日

关于做好2010年下半年非学历证书考试考务工作的通知

教试中心函［2010］125号

各省、自治区、直辖市教育考试院（局、中心）、高等教育自学考试办公室：

2010年下半年非学历证书考试项目定于11月20日、21日开考。请各省级考试机构按照我中心《非学历证书考试考务工作规定》（教试中心函［2004］109号）要求，认真做好非学历证书考试考务工作，确保安全保密和考场管理不发生问题。考试中违规行为的记录及处理方式严格按照《国家教育考试违规处理办法》中的规定执行。

为保证考试工作的顺利实施，现将有关事项通知如下：

一、开考项目

2010年下半年非学历证书开考8个考试项目：

1. 中国餐饮业职业经理人资格证书考试（01）；

2. 劳动和社会保障岗位资格证书考试（02）；

3. 调查分析师证书考试（03）；

4. 中国物流职业经理资格证书考试（05）；

5. 中国市场营销资格证书考试（06）；

6. 中英合作采购与供应管理职业资格证书考试（08）；

7. 中国销售管理专业水平证书考试（09）；

8. 中英合作商务管理与金融管理证书管理段课程考试（10）。

二、考试时间课程安排

非学历证书考试详细开考课程安排见附件一。新开考课程代码请在考务信息交换平台下载。中国餐饮业职业经理人资格证书考试项目大纲教材已经进行了调整（考委办函［2010］47号），2010年下半年新旧课程同时开考。原有课程：食品卫生与安全（9005）、现代厨房管理（9003）、餐饮企业财务管理（9007）、企业战略管理（9009）本次将安排最后一次考试，2011年停考。

三、考务信息发布

非学历证书考试信息将在考务信息发布平台发布，考试期间请各省安排专人查看相关信息，并通过考务信息发布平台及时上报相关工作情况。

考务信息发布平台登录网址：

http：//www2. neea. edu. cn/kaowubu

用户名：fxl＋省代码；密码：kw3718 。

四、评卷登分工作

1. 省级考试机构对考试评卷工作要加强管理，应选聘从事本课程教学工作、业务水平较高、责任心较强的教师集中阅卷，并要求按照我中心下发的《答案及评分参考》掌握评分标准，以确保评卷的质量。

2. 中国餐饮业职业经理人资格证书考试、劳动和社会保障岗位资格证书考试、调查分析师证书考试、中国物流职业经理资格证书考试、中国市场营销资格证书考试要求将主观题大题分进行登分，切勿登总分或者小题分。

3. 中英合作采购与供应管理职业证书考试请严格按照试卷的登分框进行登分。主观题题分设置（选答题也要进行相应设置）并上报成绩数据。选答题中，考生答题数量多于规定的，只选择规定数量的答题进行登分和上报成绩，其余题目（包括考生未选答的题目）按“0”分登录上报。另该项目根据中英双方协议，考试结束要对阅卷情况进行抽样分析，抽样具体要求另行通知，请各省级考试承办机构认真配合。

4. 中国销售管理专业水平证书考试和中英合作商务管理与金融管理证书管理段课程考试由教育部考试中心组织集中阅卷、登分，请各省级考试承办机构在考试结束 2 日之内将考生答卷经邮政机要渠道寄送教育部考试中心社考处。

五、成绩数据上报及下发

非学历证书考试必须使用全国统一的考务管理系统。

为及时下发考生成绩，请各省级考试机构务必在考试结束之日起 20 日之内，利用考务信息交换平台上报成绩数据，我中心将利用考务信息交换平台下发各省成绩数据。

考务信息交换平台地址：http：//ftp. neea. edu. cn；

用户名：fxt + 省代码；密 码：fxt + 省代码。

请各省级考试机构及时向我中心申请开通。

信息处联系人：段伯岩，电话：010 - 82520136。

六、证书打印下发

中国销售管理专业水平证书、中英合作商务管理与金融管理证书（管理段）均由我中心负责打印，请各省级考试机构按规定采集并提交考生照片信息，以保证工作的顺利进行。

七、考务材料申领

因非学历证书考试考务工作需要，由我中心下发考试报名登记 、报考课程卡、成绩通知单、准考证 。各省级考试机构需填写非学历证书考试考务材料申领单上报领取（见附件二）。

社考处联系人：刘江平；

电话：010 - 82520118；传真：010 - 82520200；

信箱：liujp@ mail. neea. edu. cn。

附件：一、2010 年下半年非学历证书考试课程时间安排表

二、非学历证书考试考务材料申领单

教育部考试中心

二〇一〇年七月二十二日

（附件二略）

附件一：

2010年下半年非学历证书考试课程时间安排表

考试名称及代码	考次	日期	时间	课程代码	课程名称	备注
中国餐饮业职业经理人资格证书考试（01）	下半年	11月20日星期六	上午9:00—11:30	09542	餐饮食品安全	中级★
				09005	食品卫生与安全	中级
			下午14:00—16:30	09541	现代厨政管理	中级★
				09003	现代厨房管理	中级
		11月21日星期日	上午9:00—11:30	09543	餐饮连锁经营与管理	高级【计算器】★
				09007	餐饮企业财务管理	高级【计算器】
			下午14:00—16:30	09545	餐饮企业品牌经营	高级★
				09009	餐饮企业战略管理	高级
劳动和社会保障岗位资格证书考试(02)	下半年	11月20日星期六	上午9:00—11:30	03318	医疗与生育保险	
			下午14:00—16:30	03315	劳动关系	
		11月21日星期日	上午9:00—11:30	03317	失业保险	
调查分析师证书考试（03）	下半年	11月20日星期六	上午9:00—11:30	07148	调查概论	中级【计算器】
				07162	商务统计	高级【计算器】
			下午14:00—16:30	07152	市场调查实务	中级【计算器】
				07161	经济计量分析	高级【计算器】
		11月21日星期日	上午9:00—11:30	07156	社会经济调查方法与实务	初级【计算器】
			下午14:00—16:30	08003	调查分析基本技能	初级【计算器】可携带三角板和圆规
中国物流职业经理资格证书考试(04)	下半年	11月20日星期六	上午9:00—11:30	05363	物流基础	初级
				05376	库存管理(二)	中级【计算器】
			下午14:00—16:30	05368	库存管理(一)	初级【计算器】
				05373	物流企业管理	中、高级
		11月21日星期日	上午9:00—11:30	05365	物流信息技术	初级
				05367	物流案例与实践(一)	初级【计算器】
				05377	采购与供应管理(二)	中级【计算器】
			下午14:00—16:30	05369	采购与供应管理(一)	初级【计算器】
				05375	物流案例与实践(二)	中级【计算器】
				05382	物流战略管理	高级

（续表）

考试名称及代码	考次	日期	时间	课程代码	课程名称	备注
中英合作采购与供应管理职业资格证书考试(08)	下半年	11 月 20 日 星期六	上午 9:00—12:00	03611	采购与供应谈判	中 级/CIPS 四 级【计算器】
				05727	采购原理与战略	初 级/CIPS 三 级【计算器】
			下午 14:00—17:00	03613	采购与供应关系管理	中 级/CIPS 四 级【计算器】
				05729	国际物流	初 级/CIPS 三 级【计算器】
		11 月 21 日 星期日	上午 9:00—12:00	03618	采购项目管理	高级【计算器】
				03619	运作管理	高级【计算器】
中国市场营销资格证书考试(07)	下半年	11 月 20 日 星期六	上午 9:00—11:30	09997	市场营销总监资格证书综合考试	【计算器】;可携带参阅考试大纲指定教材
				09996	市场营销经理资格证书综合考试	【计算器】
中国销售管理专业水平证书考试(09)	下半年	11 月 20 日 星期六	上午 9:00—11:30	10500	市场调研与销售预测	销售经理★
			下午 14:00—16:30	10501	销售渠道管理	销售经理★
		11 月 21 日 星期日	上午 9:00—11:30	10516	销售客户管理	销售经理★
中英合作商务管理与金融管理证书管理段课程考试(10)	下半年	11 月 20 日 周六	上午 9:00—11:45	11741	市场与市场营销	★
			下午 14:00—16:45	11742	商务沟通方法与技能	★
		11 月 21 日 周日	上午 9:00—11:45	11743	企业组织与经营环境	★
			下午 14:00—16:45	11744	会计原理与实务	★

注：1. 计算器为非编程计算器。

2. 标注★是新开考课程。

关于确保2010年下半年各项考试安全平稳实施的函

教试中心函［2010］145号

广东省教育考试院：

国家教育考试涉及面广，关系到考生、家长的切身利益以及社会的公平、公正和稳定大局。2010年下半年，全国英语等级考试（PETS）、全国计算机等级考试（NCRE）、成人高考、自学考试等考试将陆续进行，正值第16届亚运会筹办、运行阶段，会给相关考试的组织实施工作带来一定的影响。请你院高度重视，精心组织，积极协调有关部门，做好相关考试的试卷运送和保管、组织实施工作以及评卷期间的安全、保卫工作，确保考生、考试工作人员和试卷（答卷）的绝对安全。同时，请提前做好应急预案。如遇亚运会相关工作影响到考试的正常实施时，请提前告知、提醒考生，做好相关服务，确保2010年下半年各项考试安全平稳实施。

教育部考试中心
二〇一〇年九月一日

关于青海省高等教育自学考试办公室《关于我省玉树地震灾区 2010 年 4 月份高等教育自学考试延考工作有关事宜的请示》的回复

教试中心函［2010］152 号

青海省高等教育自学考试办公室：

你办《关于我省玉树地震灾区 2010 年 4 月份高等教育自学考试延考工作有关事宜的请示》（青教考办［2010］12 号）收悉。经研究，同意你省玉树州考区 4 月的高等教育自学考试延迟到 10 月 25 日、26 日举行。现就有关工作要求如下：

一、你办应成立玉树地震灾区 10 月自考延考工作领导组，统筹协调各项工作。充分发挥联席会议作用，加强与当地公安、地震、卫生、保密等单位的协调。

二、10 月考试前，你办应配合有关权威、专业部门，再次对灾区考点的建筑、设施等进行一次安全检查和鉴定，不合格的不能使用。

三、我中心拟于 9 月 15 日将本次延考所需的 60 门全国统考课程试卷装在试卷袋中（每个试卷袋中装有 2 份纸清样）通过机要渠道寄出，请你办注意查收，并做好试卷翻译等工作。

四、按照有关规定和要求，做好灾区延考的报名、组织、实施、安全保密和考点周边保卫工作，考试期间专人上报考试实施情况。

五、采用多种有效方式，为考生、考试工作人员提供必要的宣传、解释、服务和心理辅导，确保考试信息能够及时通知到延考考生。

六、做好灾区各项应急工作预案及培训、演练工作，特别是如何应对地震及次生灾害。

请你办严格落实有关规定，做好玉树州考区自考延考的各项工作，确保考生、考试工作人员人身安全和考试平稳。

教育部考试中心

二〇一〇年九月七日

关于2011年硕士生入学考试初试全国统一命题科目考试时间安排的通知

教试中心函［2010］162号

各省、自治区、直辖市教育考试院（局、中心）、普通高等学校招生办公室：

按照《关于印发2011年招收攻读硕士学位研究生管理规定实施细则和招生简章的通知》（教学司［2010］27号）规定，2011年全国招收攻读硕士学位研究生统一入学考试（以下简称硕士生入学考试）初试将于2011年1月15日—16日举行。现将由我中心统一命题的23门考试科目考试时间安排通知如下：

一、1月15日

1. 考试时间：8:30—11:30

考试科目：思想政治理论

2. 考试时间：14:00—17:00

考试科目：英语（一）、英语（二）、日语、俄语。

二、1月16日

1. 考试时间：8:30—11:30

考试科目：数学一、数学二、数学三、中医综合、西医综合、教育学专业基础综合、心理学专业基础综合、历史学基础、法律硕士（非法学）专业学位联考专业基础课、法律硕士（法学）专业学位联考专业基础课、农学门类联考数学、农学门类联考化学、管理类专业学位联考综合能力。

2. 考试时间：14:00—17:00

考试科目：法律硕士（非法学）专业学位联考综合课、法律硕士（法学）专业学位联考综合课、农学门类联考植物生理学与生物化学、农学门类联考动物生理学与生物化学、计算机科学与技术学科联考计算机学科专业基础综合。

请你们按此安排做好考试的各项准备工作。

教育部考试中心

二〇一〇年九月二十一日

关于进一步加强国家教育考试诚信档案管理工作的通知

教试中心函［2010］209号

各省、自治区、直辖市教育考试院（局、中心）、普通高等学校招生办公室、高等教育自学考试办公室，解放军自学考试委员会办公室：

为深入贯彻落实教育部关于建立国家教育考试考生诚信档案管理制度的要求，进一步加强国家教育考试诚信档案管理工作，现将有关事项通知如下：

一、提高认识，加强领导

国家教育考试诚信档案管理制度，是加强考试管理、维护考试公平、推动诚信体系建设的重要举措，是贯彻落实《国家中长期教育改革和发展规划纲要（2010—2020年）》中“加强诚信制度建设”的具体体现。各省级考试机构要高度重视本项工作，加强领导，周密部署，总结经验，梳理环节，进一步落实有关考生诚信档案管理的各项措施和要求。

二、健全组织体系，落实工作责任

各省级考试机构对本省上报的诚信档案信息的准确性、完整性负全责。各省级考试机构要尽快完善本省（区、市）诚信档案管理组织体系，成立工作小组，明确工作部门和具体负责人。工作小组负责领导、组织、协调诚信档案管理工作。组长由省级考试机构负责人担任，成员由相关部门负责人构成。工作部门由省级考试机构根据工作实际情况指定，具体负责诚信档案日常管理工作，包括违规信息采集、审核、上报、数据库日常维护、运转以及查询等工作。工作小组、工作部门和具体负责人的相关信息要报我中心备案。

三、完善工作制度，加强报送管理

1. 完善备案制度

各省级考试机构要进一步加强地市和招生单位的诚信档案信息管理工作，要明确职责，确保记录的准确和完整，严格按照《国家教育考试违规处理办法》（第18号令）和有关考务规定做好违规行为的认定并履行处理程序。所有记入诚信档案的违规考生材料及证据要备案并妥善保存。

各省级考试机构汇总本省（区、市）考试违规信息，按要求报我中心，通过审核后记入国家教育考试诚信档案。

2. 严格“三审、两报”制度

考生诚信档案由国家和省级两级管理。省级考试机构在报送违规信息时，要严格执行“三审、两报”制度。“三审”具体指数据录入人员一审、部门负责人二审、省级诚信档案管理工作小组组长三审，每个交接环节履行签字手续。通过三审后的数据方可上报。“两报”指各省要同时上报电子数据和纸质文件。考生诚信档案电子数据通过国家教育考试诚信档案系统上报，纸质诚信档案（违规数据表作为附件）通过文件形式上报（每页加盖公章）。

3. 完善数据安全管理制度

各省级考试机构应加强与有关信息、安全部门的联系，采取切实可靠的管理和技术手段，确保系统、网络、数据库的安全。明确各用户职责、权限和操作流程，密码要定期修改，专人专用。诚信档案数据要定期进行备份，制订相关工作预案和灾难恢复方案。要建立日志管理机制，详细记录诚信档案信息的使用和操作。

各级考试机构要对诚信档案的文字、电子材料以及告知书等重要文件和数据进行存档。在未授权情况下，任何工作人员不得对外泄露有关诚信档案信息。

4. 完善对外查询制度

各省级考试机构要加强对诚信档案信息查询的宣传力度，严格各项管理，规范操作程序，畅通查询途径，核实查询身份，与查询单位签署数据查询、使用协议。

四、报送时间、方式

1. 时间：诚信档案（文件、数据）上报我中心的截至时间为每项考试结束后3个月。

2. 途径：

诚信档案数据通过国家教育考试诚信档案系统上报。

纸质诚信档案（违规数据表作为附件，且每页加盖公章）以正式公文形式邮寄到我中心考务一处。

五、近期需要完成的工作

2010年12月20日前，请将本省级考试机构诚信档案工作小组和工作部门的人员相关信息报我中心考务一处备案（信息表及联系方式见附件）。同时，请未上报2010年有关考试诚信档案（文件、数据）的省级考试机构按要求报送。

普通高考、研究生入学考试、成人高考、高等教育自学考试等考试项目的违规信息都要记入国家教育考试诚信档案。请各省级考试机构高度重视国家教育考试诚信档案管理工作，严格按照有关规定，采取切实有效的措施，确保工作平稳实施。

附件：诚信档案工作小组和工作部门的人员相关信息备案表

教育部考试中心

二〇一〇年十二月六日

（附件略）

全国高等教育自学考试指导委员会办公室文件

关于公布2009年部分省（自治区、直辖市）高等教育自学考试备案、审核和审批专业的通知

考委办函［2010］1号

各省、自治区、直辖市高等教育自学考试委员会办公室，解放军自学考试委员会办公室：

根据高等教育自学考试专业管理的有关规定，经研究，决定公布部分省（自治区、直辖市）高等教育自学考试委员会2009年备案开考专业和经我办审核、审批的开考专业（见附件）。现就有关事项通知如下：

一、开考全国统一制定考试计划的专业，各省（自治区、直辖市）考委须在开考前报我办备案，不得擅自更改考试计划。

二、开考《高等教育自学考试专业目录》内专业，应将所开考专业的考试计划报我办审核，经同意并给予专业代码、课程代码后，各省（自治区、直辖市）考委方能开考。

三、凡开考《高等教育自学考试专业目录》外专业，须按照原国家教育委员会印发的《高等教育自学考试开考专业管理办法》（教考试［1996］9号）的要求，认真组织专家论证（专家组成员一般为7人，适当吸收主考学校、高职高专、行业部门人员），在严格论证的基础上，科学确定专业名称，规范专业知识结构；有关论证材料、专业考试计划和有关课程考试大纲、教材的编写使用情况说明，须在开考前10个月提交我办，并经我办组织有关专业委员会进行审议批复后，各省（自治区、直辖市）方能开考。

四、各省（自治区、直辖市）考委按照我办批复其他省（自治区、直辖市）考委的专业考试计划开考专业的，须在开考前报我办备案。

五、各省（自治区、直辖市）考委（考办）上报我办审核和审批专业的文件一式四份，并同时上报电子文档（电子邮箱：tans@neea.edu.cn）。

六、为便于宏观管理，各省（自治区、直辖市）停考的专业须报我办备案，并做好停考专业的善后工作。

附件：2009年部分省（自治区、直辖市）新开考专业表

全国高等教育自学考试指导委员会办公室
二〇一〇年一月六日

附件：

2009年部分省（自治区、直辖市）新开考专业表

省份	序号	专业名称	专业类型	专业代码	申报方式	批准文号
北京	1	播音与主持	专科	A050314	备案	考委办函［2009］14号
	2	动画	专科	A080755	备案	考委办函［2009］14号
	3	播音与主持	独立本科段	B050310	备案	考委办函［2009］25号
	4	动画	独立本科段	B080746	备案	考委办函［2009］25号
	5	酒店管理	独立本科段	B020302	备案	考委办函［2009］25号
	6	影视表演艺术	专科	A050457	备案	考委办函［2009］37号
	7	影视美术设计	专科	A050458	备案	考委办函［2009］37号
天津	1	医药经营与管理	专科	A100908	备案	考委办函［2009］39号
	2	印刷包装技术	专科	A081301	备案	考委办函［2009］39号
	3	精密机械技术	专科	A080346	备案	考委办函［2009］39号
	4	航海技术	专科	A081732	备案	考委办函［2009］39号
	5	轮机工程技术	专科	A081733	备案	考委办函［2009］39号
	6	社会工作与管理	独立本科段	B030203	备案	考委办函［2009］56号
	7	服务外包项目管理	独立本科段	B020315	审批	考委办函［2009］92号
河北	1	机械制造及自动化	专科	A080301	备案	考委办函［2009］68号
	2	应用电子技术	专科	A080722	备案	考委办函［2009］68号
	3	工业电气自动化技术	专科	A080602	备案	考委办函［2009］68号
	4	项目管理	独立本科段	B020256	备案	考委办函［2009］68号
	5	义务教育	专科	A040124	备案	考委办函［2009］59号
	6	义务教育	独立本科段	B040125	备案	考委办函［2009］59号
山西	1	义务教育	专科	A040124	备案	考委办函［2009］59号
	2	义务教育	独立本科段	B040125	备案	考委办函［2009］59号
内蒙古	1	视觉传达设计	专科	A050406	备案	考委办函［2009］30号
	2	畜牧兽医	专科	A090414	备案	考委办函［2009］30号
	3	口岸通关	独立本科段	B020312	审批	考委办函［2009］30号
	4	公司管理	独立本科段	B020143	备案	考委办函［2009］32号
	5	项目管理	独立本科段	B020256	备案	考委办函［2009］32号
	6	日语	本科段	C050202	备案	考委办函［2009］53号
	7	义务教育	独立本科段	B040125	备案	考委办函［2009］86号

（续表）

省份	序号	专业名称	专业类型	专业代码	申报方式	批准文号
辽宁	1	环境艺术设计	基础科段	C050425	备案	考委办函［2009］11 号
	2	环境艺术设计	本科段	C050426	备案	考委办函［2009］11 号
	3	软件工程	专科	A080756	备案	考委办函［2009］45 号
	4	信息管理与信息系统	专科	A082235	备案	考委办函［2009］45 号
	5	会展策划与管理	专科	A020166	备案	考委办函［2009］45 号
	6	中文导游	专科	A020308	备案	考委办函［2009］45 号
	7	艺术设计（人物形象设计方向）	专科	A050436	备案	考委办函［2009］45 号
	8	汽车维修与检测	独立本科段	B081726	备案	考委办函［2009］45 号
	9	船舶与海洋工程（轮机工程方向、航海技术方向）	独立本科段	B080325	备案	考委办函［2009］45 号
	10	播音与主持	专科	A050314	备案	考委办函［2009］81 号
	11	电子信息工程	独立本科段	B080753	备案	考委办函［2009］81 号
	12	采矿工程	独立本科段	B080109	备案	考委办函［2009］81 号
	13	珠宝及材料工艺学	专科	B080110	备案	考委办函［2009］81 号
吉林	1	汽车制造与装调技术	基础科段	C080344	审批	考委办函［2009］15 号
	2	汽车制造与装调技术	本科段	C080345	审批	考委办函［2009］15 号
黑龙江	1	对外汉语	独立本科段	B050140	备案	考委办函［2009］22 号
	2	韩国语	本科段	C050223	备案	考委办函［2009］22 号
	3	生物技术	独立本科段	B070405	备案	考委办函［2009］22 号
	4	汽车维修与检测	专科	A081725	备案	考委办函［2009］22 号
	5	汽车维修与检测	独立本科段	B081726	备案	考委办函［2009］22 号
	6	机电一体化工程	专科	A080306	备案	考委办函［2009］22 号
	7	工业电气自动化技术	专科	A080602	备案	考委办函［2009］22 号
	8	电子商务	专科	A020215	备案	考委办函［2009］22 号
	9	服装设计	专科	A050415	备案	考委办函［2009］22 号
	10	计算机网络	专科	A080710	备案	考委办函［2009］22 号
	11	计算机硬件维护	专科	A080778	备案	考委办函［2009］22 号
	12	环境艺术设计	专科	A050444	备案	考委办函［2009］22 号
	13	商务日语	基础科段	C050235	审批	考委办函［2009］22 号
	14	商务日语	本科段	C050236	审批	考委办函［2009］22 号
	15	义务教育	专科	A040124	备案	考委办函［2009］59 号
	16	义务教育	独立本科段	B040125	备案	考委办函［2009］59 号

（续表）

省份	序号	专业名称	专业类型	专业代码	申报方式	批准文号
江苏	1	游戏艺术设计	专科	A050459	备案	考委办函［2009］38号
	2	游戏艺术设计	独立本科段	B050460	审批	考委办函［2009］46号
	3	人力资源管理	独立本科段	B020218	备案	考委办函［2009］46号
	4	商务英语	独立本科段	B050218	备案	考委办函［2009］46号
	5	食品科学与工程	独立本科段	B081308	备案	考委办函［2009］46号
	6	汽车维修与检测	独立本科段	B081726	备案	考委办函［2009］46号
	7	数控加工与模具设计	独立本科段	B080327	备案	考委办函［2009］46号
	8	义务教育	专科	A040124	备案	考委办函［2009］59号
	9	义务教育	独立本科段	B040125	备案	考委办函［2009］59号
浙江	1	安全保卫	专科	A030408	备案	考委办函［2009］19号
	2	韩国语	基础科段	C050224	备案	考委办函［2009］19号
	3	印刷包装技术	专科	A081301	备案	考委办函［2009］19号
	4	空中乘务	专科	A020311	备案	考委办函［2009］29号
	5	网络编辑	专科	A050322	备案	考委办函［2009］79号
	6	义务教育	专科	A040124	备案	考委办函［2009］59号
	7	义务教育	独立本科段	B040125	备案	考委办函［2009］59号
福建	1	光电技术	专科	A080347	备案	考委办函［2009］47号
	2	印刷包装技术	专科	A081301	备案	考委办函［2009］47号
	3	建筑施工技术与管理	专科	A082230	备案	考委办函［2009］47号
	4	工程造价管理	独立本科段	B082231	备案	考委办函［2009］47号
	5	义务教育	专科	A040124	备案	考委办函［2009］59号
	6	义务教育	独立本科段	B040125	备案	考委办函［2009］59号
江西	1	硅酸盐工艺	专科	A080201	备案	考委办函［2009］6号
	2	印刷包装技术	专科	A081301	备案	考委办函［2009］6号
	3	采矿技术	专科	A080104	备案	考委办函［2009］6号
	4	工程测量技术	专科	A080819	备案	考委办函［2009］6号
	5	光伏材料应用技术	独立本科段	B080206	审批	考委办函［2009］85号
	6	园林	独立本科段	B090115	备案	考委办函［2009］85号
	7	动物科学	独立本科段	B090407	备案	考委办函［2009］85号
	8	义务教育	专科	A040124	备案	考委办函［2009］59号
	9	义务教育	独立本科段	B040125	备案	考委办函［2009］59号

（续表）

省份	序号	专业名称	专业类型	专业代码	申报方式	批准文号
河南	1	数控技术	独立本科段	B080741	备案	考委办函［2009］36 号
	2	药学	独立本科段	B100805	备案	考委办函［2009］36 号
	3	电子工程	独立本科段	B080705	备案	考委办函［2009］36 号
	4	应用心理学	独立本科段	B071502	备案	考委办函［2009］36 号
	5	园林	独立本科段	B090115	备案	考委办函［2009］36 号
	6	汽车维修与检测	独立本科段	B081726	备案	考委办函［2009］36 号
	7	艺术设计	独立本科段	B050437	备案	考委办函［2009］36 号
	8	调查与分析	专科	A020163	备案	考委办函［2009］75 号
	9	义务教育	专科	A040124	备案	考委办函［2009］59 号
	10	义务教育	独立本科段	B040125	备案	考委办函［2009］59 号
湖北	1	会计电算化	专科	A020242	备案	考委办函［2009］80 号
广东	1	机械制造及自动化	专科	A080301	备案	考委办函［2009］12 号
	2	应用电子技术	专科	A080722	备案	考委办函［2009］12 号
	3	工业电气自动化技术	专科	A080602	备案	考委办函［2009］12 号
	4	市场营销	独立本科段	B020208	备案	考委办函［2009］62 号
	5	艺术设计	专科	A050437	备案	考委办函［2009］62 号
	6	艺术设计	独立本科段	B050436	备案	考委办函［2009］62 号
	7	现代企业管理	独立本科段	B020309	备案	考委办函［2009］62 号
	8	项目管理	独立本科段	B020256	备案	考委办函［2009］62 号
	9	汽车服务工程	专科	A082229	备案	考委办函［2009］62 号
	10	模具设计与制造	专科	A080304	备案	考委办函［2009］62 号
	11	数控技术应用	专科	A080744	备案	考委办函［2009］62 号
	12	义务教育	专科	A040124	备案	考委办函［2009］59 号
	13	义务教育	独立本科段	B040125	备案	考委办函［2009］59 号
广西	1	国际贸易	独立本科段	B020110	备案	考委办函［2009］13 号
	2	室内设计	独立本科段	B050432	备案	考委办函［2009］73 号
	3	艺术设计	独立本科段	B050437	备案	考委办函［2009］73 号
	4	物业管理	专科	A020234	备案	考委办函［2009］73 号
	5	义务教育	专科	A040124	备案	考委办函［2009］59 号
	6	义务教育	独立本科段	B040125	备案	考委办函［2009］59 号
海南	1	国际贸易	独立本科段	B020110	备案	考委办函［2009］21 号
	2	新闻学	本科段	C050305	备案	考委办函［2009］21 号
	3	建筑工程	独立本科段	B080806	备案	考委办函［2009］21 号
	4	机电一体化工程	专科	A080306	备案	考委办函［2009］26 号
	5	机电一体化工程	独立本科段	B080307	备案	考委办函［2009］26 号
	6	电力系统及其自动化	专科	A080604	备案	考委办函［2009］26 号
	7	电力系统及其自动化	独立本科段	B080605	备案	考委办函［2009］26 号

（续表）

省份	序号	专业名称	专业类型	专业代码	申报方式	批准文号
重庆	1	数控技术应用	专科	A080744	备案	考委办函［2009］55号
	2	义务教育	专科	A040124	备案	考委办函［2009］59号
	3	义务教育	独立本科段	B040125	备案	考委办函［2009］59号
四川	1	应用化学（分析技术与环境监测方向）	独立本科段	B081209	备案	考委办函［2009］34号
	2	生物制药	独立本科段	B100907	备案	考委办函［2009］34号
	3	物业管理	独立本科段	B020222	备案	考委办函［2009］34号
	4	音乐教育（音乐舞蹈方向）	独立本科段	B050408	备案	考委办函［2009］34号
	5	体育教育（休闲体育方向）	独立本科段	B040302	备案	考委办函［2009］34号
	6	艺术设计	独立本科段	B050437	备案	考委办函［2009］34号
	7	服装设计与工程	独立本科段	B050443	备案	考委办函［2009］34号
	8	艺术设计（人物形象设计方向）	专科	A050436	备案	考委办函［2009］34号
	9	动漫艺术设计	专科	A050445	备案	考委办函［2009］34号
	10	义务教育	专科	A040124	备案	考委办函［2009］59号
	11	义务教育	独立本科段	B040125	备案	考委办函［2009］59号
贵州	1	英语翻译	独立本科段	B050134	备案	考委办函［2009］54号
	2	电子工程	独立本科段	B080705	备案	考委办函［2009］54号
	3	财税	独立本科段	B020104	备案	考委办函［2009］54号
	4	制药科学与工程	独立本科段	B081204	备案	考委办函［2009］54号
	5	小学教育	独立本科段	B040112	备案	考委办函［2009］54号
	6	汽车服务工程	独立本科段	B082232	备案	考委办函［2009］54号
	7	知识产权管理	独立本科段	B020225	备案	考委办函［2009］54号
	8	药学	独立本科段	B100805	备案	考委办函［2009］54号
	9	畜牧兽医	专科	A090414	备案	考委办函［2009］54号
	10	物流管理	专科	A020228	备案	考委办函［2009］74号
	11	国际贸易	专科	A020109	备案	考委办函［2009］74号
	12	物理教育	专科	A070201	备案	考委办函［2009］74号
	13	化学教育	专科	A070301	备案	考委办函［2009］74号
	14	地理教育	专科	A070701	备案	考委办函［2009］74号
	15	心理健康教育	专科	A040109	备案	考委办函［2009］74号
	16	生物制药	专科	A100906	备案	考委办函［2009］74号
	17	义务教育	专科	A040124	备案	考委办函［2009］59号
	18	义务教育	独立本科段	B040125	备案	考委办函［2009］59号

（续表）

省份	序号	专业名称	专业类型	专业代码	申报方式	批准文号
云南	1	信息管理与服务	独立本科段	B071602	备案	考委办函［2009］50号
	2	机械制造与自动化	独立本科段	B080302	备案	考委办函［2009］50号
	3	建筑经济管理	独立本科段	B020221	备案	考委办函［2009］50号
	4	数字媒体艺术	独立本科段	B050418	备案	考委办函［2009］50号
	5	商务管理	本科段	C020226	备案	考委办函［2009］50号
陕西	1	采购与供应管理	专科	A020265	备案	考委办函［2009］5号
	2	采购与供应管理	独立本科段	B020282	备案	考委办函［2009］5号
	3	数控技术应用	专科	A080744	备案	考委办函［2009］43号
	4	汽车维修与服务	专科	A080323	备案	考委办函［2009］43号
	5	房地产经营与管理	专科	A020206	备案	考委办函［2009］43号
	6	义务教育	专科	A040124	备案	考委办函［2009］59号
	7	义务教育	独立本科段	B040125	备案	考委办函［2009］59号
甘肃	1	对外汉语	独立本科段	B050140	备案	考委办函［2009］7号
	2	学前教育（艺术教育方向）	独立本科段	B040102	备案	考委办函［2009］7号
	3	电子信息工程	专科	A080752	备案	考委办函［2009］7号
	4	电子信息工程	独立本科段	B080753	备案	考委办函［2009］7号
	5	侦查学	独立本科段	B030405	备案	考委办函［2009］7号
	6	公安管理（侦查方向）	基础科段	C030403	备案	考委办函［2009］7号
	7	公共事业管理	专科	A020271	备案	考委办函［2009］7号
	8	音乐教育（表演方向）	独立本科段	B050408	备案	考委办函［2009］7号
	9	物理教育	独立本科段	B070202	备案	考委办函［2009］7号
	10	义务教育	专科	A040124	备案	考委办函［2009］59号
	11	义务教育	独立本科段	B040125	备案	考委办函［2009］59号
宁夏	1	药学	专科	A100801	备案	考委办函［2009］52号
	2	园林	专科	A090114	备案	考委办函［2009］52号

关于海南省申请备案开考高等教育自学考试机械制造及自动化（专科）等八个专业的复函

考委办函［2010］2号

海南省考试局：

你局《关于申请开考自学考试机械制造及自动化等八专业的请示》（琼考函［2009］70号）收悉，函复如下：

一、同意你省备案开考高等教育自学考试机械制造及自动化专业（专科）、计算机网络及应用专业（专科）、生物制药专业（专科）、光伏材料加工与应用技术专业（专科）、报关与国际货运专业（专科）、航海技术专业（专科）、工程管理专业（独立本科段）、物流管理专业（独立本科段）八个专业，请严格执行教考试［1999］3号、考委办函［2007］56号、考委办函［2006］130号、考委办函［2008］82号、考委办函［2008］44号、考委办函［2007］64号、考委［2004］10号等文件的规定。

二、为保证质量标准，开考计划中凡课程名称、学分与全国统考课程相同者，均须使用全国考委组编的课程自学考试大纲、教材，参加全国统一命题考试。

三、同意你省遴选海南科技职业学院为机械制造及自动化专业（专科）、计算机网络及应用专业（专科）、生物制药专业（专科）、光伏材料加工与应用技术专业（专科）、报关与国际货运专业（专科）、航海技术专业（专科）、海口经济学院为工程管理专业（独立本科段）、长沙理工大学为物流管理专业（独立本科段）的主考学校。请充分发挥主考学校的作用，切实贯彻“教考职责分离”的原则，加强省考课程的课程自学考试大纲、教材建设和实践性环节考核等工作，切实保证质量。

全国高等教育自学考试指导委员会办公室
二〇一〇年一月十四日

关于重庆市申请备案开考高等教育自学考试日语专业（本科段）等的复函

考委办函［2010］4号

重庆市教育考试院：

你院《关于备案开考日语专业（本科段）的请示》（渝教考文［2010］9号）和《关于调整园林工程专业（独立本科段）考试计划的请示》（渝教考文［2009］9号）收悉，函复如下：

一、同意你市备案开考高等教育自学考试日语专业（本科段）；同意你市将园林工程专业（独立本科段）中的园林工程（课程代码06641，4学分，含实践1学分）调整为园林工程学（课程代码07435，4学分，含实践2学分），有关事项请提前通知考生，做好调整的过渡工作。

二、为保证质量标准，开考计划中凡课程名称、学分与全国统考课程相同者（附件中序号标注“＊”号），均须使用全国考委组编的课程自学考试大纲、教材，参加全国统一命题考试。

三、同意你市遴选四川外语学院为日语专业（本科段）的主考学校。请充分发挥主考学校的作用，切实贯彻“教考职责分离”的原则，加强市考课程的课程自学考试大纲、教材建设和实践性环节考核等工作，切实保证质量。

附件：高等教育自学考试日语专业（本科段）课程设置与学分

全国高等教育自学考试指导委员会办公室
二〇一〇年一月二十一日

附件：

高等教育自学考试日语专业（本科段）课程设置与学分

专业代码：C050202

序号	课程代码	课程名称	学分	备注
1*	03708	中国近现代史纲要	2	
2*	03709	马克思主义基本原理概论	4	
3*	00535	现代汉语	7	
4	00601	日语翻译	6	
5	00609	高级日语（一）	8	
6	00610	高级日语（二）	8	
7	00611	日语句法篇章法	4	
8	00612	日本文学选读	6	
9	00845	第二外语（英语）	6	
10	07553	日语写作（一）	4	
11	10473	口译与听力（日语）	6	
	10243	日语（本科）毕业论文		不计学分
总学分			61	

关于辽宁省申请备案开考高等教育自学考试社会工作与管理专业（独立本科段）的复函

考委办函［2010］5号

辽宁省高中等教育招生考试委员会办公室：

你办《关于辽宁省高等教育自学考试申请备案开考社会工作与管理专业（独立本科段）的请示》（辽招考办字［2010］5号）收悉，函复如下：

一、同意你省备案开考高等教育自学考试社会工作与管理专业（独立本科段）（见附件）。

二、为保证质量标准，开考计划中凡课程名称、学分与全国统考课程相同者（附件中序号标注“*”号），均须使用全国考委组编的课程自学考试大纲、教材，参加全国统一命题考试。

三、同意你省遴选辽宁石油化工大学为社会工作与管理专业（独立本科段）的主考学校。请充分发挥主考学校的作用，切实贯彻“教考职责分离”的原则，加强省考课程的课程自学考试大纲、教材建设和实践性环节考核等工作，切实保证质量。

附件：高等教育自学考试社会工作与管理专业（独立本科段）课程设置与学分

全国高等教育自学考试指导委员会办公室

二〇一〇年一月二十九日

附件：

高等教育自学考试社会工作与管理专业（独立本科段）课程设置与学分

专业代码：B030203

序号	课程代码	课程名称	学分	备注
1*	03708	中国近现代史纲要	2	
2*	03709	马克思主义基本原理概论	4	
3	00015*	英语（二）	14	三选一
	00016	日语（二）	14	
	00017	俄语（二）	14	
4	00272	社会工作概论	5	
5	00279	团体社会工作	4	
6	00281	社区社会工作	6	
7	00282	个案社会工作	4	
8	00283	社会行政	6	
9	00284	心理卫生与心理咨询	4	
10	00287	发展社会学	4	
11	00273	社会工作实务	6	
12	00274	社会政策与法规	6	
13	04264	社会福利思想	4	
14	10088	社会工作综合能力	6	
15	11612	行政职业综合能力（实践）	4	
	10089	社会工作与管理毕业论文		不计学分
总学分			79	

关于天津市申请备案开考高等教育自学考试物业管理专业（独立本科段）的复函

考委办函［2010］6号

天津市高等教育自学考试委员会：

你市《关于备案开考高等教育自学考试物业管理专业（独立本科段）的请示》（津考委高发［2010］1号）收悉，函复如下：

一、同意你市备案开考高等教育自学考试物业管理专业（独立本科段），请严格执行考委办函［2005］91号等文件规定（见附件）。

二、为保证质量标准，开考计划中凡课程名称、学分与全国统考课程相同者（附件中序号标注“＊”号），均须使用全国考委组编的课程自学考试大纲、教材，参加全国统一命题考试。

三、同意你市遴选天津师范大学为物业管理专业（独立本科段）的主考学校。请充分发挥主考学校的作用，切实贯彻“教考职责分离”的原则，加强市考课程的课程自学考试大纲、教材建设和实践性环节考核等工作，切实保证质量。

附件：高等教育自学考试物业管理专业（独立本科段）课程设置与学分

全国高等教育自学考试指导委员会办公室
二〇一〇年二月四日

附件：

高等教育自学考试物业管理专业（独立本科段）课程设置与学分

专业代码：B020222

序号	课程代码	课程名称	学分	备注
1*	03708	中国近现代史纲要	2	
2*	03709	马克思主义基本原理概论	4	
3	00015*	英语（二）	14	三选一
	00016	日语（二）	14	
	00017	俄语（二）	14	
4*	00054	管理学原理	6	
5*	00169	房地产法	3	
6*	00147	人力资源管理（一）	6	
7	02659	房地产项目管理	4	
8	00176	物业管理	6	
9	06569	物业管理实务	4	
	05304	物业管理实务（实践）	3	
10	05676	城市环境保护	5	
11	05673	城市社区建设概论	5	
12	05674	物业信息管理	5	
13	05675	物业管理国际标准与质量认证	4	
	10293	物业管理毕业论文		不计学分
		总学分	71	
1*	00182	公共关系学	4	加考课程

关于海南省申请备案开考高等教育自学考试数控技术（独立本科段）等专业的复函

考委办函［2010］8号

海南省高等教育自学考试委员会办公室：

你办《关于申请开考高等教育自学考试数控技术等十五个专业的请示》（琼考函［2010］3号）收悉，函复如下：

一、同意你省备案开考高等教育自学考试数控技术专业（独立本科段）、模具设计与制造专业（独立本科段）、医药经营与管理专业（专科）、卫生事业管理专业（专科）、国际旅游管理专业（专科）、服装艺术设计专业（专科）、畜牧兽医专业（专科）、烹饪工艺专业（专科）、园艺专业（专科）、食品加工与检验专业（专科）、工业电气自动化技术专业（专科）、乡村管理专业（专科）、会展策划与管理专业（专科）、酒店管理专业（专科）14个专业。请严格执行考委［2005］3号、考委办函［2006］28号、考委办函［2009］39号、考委办函［2004］172号、考委办函［2007］82号、考委办函［2005］121号、考委办函［2008］90号、考委办函［2006］96号和《高等教育自学考试专业目录与专业基本规范》等文件的规定。

根据《教育部、卫生部关于举办高等医学教育的若干意见》（教高［2002］10号）的有关规定，你办报来的中医推拿按摩专业（专科）暂不开设。

二、为保证质量标准，开考计划中凡课程名称、学分与全国统考课程相同者，均须使用全国考委组编的课程自学考试大纲、教材，参加全国统一命题考试。

三、同意你省遴选海南大学为数控技术专业（独立本科段）和模具设计与制造专业（独立本科段）、海南医学院为医药经营与管理专业（专科）和卫生事业管理专业（专科）、海南广播电视大学为国际旅游管理专业（专科）、服装艺术设计专业（专科）、畜牧兽医专业（专科）、烹饪工艺专业（专科）、园艺专业（专科）、食品加工与检验专业（专科）、工业电气自动化技术专业（专科）、乡村管理专业（专科）、会展策划与管理专业（专科）和酒店管理专业（专科）的主考学校。请充分发挥主考学校的作用，切实贯彻“教考职责分离”的原则，加强省考课程的课程自学考试大纲、教材建设和实践性环节考核等工作，切实保证质量。

全国高等教育自学考试指导委员会办公室

二〇一〇年三月四日

关于发布中国物流职业经理资格证书考试《业务考评》课程考试大纲的通知

考委办函［2010］10号

各省、自治区、直辖市教育考试院（局、中心），高等教育自学考试办公室：

根据全国高等教育自学考试指导委员会同中国交通运输协会联合发文《关于合作开考中国物流职业经理资格证书和高等教育自学考试物流管理专业（专科、独立本科段）的通知》（考委［2004］10号）规定，《业务考评》课程是中国物流职业经理资格证书高级证书的必考课程。现公布该课程考试大纲。

请及时向社会公布，通过各种渠道通知参加该课程考试的考生。开考通知将另行发布。

该课程的相关报考信息可查询我办社考网，网址：http：//sk. neea. edu. cn。

附件：中国物流职业经理资格证书考试《业务考评》课程考试大纲

全国高等教育自学考试指导委员会办公室

二〇一〇年三月十二日

抄送：全国考委经济管理类专业委员会，中国交通运输协会

附件：

中国物流职业经理资格证书考试《业务考评》课程考试大纲

全国高等教育自学考试指导委员会　制订

目　录

1　能力考评要求

《业务考评》（课程代码：05383）课程是中国物流职业经理高级资格证书的必考课程。该课程的考评要求是，考查考生运用物流专业知识、观点、方法和相应的技能，从企业战略管理层次或运营管理层次分析和解决企业物流供应链管理问题的能力。

2　考评形式

按照本大纲的要求，考生提交案例报告；评审专家审阅案例报告提出初审意见及初审成绩；评审专家组对考生进行答辩，并根据答辩情况、初审意见及初审成绩提出评审意见和评审成绩。

初审成绩满分为100分，60分为及格。考生初评成绩及格方可进入答辩阶段。

评审成绩满分为100分，60分为及格。

评审成绩分为优秀（90～100分）、良好（80～89分）、中等（70～79分）、及格（60～69分）、不及格（60分以下）五个档次。

3　案例报告论题选题

考生的案例报告论题选题可以立足于本企业物流供应链管理的运营层面或战略层面。案例报告论题选题的具体要求如下：

1）考生自己独立选题，也可参考本大纲附录A中给出的参考论题，从中自选一个或几个方面的论题。

2）考生所选论题应与本企业物流供应链管理紧密相关，符合本企业及行业的实际情况及发展要求，具有一定的新颖性和可操作性。

4　案例报告撰写要求

1）案例报告要求考生理论结合实际，将物流管理知识灵活运用到物流实践中，体现出考生综合的分析问题和解决问题的能力。案例报告字数要求5000～10000字（若有附录，附录部分不计入字数）。

2）案例报告应结合本企业所处环境和背景，即企业经营领域、竞争市场状况、企业架构、企业相关业务的具体运作流程等一系列与案例论述有关的因素，明确提出企业在物流与供应链管理中存在的问题或面临的挑战；运用物流专业管理的知识、观点、方法和相应的技能，针对其问题提出解决方案；真实地展示出该解决方案实施后对改进企业物流供应链管理的实践价值或成果。

3）案例报告应做到背景清晰，问题明确，采用的分析方法适当，数据充分严谨，分析深入周密，逻辑清晰，层次分明。案例报告应具有实践性和科学性，并具有一定的创新性。

4）案例报告所需数据、参考文献由考生自行准备。案例报告中如需引用他人文献的内容或数据，应注明出处，不得侵权。涉及考生所在企业商业秘密的内容需经处理使用，应注意防止泄密。主考单位不承担相关数据的保密义务。

5）在案例报告中如使用一些理论分析工具，如SWOT、PDCA，只需直接应用，无需阐述相关的理论内容，如其定义、应用范围等。

6）案例报告要求真实，结合考生本职工作。应围绕案例主题收集相关资料，进行深入的调查研究和分析，并将这一分析研究过程和相关结论以文字、图表等方式组织到案例报告之中，形成完整的案例报告。

7）案例报告编写格式要求见附录B及附录C。

8）上述没有涉及但考生认为重要和相关的其他补充资料。

5　案例报告评定标准

评审项目	评审内容	评审权重
体例格式	格式规范性，文字量，结构完整	10%
案例介绍	案例主体要素明确，完整，相关背景清晰，提出的问题（论点）鲜明、准确、合理	20%

（续表）

评审项目	评审内容	评审权重
案例分析	综合运用物流管理知识，选用合适的分析方法，分析论述合理周密，逻辑性强，具体翔实的数据及图表支持，具有实践性、科学性	50%
成果或结论	描述和总结企业在物流供应链管理的战略层次或运营层次的成功经验或失败教训，结论合理，观点明确，实践性强，具有一定的创新性	20%

注意事项

1）为维护评审的公正，案例报告将采取匿名评审的方式。考生不得在案例报告中透露本人的真实身份。

2）在案例报告评审过程中如发现抄袭等作弊行为，该案例报告一律按零分处理。

6 答辩

答辩的目的，就是检查考生是否认真独立完成案例报告，是否具有解决实际问题的能力。

1）答辩以远程网络视频的形式进行。考生必须按规定时间及地点参加答辩。

2）每位考生的答辩时间大约为20分钟，其中用5～7分钟简述案例报告内容，用13～15分钟回答评审专家的提问。

3）评审专家围绕案例报告拟题提问，所涉及问题包括在实际运作中可能产生的风险或报告中论述不清楚、不确切、不周全以及相互矛盾之处，考生即时回答，重点考察考生实际解决问题的能力。

4）根据答辩情况及初评成绩和初评意见，评审专家组给出评审意见和综合评审成绩。

5）评审中出现答辩水平与案例分析脱节，或牵强附会，综合评审成绩应为不及格，评审意见应为不通过。

7 评审组织实施

全国高等教育自学考试指导委员会办公室（教育部考试中心）与中国交通运输协会共同制定《业务考评》课程的考试实施管理办法。依据本大纲的评判标准，评审专家对考生的案例报告提出初审意见及初审成绩；评审专家组对考生进行答辩，并根据答辩情况、初审意见及初审成绩提出评审意见和评审成绩。全国高等教育自学考试指导委员会办公室（教育部考试中心）最终确认并公布成绩。

（附录略）

关于甘肃省申请开考高等教育自学考试机车车辆（独立本科段）等七个专业的复函

考委办函［2010］11号

甘肃省高等教育自学考试委员会：

你委《关于申请开考高等教育自学考试机车车辆专业（独立本科段）的报告》（甘考委字［2009］13号）和《关于开考高等教育自学考试地理教育等六个专业的备案报告》（甘考委字［2009］87号）收悉，函复如下：

一、经全国考委交通类专业委员会审核，同意你省开考高等教育自学考试机车车辆专业（独立本科段）。同意你省备案开考高等教育自学考试地理教育专业（独立本科段）、地理信息系统专业（独立本科段）（含测绘工程方向）、数字媒体艺术专业（独立本科段）、建筑环境与设备工程专业（独立本科段）、土木工程（铁道工程方向）专业（独立本科段）、财税专业（专科）六个专业，请严格执行考委办函［2003］89号、考委办函［2006］14号、考委办函［2004］53号、考委办函［2003］89号、考委办函［2007］86号、教考试［1998］10号等文件规定。我办对报送的专业赋予了专业代码和课程代码（见附件）。

二、为保证质量标准，开考计划中凡课程名称、学分与全国统考课程相同者（附件中序号标注“＊”号），均须使用全国考委组编的课程自学考试大纲、教材，参加全国统一命题考试。

三、同意你省遴选西北师范大学为地理教育专业（独立本科段）、西北师范大学、兰州交通大学为地理信息系统专业（独立本科段）、兰州交通大学为机车车辆专业（独立本科段）、数字媒体艺术专业（独立本科段）、建筑环境与设备工程专业（独立本科段）、土木工程专业（铁道工程方向）（独立本科段）、兰州商学院为财税专业（专科）的主考学校。请充分发挥主考学校的作用，切实贯彻“教考职责分离”的原则，加强省考课程的课程自学考试大纲、教材建设和实践性环节考核等工作，切实保证质量。

附件：1. 高等教育自学考试机车车辆专业（独立本科段）课程设置与学分
2. 高等教育自学考试地理教育专业（独立本科段）课程设置与学分
3. 高等教育自学考试地理信息系统专业（独立本科段）课程设置与学分
4. 高等教育自学考试地理信息系统专业（测绘工程方向）（独立本科段）课程设置与学分
5. 高等教育自学考试数字媒体艺术专业（独立本科段）课程设置与学分
6. 高等教育自学考试建筑环境与设备工程专业（独立本科段）课程设置与学分

7. 高等教育自学考试土木工程专业（铁道工程方向）（独立本科段）课程设置与学分

8. 高等教育自学考试财税专业（专科）课程设置与学分

全国高等教育自学考试指导委员会办公室
二〇一〇年三月十八日

抄送：全国考委交通类专业委员会

附件：

1. 高等教育自学考试机车车辆专业（独立本科段）课程设置与学分

专业代码：B081737

序号	课程代码	课程名称	学分	备注
1*	03708	中国近现代史纲要	2	
2*	03709	马克思主义基本原理概论	4	
3*	00015	英语（二）	14	
4*	00420	物理（工）	5	
	00421	物理（工）（实践）	1	
5*	00023	高等数学（工本）	10	
6*	02141	计算机网络技术	4	
7*	02271	电机学	4. 5	
	02272	电机学（实践）	0. 5	
8	06361	车辆工程	5	
	06362	车辆工程（实践）	2	
9	06357	机车构造原理	7	
10	06358	机车车辆制造及修理工艺	4	
11	11660	列车制动	4	
	11661	列车制动（实践）	1	
12	11662	电力机车控制	3	
13	06359	机车运用与安全工程	2	
	06360	机车运用与安全工程（实践）	2	
14	11663	列车牵引计算	3	
	11664	机车车辆毕业论文（设计）		
总学分			78	
1	02185	机械设计基础	3	非本专业专科毕业加考课程
	202186	机械设计基础（实践）	3	
2	07142	计算机在机车车辆中的应用	5	

2. 高等教育自学考试地理教育专业（独立本科段）课程设置与学分

专业代码：B070702

序号	课程代码	课程名称	学分	备注
1*	03708	中国近现代史纲要	2	
2*	03709	马克思主义基本原理概论	4	
3*	00015	英语（二）	14	
4*	00023	高等数学（工本）	10	
5*	00018	计算机应用基础	2	
	00019	计算机应用基础（实践）	2	
6	02099	经济地理学导论	4	
7	02094	人文地理学概论	5	
8	02101	区域科学原理	5	
9	02102	遥感概论	4	
10	02103	计量地理与地理信息系统	7	
11	02104	现代自然地理学	8	
12	02105	地理教育学	4	
13	03144	环境科学基础	6	
	03145	环境科学基础（实践）	3	
14	06450	人口·资源·环境与可持续发展	5	
15	06407	教师伦理学	4	
	10343	地理教育毕业论文		不计学分
总学分			89	
1*	00031	心理学	4	加考课程
2*	00429	教育学（一）	4	
3	02091	地质学基础	5	

3. 高等教育自学考试地理信息系统专业（独立本科段）课程设置与学分

专业代码：B082234

序号	课程代码	课程名称	学分	备注
1*	03708	中国近现代史纲要	2	
2*	03709	马克思主义基本原理概论	4	
3*	00015	英语（二）	14	
4*	00023	高等数学（工本）	10	
5	02102	遥感概论	4	
6	02104	现代自然地理学	8	
7	04651	地理信息系统原理	4	
8	04658	数字制图原理	3	
9	04652	普通地图编制	3	
	04653	普通地图编制（实践）	2	
10	04654	遥感图像处理	3	
11	04656	地图分析与应用	3	
12	04657	空间数据库	3	
13	04650	地图投影与变换	3	
14	04655	计算机地图制图	3	
15	04660	地理信息系统设计	2	
	04659	地理信息系统设计（实践）	1	
	11665	地理信息系统毕业论文		不计学分
总学分			72	
1	04646	摄影测量学	4	加考课程
2	04649	地图设计	2	

4. 高等教育自学考试地理信息系统专业（测绘工程方向）（独立本科段）课程设置与学分

专业代码：B082234

序号	课程代码	课程名称	学分	备注
1*	03708	中国近现代史纲要	2	
2*	03709	马克思主义基本原理概论	4	
3*	00015	英语（二）	14	
4*	00023	高等数学（工本）	10	
5	01550	控制测量	5	
6	01555	GPS 定位技术应用	4	
7	02102	遥感概论	4	
8*	02387	工程测量	2	
	02388	工程测量（实践）	3	
9	03355	地籍测量	6	
10	04651	地理信息系统原理	4	
11	04652	普通地图编制	3	
	04653	普通地图编制（实践）	2	
12	04656	地图分析与应用	3	
13	04657	空间数据库	3	
14	04658	数字制图原理	3	
15	04660	地理信息系统设计	2	
	04659	地理信息系统设计（实践）	1	
	11665	地理信息系统毕业论文		不计学分
		总学分	75	
1	04646	摄影测量学	4	加考课程
2	04649	地图设计	2	

5. 高等教育自学考试数字媒体艺术专业（独立本科段）课程设置与学分

专业代码：B050418

序号	课程代码	课程名称	学分	备注
1*	03708	中国近现代史纲要	2	
2*	03709	马克思主义基本原理概论	4	
3*	00015	英语（二）	14	
4	07216	形态构成	2	
	07217	形态构成（实践）	6	
5	07221	美术设计与创意	4	
6	04856	计算机辅助设计（实践）	5	
7	06367	多媒体技术与应用	5	
8	07189	视听语言	6	
9	09537	动态网站编程基础	6	
10	07219	数字摄影技术	2	
	07220	数字摄影技术（实践）	2	
11	07223	数字影像制作技术	2	
	07224	数字影像制作技术（实践）	4	
12	07227	电脑动画	4	
	07228	电脑动画（实践）	4	
13	07229	影像与剪辑技术	2	
	07230	影像与剪辑技术（实践）	2	
14	07231	数字影视合成	4	
	07232	数字影视合成（实践）	4	
	10247	数字媒体艺术毕业论文		不计学分
总学分			84	
1	03522	包装结构与包装装潢设计（一）	8	加考课程
2	05422	版面设计	6	
3	05546	系列书籍装帧设计	5	

6. 高等教育自学考试建筑环境与设备工程专业（独立本科段）课程设置与学分

专业代码：B080824

序号	课程代码	课程名称	学分	备注
1*	03708	中国近现代史纲要	2	
2*	03709	马克思主义基本原理概论	4	
3*	00015	英语（二）	14	
4*	02198	线性代数	3	
5	04379	流体力学与机械	4	
	04380	流体力学与机械（实践）	2	
6	02275	计算机基础与程序设计	3	
	02276	计算机基础与程序设计（实践）	1	
7	02423	锅炉及其锅炉房设备	4	
	02424	锅炉及其锅炉房设备（实践）	1	
8	02425	供热工程	3	
	02426	供热工程（实践）	1	
9	11065	建筑环境学	3	
10	08365	建筑设备施工与组织	5	
11	08368	热工测量与自动控制	6	
12	08369	通风与空气调节	6	
	08370	通风与空气调节（实践）	3	
13	08736	制冷原理	7	
14	08734	热工基础	6	
15	11666	建筑环境与设备工程毕业论文		不计学分
		总学分	78	
1	00706	画法几何及工程制图	5	加考课程
2*	03347	流体力学	4.5	
	05721	流体力学（实践）	0.5	
3	03830	建筑概论	3	

7. 高等教育自学考试土木工程专业（铁道工程方向）（独立本科段）课程设置与学分

专业代码：B080825

序号	课程代码	课程名称	学分	备注
1*	03708	中国近现代史纲要	2	
2*	03709	马克思主义基本原理概论	4	
3*	00015	英语（二）	14	
4*	00023	高等数学（工本）	10	
5*	00420	物理（工）	5	
	00421	物理（工）（实践）	1	
6*	02141	计算机网络技术	4	
7*	02387	工程测量	2	
	02388	工程测量（实践）	3	
8*	02404	工程地质及土力学	3	
9*	02439	结构力学（二）	6	
10	04454	高速铁路概论	5	
11	05503	铁路轨道（二）	4	
12	05504	铁路选线设计（二）	4	
	05505	铁路选线设计（二）（实践）	2	
13	05591	铁道轨道与路基	4	
14	05774	城市轨道交通概论	4	
15	06299	施工组织设计与概预算	5	
	06300	施工组织设计与概预算（实践）	2	
	18914	土木工程毕业设计		不计学分
总学分			84	
1*	02440	混凝土结构设计	7	加考课程
	02441	混凝土结构设计（实践）	1	
2*	02391	工程力学（二）	5.5	
	02392	工程力学（二）（实践）	0.5	

8. 高等教育自学考试财税专业（专科）课程设置与学分

专业代码：A020103

序号	课程代码	课程名称	学分	备注
1*	03706	思想道德修养与法律基础	2	
2*	03707	毛泽东思想、邓小平理论和“三个代表”重要思想概论	4	
3*	00009	政治经济学（财经类）	6	
4*	04729	大学语文	4	
5*	00018	计算机应用基础	2	
	00019	计算机应用基础（实践）	2	
6*	00020	高等数学（一）	6	
7*	00041	基础会计学	5	
8*	00043	经济法概论（财经类）	4	
9*	00060	财政学	4	
10*	00061	国家税收	6	
11*	00062	税收管理	4	
12*	00999	政府预算管理	4	
13*	00064	纳税检查	5	
14*	00055	企业会计学	6	
15*	00065	国民经济统计概论	6	
16*	00066	货币银行学	6	
总学分			76	

关于陕西省申请备案开考高等教育自学考试物业管理（专科）等八个专业的复函

考委办函［2010］12号

陕西省高等教育自学考试委员会办公室：

你办《关于开考高等教育自学考试物业管理等专业的请示》（陕考办［2010］2号）收悉，函复如下：

一、同意你省备案开考高等教育自学考试物业管理专业（专科、独立本科段）、日语专业（基础科段、本科段）、韩国语专业（基础科段、本科段）、法语专业（基础科段、本科段）八个专业（见附件）。请严格执行考委办函［2007］74号、考委办函［2005］31号、考委办函［2006］62号、考委办函［2007］86号等文件规定。

二、为保证质量标准，开考计划中凡课程名称、学分与全国统考课程相同者（附件中序号标注“＊”号），均须使用全国考委组编的课程自学考试大纲、教材，参加全国统一命题考试。

三、同意你省遴选陕西科技大学为物业管理专业（专科、独立本科段）、西安外国语大学为日语专业（基础科段、本科段）、韩国语专业（基础科段、本科段）和法语专业（基础科段、本科段）的主考学校。请充分发挥主考学校的作用，切实贯彻“教考职责分离”的原则，加强省考课程的课程自学考试大纲、教材建设和实践性环节考核等工作，切实保证质量。

附件：1. 高等教育自学考试物业管理专业（专科）课程设置与学分
2. 高等教育自学考试物业管理专业（独立本科段）课程设置与学分
3. 高等教育自学考试日语专业（基础科段）课程设置与学分
4. 高等教育自学考试日语专业（本科段）课程设置与学分
5. 高等教育自学考试韩国语专业（基础科段）课程设置与学分
6. 高等教育自学考试韩国语专业（本科段）课程设置与学分
7. 高等教育自学考试法语专业（基础科段）课程设置与学分
8. 高等教育自学考试法语专业（本科段）课程设置与学分

全国高等教育自学考试指导委员会办公室
二〇一〇年三月十八日

附件：

1. 高等教育自学考试物业管理专业（专科）课程设置与学分

专业代码：A020234

序号	课程代码	课程名称	学分	备注
1*	03706	思想道德修养与法律基础	2	
2*	03707	毛泽东思想、邓小平理论和“三个代表”重要思想概论	4	
3	00172	房地产经营管理	6	
4	07489	应用写作	6	
5*	00182	公共关系学	4	
6	07482	物业管理概论	6	
7	07481	管理学基础	5	
8	05565	物业管理法规	3	
9	04363	物业管理实务（一）	4	
10	04364	物业管理实务（二）	4	
11	04365	物业管理财务基础	4	
12*	00018	计算机应用基础	2	
	00019	计算机应用基础（实践）	2	
13	10521	物业管理综合技能考核	10	
14	11429	物业管理英语	4	二选一
15	18960	礼仪学	6	
总学分			66	

2. 高等教育自学考试物业管理专业（独立本科段）课程设置与学分

专业代码：B020222

序号	课程代码	课程名称	学分	备注
1*	03708	中国近现代史纲要	2	
2*	03709	马克思主义基本原理概论	4	
3*	00015	英语（二）	14	
4*	00054	管理学原理	6	
5*	00169	房地产法	3	
6*	00147	人力资源管理（一）	6	
7	02659	房地产项目管理	4	
8	06569	物业管理实务	4	
	05304	物业管理实务（实践）	3	
9	05672	物业设备管理	5	
10	05673	城市社区建设概论	5	
11	05674	物业信息管理	5	
12	05675	物业管理国际标准与质量认证	4	
13	00176	物业管理	6	
	06999	毕业论文		不计学分
总学分			71	
1	07519	公司管理学	6	免考英语（二）的加考课程
2	05676	城市环境保护	5	
3*	00034	社会学概论	6	

3. 高等教育自学考试日语专业（基础科段）课程设置与学分

专业代码：C050208

序号	课程代码	课程名称	学分	备注
1*	03706	思想道德修养与法律基础	2	
2*	03707	毛泽东思想、邓小平理论和“三个代表”重要思想概论	4	
3*	04729	大学语文	4	
4	00490	日语听说	6	
5	00605	基础日语（一）	8	
6	00606	基础日语（二）	8	
7	00607	日语语法	6	
8	00608	日本国概况	4	
9	00843	日语阅读（一）	6	
10	00844	日语阅读（二）	6	
11	06043	商务日语	4	
12	07128	日语写作基础	6	
总学分			64	

4. 高等教育自学考试日语专业（本科段）课程设置与学分

专业代码：C050202

序号	课程代码	课程名称	学分	备注
1*	03708	中国近现代史纲要	2	
2*	03709	马克思主义基本原理概论	4	
3	00012	英语（一）	7	二选一
	00014	俄语（一）	7	
4*	00535	现代汉语	7	
5	00601	日语翻译	6	
6	00609	高级日语（一）	8	
7	00610	高级日语（二）	8	
8	00611	日语句法篇章法	4	
9	00612	日语文学选读	6	
10	06042	日语写作	6	
11	10473	口译与听力（日语）	6	
	06999	毕业论文		不计学分
总学分			64	

5. 高等教育自学考试韩国语专业（基础科段）课程设置与学分

专业代码：C050224

序号	课程代码	课程名称	学分	备注
1*	03706	思想道德修养与法律基础	2	
2*	03707	毛泽东思想、邓小平理论和“三个代表”重要思想概论	4	
3*	04729	大学语文	4	
4	01104	初级韩国语	9	
5	01105	中级韩国语（一）	5	
6	01143	中级韩国语（二）	4	
7	01106	韩国语会话	10	
8	01107	韩国语听力	8	
9	01108	翻译（汉韩互译）（一）	8	
10	01109	韩国语语法	8	
11	01110	韩国概况	6	
总学分			68	

6. 高等教育自学考试韩国语专业（本科段）课程设置与学分

专业代码：C050223

序号	课程代码	课程名称	学分	备注
1*	03708	中国近现代史纲要	2	
2*	03709	马克思主义基本原理概论	4	
3	00013	日语（一）	7	二选一
	00012	英语（一）	7	
4	01111	高级韩国语	8	
5	01112	韩国语概论	8	
6	01113	韩国语阅读	6	
7	01114	对韩贸易实务	7	
8	01115	韩国文学史与文学作品选读	8	
9	01116	口译与听力（韩）	8	
10	01117	韩国语写作	8	
11	01118	翻译（汉韩互译）（二）	8	
	06999	毕业论文		不计学分
总学分			74	

7. 高等教育自学考试法语专业（基础科段）课程设置与学分

专业代码：C050227

序号	课程代码	课程名称	学分	备注
1*	03706	思想道德修养与法律基础	2	
2*	03707	毛泽东思想、邓小平理论和“三个代表”重要思想概论	4	
3*	00018	计算机应用基础	2	
	00019	计算机应用基础（实践）	2	
4*	04729	大学语文	4	
5	08080	WTO 法语阅读	6	
6	08081	初级法语笔译	4	
7	08082	初级法语听力	4	
8	08083	法国概况	4	
9	08084	法语写作基础	4	
10	08085	经贸法语函电	4	
11	08086	经贸法语口语	6	
12	08087	综合法语（一）	10	
13	08088	综合法语（二）	10	
总学分			66	

8. 高等教育自学考试法语专业（本科段）课程设置与学分

专业代码：C050229

序号	课程代码	课程名称	学分	备注
1*	03708	中国近现代史纲要	2	
2*	03709	马克思主义基本原理概论	4	
3	00012	英语（一）	7	二选一
	00013	日语（一）	7	
4	08090	高级法语写作与翻译	6	
5	08092	综合法语（三）	10	
6	08093	综合法语（四）	10	
7	00225	国际贸易法	5	
8	08089	法语报刊外贸知识选读	4	
9*	00149	国际贸易理论与实务	6	
10	08091	高级经贸法语听说	8	
	06999	毕业论文		不计学分
总学分			62	

关于调整全国统考课程《新闻评论写作》试卷结构的通知

考委办函［2010］17号

各省、自治区、直辖市高等教育自学考试办公室，解放军自学考试办公室：

《新闻评论写作》（课程代码00658）是全国高等教育自学考试新闻学专业本科阶段的一门必考课程，课程设置为6学分。考虑到该课程实践性强的特点，结合近几年来考试情况反馈意见，课程专家认为，《新闻评论写作》课程考试应以考察考生综合应用能力为主，目前试卷有关新闻评论一些常用体裁的运用方面分值偏低。为了进一步加强对考生综合应用能力的考察，更好地体现课程特点，进一步引导考生了解新闻评论操作流程的各个环节、掌握新闻评论一些常用体裁的特点和写作要求，提高新闻评论的综合应用能力，如：为新闻评论拟制标题、根据提供的新闻素材写作小言论或专栏评论、为新闻报道配写短评或编者按语，以及分析新闻评论作品的写作特色等。经研究，决定从2011年4月考试开始，实施新的试卷结构。

调整后的《新闻评论写作》（课程代码00658）课程试卷结构如下：

一、单项选择题（10小题，每小题1分，共10分）

二、多项选择题（5小题，每小题2分，共10分）

三、简答题（2小题，每小题5分，共10分）

四、论述题（1题，15分）

五、操作与分析题（共55分）：含操作题25～30分（视不同体裁而定）；分析题25～30分（包括标题分析与制作10～15分，评论作品的写作特点分析15分）。

请将以上调整情况及时向社会公布。

全国高等教育自学考试指导委员会办公室
二〇一〇年四月二十日

关于北京市申请备案开考高等教育自学考试项目管理（专科、独立本科段）两个专业的复函

考委办函［2010］19号

北京教育考试院：

你院《关于北京市开考项目管理（专科、独立本科段）专业的备案请示》（京考［2010］7号）收悉，函复如下：

一、根据全国考委《关于调整高等教育自学考试专科专业审批权试点工作的若干意见》（考委［2005］5号）精神，同意你市备案开考高等教育自学考试项目管理专业（专科）。同意你市备案开考高等教育自学考试项目管理专业（独立本科段），请严格执行考委办函［2004］99号等文件规定。我办对报送的专业赋予了专业代码和课程代码（见附件）。

二、为保证质量标准，开考计划中凡课程名称、学分与全国统考课程相同者（附件中序号标注“*”号），均须使用全国考委组编的课程自学考试大纲、教材，参加全国统一命题考试。

三、同意你市遴选中央财经大学为项目管理专业（专科、独立本科段）的主考学校。请充分发挥主考学校的作用，切实贯彻“教考职责分离”的原则，加强市考课程的课程自学考试大纲、教材建设和实践性环节考核等工作，切实保证质量。

四、同意你市今年准备停考高等教育自学考试小学教育专业（专科）并进行备案，请处理好善后事宜，确保2012年该专业顺利停考。

专此复函。

附件：1. 高等教育自学考试项目管理专业（专科）课程设置与学分
　　　2. 高等教育自学考试项目管理专业（独立本科段）课程设置与学分

全国高等教育自学考试指导委员会办公室
二○一○年四月二十五日

附件：

1. 高等教育自学考试项目管理专业（专科）课程设置与学分

专业代码：A020316

序号	课程代码	课程名称	学分	备注
1*	03706	思想道德修养与法律基础	2	
2*	03707	毛泽东思想、邓小平理论和“三个代表”重要思想概论	4	
3*	00012	英语（一）	7	
4*	00018	计算机应用基础	2	
	00019	计算机应用基础（实践）	2	
5	06264	应用统计学	5	
6*	00054	管理学原理	6	
7*	00147	人力资源管理（一）	6	
8	07763	质量管理基础	5	
9	05059	项目管理学	6	证书
10	03411	项目计划与控制	5	证书
11	05066	项目论证与评估	5	证书
12	03941	工程招投标与合同管理	5	证书
13	05065	项目管理法规	6	证书
14	06087	工程项目管理	5	三选一（证书）
15	04954	软件项目管理	4	
16	07249	投资项目管理	4	
17	11729	项目管理实验分析（实践）	4	
总学分			74	

2. 高等教育自学考试项目管理专业（独立本科段）课程设置与学分

专业代码：B020256

序号	课程代码	课程名称	学分	备注
1*	03708	中国近现代史纲要	2	
2*	03709	马克思主义基本原理概论	4	
3	00015*	英语（二）	14	任选一门
	00016	日语（二）	14	
	00017	俄语（二）	14	
4	04624	工程经济学	4	
5	03095	系统工程	6	
6	05063	项目时间管理	4	
7	05061	项目成本管理	4	
8	05062	项目质量管理	4	
9	04154	项目采购管理	3	
	04155	项目采购管理（实践）	1	
10	05064	项目风险管理	4	
11	05060	项目范围管理	4	
12	11730	项目管理软技术	5	
13	11731	企业项目管理	5	
14	05067	项目管理案例分析	5	
15	11732	项目管理毕业论文		不计学分
		总学分	69	
1*	00067	财务管理学	6	免考外语者的加考课程
2*	00152	组织行为学	4	
3*	00890	市场营销（三）	5	
4	05059	项目管理学	6	加考课程

关于2009年度高等教育自学考试社会助学组织登记备案情况的通报

考委办函［2010］21号

各省、自治区、直辖市高等教育自学考试委员会办公室：

按照《关于2009年度高等教育自学考试社会助学组织登记工作的通知》（考委办函［2009］91号）及《高等教育自学考试社会助学管理试行办法》（考委［2010］1号）的要求，在各省、自治区、直辖市自考办的努力工作和助学组织的认真参与下，2009年度自学考试社会助学组织登记工作按计划顺利完成。现将有关情况通报如下：

1. 各省、自治区、直辖市自考办重视社会助学组织登记注册工作。安排专门人员组织协助本省助学组织进行登记注册，根据2009年度数据报送要求认真审核汇总数据，通过我办新开通的“高等教育自学考试信息管理系统”报送登记信息。全国共有28个省、自治区、直辖市自考办积极开展了助学组织登记注册工作，共向我办报送了1464个社会助学组织助学信息。

2. 经过我办认真审核，上报的1 464个助学组织符合备案条件。其中，普通高校611所，占42%；成人高校38所，占3%；民办高等教育机构585所，占40%（其中民办普通高校179所，占全部助学组织总数的12%）；部门委托办学63个，占4%；其他助学组织167个，占11%。从数量上统计，普通高校与民办高等教育机构数量的总和占全国总数的比例为82%。（详见附件一：2009年度高等教育自学考试社会助学组织登记工作情况统计表）

与2008年度相比，登记注册的社会助学组织数量增加了128个。其中，普通高校和民办高等教育机构助学组织明显增多，分别增加了33%和54%。

3. 2009年度，在上述1 464个社会助学组织中，参加助学的学员共有159万多人，按助学组织的主体类型分：普通高校助学学员81.8万人，占全部参加助学学员总数的51%；成人高校助学学员3.2万人，占全部参加助学学员总数的2%；民办高等教育机构助学学员59.8万人，占全部参加助学学员总数的38%（其中民办普通高校助学学员25.9万人，占全部参加助学学员总数的16%）；部门委托助学学员6.5万人，占全部参加助学学员总数的4%；其他助学组织助学学员7.8万人，占全部参加助学学员总数的5%。从参加助学学员人数分布来看，在普通高校参加助学的学员仍占较大比重。

与2008年相比，参加民办高等教育机构助学的学员人数有明显增加，增长了46%；参加部门委托助学的学员则大幅度减少，降低了74%。

在所有参加自学考试社会助学的学员中，有863 186名学员通过全日制方式参加助学，占全部参加助学学员总数的54%；有727 332名学员通过业余方式参加助学，占全部参加助学学员总数的46%。（详见附件二：2009年度高等教育自学考试社会助学学员人数统计表）

附件：一、2009年度高等教育自学考试社会助学组织登记工作情况统计表
二、2009年度高等教育自学考试社会助学学员人数统计表

全国高等教育自学考试指导委员会办公室
二〇一〇年四月三十日

附件一：

2009年度高等教育自学考试社会助学组织登记工作情况统计表

省份	普通高校	成人高校	民办高等教育机构		部门委托办学	其他	总计
			民办普校	民办非学历高教机构			
北京	9	1	6	30	6	9	61
天津	26	5	1	34	1	0	67
河北	39	0	0	0	0	0	39
山西	0	0	1	4	0	1	6
内蒙古	10	0	6	0	0	0	16
辽宁	56	1	13	25	22	26	143
吉林	35	3	1	0	1	19	59
黑龙江	34	1	17	0	2	4	58
上海	3	2	4	25	0	1	35
江苏	41	4	5	89	5	13	157
浙江	29	5	6	32	3	2	77
安徽	5	1	11	2	0	7	26
福建	16	1	15	7	0	4	43
江西	24	5	11	3	0	5	48
山东	32	2	20	7	7	7	75
河南	1	0	0	1	5	1	8
湖北	30	0	6	16	1	0	53

（续表）

省 份	普通高校	成人高校	民办高等教育机构		部门委托办学	其他	总计
			民办普校	民办非学历高教机构			
湖 南	76	2	10	41	0	28	157
广 东	41	1	20	64	4	11	141
广 西	12	0	0	0	0	1	13
海 南	6	0	1	0	0	0	7
重 庆	20	1	5	1	0	15	42
四 川	34	1	3	3	0	0	41
贵 州	7	0	0	1	1	0	9
陕 西	3	1	14	21	3	6	48
甘 肃	16	0	0	0	0	2	18
青 海	3	1	0	0	2	0	6
宁 夏	3	0	3	0	0	5	11
合 计	611	38	179	406	63	167	1 464

注：云南、西藏、新疆没有报送数据。

附件二：

2009 年度高等教育自学考试社会助学学员人数统计表

省 份	普通高校	成人高校	民办高等教育机构		部门委托办学	其他	总计	全日制	业余
			民办普校	民办非学历高教机构					
北 京	2 615	47	30 157	64 823	13 403	16 191	127 236	109 892	17 344
天 津	41 340	2 364	41	10 829	167	0	54 741	31 995	22 746
河 北	33 908	0	0	0	0	0	33 908	0	33 908
山 西	0	0	1 102	1 304	0	40	2 446	1 546	900
内蒙古	10 617	0	6 816	0	0	0	17 433	7 601	9 832
辽 宁	40 648	5 400	5 170	7 956	5 374	12 574	77 122	28 512	48 610

（续表）

省　份	普通高校	成人高校	民办高等教育机构		部门委托办学	其他	总计	全日制	业余
			民办普校	民办非学历高教机构					
吉　林	32 240	3 520	100	0	10	5 076	40 946	0	40 946
黑龙江	16 624	664	7 525	0	385	2 502	27 700	6 252	21 448
上　海	5 024	3 868	1 098	14 770	0	278	25 038	9 359	15 679
江　苏	93 602	2 964	1 996	47 671	20 485	4 859	171 577	96 277	75 300
浙　江	26 854	3 049	1 864	37 931	1 252	803	71 753	67 294	4 459
安　徽	4 080	50	13 686	7 200	0	3 539	28 555	21 525	7 030
福　建	15 803	253	11 447	3 507	0	1 479	32 489	22 900	9 589
江　西	23 382	2 097	53 108	812	0	2 394	81 793	77 789	4 004
山　东	26 637	2 531	45 702	6 326	9 270	4 270	94 736	80 795	13 941
河　南	695	0	0	2 160	5 850	550	9 255	100	9 155
湖　北	126 941	0	11 717	29 451	1 010	0	169 119	107 858	61 261
湖　南	78 563	41	9 458	16 652	0	2 470	107 184	33 503	73 681
广　东	33 242	56	8 120	42 731	430	3 501	88 080	12 582	75 498
广　西	22 824	0	0	0	0	310	23 134	15 171	7 963
海　南	18 527	0	1 272	0	0	0	19 799	10 124	9 675
重　庆	25 968	140	1 765	3 050	0	5 189	36 112	8 699	27 413
四　川	92 793	4 258	1 421	1 607	0	0	100 079	14 718	85 361
贵　州	24 735	0	0	1 702	116	0	26 553	2 647	23 906
陕　西	340	642	41 483	39 020	6 311	9 476	97 272	79 614	17 658
甘　肃	12 964	0	0	0	0	380	13 344	13 344	0
青　海	3 266	180	0	0	488	0	3 934	678	3 256
宁　夏	3 872	0	3 911	0	0	1 397	9 180	2 411	6 769
合　计	818 104	32 124	258 959	339 502	64 551	77 278	1 590 518	863 186	727 332

注：云南、西藏、新疆没有报送数据。

关于云南省申请备案开考高等教育自学考试采购与供应管理（专科）等九个专业的复函

考委办函［2010］22号

云南省招生考试院：

你院《关于备案开考高等教育自学考试采购与供应管理（专科、独立本科段）等九个专业的请示》（云招考院［2010］21号）收悉，函复如下：

一、同意你省备案开考高等教育自学考试采购与供应管理专业（专科、独立本科段）、义务教育专业（专科、独立本科段）、市场营销专业（独立本科段）、公共关系专业（独立本科段）、人力资源管理专业（独立本科段）、农学专业（独立本科段）、园林专业（独立本科段）九个专业（见附件），请严格执行考委［2007］2号、考委［2009］2号、考委办函［2007］17号、考委办函［2003］8号、教考试［1998］10号、教考试［1998］8号、考委办函［2005］128号等文件规定。

二、为保证质量标准，开考计划中凡课程名称、学分与全国统考课程相同者（附件中序号标注“*”号），均须使用全国考委组编的课程自学考试大纲、教材，参加全国统一命题考试。

三、同意你省遴选云南财经大学为采购与供应管理专业（专科、独立本科段）、市场营销专业（独立本科段）、公共关系专业（独立本科段）和人力资源管理专业（独立本科段）、云南师范大学为义务教育专业专业（专科、独立本科段）、西南大学为农学专业（独立本科段）和园林专业（独立本科段）的主考学校。请充分发挥主考学校的作用，切实贯彻“教考职责分离”的原则，加强省考课程的课程自学考试大纲、教材建设和实践性环节考核等工作，切实保证质量。

附件：1. 高等教育自学考试公共关系专业（独立本科段）课程设置与学分
2. 高等教育自学考试人力资源管理专业（独立本科段）课程设置与学分
3. 高等教育自学考试农学专业（独立本科段）课程设置与学分
4. 高等教育自学考试园林专业（独立本科段）课程设置与学分

全国高等教育自学考试指导委员会办公室
二〇一〇年四月三十日

附件：

1. 高等教育自学考试公共关系专业（独立本科段）课程设置与学分

专业代码：B050309

序号	课程代码	课程名称	学分	备注
1*	03708	中国近现代史纲要	2	
2*	03709	马克思主义基本原理概论	4	
3*	00015	英语（二）	14	
4*	00321	中国文化概论	5	
5*	03291	人际关系学	6	
6*	03292	公共关系口才	6	
7*	03293	现代谈判学	6	
8*	03294	公共关系案例	6	
9*	03295	国际公共关系	6	
10*	00318	公共政策	4	
11*	03297	企业文化	6	
12*	03300	现代媒体总论	5	
13*	00152	组织行为学	4	
	06999	毕业论文		不计学分
总学分			74	

2. 高等教育自学考试人力资源管理专业（独立本科段）课程设置与学分

专业代码：B020218

序号	课程代码	课程名称	学分	备注
1*	03708	中国近现代史纲要	2	
2*	03709	马克思主义基本原理概论	4	
3*	00015	英语（二）	14	
4*	00051	管理系统中计算机应用	3	
	00052	管理系统中计算机应用（实践）	1	
5*	00041	基础会计学	5	
6*	00054	管理学原理	6	
7*	00182	公共关系学	4	
8	00800	经济学	5	
9	06088	管理思想史	9	
10	00689	劳动关系与劳动法	6	
11	00690	人员素质测评理论与方法	6	
12	00691	薪酬管理	6	
13	00692	工作分析	4	
14	00693	人力资源开发与管理	6	
	06999	毕业论文		不计学分
总学分			81	

3. 高等教育自学考试农学专业（独立本科段）课程设置与学分

专业代码：B090102

序号	课程代码	课程名称	学分	备注
1*	03708	中国近现代史纲要	2	
2*	03709	马克思主义基本原理概论	4	
3*	00015	英语（二）	14	
4*	00018	计算机应用基础	2	
	00019	计算机应用基础（实践）	2	
5	02634	生物化学（二）	6	
6	02662	植物生理学	4	
	02663	植物生理学（实践）	1	
7	02668	土壤肥料学	4	
	02669	土壤肥料学（实践）	1	
8	02676	作物栽培生理	6	
9	02678	农业推广学	6	
10	02679	种子学	6	
11	02680	农产品加工	4	
12	02677	田间试验与统计方法	6	
	06999	毕业论文		不计学分
总学分			68	

4. 高等教育自学考试园林专业（独立本科段）课程设置与学分

专业代码：B090115

序号	课程代码	课程名称	学分	备注
1*	03708	中国近现代史纲要	2	
2*	03709	马克思主义基本原理概论	4	
3*	00015	英语（二）	14	
4	02559	园林设计	5	
5	02660	植物学（二）	3	
	02661	植物学（二）（实践）	1	
6	02691	花卉学	5	
	02692	花卉学（实践）	1	
7	03250	园林绿地规划设计	5	
	03251	园林绿地规划设计（实践）	1	
8	04041	园林树木栽培	5	
	04042	园林树木栽培（实践）	1	
9	04165	盆景学	2	
	04166	盆景学（实践）	2	
10	06631	园林苗圃学	4	
	06632	园林苗圃学（实践）	1	
11	06634	园林植物遗传及育种	5	
12	06635	园林植物病虫害防治	4	
13	06641	园林工程	4	
	06791	园林工程（实践）	1	
	07999	毕业设计		不计学分
总学分			70	

关于江苏省申请调整高等教育自学考试动画设计（独立本科段）专业部分课程设置的复函

考委办函［2010］24号

江苏省教育考试院：

你院《关于调整江苏省高等教育自学考试动画设计专业（独立本科段）考试计划的请示》（苏教考院［2010］10号）收悉，函复如下：

高等教育自学考试动画设计专业（独立本科段）为考委办函［2006］58号文件批复你省开考。

同意你办在此专业中，将中外电影史（课程代码03511，4学分）课程调整为动画视听语言（课程代码11733，4学分）；空间设计（课程代码03514，3学分）课程调整为动画运动规律（实践）（课程代码01160，4学分）；互动媒体设计（含实践）（课程代码04845，3+2学分，）调整为互动媒体设计（一）（实践）（课程代码11734，5学分）。

请妥善做好课程调整后相关工作安排，切实保证质量。

全国高等教育自学考试指导委员会办公室
二〇一〇年五月十日

关于辽宁省申请备案开考高等教育自学考试焊接（专科）等三个专业的复函

考委办函［2010］25号

辽宁省高中等教育招生考试委员会办公室：

你办《关于辽宁省高等教育自学考试申请备案开考焊接（专科）等三个专业的请示》（辽招考办字［2010］80号）收悉，函复如下：

一、同意你省备案开考高等教育自学考试焊接专业（专科）、文秘与办公自动化专业（专科）、机电设备与管理专业（矿山方向）（独立本科段）三个专业，请严格执行考委办函［2005］60号、考委办函［2007］16号、考委办函［2007］86号等文件规定。我办对报送的专业赋予了部分课程代码（见附件）。

二、为保证质量标准，开考计划中凡课程名称、学分与全国统考课程相同者（附件中序号标注“*”号），均须使用全国考委组编的课程自学考试大纲、教材，参加全国统一命题考试。

三、同意你省遴选辽宁装备制造职业技术学院为焊接专业（专科）和文秘与办公自动化专业（专科）、辽宁工程技术大学为机电设备与管理专业（矿山方向）（独立本科段）的主考学校。请充分发挥主考学校的作用，切实贯彻“教考职责分离”的原则，加强省考课程的课程自学考试大纲、教材建设和实践性环节考核等工作，切实保证质量。

附件：1. 高等教育自学考试焊接专业（专科）课程设置与学分
2. 高等教育自学考试文秘与办公自动化专业（专科）课程设置与学分
3. 高等教育自学考试机电设备与管理专业（矿山方向）（独立本科段）课程设置与学分

全国高等教育自学考试指导委员会办公室
二〇一〇年五月十日

附件：

1. 高等教育自学考试焊接专业（专科）课程设置与学分

专业代码：A080315

序号	课程代码	课程名称	学分	备注
1*	03706	思想道德修养与法律基础	2	
2*	03707	毛泽东思想、邓小平理论和“三个代表”重要思想概论	4	
3	11152	数学基础	3	
4	04839	材料成型工艺	5	
5	11735	机械制图与计算机绘图	4	
	01810	机械制图与计算机绘图（实践）	6	
6	05802	金属学与热处理	3	
	05803	金属学与热处理（实践）	2	
7	05804	金属熔焊原理	3	
	05805	金属熔焊原理（实践）	1	
8	05806	焊接工艺与结构	5	
	05807	焊接工艺与结构（实践）	2	
9	02491	工程化学	3	
	02492	工程化学（实践）	1	
10	05808	焊接检验	4	
	05809	焊接检验（实践）	2	
11	05810	特殊焊接与设备	3	
	05811	特殊焊接与设备（实践）	1	
12	11508	自动控制理论	5	
13	01671	PLC 基础及应用	4	
	01672	PLC 基础及应用（实践）	2	
14	06016	传感器原理及应用	4	
	06017	传感器原理及应用（实践）	1	
总学分			70	

2. 高等教育自学考试文秘与办公自动化专业（专科）课程设置与学分

专业代码：A030318

序号	课程代码	课程名称	学分	备注
1*	03706	思想道德修养与法律基础	2	
2*	03707	毛泽东思想、邓小平理论和“三个代表”重要思想概论	4	
3	06374	秘书英语	6	
	11736	秘书英语（实践）	2	
4	11737	秘书职业导论	6	
5	07773	办公自动化	6	
	11323	办公自动化（实践）	4	
6	01511	现代管理实务	6	
7	03874	商务谈判	4	
8	04634	演讲与口才	4	
9	07178	普通话语音与发声	2.5	
	07179	普通话语音与发声（实践）	1.5	
10	01512	实用写作	6	
11	11520	秘书事务管理	6	
12	01513	文书与档案管理	6	
13	05710	多媒体技术应用	3	
	05711	多媒体技术应用（实践）	3	
14	01515	秘书礼仪	6	
总学分			78	

3. 高等教育自学考试机电设备与管理专业（矿山方向）（独立本科段）课程设置与学分

专业代码：B080338

序号	课程代码	课程名称	学分	备注
1*	03708	中国近现代史纲要	2	
2*	03709	马克思主义基本原理概论	4	
3*	00015	英语（二）	14	
4	02149	采矿概论	4	
5	01665	计算机绘图（实践）	5	
6	06016	传感器原理及应用	4	
7	02358	单片机原理及应用	4	
8	08299	画法几何与机械制图	4	
9	08139	采掘机械	4	
	08140	采掘机械（实践）	1	
10	02016	矿山电工	5	
	02017	矿山电工（实践）	1	
11	08300	机电设备管理	5	
12	08301	机械制造工程学	5	
13	08304	设备可靠性工程	3	
14	08311	机械设计工程学	6	
	11738	机电设备与管理（矿山方向）毕业设计		不计学分
总学分			71	
1	11739	矿山机械原理	3	加考课程
2	11740	矿山电机与拖动	3	

关于北京市申请备案开考高等教育自学考试人力资源管理（专科、独立本科段）两个专业的复函

考委办函［2010］26号

北京教育考试院：

你院《关于北京市开考人力资源管理（专科、独立本科段）专业的备案请示》（京考［2010］9号）收悉，函复如下：

一、同意你市备案开考高等教育自学考试人力资源管理专业（专科、独立本科段）两个专业，请严格执行《高等教育自学考试专业目录与专业基本规范》、考委办函［2004］115号等文件规定。我办对报送的专业赋予了部分课程代码（见附件）。

二、为保证质量标准，开考计划中凡课程名称、学分与全国统考课程相同者（附件中序号标注“*”号），均须使用全国考委组编的课程自学考试大纲、教材，参加全国统一命题考试。

三、同意你市遴选北京大学为人力资源管理专业（专科、独立本科段）的主考学校。请充分发挥主考学校的作用，切实贯彻“教考职责分离”的原则，加强市考课程的课程自学考试大纲、教材建设和实践性环节考核等工作，切实保证质量。

附件：1. 高等教育自学考试人力资源管理专业（专科）课程设置与学分
2. 高等教育自学考试人力资源管理专业（独立本科段）课程设置与学分

全国高等教育自学考试指导委员会办公室
二〇一〇年五月十八日

附件：

1. 高等教育自学考试人力资源管理专业（专科）课程设置与学分

专业代码：A020205

序号	课程代码	课程名称	学分	备注
1*	03706	思想道德修养与法律基础	2	
2*	03707	毛泽东思想、邓小平理论和“三个代表”重要思想概论	4	
3*	00012	英语（一）	7	
4*	00018	计算机应用基础	2	
	00019	计算机应用基础（实践）	2	
5	04758	人力资源管理（三）	5	
6*	00043	经济法概论（财经类）	4	
7	11754	人力资源开发	4	证书
8	06092	工作分析	4	证书
9	11755	人员测评技术	4	证书
10	11756	绩效考评技术	4	证书
11	10096	劳动关系与争议处理	6	证书
12	03312	劳动和社会保障概论	6	
13*	00042	社会经济统计学原理	7	
14	11757	人力资源管理初级实验	6	
15	11758	人力资源管理案例分析（实践）	5	
总学分			71	
1*	00341	公文写作与处理	6	免考外语加考课程（二选一）
2*	00054	管理学原理	6	

2. 高等教育自学考试人力资源管理专业（独立本科段）课程设置与学分

专业代码：B020218

序号	课程代码	课程名称	学分	备注
1*	03708	中国近现代史纲要	2	
2*	03709	马克思主义基本原理概论	4	
3	00015*	英语（二）	14	任选一门
	00016	日语（二）	14	
	00017	俄语（二）	14	
4	06093	人力资源开发与管理	6	
5	00937	政府、政策与经济学	6	
6	05969	人力资源战略与规划	5	证书
7	11759	工作分析与评价	4	证书
8	06090	人员素质测评理论与方法	6	证书
9	05963	绩效管理	4	证书
10	06091	薪酬管理	6	证书
11	06089	劳动关系与劳动法	6	
12	11760	人力资源政策与法规	5	
13	11761	人力资源管理高级实验	6	
	10222	人力资源管理毕业论文		不计学分
总学分			69	
1*	00034	社会学概论	免考外语者的加考课程	
2*	00277	行政管理学		
3*	00182	公共关系学		

关于湖北省申请开考高等教育自学考试采购与供应管理（专科）等四个专业的复函

考委办函［2010］27 号

湖北省高等教育自学考试委员会：

你委《关于备案开考机械设计制造与自动化等专业的请示》（鄂考委［2010］6 号）收悉，函复如下：

一、同意你省备案开考高等教育自学考试采购与供应管理专业（专科、独立本科段）、机械设计制造与自动化专业（独立本科段）、音乐教育专业（独立本科段）四个专业（见附件），请严格执行考委［2007］3 号、考委办函［2006］97 号等文件规定。

二、为保证质量标准，开考计划中凡课程名称、学分与全国统考课程相同者（附件中序号标注“*”号），均须使用全国考委组编的课程自学考试大纲、教材，参加全国统一命题考试。

三、同意你省遴选武汉大学为采购与供应管理专业（专科、独立本科段）、荆楚理工学院为机械设计制造与自动化专业（独立本科段）、华中师范大学为音乐教育专业（独立本科段）的主考学校。请充分发挥主考学校的作用，切实贯彻“教考职责分离”的原则，加强省考课程的课程自学考试大纲、教材建设和实践性环节考核等工作，切实保证质量。

附件：1. 高等教育自学考试机械设计制造与自动化专业（独立本科段）课程设置与学分

2. 高等教育自学考试音乐教育专业（独立本科段）课程设置与学分

全国高等教育自学考试指导委员会办公室

二〇一〇年五月十八日

附件：

1. 高等教育自学考试机械设计制造与自动化专业（独立本科段）课程设置与学分

专业代码：B080324

序号	课程代码	课程名称	学分	备注
1*	03708	中国近现代史纲要	2	
2*	03709	马克思主义基本原理概论	4	
3*	00015	英语（二）	14	
4*	00023	高等数学（工本）	10	
5*	02198	线性代数	3	
6	01094	机械原理	5	
7	01095	机械设计	3	
	01096	机械设计（实践）	3	
8	01097	几何量公差与检测	2	
	01098	几何量公差与检测（实践）	1	
9	01099	机械制造技术基础	3	
	01140	机械制造技术基础（实践）	3	
10	04077	数控技术	4	
	03634	数控技术（实践）	4	
11	02209	机械制造装备设计	5	
	02210	机械制造装备设计（实践）	2	
12	01100	计算机辅助工程软件（UG）	3	
	01101	计算机辅助工程软件（UG）（实践）	2	
13	03631	液压与气压传动	5	
14	01102	机电传动与控制技术	2	
	01103	机电传动与控制技术（实践）	2	
	11762	机械设计制造与自动化毕业设计		不计学分
总学分			82	

2. 高等教育自学考试音乐教育专业（独立本科段）课程设置与学分

专业代码：B050408

序号	课程代码	课程名称	学分	备注
1*	03708	中国近现代史纲要	2	
2*	03709	马克思主义基本原理概论	4	
3*	00015	英语（二）	14	
4	00729	键盘	8	
5	00730	中外音乐史	8	
6	00731	伴奏	4	
7	00732	简明配器法	4	
8	00733	音乐分析与创作	8	
9	00734	中外音乐欣赏	8	
10	00735	音乐教育学	4	
11	05925	声乐（二）（实践）	8	
	10248	音乐教育毕业论文		不计学分
总学分			72	
1	00721	基本乐理	6	加考课程
2	00723	声乐	8	
3	00725	键盘与和声（二）	5	

关于2011年高等教育自学考试全国统考课程安排及有关事项的通知

考委办函［2010］28号

各省、自治区、直辖市高等教育自学考试办公室，解放军自学考试办公室，各高等教育自学考试命题中心：

根据2011年全国统一命题考试（以下简称统考）工作安排，现将《2011年高等教育自学考试全国统考课程4月和10月考试时间安排表》（附件一）、《2011年高等教育自学考试全国统考课程1月和7月考试时间安排表》（附件二）、《2011年高等教育自学考试全国统考单独申报课程考试时间安排表》（附件三）、《2011年高等教育自学考试商务管理专业与金融管理专业（本科段）全国统考课程考试时间安排表》（附件四）和《2011年高等教育自学考试全国统考课程新编或修订的考试大纲、教材目录》（附件五）发给你们，请遵照执行。有关事项说明如下：

一、统考专业和课程变化情况

与2010年相比，2011年的统考专业和课程在以下方面有所变化：

1. 根据考委［2009］2号文件的规定，2011年新开考义务教育专业（专科、独立本科段）的小学体育健康与安全教育（课程代码09286）等11门课程。

2. 根据考委［2006］1号文件的规定，计算机网络专业（独立本科段）中的局域网技术与组网工程（课程代码03141）不再安排考试，新开考网络工程（课程代码04749）；计算机信息管理专业（独立本科段）中的信息系统开发（课程代码02376）不再安排考试，新开考信息系统开发与管理（课程代码04757）。

3. 根据考委办函［2009］82号文件的规定，劳动和社会保障专业（专科）中的劳动和社会保险业务案例分析（课程代码03321）调整为撰写案例的考核方式，由各省考办组织实施，不再安排全国统一命题考试。

二、教材大纲变化情况

2011年有管理心理学（课程代码00163）等50门课程考试使用新编或修订的大纲、教材，具体见附件五，其他课程的大纲、教材与2010年相同，具体可登录高等教育自学考试信息管理系统查询。

使用新编或修订的大纲、教材的课程，根据考试安排在当年4月或10月首次启用，1月安排考试的课程（含单独申报课程）使用的大纲、教材与上一年10月的一致；7月安排考试的课程（含单独申报课程）使用的大纲、教材与同年4月的一致。

三、统考课程安排

2011年全国统考课程安排仍以4月、10月为主，并保持相对稳定。1月和7月的考试分别作为上一年10月和本年4月考试的补充。

四、试卷申报方式及时间

全年四次考试的统考课程试卷申报均通过高等教育自学考试命题信息管理平台（以下简称命题信息平台）在线申报，申报时间为：1 月考试课程（含单独申报课程）试卷申报的起止时间为上一年的 9 月 1 日至 9 月 30 日；4 月考试课程试卷申报的起止时间为上一年的 12 月 1 日至 12 月 31 日；7 月考试课程（含单独申报课程）试卷申报的起止时间为当年的 3 月 1 日至 3 月 31 日；10 月考试课程试卷申报的起止时间为当年的 6 月 1 日至 6 月 30 日。

五、其他事项

1. 根据考委［2009］5 号文件和考委［2010］2 号文件的规定，新开考的销售管理专业（专科、独立本科段）、移动商务专业（专科、独立本科段）和嵌入式技术专业（专科、独立本科段）中，凡涉及已开考的课程，各省考办可按照当年的统考课程安排表安排考试；有关新开考课程的考试时间，将视大纲、教材的出版情况另行通知。

2. 在本文下发后，如还有新的专业或课程实行统考，其考试安排将另行通知，涉及已有的公共课或共同课可按当年的统考课程安排表予以安排考试。

3. 各省是否在 1 月和 7 月安排考试，由省考办根据本省的具体情况决定。各省考办在此期间，如安排该次统考范围内的课程考试，则必须参加统考。

4. 随着社会经济的不断发展，部分法律、法规和经济政策将会做出相应调整和改变。在命题时要将考试之日起六个月前由全国人大颁布的法律和国务院颁布的法规列入相应课程的考试范围。凡大纲、教材内容与现行法律、法规不符的，以现行法律、法规为准。

5. 统考课程单独申报的命题经费缴纳标准仍按 2010 年标准执行。

6. 请各省必须在指定时间内完成试卷申报，并在申报结束后立即将申报数据的复印件以传真或特快专递报全国考办命题二处。

7. 凡全国统考课程，各省考办不得自行组织命题和另行安排考试，全国考办将对此继续进行监督检查。

8. 从 2010 年起，高等教育自学考试统考课程考试安排、试卷申报及有关命题管理工作均已移植到命题信息平台中，今后相关工作将通过该平台完成。从 2011 年起考试安排将通过命题信息平台发布，不再下发纸质文件。平台登录地址为：http：//zkmis. neea. edu. cn 。

附件：一、2011 年高等教育自学考试全国统考课程 4 月和 10 月考试时间安排表
二、2011 年高等教育自学考试全国统考课程 1 月和 7 月考试时间安排表
三、2011 年高等教育自学考试全国统考单独申报课程考试时间安排表
四、2011 年高等教育自学考试商务管理专业与金融管理专业（本科段）全国统考课程考试时间安排表
五、2011 年高等教育自学考试全国统考课程新编或修订的考试大纲、教材目录（本文件可在自考办公信息网下载，网址：http：//ste. neea. edu. cn/）

全国高等教育自学考试指导委员会办公室
二〇一〇年五月十八日

抄送：全国考委各专业委员会、各委托（合作）开考单位

附件一：（见附录二）
附件二：（见附录三）
附件三：（见附录四）
附件四：（见附录五）
附件五：（见附录七）

关于河南省申请备案开考高等教育自学考试道路与桥梁工程（独立本科段）等专业的复函

考委办函［2010］29 号

河南省高等教育自学考试委员会：

你委《关于自学考试新开专业的请示》（豫考委［2010］1 号）收悉，函复如下：

一、同意你省备案开考高等教育自学考道路与桥梁工程专业（独立本科段）、机械制造及自动化专业（独立本科段）、动漫设计专业（独立本科段）、商务英语专业（独立本科段）、秘书学专业（独立本科段）、工程管理专业（独立本科段）、企业财务管理专业（独立本科段）、物业管理专业（独立本科段）、人力资源管理专业（独立本科段）、室内设计专业（独立本科段）、项目管理专业（独立本科段）、商务管理专业（本科段）、工业自动化专业（独立本科段）、动画设计专业（独立本科段）14 个专业（见附件），请严格执行考委办函［2008］36 号、教考试［1999］3 号、考委办函［2007］72 号、考委办函［2005］85 号、教考试［1999］1 号、考委办函［2007］64 号、教考试［1998］10 号、考委办函［2010］6 号、考委办函［2006］6 号、考委办函［2008］99 号、考委办函［2004］99 号、考委［2001］8 号、教考试［1998］9 号、考委办函［2006］58 号等文件规定。

二、为保证质量标准，开考计划中凡课程名称、学分与全国统考课程相同者（附件中序号标注“＊”号），均须使用全国考委组编的课程自学考试大纲、教材，参加全国统一命题考试。

三、同意你省遴选郑州大学为道路与桥梁工程专业（独立本科段）、河南科技大学为机械制造及自动化专业（独立本科段）和动漫设计专业（独立本科段）、信阳师范学院为商务英语专业（独立本科段）、秘书学专业（独立本科段）、工程管理专业（独立本科段）、企业财务管理专业（独立本科段）、物业管理专业（独立本科段）、人力资源管理专业（独立本科段）和室内设计专业（独立本科段）、华北水利水电学院为项目管理专业（独立本科段）和商务管理专业（本科段）、中原工学院为工业自动化专业（独立本科段）和动画设计专业（独立本科段）的主考学校。请充分发挥主考学校的作用，切实贯彻“教考职责分离”的原则，加强省考课程的课程自学考试大纲、教材建设和实践性环节考核等工作，切实保证质量。

附件：1. 高等教育自学考试道路与桥梁工程专业（独立本科段）课程设置与学分

2. 高等教育自学考试动漫设计专业（独立本科段）课程设置与学分

3. 高等教育自学考试商务英语专业（独立本科段）课程设置与学分

4. 高等教育自学考试工程管理专业（独立本科段）课程设置与学分

5. 高等教育自学考试物业管理专业（独立

本科段）课程设置与学分

6. 高等教育自学考试人力资源管理专业（独立本科段）课程设置与学分

7. 高等教育自学考试室内设计专业（独立本科段）课程设置与学分

8. 高等教育自学考试项目管理专业（独立本科段）课程设置与学分

9. 高等教育自学考试动画设计专业（独立本科段）课程设置与学分

全国高等教育自学考试指导委员会办公室

二〇一〇年六月二日

附件：

1. 高等教育自学考试道路与桥梁工程专业（独立本科段）课程设置与学分

专业代码：B080807

序号	课程代码	课程名称	学分	备注
1*	03708	中国近现代史纲要	2	
2*	03709	马克思主义基本原理概论	4	
3*	00015	英语（二）	14	
4*	02197	概率论与数理统计（二）	3	
5*	02198	线性代数	3	
6*	02275	计算机基础与程序设计	3	
	02276	计算机基础与程序设计（实践）	1	
7	06076	结构设计原理	7	
	06077	结构设计原理（实践）	1	
8	06078	交通工程（二）	3	
9	06079	城市道路	3	
10	06080	高速公路	4	
11	06081	隧道工程	4	
12	10110	公路防护与软基处理	5	
13	10111	桥涵施工及组织管理	5	
	06999	毕业论文		不计学分
总学分			62	
1	02405	道路勘测设计	4	加考课程
	02406	道路勘测设计（实践）	2	
2	02407	路基路面工程	4	
	02408	路基路面工程（实践）	1	

2. 高等教育自学考试动漫设计专业（独立本科段）课程设置与学分

专业代码：B050451

序号	课程代码	课程名称	学分	备注
1*	03708	中国近现代史纲要	2	
2*	03709	马克思主义基本原理概论	4	
3*	00015	英语（二）	14	
4	03432	动画剧本创作	3	
5	04504	动画运动规律	5	
	01160	动画运动规律（实践）	4	
6	01129	动画分镜头设计（含场境设计）	5	
7	00692	计算机辅助图形设计	4	
8	04505	原画设计	4	
9	01940	影片后期制作	4	
10	01941	动画制作（一）	5	
11	01946	灯光及材质贴图制作	3	
12	04849	色彩（实践）	5	
13	04850	素描（实践）	4	
14	01687	动漫设计原理与技法	5	
	06999	毕业论文		不计学分
总学分			71	
1	00688	设计概论	4	加考课程
2	03806	型录设计	4	

3. 高等教育自学考试商务英语专业（独立本科段）课程设置与学分

专业代码：B050218

序号	课程代码	课程名称	学分	备注
1*	03708	中国近现代史纲要	2	
2*	03709	马克思主义基本原理概论	4	
3*	00051	管理系统中计算机应用	3	
	00052	管理系统中计算机应用（实践）	1	
4*	00087	英语翻译	6	
5*	00186	国际商务谈判	5	
6	05159	WTO 基础知识	6	
7	05957	进出口英语函电	8	
8	05958	外贸英语会话	4	
9	05959	外经贸应用文	4	
10	05960	商务英语口译	8	
11	00840	第二外语（日语）	6	二选一
12	00839	第二外语（俄语）	6	
13*	00058	市场营销学	5	
14*	00090	国际贸易实务（一）	6	
15	05961	会展英语	2	
16	00795	综合英语（二）	10	
	06999	毕业论文		不计学分
总学分			80	
1*	00097	外贸英语写作	加考课程	
2	05439	商务英语阅读		

4. 高等教育自学考试工程管理专业（独立本科段）课程设置与学分

专业代码：B020279

序号	课程代码	课程名称	学分	备注
1*	03708	中国近现代史纲要	2	
2*	03709	马克思主义基本原理概论	4	
3*	00015	英语（二）	14	
4*	00420	物理（工）	5	
	00421	物理（工）（实践）	1	
5*	02197	概率论与数理统计（二）	3	
6*	02194	工程经济	4	
7*	00067	财务管理学	6	
8	00122	房地产评估	4	
	00123	房地产评估（实践）	1	
9	01852	施工组织与管理	4	
10	01853	工程项目招投标与合同管理	6	
11	01854	工程质量管理	5	
12	01855	建设工程监理概论	5	
13	01856	建设与房地产法规	4	
14	01857	工程实习（二）	2	
15	06393	土木工程概论	4	
16	07138	工程造价与管理	5	
	06999	毕业论文		不计学分
		总学分	79	
1*	02386	土木工程制图	加考课程	
2	02658	建筑工程项目管理		

5. 高等教育自学考试物业管理专业（独立本科段）课程设置与学分

专业代码：B020222

序号	课程代码	课程名称	学分	备注
1*	03708	中国近现代史纲要	2	
2*	03709	马克思主义基本原理概论	4	
3*	00015	英语（二）	14	
4*	00051	管理系统中计算机应用	3	
	00052	管理系统中计算机应用（实践）	1	
5*	00054	管理学原理	6	
6*	00150	金融理论与实务	6	
7	00173	房地产金融	6	
8	00176	物业管理	6	
9	05672	物业设备管理	5	
10	05673	城市社区建设概论	5	
11	05675	物业管理国际标准与质量认证	4	
12	06569	物业管理实务	4	
13	05304	物业管理实务（实践）	3	
	06999	毕业论文		不计学分
总学分			69	
1*	00043	经济法概论（财经类）	4	加考课程
2	02659	房地产项目管理	4	
3	07519	公司管理学	6	

6. 高等教育自学考试人力资源管理专业（独立本科段）课程设置与学分

专业代码：B020218

序号	课程代码	课程名称	学分	备注
1*	03708	中国近现代史纲要	2	
2*	03709	马克思主义基本原理概论	4	
3*	00015	英语（二）	14	
4*	04183	概率论与数理统计（经管类）	5	
5*	04184	线性代数（经管类）	4	
6*	00041	基础会计学	5	
7*	00058	市场营销学	5	
8*	00067	财务管理学	6	
9*	00071	社会保障概论	5	
10*	00139	西方经济学	6	
11*	00163	管理心理学	5	
12	00974	统计学原理	4	
13*	02378	信息资源管理	4	
14	04758	人力资源管理（三）	5	
	06999	毕业论文		不计学分
总学分			74	
1*	00034	社会学概论	6	加考课程
2*	00152	组织行为学	4	
3*	00321	中国文化概论	5	

7. 高等教育自学考试室内设计专业（独立本科段）课程设置与学分

专业代码：B050432

序号	课程代码	课程名称	学分	备注
1*	03708	中国近现代史纲要	2	
2*	03709	马克思主义基本原理概论	4	
3*	00015	英语（二）	14	
4*	00058	市场营销学	5	
5	04496	人体工程学（一）	3	
6	05339	环境心理学	4	
7	05340	室内空间组合与理论	6	
8	05341	计算机室内设计绘图（CAD）	6	
9	05342	室内环境与设备	6	
10	05343	商业建筑室内设计	6	
11	05344	餐饮建筑室内设计	6	
12	05345	景观设计	6	
13	06216	中外建筑史	5	
	06999	毕业论文		不计学分
总学分			73	
1	00705	表现图技法	加考课程	
2	00708	装饰材料与构造		
3	00709	室内设计		

8. 高等教育自学考试项目管理专业（独立本科段）课程设置与学分

专业代码：B020256

序号	课程代码	课程名称	学分	备注
1*	03708	中国近现代史纲要	2	
2*	03709	马克思主义基本原理概论	4	
3*	00015	英语（二）	14	
4*	02628	管理经济学	5	
5	05058	管理数量方法	8	
6	05059	项目管理学	6	
7	05060	项目范围管理	4	
8	05061	项目成本管理	4	
9	05062	项目质量管理	4	
10	05063	项目时间管理	4	
11	05064	项目风险管理	4	
12	05065	项目管理法规	6	
13	05066	项目论证与评估	5	
14	05067	项目管理案例分析	5	
15	07171	项目管理软件	4	
	06999	毕业论文		不计学分
		总学分	79	
1*	00054	管理学原理	6	加考课程

9. 高等教育自学考试动画设计专业（独立本科段）课程设置与学分

专业代码：B050438

序号	课程代码	课程名称	学分	备注
1*	03708	中国近现代史纲要	2	
2*	03709	马克思主义基本原理概论	4	
3*	00015	英语（二）	14	
4	03511	中外电影史	4	
5	03512	剧本写作	4	
6	03513	影视编导	4	
7	03514	空间设计	3	
8	03515	视频编辑（实践）	5	
9	04509	二维动画	2	
	04510	二维动画（实践）	2	
10	04511	三维动画	4	
	04512	三维动画（实践）	6	
11	04845	互动媒体设计	3	
12	04856	计算机辅助设计（实践）	5	
13	07887	平面设计	3	
14	07943	综合设计（实践）	6	
	06999	毕业论文		不计学分
总学分			71	
1*	00321	中国文化概论	加考课程	
2	00736	中外美术史		
3	03516	媒体艺术概论		

关于湖北省申请备案开考高等教育自学考试地质工程（专科）专业的复函

考委办函［2010］30号

湖北省高等教育自学考试委员会：

你委关于开考高等教育自学考试地质工程（专科）专业的报告（鄂考委［2010］4号）收悉，函复如下：

根据全国考委《关于调整高等教育自学考试专科专业审批权试点工作的若干意见》（考委［2005］5号）精神，同意你省备案开考高等教育自学考试地质工程（专科）专业。我办对报送的专业赋予了专业代码和课程代码（见附件）。同意你省停考岩土工程技术（080817）、水文地质与工程地质（080818）两个专业并予以备案，请妥善做好善后工作。

为保证质量标准，开考计划中凡课程名称、学分与全国统考课程相同者（附件中序号标注“*”号），均须使用全国考委组编的课程自学考试大纲、教材，参加全国统一命题考试。

同意你省遴选湖北国土资源职业学院为地质工程（专科）专业的主考学校。请充分发挥主考学校的作用，切实贯彻“教考职责分离”的原则，加强省考课程的课程自学考试大纲、教材建设和实践性环节考核等工作，切实保证质量。

附件：高等教育自学考试地质工程专业（专科）课程设置与学分

全国高等教育自学考试指导委员会办公室
二〇一〇年六月二日

附件：

高等教育自学考试地质工程专业（专科）课程设置与学分

专业代码：A080831

序号	课程代号	课程名称	学分	备注
1*	03706	思想道德修养与法律基础	2	
2*	03707	毛泽东思想、邓小平理论和“三个代表”重要思想概论	4	
3*	00018	计算机应用基础	2	
	00019	计算机应用基础（实践）	2	
4	02145	地质学	6	
5	01533	野外地质认识实习	4	实践性环节
6	01532	实用测量技术	6	实践性环节
7	11763	MAPGIS 实训	3	实践性环节
8	06087	工程项目管理	5	
9	11764	工程地质勘察技术	8	实践性环节
10	01542	水文地质学基础	4	
11	11765	钻探工程	3	
12	11766	地质工程综合实习	10	实践性环节
13	11767	构造地质学	5	地质调查与找矿方向任选3门
14	11768	古生物地史	5	
15	02146	矿物岩石学	3	
16	11769	矿床学	5	
17	11770	矿产勘查技术	5	
18	06006	地基处理技术	5	水文地质与工程地质方向任选3门
19	11771	工程地质测绘	5	
20	01546	专门水文地质学	6	
21	01540	工程岩土学	4	
22	01534	地质灾害评价与防治	4	
23	11772	基坑工程	5	岩土工程技术方向任选3门
24	01538	工程检测技术	5	
25	06006	地基处理技术	5	
26	01537	地下工程施工	6	
27	01535	基础工程施工	8	
总学分			72	

关于在高等教育自学考试大纲、教材建设中加强审稿工作的意见

考委办函［2010］32号

全国考委各专业委员会：

高等教育自学考试是个人自学、社会助学和国家考试相结合的一种高等教育形式。课程自学考试大纲（以下简称“大纲”）和教材是考生获取专业知识和技能的主要途径。组织编写适合考生个人自学、高质量的教材，是关系到自学考试制度能否健康发展的基础性工作。审稿工作是审查和修改大纲及教材稿件、确保其编写质量的重要环节。

为进一步加强自学考试统考课程大纲、教材的审稿管理，提高审稿工作质量，充分发挥审稿专家在大纲、教材建设中的作用，根据教育部下发的《关于制定、修订高等教育自学考试专业考试计划、编制课程自学考试大纲和加强教材等自学媒体建设有关问题的通知》（教考试［1998］005号文）有关要求，现对全国统编课程自考大纲和教材审稿工作提出如下意见。

一、审稿工作的目的和原则

审稿工作是指主编完成大纲、教材书稿编撰之后，送交出版社之前，请专家学者从学科专业的角度，阅读审查自考大纲、教材的内容和文字，并对其做出评价及提出修改意见。审稿工作的主要目的是：（一）审查书稿是否达到公开出版的水平；（二）对审核基本合格的书稿提出修改意见，以帮助作者提高书稿质量。

审稿工作应着重坚持以下五个主要原则：

1. 思想性原则。思想性是大纲及教材的灵魂。审稿中必须坚持四项基本原则，严格把握书稿内容的政治立场、思想倾向性，观点陈述要符合国家的现行法律、法规、政策，避免阐述易引起民族、宗教歧视、纠纷及涉及国家主权、领土完整等政治敏感性问题。

2. 科学性原则。科学性是各学科自身规律的反映。大纲和教材的内容要符合学科的基本要求。审稿中要把握书稿内容是否准确地涵盖了学科的基本理论、基本知识，概念表述、原理阐述、操作要点等是否正确，引文及其出处是否无误，有无抄袭侵权问题，能否恰当、及时地反映本学科的新近成果。

3. 教材与大纲一致性原则。自学考试大纲是考试、助学、自学的依据，也是编写教材的依据。审稿时要注意教材的内容、水平应与大纲保持一致，应符合自学考试的课程目标和考核目标。凡大纲中涉及的知识要点，教材一定要作相应阐述。

4. 实用性原则。自学考试以培养实际应用型人才为目标的定位，决定了自学考试教材内容应强调基础性、注重实用性、突出实践性。教材内容要将注重学科的基础知识与培养考生的基本技能相结合，强调学为所用，突出基本原理和基本

方法的运用。

5. 适于自学原则。大纲、教材编写要体现自学考试特点，便于考生个人自学，内容编排和体例符合自主学习规律，难易程度和份量要适中，文字通俗易懂、精练。大纲字数一般按每学分3 000～5 000字把握，教材每个学分的文字量一般按照5万～7万字把握。

二、审稿程序及要求

全国统编自考大纲、教材审稿程序一般包括以下三个阶段：

1. 编写者自审：主编统稿后应召集编写组成员对各章节内容进行全面自审，自审工作完成后方可提交审稿专家审查。

2. 提交审稿专家审读：为保证审稿专家有充分的审读时间，书稿最迟应在审稿会之前2周送达审稿人手中。审稿人收到书稿后，应认真、仔细通读书稿，分章逐节提出修改意见。对书稿中存在的重大问题或与主编有明显不同意见的，应在审稿会之前与主编进行必要的沟通交流。

3. 召开审稿会议：专家审读结束，由专业委员会确定审稿时间，组织召开审稿会。审稿会主要任务是：听取主编介绍大纲、教材编写情况、书稿特点；由审稿专家讨论提出审稿意见，并与主编进行充分的交流，确定具体的修改内容；审稿专家对书稿总体审读评价和是否达到出版要求形成正式书面意见。

会后，主编应参照审稿意见认真修改大纲、教材书稿，并按时将最终定稿清样及电子版提交给全国考办或指定的出版社。

全国考办按照每门课程15 000元审稿费标准直接拨付专业委员会，用于审稿活动的组织和支付专家劳务费，审稿费要求专款专用。在经费支出上，应充分考虑审稿专家付出的劳动。为确保充分的交流研讨时间，审稿会期应集中1至2天时间。

三、审稿人员组成和资格要求

挑选高水平的审稿专家是确保审稿工作顺利进行以及把握稿件质量的关键环节。每门课程的审稿专家组一般由2～3人组成，1名主审，1～2名副审，由专业委员会事先推荐和提名，并报全国考办同意。审稿专家人员组成应充分吸收聘请一线教学专家、行业部门专家和主考院校专家。要求其中至少一名审稿人应来自与主编不同的单位。

对于审稿专家的资格要求包括：

1. 有良好的学术道德；

2. 在本学科领域应有学术权威性和代表性；

3. 资历和水平应不低于该课程教材的主编；

4. 了解和熟悉高等教育自学考试工作，并热心承担此项工作；

5. 在工作和时间安排上能够保证完成审稿任务。

全国高等教育自学考试指导委员会办公室
二〇一〇年六月四日

关于2011年高等教育自学考试中英合作商务管理专业和金融管理专业（专科）全国统考课程考试时间安排的通知

考委办函［2010］33号

各省、自治区、直辖市高等教育自学考试委员会办公室：

现将《2011年高等教育自学考试中英合作商务管理专业和金融管理专业（专科）全国统考课程考试时间安排表》（附件）印发给你们。

依据考委办函［2010］28号文件，中英合作商务管理专业和金融管理专业（专科）试卷申报工作通过高等教育自学考试命题信息管理平台完成。2011年1月的考试课程试卷申报的起止时间为2010年的9月1日至9月30日，2011年7月考试课程试卷申报的起止时间为2011年的3月1日至3月31日。

特此通知。

附件：2011年高等教育自学考试中英合作商务管理专业和金融管理专业（专科）全国统考课程考试时间安排表

全国高等教育自学考试指导委员会办公室
二〇一〇年六月七日

（附件：见附录六）

关于山东省申请备案开考高等教育自学考试动画设计专业（独立本科段）的复函

考委办函［2010］35号

山东省高等教育自学考试委员会：

你委《关于山东省开考高等教育自学考试动画设计专业的请示》（鲁教考委［2010］6号）收悉，函复如下：

一、同意你省备案开考高等教育自学考试动画设计专业（独立本科段），请严格执行考委办函［2008］4号等文件规定（见附件）。

二、为保证质量标准，开考计划中凡课程名称、学分与全国统考课程相同者（附件中序号标注“*”号），均须使用全国考委组编的课程自学考试大纲、教材，参加全国统一命题考试。

三、同意你省遴选青岛农业大学为动画设计专业（独立本科段）的主考学校。请充分发挥主考学校的作用，切实贯彻“教考职责分离”的原则，加强省考课程的课程自学考试大纲、教材建设和实践性环节考核等工作，切实保证质量。

附件：高等教育自学考试动画设计专业（独立本科段）课程设置与学分

全国高等教育自学考试指导委员会办公室

二〇一〇年六月二十一日

附件：

高等教育自学考试动画设计专业（独立本科段）课程设置与学分

专业代码：B050438

序号	课程代码	课程名称	学分	备注
1*	03708	中国近现代史纲要	2	
2*	03709	马克思主义基本原理概论	4	
3*	00015	英语（二）	14	
4	04503	动画概论	4	
5	08881	动画编导基础	6	
6	07229	影像与剪辑技术	2	
	07230	影像与剪辑技术（实践）	2	
7	04507	动画场景设计	5	
8	04504	动画运动规律	5	
9	04508	动画设计稿	4	
10	04506	角色设计	6	
11	04511	三维动画	4	
	04512	三维动画（实践）	6	
12	04513	数字影视后期合成	2	
	04514	数字影视后期合成（实践）	2	
	07999	毕业设计		不计学分
总学分			68	

关于河北省申请备案开考高等教育自学考试数字媒体艺术专业（专科）的复函

考委办函［2010］36号

河北省自学考试委员会：

你委《河北省关于开考高等教育自学考试数字媒体艺术专业（专科）的请示》（冀考委自［2010］8号）收悉，函复如下：

一、同意你省备案开考高等教育自学考试数字媒体艺术专业（专科），请严格执行考委办函［2005］133号等文件规定（见附件）。

二、为保证质量标准，开考计划中凡课程名称、学分与全国统考课程相同者（附件中序号标注“＊”号），均须使用全国考委组编的课程自学考试大纲、教材，参加全国统一命题考试。

三、同意你省遴选石家庄信息工程职业学院为数字媒体艺术专业（专科）的主考学校。请充分发挥主考学校的作用，切实贯彻“教考职责分离”的原则，加强省考课程的课程自学考试大纲、教材建设和实践性环节考核等工作，切实保证质量。

附件：高等教育自学考试数字媒体艺术专业（专科）课程设置与学分

全国高等教育自学考试指导委员会办公室
二〇一〇年六月二十一日

附件：

高等教育自学考试数字媒体艺术专业（专科）课程设置与学分

专业代码：A050420

序号	课程代码	课程名称	学分	备注
1*	03706	思想道德修养与法律基础	2	
2*	03707	毛泽东思想、邓小平理论和“三个代表”重要思想概论	4	
3*	00018	计算机应用基础	2	
	00019	计算机应用基础（实践）	2	
4*	04729	大学语文	4	
5*	00012	英语（一）	7	
6	08720	艺术欣赏	3	
7	01121	构成基础	4	
8	10051	设计基础（实践）	5	
9	07206	摄影摄像技术应用	4	
10	05422	版面设计	6	
11	00713	字体设计	4	
12	07887	平面设计	3	
	07888	平面设计（实践）	2	
13	01203	影视精品解读	5	
14	07891	数字媒体视频编辑	2	
	07892	数字媒体视频编辑（实践）	3	
15	03840	影视后期合成制作（实践）	5	
16	03427	二维动画软件	4	
17	00755	广告设计与创意	4	任选一门
18	05421	图形创意	4	
19	01162	3DS MAX 软件（实践）	4	
20	01126	网站策划与网页设计	3	
总学分			74	

关于江西省申请备案开考高等教育自学考试销售管理（专科）等三个专业的复函

考委办函［2010］38号

江西省自学考试委员会办公室：

你办《关于开设高等教育自学考试销售管理等专业的申请》（赣考办字［2010］44号）收悉，函复如下：

一、同意你省备案开考高等教育自学考试销售管理专业（专科、独立本科段）、动画设计专业（独立本科段）三个专业，请严格执行考委［2009］5号、考委办函［2006］58号等文件规定（见附件）。

二、为保证质量标准，开考计划中凡课程名称、学分与全国统考课程相同者（附件中序号标注“*”号），均须使用全国考委组编的课程自学考试大纲、教材，参加全国统一命题考试。

三、同意你省遴选江西财经大学、南昌大学为销售管理专业（专科、独立本科段）、南昌大学为动画设计专业（独立本科段）的主考学校。请充分发挥主考学校的作用，切实贯彻“教考职责分离”的原则，加强省考课程的课程自学考试大纲、教材建设和实践性环节考核等工作，切实保证质量。

附件：高等教育自学考试动画设计专业（独立本科段）课程设置与学分

全国高等教育自学考试指导委员会办公室
二〇一〇年六月二十三日

附件：

高等教育自学考试动画设计专业（独立本科段）课程设置与学分

专业代码：B050438

序号	课程代码	课程名称	学分	备注
1*	03708	中国近现代史纲要	2	
2*	03709	马克思主义基本原理概论	4	
3*	00015	英语（二）	14	
4	11733	动画视听语言	4	
5	03512	剧本写作	4	
6	03513	影视编导	4	
7	07887	平面设计	3	
	07888	平面设计（实践）	2	
8	03515	视频编辑（实践）	5	
9	01691	动画短片设计（实践）	6	
10	03430	动画技法	3	
11	11734	互动媒体设计（一）（实践）	5	
12	04856	计算机辅助设计（实践）	5	
13	01160	动画运动规律（实践）	4	
14	07943	综合设计（实践）	6	
总学分			71	

关于辽宁省申请备案开考高等教育自学考试中药学（本科段）等两个专业的复函

考委办函［2010］40号

辽宁省高中等教育招生考试委员会办公室：

你办《关于辽宁省高等教育自学考试申请备案开考中药学（独立本科段）模具设计与制造（独立本科段）等专业的请示》（辽招考办字［2010］133号）收悉，函复如下：

一、同意你省备案开考高等教育自学考试中药学专业（本科段）和模具设计与制造专业（独立本科段）两个专业。请严格执行教考委［1999］6号、考委办函［2005］41号等文件的规定。我办对报送的专业赋予了部分课程代码（见附件）。

二、为保证质量标准，开考计划中凡课程名称、学分与全国统考课程相同者（附件中序号标注“*”号），均须使用全国考委组编的课程自学考试大纲、教材，参加全国统一命题考试。

三、同意你省遴选沈阳药科大学为中药学专业（本科段）、大连工业大学为模具设计与制造专业（独立本科段）的主考学校。请充分发挥主考学校的作用，切实贯彻“教考职责分离”的原则，加强省考课程的课程自学考试大纲、教材建设和实践性环节考核等工作，切实保证质量。

附件：1. 高等教育自学考试中药学专业（本科段）课程设置与学分

2. 高等教育自学考试模具设计与制造专业（独立本科段）课程设置与学分

全国高等教育自学考试指导委员会办公室
二〇一〇年六月二十五日

附件：

1. 高等教育自学考试中药学专业（本科段）课程设置与学分

专业代码：C100802

序号	课程代码	课程名称	学分	备注
1*	03708	中国近现代史纲要	2	
2*	03709	马克思主义基本原理概论	4	
3*	00015	英语（二）	14	
4	03049	数理统计	4	
5	03050	药理学（三）	5	
	03051	药理学（三）（实践）	1	
6	03052	中药制药工程原理与设备	6	
7	03047	分析化学（二）	8	
	03048	分析化学（二）（实践）	2	
8	03034	药事管理学	3	
9	03053	中药制剂分析	4	
	03054	中药制剂分析（实践）	2	
	10254	中药学毕业论文		不计学分
总学分			55	

2. 高等教育自学考试模具设计与制造专业（独立本科段）课程设置与学分

专业代码：B080313

序号	课程代码	课程名称	学分	备注
1*	03708	中国近现代史纲要	2	
2*	03709	马克思主义基本原理概论	4	
3*	00015	英语（二）	14	
4	10053	工程数学（线性代数、复变函数）	6	
5	11798	计算机三维制图（实践）	3	
6	03631	液压与气压传动	5	
7	02609	互换性原理与测量技术基础	4	
8	05509	成型设备概论	2	
9	05510	模具工程材料	4	
10	05511	现代模具制造技术	6	
	05512	现代模具制造技术（实践）	2	
11	05513	塑料成型技术	6	
	05514	塑料成型技术（实践）	2	
12	05515	冲压成型技术	6	
	05516	冲压成型技术（实践）	2	
13	05517	计算机在模具设计中的应用	4	
	05518	计算机在模具设计中的应用（实践）	2	
	04017	模具设计与制造毕业设计		不计学分
总学分			74	

关于四川省申请备案开考高等教育自学考试学前教育（独立本科段）等九个专业的复函

考委办函［2010］41号

四川省教育考试院：

你院《关于我省开考高等教育自学考试工程造价管理等专业的请示》（川教考院自［2010］35号）收悉，函复如下：

一、同意你省备案开考高等教育自学考试学前教育专业（独立本科段）、通信信息管理专业（专科）、工程造价管理专业（专科）、对外汉语专业（独立本科段）、机电设备与管理专业（含核工程设备及管理方向）（独立本科段）、机场管理专业（独立本科段）、汽车服务工程专业（独立本科段）、检验专业（独立本科段）、播音与主持专业（独立本科段）九个专业。请严格执行考委［2000］4号、考委办［2000］52号、考委办函［2007］86号、考委办函［2008］77号、考委办函［2006］62号、考委办函［2004］106号、考委办函［2007］44号等文件规定。我办对报送的专业赋予了部分课程代码（见附件）。

根据教育部和卫生部《关于举办高等医学教育的若干意见》（教高［2002］10号）文件要求，医学检验专业（独立本科段）不能开考。

根据全国考委交通类专业委员会审核意见，你省开考的交通运输专业（民航运输方向）（独立本科段）的专业名称暂不调整。

二、为保证质量标准，开考计划中凡课程名称、学分与全国统考课程相同者（附件中序号标注“*”号），均须使用全国考委组编的课程自学考试大纲、教材，参加全国统一命题考试。

三、同意你省遴选四川师范大学为学前教育专业（独立本科段）和播音与主持专业（独立本科段）、电子科技大学为通信信息管理专业（专科）、西南交通大学为工程造价管理专业（专科）、四川大学为对外汉语专业（独立本科段）、西南科技大学为机电设备与管理专业（含核工程设备及管理方向）（独立本科段）、中国民航飞行学院为机场管理专业（独立本科段）、西华大学为汽车服务工程专业（独立本科段）、成都医学院为检验专业（独立本科段）的主考学校。请充分发挥主考学校的作用，切实贯彻“教考职责分离”的原则，加强省考课程的课程自学考试大纲、教材建设和实践性环节考核等工作，切实保证质量。

附件：1. 高等教育自学考试通信信息管理专业（专科）课程设置与学分
2. 高等教育自学考试工程造价管理专业（专科）课程设置与学分
3. 高等教育自学考试对外汉语专业（独立本科段）课程设置与学分
4. 高等教育自学考试机电设备与管理专业（独立本科段）课程设置与学分

5. 高等教育自学考试机电设备与管理专业（核工程设备及管理方向）（独立本科段）课程设置与学分
6. 高等教育自学考试机场管理专业（独立本科段）课程设置与学分
7. 高等教育自学考试汽车服务工程专业（独立本科段）课程设置与学分
8. 高等教育自学考试检验专业（独立本科段）课程设置与学分
9. 高等教育自学考试播音与主持专业（独立本科段）课程设置与学分

全国高等教育自学考试指导委员会办公室
二〇一〇年六月二十五日

附件：

1. 高等教育自学考试通信信息管理专业（专科）课程设置与学分

专业代码：A080777

序号	课程代码	课程名称	学分	备注
1*	03706	思想道德修养与法律基础	2	
2*	03707	毛泽东思想、邓小平理论和“三个代表”重要思想概论	4	
3*	00012	英语（一）	7	
4*	00018	计算机应用基础	2	
	00019	计算机应用基础（实践）	2	
5*	00144	企业管理概论	5	
6*	03155	现代电信技术概论	4	
7	06032	电信业务与管理	6	
8	06034	电信组织管理基础	6	
9	09016	移动通信管理与应用	5	
10	10266	数据通信	4	
11*	00177	消费心理学	5	
12*	00230	合同法	5	
13*	02382	管理信息系统	4	
	02383	管理信息系统（实践）	1	
14*	00178	市场调查与预测	6	
15*	00179	谈判与推销技巧	4	
总学分			72	

2. 高等教育自学考试工程造价管理专业（专科）课程设置与学分

专业代码：A082214

序号	课程代码	课程名称	学分	备注
1*	03706	思想道德修养与法律基础	2	
2*	03707	毛泽东思想、邓小平理论和“三个代表”重要思想概论	4	
3	00708	装饰材料与构造	5	
4	06956	经济应用数学	5	
5	06957	计算机基础与语言	4	
6	06958	建筑工程识图与构造	5	
7	06959	工程经济概论	4	
8	06960	合同法与合同管理	3	
9	09415	工程计量与计价	5	
	09416	工程计量与计价（实践）	2	
10	04495	装饰工程预算	5	
11*	02400	建筑施工（一）	6	
	02401	建筑施工（一）（实践）	1	
12	06966	土建工程施工与计划	3	
	06967	土建工程施工与计划（实践）	3	
13	06968	安装工程技术与计量	5	
14	06969	工程造价案例分析	6	
15	06970	工程造价使用软件	2	
	07999	毕业设计		不计学分
总学分			70	

3. 高等教育自学考试对外汉语专业（独立本科段）课程设置与学分

专业代码：B050140

序号	课程代码	课程名称	学分	备注
1*	03708	中国近现代史纲要	2	
2*	03709	马克思主义基本原理概论	4	
3	00015*	英语（二）	14	任选一门
	00016	日语（二）	14	
	00017	俄语（二）	14	
4*	00541	语言学概论	6	
5	01205	中国古代文学（一）	6	
6	01206	中国古代文学（二）	6	
7*	00537	中国现代文学史	6	
8*	00540	外国文学史	6	
9	01209	西方文化与礼仪	5	
10	01210	对外汉语教学法	6	
11	01211	对外汉语教学发展概论	5	
12*	04121	中国文化导论	6	
	06999	毕业论文		不计学分
总学分			72	
1	11492	现代汉语（一）	5	加考课程（任选一门）
2*	00321	中国文化概论	5	
3	11494	古代汉语（一）	5	

4. 高等教育自学考试机电设备与管理专业（独立本科段）课程设置与学分

专业代码：B080338

序号	课程代码	课程名称	学分	备注
1*	03708	中国近现代史纲要	2	
2*	03709	马克思主义基本原理概论	4	
3*	00015	英语（二）	14	
4	01936	人机工程学（二）	3	
5	02625	现代企业管理（一）	6	
6	10818	生产管理	5	
7	02204	经济管理	5	
8	08300	机电设备管理	5	
9	02115	信息管理基础	4	
10	08304	设备可靠性工程	3	
11	02561	机械工程材料	4	
12	08311	机械设计工程学	6	
13	02207	电气传动与可编程控制器（PLC）	3	
	02208	电气传动与可编程控制器（PLC）（实践）	1	
14	08301	机械制造工程学	5	
	06999	毕业论文		不计学分
		总学分	70	
1*	02194	工程经济	4	免考英语（二）者的加考课程
2	05373	物流企业管理	5	
3*	02382	管理信息系统	4	
	02384	管理信息系统（实践）	1	
1	06014	计算机技术基础	4	加考课程
	06015	计算机技术基础（实践）	1	
2	02189	机械制造基础	4	
	02190	机械制造基础（实践）	1	

5. 高等教育自学考试机电设备与管理专业（核工程设备及管理方向）（独立本科段）课程设置与学分

专业代码：B080338

序号	课程代码	课程名称	学分	备注
1*	03708	中国近现代史纲要	2	
2*	03709	马克思主义基本原理概论	4	
3*	00015	英语（二）	14	
4	01936	人机工程学（二）	3	
5	02625	现代企业管理（一）	6	
6	10818	生产管理	5	
7	02204	经济管理	5	
8	08300	机电设备管理	5	
9	02115	信息管理基础	4	
10	11773	核工业概论	4	
11	11774	核安全法规	4	
12	11775	核技术及应用	5	
13	11776	核工程检测技术	5	
14*	02205	微型计算机原理与接口技术	4	
	02206	微型计算机原理与接口技术（实践）	2	
	06999	毕业论文		不计学分
总学分			72	
1*	02194	工程经济	4	免考英语（二）者的加考课程
2	05373	物流企业管理	5	
3*	02382	管理信息系统	4	
	02384	管理信息系统（实践）	1	
1	11777	辐射剂量与防护	4	加考课程
2	11778	核工程自动化仪表	4	

6. 高等教育自学考试机场管理专业（独立本科段）课程设置与学分

专业代码：B081719

序号	课程代码	课程名称	学分	备注
1*	03708	中国近现代史纲要	2	
2*	03709	马克思主义基本原理概论	4	
3*	00015	英语（二）	14	
4*	00051	管理系统中计算机应用	3	
	00052	管理系统中计算机应用（实践）	1	
5*	00054	管理学原理	6	
6	07302	机场规划与设计	6	
7	07697	飞行性能与计划	4	
	07698	飞行性能与计划（实践）	1	
8	07716	飞行程序设计	3	
	07717	飞行程序设计（实践）	1	
9	05110	机场营运与管理	5	
10	05114	机场工程概论	4	
11	05117	机场特种设施与设备	5	
12	04569	机场服务概论	6	
13	06285	交通工程经济分析	5	
	07999	毕业考核		
总学分			70	
1	04574	民航专业英语	7	免考英语（二）者的加考课程
2	04143	安全系统工程	4	
3	07715	空中交通管制基础	3	
1	05102	民航概论	4	加考课程
2	05123	航空法	4	

7. 高等教育自学考试汽车服务工程专业（独立本科段）课程设置与学分

专业代码：B082232

序号	课程代码	课程名称	学分	备注
1*	03708	中国近现代史纲要	2	
2*	03709	马克思主义基本原理概论	4	
3*	00015	英语（二）	14	
4	02576	汽车构造	7	
5*	02159	工程力学（一）	5	
6	08587	汽车服务工程	3	
7	10053	工程数学（线性代数、复变函数）	6	
8	04912	汽车电子控制技术	5	
	04913	汽车电子控制技术（实践）	3	
9	04946	汽车发动机原理与汽车理论	6	
10	11095	汽车检测诊断技术	4	
	11096	汽车检测诊断技术（实践）	2	
11	01458	汽车市场营销学	4	
12	11100	汽车运用工程学	4	
13	04947	机动车鉴定与估价	5	
14	06906	汽车运行材料	3	
	06999	毕业论文（设计）		不计学分
		总学分	77	
1	01753	机械工程测试技术	4	免考英语（二）者的加考课程
2	00321	中国文化概论	5	
3	07311	多媒体技术	4	
1	03539	汽车美容与装饰	3	加考课程
2	03991	汽车服务企业管理	4	

8. 高等教育自学考试检验专业（独立本科段）课程设置与学分

专业代码：B100311

序号	课程代码	课程名称	学分	备注
1*	03708	中国近现代史纲要	2	
2*	03709	马克思主义基本原理概论	4	
3*	00015	英语（二）	14	
4*	00051	管理系统中计算机应用	3	
	00052	管理系统中计算机应用（实践）	1	
5	01651	仪器分析、检验仪器原理及维护	5	
6	01652	卫生检验	5	
7	06869	实验室管理学	4	
	01653	实验室管理学（实践）	1	
8	01654	生物化学及生物化学检验（二）	5	
	01655	生物化学及生物化学检验（二）（实践）	1	
9	01656	病原生物学及检验	5	
	01657	病原生物学及检验（实践）	1	
10	01658	免疫学及免疫学检验（二）	5	
	01659	免疫学及免疫学检验（二）（实践）	1	
11	01660	血液学及血液学检验（二）	4	
	01661	血液学及血液学检验（二）（实践）	1	
12	02925	内科学（二）	5	
13	06823	外科学（二）	6	
	06824	外科学（二）（实践）	2	
14	03058	卫生法规	4	
	07999	毕业考核		不计学分
总学分			79	
1	01662	食品卫生学检验	5	免考英语（二）者的加考课程
2	01663	免疫学基础	4	
3	02937	诊断学（二）	5	
1	01664	病原生物学	4	加考课程
2*	02899	生理学	3	
3*	02900	生理学（实践）	1	
	03179	生物化学（三）	3	

9. 高等教育自学考试播音与主持专业（独立本科段）课程设置与学分

专业代码：B050310

序号	课程代码	课程名称	学分	备注
1*	03708	中国近现代史纲要	2	
2*	03709	马克思主义基本原理概论	4	
3	00504	艺术概论	4	
4	00537	中国现代文学史	6	
5	00541	语言学概论	6	
6	00642	传播学概论	6	
7	00654	新闻采访写作	10	
8	00658	新闻评论写作	6	
9	07173	播音与主持创作基础	2	
	07174	播音与主持创作基础（实践）	6	
10	07175	节目主持人文案写作	4	
11	07176	即兴口语表达	1	
	07177	即兴口语表达（实践）	3	
12	09195	文艺作品演播	5	
13	11779	主持人语言艺术	6	
	06999	毕业论文		不计学分
总学分			71	
1	07178	普通话语音与发声	2.5	加考课程
	07179	普通话语音与发声（实践）	1.5	
2	07180	广播播音主持	2	
	07181	广播播音主持（实践）	6	

关于湖南省申请备案开考高等教育自学考试航空机电工程（独立本科段）等四个专业的复函

考委办函［2010］42号

湖南省高等教育自学考试委员会：

你委《关于开考高等教育自学考试航空机电工程（独立本科段）等六个专业的请示》（湘自考委报［2010］2号）收悉，函复如下：

一、同意你省备案开考高等教育自学考试航空机电工程专业（独立本科段）、水产养殖专业（独立本科段）、植物保护与检疫专业（独立本科段）、保险专业（专科）四个专业。请严格执行考委［1997］2号、考委办函［2006］62号、考委办函［2003］78号、教考试［1998］10号等文件规定。我办对报送的专业赋予了部分课程代码（见附件）。

二、为保证质量标准，开考计划中凡课程名称、学分与全国统考课程相同者（附件中序号标注“*”号），均须使用全国考委组编的课程自学考试大纲、教材，参加全国统一命题考试。

三、同意你省遴选湖南大学为航空机电工程专业（独立本科段）、湖南农业大学为水产养殖专业（独立本科段）和植物保护与检疫专业（独立本科段）、保险职业学院为保险专业（专科）的主考学校。请充分发挥主考学校的作用，切实贯彻“教考职责分离”的原则，加强省考课程的课程自学考试大纲、教材建设和实践性环节考核等工作，切实保证质量。

附件：1. 高等教育自学考试航空机电工程专业（独立本科段）课程设置与学分
2. 高等教育自学考试水产养殖专业（独立本科段）课程设置与学分
3. 高等教育自学考试植物保护与检疫专业（独立本科段）课程设置与学分

全国高等教育自学考试指导委员会办公室
二○一○年六月二十五日

附件：

1. 高等教育自学考试航空机电工程专业（独立本科段）课程设置与学分

专业代码：B081804

序号	课程代码	课程名称	学分	备注
1*	03708	中国近现代史纲要	2	
2*	03709	马克思主义基本原理概论	4	
3*	00015	英语（二）	14	
4	02598	计算方法	4	
5	02599	应用数理统计	5	
6	02600	C 语言程序设计	5	
	02601	C 语言程序设计（实践）	1	
7	02602	微型计算机原理与机载计算机技术	5	
	02603	微型计算机原理与机载计算机技术（实践）	1	
8	02605	材料力学	5	
9	02606	飞机结构力学	4	
10	02607	飞行力学	5	
11	02608	飞机液压传递与控制	4	
12	02613	单片机与接口技术	5	
13	02614	控制电机	4	
14	02616	飞机推进系统控制	5	
15	10955	测试与传感技术	3	
16	08696	材料力学（实践）	1	
	11780	航空机电工程毕业论文		不计学分
总学分			77	
1*	02232	电工技术基础	3	加考课程
	02233	电工技术基础（实践）	1	
2	11781	航空基础	6	

2. 高等教育自学考试水产养殖专业（独立本科段）课程设置与学分

专业代码：B090503

序号	课程代码	课程名称	学分	备注
1*	03708	中国近现代史纲要	2	
2*	03709	马克思主义基本原理概论	4	
3*	00015	英语（二）	14	
4	05980	计算机在农业中的应用	5	
	05981	计算机在农业中的应用（实践）	1	
5	02793	生物统计附试验设计	6	
6	11782	渔业资源经济学	5	
7	11783	水产动物免疫学	5	
8	11784	养殖水域生态学	6	
9	11785	鱼类育种学	6	
10	11786	海水鱼类养殖概论	6	
11	11787	水生观赏动物养殖学	6	
12	11788	渔业资源调查（实践）	4	
13	11789	水产养殖毕业论文		不计学分
总学分			70	
1	02813	鱼类学与鱼类生态生理学	5	加考课程
	02814	鱼类学与鱼类生态生理学（实践）	1	
2	02822	水产动物疾病学	6	
3	02817	胚胎学	5	
1	11790	饲料生物学	5	免考英语（二）的加考课程
2	11791	池塘养鱼学	5	
3	11792	大水面增养学	4	

3. 高等教育自学考试植物保护与检疫专业（独立本科段）课程设置与学分

专业代码：B090303

序号	课程代码	课程名称	学分	备注
1*	03708	中国近现代史纲要	2	
2*	03709	马克思主义基本原理概论	4	
3*	00015	英语（二）	14	
4	05127	普通昆虫学	6	
5	05128	普通植物病理学	6	
6	06687	害虫综合治理	5	
7	05136	农业植物病理学	6	
	05137	农业植物病理学（实践）	1	
8	06240	农药使用技术	6	
9	05980	计算机在农业中的应用	5	
10	05132	植物检疫学	7	
	05133	植物检疫学（实践）	1	
11	11793	杂草防除	4	
12	01489	绿色食品生产	4	
13	11794	植物保护与检疫综合实践	3	
	11795	植物保护与检疫毕业论文		不计学分
		总学分	74	
1	11796	城市有害生物治理	4	免考英语（二）的加考课程
2	11797	农药商品营销与管理	4	
3	11227	园艺植物病虫害防治学（一）	6	
1	02720	农业昆虫学	4	加考课程
	02721	农业昆虫学（实践）	1	
2	02718	植物病理学	4	
	02719	植物病理学（实践）	1	
3	02723	植物化学保护	5	

关于河北省申请备案开考高等教育自学考试销售管理专业（专科、独立本科段）两个专业的复函

考委办函［2010］43号

河北省自学考试委员会：

你委《河北省关于备案开考中国销售管理专业水平证书和高等教育自学考试销售管理专业（专科、独立本科段）的报告》（冀考委自［2010］12号）收悉，函复如下：

一、同意你省备案开考高等教育自学考试销售管理专业（专科、独立本科段）两个专业，请严格执行考委［2009］5号等文件规定。

二、为保证质量标准，开考计划中凡课程名称、学分与全国统考课程相同者，均须使用全国考委组编的课程自学考试大纲、教材，参加全国统一命题考试。

三、同意你省遴选河北经贸大学为销售管理专业（专科、独立本科段）的主考学校。请充分发挥主考学校的作用，切实贯彻“教考职责分离”的原则，加强省考课程的课程自学考试大纲、教材建设和实践性环节考核等工作，切实保证质量。

全国高等教育自学考试指导委员会办公室
二〇一〇年六月二十五日

关于实施自学考试开考专业公告后有关专业管理事项的通知

考委办函［2010］44 号

各省、自治区、直辖市高等教育自学考试委员会办公室，中国人民解放军自学考试委员会办公室：

根据考委办函［2009］41 号文件要求，高等教育自学考试开考专业已于2010 年1 月1 日起正式在全国高等教育自学考试办公信息网（网址：http：//ste. neea. edu. cn）进行公告，各省（区、市）开考专业、课程及其代码以公告为准。现就专业公告后有关专业管理事项通知如下：

一、原有专业申报审批审核备案流程不变。

二、我办高等教育自学考试信息管理系统已于6 月初开通（网址：http：//zkmis. neea. edu. cn），该系统开通后，各省级考办申报专业除按原有流程申报外，还需通过该系统按照网上申报流程进行网上申报。

请各省级考办高度重视此项工作，确定专人负责本省（区、市）的该系统管理工作（每个单位可上报2～3 名），并按要求填写“高等教育自学考试信息管理系统用户登记表”（见附件），于2010 年7 月31 日前通过电子邮件报送我办，同时报送一份相同内容并加盖公章的正式文本文件。我办将赋予用户名和工作密码。

三、今后各省（区、市）专业开考、停考及课程设置等所有变动，必须报经我办批准或备案，同时通过该信息系统进行网上申报，我办将及时在专业公告系统上进行同步更新。

四、专业公告、专业申报及系统使用等工作中如有问题，请及时与我办自考综合处联系。联系人：谭松，电话：010－82520096，电子邮件：tans@ mail. neea. edu. cn。

附件：高等教育自学考试信息管理系统用户登记表

全国高等教育自学考试指导委员会办公室
二〇一〇年七月一日

（附件略）

关于宁夏回族自治区申请备案开考高等教育自学考试销售管理（独立本科段）等两个专业的复函

考委办函［2010］45号

宁夏教育考试院：

你院《关于开考高等教育自学考试销售管理、艺术设计（独立本科段）两个专业的请示》（宁教考院自考［2010］72号）收悉，函复如下：

一、同意你区备案开考高等教育自学考试销售管理专业（独立本科段）和艺术设计专业（独立本科段）两个专业。请严格执行考委［2009］5号、考委办函［2009］62号等文件规定（见附件）。

二、为保证质量标准，开考计划中凡课程名称、学分与全国统考课程相同者（附件中序号标注“*”号），均须使用全国考委组编的课程自学考试大纲、教材，参加全国统一命题考试。

三、同意你区遴选陕西科技大学为销售管理专业（独立本科段）、西北民族大学为艺术设计专业（独立本科段）的主考学校。请充分发挥主考学校的作用，切实贯彻“教考职责分离”的原则，加强区考课程的课程自学考试大纲、教材建设和实践性环节考核等工作，切实保证质量。

附件：高等教育自学考试艺术设计专业（独立本科段）课程设置与学分

全国高等教育自学考试指导委员会办公室

二〇一〇年七月二日

附件：

高等教育自学考试艺术设计专业（独立本科段）课程设置与学分

专业代码：B050437

序号	课程代码	课程名称	学分	备注
1*	03708	中国近现代史纲要	2	
2*	03709	马克思主义基本原理概论	4	
3*	00015	英语（二）	14	
4	09235	设计原理	3	
5	05712	艺术设计基础	3	
6	00694	设计素描	3	
7	00695	设计色彩	3	
8	09233	计算机辅助设计（AUTOCAD、3DMAX）（实践）	6	
9	08513	设计表现技法（实践）	4	
10	00711	展示设计	4	环境艺术设计方向
11	09238	室内设计（实践）	5	
12	09239	室外环境景观设计（实践）	5	
13	04026	设计美学	3	
14	09237	材料工艺学	4	
15	08717	平面广告设计与制作（实践）	6	平面艺术设计方向
16	09236	编排设计	4	
17	00713	字体设计	4	
18	05546	系列书籍装帧设计	5	
19	04693	网页设计	4	
20	10418	VI 设计（实践）	3	
21	09240	艺术设计毕业设计	8	
	10519	艺术设计毕业论文		不计学分
总学分			71	
1	10177	设计基础	6	免考英语（二）的加考课程
2	10420	装饰表现（实践）	5	
3	07122	立体构成（实践）	3	

关于调整中国餐饮业职业经理人资格证书（中级、高级）和高等教育自学考试餐饮管理专业（专科、独立本科段）课程的通知

考委办函［2010］47号

各省、自治区、直辖市高等教育自学考试委员会，中国烹饪协会：

为积极应对餐饮业的快速发展，适应行业业态调整的需要、加强餐饮产业高规格专门人才的培养，全国考委和中国烹饪协会组织专家对中国餐饮业职业经理人资格证书考试的课程体系、大纲及教材进行了广泛的行业调研，结合主考院校、培训机构和考生的意见，对8门证书课程体系进行了调整并对大纲教材进行改版。其中《餐饮企业人力资源管理》课程名称及代码不变，其他课程调整如下：

原课程				新课程（替代原课程）			
课程代码	课程名称	学分	级别	课程代码	课程名称	学分	级别
09001	餐饮管理与实务	6	中	09539	餐饮企业流程管理	6	中
09002	餐饮市场营销	6	中	09540	餐饮成本核算与控制	6	中
09003	现代厨房管理	4	中	09541	现代厨政管理	6	中
09004	现代厨房管理（实践）	2					
09005	食品卫生与安全	6	中	09542	餐饮食品安全	6	中
09007	餐饮企业财务管理	6	高	09543	餐饮连锁经营与管理	6	高
09008	餐饮企业信息管理	6	高	09544	餐饮企业信息管理应用实务	6	高
09009	餐饮企业战略管理	6	高	09545	餐饮企业品牌经营	6	高

该调整方案将在2010年下半年开始正式实施。具体开考课程及停考课程时间安排将在“2010年下半年非学历证书考试考务工作通知”中公布。考生在申请餐饮业职业经理人资格证书或餐饮管理专业毕业证书时，凡通过原课程的考生可以免考调整后对应的新课程。

请将以上情况及时向社会公布。

全国高等教育
自学考试指导委员会办公室　　中国烹饪协会
二〇一〇年七月九日

关于贵州省申请备案开考高等教育自学考试畜牧兽医（独立本科段）等两个专业的复函

考委办函［2010］49号

贵州省高等教育自学考试委员会办公室：

你办《关于我省开考高等教育自学考试畜牧兽医（独立本科段）和室内设计（专科）的请示》（黔教考办［2010］1号）收悉，函复如下：

一、同意你省备案开考高等教育自学考试畜牧兽医专业（独立本科段）和室内设计专业（专科）两个专业。请严格执行教考试［1998］8号、考委办［2003］8号等文件规定（见附件）。

二、为保证质量标准，开考计划中凡课程名称、学分与全国统考课程相同者（附件中序号标注“*”号），均须使用全国考委组编的课程自学考试大纲、教材，参加全国统一命题考试。

三、同意你省遴选贵州大学为畜牧兽医专业（独立本科段）、贵州商业高等专科学校为室内设计专业（专科）的主考学校。请充分发挥主考学校的作用，切实贯彻“教考职责分离”的原则，加强省考课程的课程自学考试大纲、教材建设和实践性环节考核等工作，切实保证质量。

附件：1. 高等教育自学考试畜牧兽医专业（独立本科段）课程设置与学分

2. 高等教育自学考试室内设计专业（专科）课程设置与学分

全国高等教育自学考试指导委员会办公室

二〇一〇年七月十二日

附件：

1. 高等教育自学考试畜牧兽医专业（独立本科段）课程设置与学分

专业代码：B090403

序号	课程代码	课程名称	学分	备注
1*	03708	中国近现代史纲要	2	
2*	03709	马克思主义基本原理概论	4	
3*	00015	英语（二）	14	
4*	00018	计算机应用基础	2	
	00019	计算机应用基础（实践）	2	
5	02793	生物统计附试验设计	6	
6	02794	动物遗传育种学	6	
7	02795	动物营养与代谢病防治	6	
8*	02678	农业推广学	6	
9	02796	畜牧业经济管理	6	畜牧专业专科毕业生考试课程
10	02797	家畜饲养管理学	8	
11	02798	畜牧微生物学	6	兽医专业专科毕业生考试课程
12	02799	兽医临床医学	8	
13	11431	动物卫生检疫学	4	
14	06773	特种经济动物养殖学	5	
	10389	畜牧兽医毕业论文		不计学分
总学分			71	

2. 高等教育自学考试室内设计专业（专科）课程设置与学分

专业代码：A050405

序号	课程代码	课程名称	学分	备注
1*	03706	思想道德修养与法律基础	2	
2*	03707	毛泽东思想、邓小平理论和“三个代表”重要思想概论	4	
3*	04729	大学语文	4	
4	00599	素描（三）	3	
5	00674	色彩	3	
6	00675	构成（平面、色彩、立体）	8	
7	00692	计算机辅助图形设计	4	
8	00688	设计概论	4	
9	00705	表现图技法	6	
10	00706	画法几何及工程制图	5	
11	04585	公共室内设计（商业办公）	4	
12	00708	装饰材料与构造	5	
13	00709	室内设计	8	
14	00710	家具设计	6	
15	00711	展示设计	4	
16	00712	建筑工程定额预算	4	
	09965	室内设计毕业设计		不计学分
总学分			74	

关于吉林省申请开考高等教育自学考试汽车机械制造技术专业（基础科段、本科段）等八个专业的复函

考委办函［2010］50号

吉林省高等教育自学考试委员会办公室：

你办《关于开考高等教育自学考试汽车机械制造技术等新专业的申请》（吉考办字［2010］27号）收悉，函复如下：

一、同意你省备案开考高等教育自学考试商务管理专业（基础科段、本科段）、金融管理专业（基础科段、本科段）、地铁运输与管理专业（专科）、地铁电动客车技术专业（专科）六个专业，请严格执行考委［1999］1号、考委［2001］8号、考委办函［2005］55号、考委办函［2004］170号等文件规定。经全国考委机械及轻纺化工类专业委员会审核，同意你省开考高等教育自学考试汽车机械制造技术专业（基础科段、本科段）。我办对报送的专业赋予了专业代码和课程代码（见附件）。

二、为保证质量标准，开考计划中凡课程名称、学分与全国统考课程相同者（附件中序号标注“*”号），均须使用全国考委组编的课程自学考试大纲、教材，参加全国统一命题考试。

三、同意你省遴选长春理工大学为商务管理专业（基础科段、本科段）和金融管理专业（基础科段、本科段）、北京交通大学为地铁运输与管理专业（专科）和地铁电动客车技术专业（专科）、长春汽车工业高等专科学校为汽车机械制造技术专业（基础科段）、吉林大学为汽车机械制造技术专业（本科段）的主考学校。请充分发挥主考学校的作用，切实贯彻“教考职责分离”的原则，加强省考课程的课程自学考试大纲、教材建设和实践性环节考核等工作，切实保证质量。

附件：1. 高等教育自学考试地铁运输与管理专业（专科）课程设置与学分
2. 高等教育自学考试地铁电动客车技术专业（专科）课程设置与学分
3. 高等教育自学考试汽车机械制造技术专业（基础科段）课程设置与学分
4. 高等教育自学考试汽车机械制造技术专业（本科段）课程设置与学分

全国高等教育自学考试指导委员会办公室
二〇一〇年七月二十日

抄送：全国考委机械及轻纺化工类专业委员会

附件：

1. 高等教育自学考试地铁运输与管理专业（专科）课程设置与学分

专业代码：A081721

序号	课程代码	课程名称	学分	备注
1*	03706	思想道德修养与法律基础	2	
2*	03707	毛泽东思想、邓小平理论和“三个代表”重要思想概论	4	
3*	00417	高等数学基础	8	
4*	00018	计算机应用基础	2	
	00019	计算机应用基础（实践）	2	
5	07437	电路理论基础	6	
	07438	电路理论基础（实践）	1	
6	07439	电子电路	6	
	07440	电子电路（实践）	1	
7	05772	C语言程序设计（二）	3	
	05773	C语言程序设计（二）（实践）	3	
8	05774	城市轨道交通概论	4	
9	05775	客运市场营销	4	
10	05776	地铁行车组织	4	
	05777	地铁行车组织（实践）	2	
11	05778	站场与枢纽	4	
	05779	站场与枢纽（实践）	1	
12	07297	旅客运输	5	
13	05780	铁路运营管理自动化	4	
14	05781	行车值班员中级	25	
总学分			91	

2. 高等教育自学考试地铁电动客车技术专业（专科）课程设置与学分

专业代码：A080312

序号	课程代码	课程名称	学分	备注
1*	03706	思想道德修养与法律基础	2	
2*	03707	毛泽东思想、邓小平理论和“三个代表”重要思想概论	4	
3*	00417	高等数学基础	8	
4*	00018	计算机应用基础	2	
	00019	计算机应用基础（实践）	2	
5	07437	电路理论基础	6	
	07438	电路理论基础（实践）	1	
6	07439	电子电路	6	
	07440	电子电路（实践）	1	
7	07441	微机原理与接口技术	6	
	07442	微机原理与接口技术（实践）	1	
8	07443	电机与电力拖动	3	
	07444	电机与电力拖动（实践）	1	
9	05463	机械制图基础	2	
10	05464	机械知识	2	
11	05465	客车工程	4	
12	05466	车辆修造工艺与装备	4	
	05467	车辆修造工艺与装备（实践）	2	
13	05468	现代交流传动及其控制系统	4	
	05469	现代交流传动及其控制系统（实践）	1	
14	05470	电力机车电器	3	
15	05471	车辆技术中级	25	
总学分			90	

3. 高等教育自学考试汽车机械制造技术专业（基础科段）课程设置与学分

专业代码：C080348

序号	课程代码	课程名称	学分	备注
1*	03706	思想道德修养与法律基础	2	
2*	03707	毛泽东思想、邓小平理论和“三个代表”重要思想概论	4	
3*	02183	机械制图（一）	6	
	02184	机械制图（一）（实践）	1	
4	09196	数学与物理基础	4	
5	09198	汽车材料与金属加工	5	
6	01461	机械原理与机械设计	4	
	01462	机械原理与机械设计（实践）	2	
7	09197	汽车文化与构造	7	
8	01952	互换性与测量基础	4	
9	09199	工业电工与电子技术基础	6	
	09200	工业电工与电子技术基础（实践）	3	
10	09207	汽车液压与气压传动	5	
11	11799	机械制造工艺与机床夹具设计（一）	4	
12	08784	数控加工工艺基础	4	
	08785	数控加工工艺基础（实践）	4	
13	11800	钳工技师综合技能（实践）	6	任选一门
	11801	镗工技师综合技能（实践）	6	
	11802	铣工技师综合技能（实践）	6	
	11803	磨工技师综合技能（实践）	6	
	11804	车工技师综合技能（实践）	6	
	11805	维修电工技师综合技能（实践）	6	
	11806	加工中心操作工技师综合技能（实践）	6	
	11807	机修钳工技师综合技能（实践）	6	
	11808	模具钳工技师综合技能（实践）	6	
	11809	模具维修工技师综合技能（实践）	6	
	11810	模具制造工技师综合技能（实践）	6	
	11811	铸造工技师综合技能（实践）	6	
	11812	熔化工技师综合技能（实践）	6	
总学分			71	

4. 高等教育自学考试汽车机械制造技术专业（本科段）课程设置与学分

专业代码：C080349

序号	课程代码	课程名称	学分	备注
1*	03708	中国近现代史纲要	2	
2*	03709	马克思主义基本原理概论	4	
3	03722	企业实用英语	4	
4	09204	汽车制造工艺基础	4	
5	09202	汽车 CAD 技术及应用	5	
	09203	汽车 CAD 技术及应用（实践）	3	
6	11813	金属切削原理与刀具	5	机械加工（模块一）钳工、工具钳工、镗工、车工、铣工、磨工、加工中心操作工模块
7	11814	现代机床夹具设计	4	
8	11815	机械加工质量检测与控制	5	
9	11816	数控机床加工工艺及设备	5	
10	11817	数控加工中心加工工艺与编程	4	
11	11818	数控加工中心加工工艺与编程（实践）	2	
	11819	典型 PLC 应用技术（S7－300/400 PLC）	5	
12	11820	数控机床电气系统案例分析	4	
13	11821	汽车零部件加工技术	5	
14	11822	数控设备维修实训	4	
6	11823	工业电工与电子技术基础（本）	5	机电设备维修（含机器人作业实现）（模块二）、维修电工、机修钳工模块
7	11824	机电传动技术与控制	6	
8	11825	电气系统测绘与设计	4	
9	11819	典型 PLC 应用技术（S7－300/400 PLC）	5	
10	11826	变频器与现场总线技术	4	
11	11827	工业传感器与接口技术	4	
12	11828	机电设备维修实训	3	
13	09217	汽车机器人焊接工程	6	
	09218	汽车机器人焊接工程（实践）	2	
14	11829	典型工业机器人（KUKA/ABB）案例分析	4	

（续表）

序号	课程代码	课程名称	学分	备注
6	11830	机械制造工艺与机床夹具设计（二）	4	模具加工（模块三）、模具钳工、模具维修工、模具制造工模块
7	11831	模具材料与表面处理技术	5	
8	11832	汽车模具技术基础	6	
9	11815	机械加工质量检测与控制	5	
10	11833	汽车模具数控加工技术	4	
11	11834	汽车冷冲压技术	4	
12	11835	汽车塑料成型技术	4	
13	09214	焊接方法及设备	7	
14	11836	汽车模具装调与维修	4	
6	01468	汽车材料学	4	汽车铸造（模块四）、铸造工、熔化工，铸造工程师选考模块
7	11837	铸造工艺学	6	
8	11838	造型材料	4	
9	11839	特种铸造工艺学	4	
10	11840	铸造合金及其熔炼	6	
11	11841	铸造设备	5	
12	11842	铸造质量控制应用技术	4	
13	11843	铸造企业管理	4	
14	11844	应用文写作与办公软件	4	
	11845	应用文写作与办公软件（实践）	2	
15	11846	现场管理综合技能（实践）	2	
16	11847	钳工高级技师综合技能（实践）	6	任选一门（综合技能模块）
	11848	镗工高级技师综合技能（实践）	6	
	11849	铣工高级技师综合技能（实践）	6	
	11850	磨工高级技师综合技能（实践）	6	
	11851	车工高级技师综合技能（实践）	6	
	11852	维修电工高级技师综合技能（实践）	6	
	11853	加工中心操作工高级技师综合技能（实践）	6	
	11854	机修钳工高级技师综合技能（实践）	6	
	11855	模具钳工高级技师综合技能（实践）	6	
	11856	模具维修工高级技师综合技能（实践）	6	
	11857	模具制造工高级技师综合技能（实践）	6	
	11858	铸造工高级技师综合技能（实践）	6	
	11859	熔化工高级技师综合技能（实践）	6	
	11860	汽车机械制造技术毕业论文		不计学分
总学分			73	

关于江苏省申请备案开考高等教育自学考试公共管理（独立本科段）等六个专业的复函

考委办函［2010］53号

江苏省高等教育自学考试委员会：

你委《江苏省考委关于开考商务西班牙语等四个专业的请示》（苏考委［2010］1号）收悉，函复如下：

一、同意你省备案开考高等教育自学考试公共管理专业（独立本科段）、国际旅游管理专业（专科、独立本科段）、生物技术专业（检验检疫方向）（专科、独立本科段）五个专业，请严格执行考委办函［2007］130号、考委办函［2004］172号、考委办函［2006］62号等文件规定。

根据全国考委《关于调整高等教育自学考试专科专业审批权试点工作的若干意见》（考委［2005］5号）精神，同意你省备案开考高等教育自学考试商务西班牙语专业（专科）。我办对报送的专业赋予了专业代码和课程代码（见附件）。同意你省备案停考高等教育自学考试交通运输专业（铁路运输方向）（专科）和机车车辆专业（专科）两个专业，请做好停考的善后工作。

二、为保证质量标准，开考计划中凡课程名称、学分与全国统考课程相同者（附件中序号标注“*”号），均须使用全国考委组编的课程自学考试大纲、教材，参加全国统一命题考试。

三、同意你省遴选河海大学为公共管理专业（独立本科段）、南京师范大学为国际旅游管理专业（专科、独立本科段）、扬州大学为生物技术专业（检验检疫方向）（专科、独立本科段）、南京大学为商务西班牙语专业（专科）的主考学校。请充分发挥主考学校的作用，切实贯彻“教考职责分离”的原则，加强省考课程的课程自学考试大纲、教材建设和实践性环节考核等工作，切实保证质量。

附件：1. 高等教育自学考试公共管理专业（独立本科段）课程设置与学分

2. 高等教育自学考试国际旅游管理专业（专科）课程设置与学分

3. 高等教育自学考试国际旅游管理专业（独立本科段）课程设置与学分

4. 高等教育自学考试生物技术专业（检验检疫方向）（专科）课程设置与学分

5. 高等教育自学考试生物技术专业（检验检疫方向）（独立本科段）课程设置与学分

6. 高等教育自学考试商务西班牙语专业（专科）课程设置与学分

全国高等教育自学考试指导委员会办公室

二〇一〇年七月二十二日

附件：

1. 高等教育自学考试公共管理专业（独立本科段）课程设置与学分

专业代码：B020267

序号	课程代码	课程名称	学分	备注
1*	03708	中国近现代史纲要	2	
2*	03709	马克思主义基本原理概论	4	
3*	00015	英语（二）	14	
4	03335	公共管理学	5	
5	00261	行政法学	5	
6	00163	管理心理学	5	
7	00277	行政管理学	6	
8	01848	公务员制度	4	
9	00060	财政学	4	
10	08749	行政职业能力测评	5	
11	06093	人力资源开发与管理	6	
12	00272	社会工作概论	5	
13	05151	劳动与社会保障	6	
	06999	毕业论文		不计学分
总学分			71	
1	00321	中国文化概论	5	免考英语（二）的加考课程
2	00144	企业管理概论	5	
3	00034	社会学概论	6	

2. 高等教育自学考试国际旅游管理专业（专科）课程设置与学分

专业代码：A020238

序号	课程代码	课程名称	学分	备注
1*	03706	思想道德修养与法律基础	2	
2*	03707	毛泽东思想、邓小平理论和“三个代表”重要思想概论	4	
3*	00018	计算机应用基础	2	
	00019	计算机应用基础（实践）	2	
4	11087	旅游英语（口试）	7	
5	00188	旅游心理学	4	
6	00187	旅游经济学	5	
7	02126	应用文写作	5	
8	00192	旅游市场学	4	
9	04942	国际旅游与客源国概况	4	
10	11506	旅游饭店财务管理	4	
11	10897	现代饭店管理	5	
12	11509	酒店管理实习	4	
13	00201	饭店餐饮管理	4	
14	11341	国际旅游学	5	
15	11861	导游业务与模拟导游（实践）	5	
16	11862	旅游景区管理实务（实践）	4	
总学分			70	

3. 高等教育自学考试国际旅游管理专业（独立本科段）课程设置与学分

专业代码：B020235

序号	课程代码	课程名称	学分	备注
1*	03708	中国近现代史纲要	2	
2*	03709	马克思主义基本原理概论	4	
3*	00015	英语（二）	14	
4	04933	酒店英语（口试）	5	
5	03531	国际旅游市场营销	4	
6	11863	国际连锁经营	5	
7	00197	旅游资源规划与开发	5	
8	11607	涉外文化与礼仪	4	
9	11864	旅游文化与民俗旅游	6	
10	03528	国际旅行社管理	6	
11	11865	国际会议服务与管理	6	
12	06125	旅游美学	4	
13	03532	旅游消费行为	4	
	06999	毕业论文		不计学分
总学分			69	
1	00321	中国文化概论	5	免考英语（二）的加考课程
2	00194	旅游法规	4	
3	11866	旅游电子商务	5	

4. 高等教育自学考试生物技术专业（检验检疫方向）（专科）课程设置与学分

专业代码：A070408

序号	课程代码	课程名称	学分	备注
1*	03706	思想道德修养与法律基础	2	
2*	03707	毛泽东思想、邓小平理论和“三个代表”重要思想概论	4	
3*	00018	计算机应用基础	2	
	00019	计算机应用基础（实践）	2	
4	02070	微生物学	3	
	02071	微生物学（实践）	1	
5	02535	有机化学（三）	4	
6	02911	无机化学（三）	4	
7	02533	普通生物学	5	
8	02175	分析化学（一）	4	
	02176	分析化学（一）（实践）	1	
9	02062	动物学	4	
	02063	动物学（实践）	2	
10	02060	植物学（一）	4	
	02061	植物学（一）（实践）	2	
11	05128	普通植物病理学	6	
12	01414	食用动物卫生病理学	4	
	01415	食用动物卫生病理学（实践）	2	
13	04787	动物解剖及组织学	4	
	04788	动物解剖及组织学（实践）	2	
14	02787	兽医药理学	5	
	07912	兽医药理学（实践）	1	
总学分			68	

5. 高等教育自学考试生物技术专业（检验检疫方向）（独立本科段）课程设置与学分

专业代码：B070405

序号	课程代码	课程名称	学分	备注
1*	03708	中国近现代史纲要	2	
2*	03709	马克思主义基本原理概论	4	
3*	00015	英语（二）	14	
4	02072	生物化学（一）	4	
	02073	生物化学（一）（实践）	2	
5	02085	细胞生物学	6	
	02086	细胞生物学（实践）	2	
6	05129	动植物检疫法规	6	
7	04353	基因工程	5	
8	11183	细胞工程	6	
9	05135	免疫学	6	
10	01412	食用动物传染病学	6	
11	04988	动植物检验检疫学	5	
12	06312	动物性食品卫生检验	3	
	06313	动物性食品卫生检验（实践）	1	
13	11867	检验检疫管理	4	
	06999	毕业论文		不计学分
总学分			76	
1	00321	中国文化概论	5	免考英语（二）的加考课程
2	01413	食用动物寄生虫病学	6	
3	11868	生物多样性及其保护	4	

6. 高等教育自学考试商务西班牙语专业（专科）课程设置与学分

专业代码：A050237

序号	课程代码	课程名称	学分	备注
1*	03706	思想道德修养与法律基础	2	
2*	03707	毛泽东思想、邓小平理论和“三个代表”重要思想概论	4	
3*	00018	计算机应用基础	2	
	00019	计算机应用基础（实践）	2	
4	11869	综合西班牙语（一）	10	
5	11870	综合西班牙语（二）	10	
6	11871	初级西班牙语听力（实践）	4	
7	11872	商务西班牙语口语（实践）	6	
8	11873	初级西班牙语翻译	4	
9	11874	西班牙语写作基础	4	
10	11875	西班牙语阅读	6	
11	11876	西班牙语国家概况	4	
12	11877	商务西班牙语函电	4	
13	11878	市场调研实务（实践）	5	
14	11879	国际贸易实务（实践）	6	
总学分			73	

关于云南省申请备案开考高等教育自学考试电力系统及其自动化（专科）等九个专业的复函

考委办函［2010］54号

云南省招生考试院：

你院《关于备案开考高等教育自学考试电力系统及其自动化（专科）等九个专业的请示》（云招考院［2010］104号）收悉，函复如下：

一、同意你省备案开考高等教育自学考试电力系统及其自动化专业（专科）、电子商务专业（专科）、工业电气自动化技术专业（专科）、会计电算化专业（专科）、机械制造及自动化专业（专科）、计算机及应用专业（专科）、建筑经济管理专业（专科）、汽车维修与服务专业（专科）、信息管理与服务专业（专科）九个专业，请严格执行考委［1997］19号、教考试［2000］6号、教考试［1998］9号、教考试［1999］3号、教考试［1999］2号、考委办函［2006］96号、考委［1999］5号等文件规定。

二、为保证质量标准，开考计划中凡课程名称、学分与全国统考课程相同者，均须使用全国考委组编的课程自学考试大纲、教材，参加全国统一命题考试。

三、同意你省遴选昆明冶金高等专科学校为以上九个专业的主考学校。请充分发挥主考学校的作用，切实贯彻“教考职责分离”的原则，加强省考课程的课程自学考试大纲、教材建设和实践性环节考核等工作，切实保证质量。

全国高等教育自学考试指导委员会办公室
二〇一〇年八月三十日

关于变更2011年高等教育自学考试《计算机系统结构》课程考试用书的通知

考委办函［2010］56号

各省、自治区、直辖市高等教育自学考试办公室、解放军自学考试办公室、各高等教育自学考试命题中心：

按照考委办函［2010］28号文“关于2011年高等教育自学考试全国统考课程安排及有关事项的通知”的精神，2011年4月计算机及应用专业的《计算机系统结构》课程（课程代码：02325）考试用书应使用2010年版新版教材。现该教材因故无法按时出版，经研究决定，2011年的统考课程《计算机系统结构》的考试大纲和教材仍使用2000年版本。

特此通知。

全国高等教育自学考试指导委员会办公室
二〇一〇年九月十日

关于《公共政策》课程考试大纲和教材变更名称的通知

考委办函［2010］57 号

各省、自治区、直辖市高等教育自学考试委员会办公室：

根据全国考委公共管理类专业委员会的建议，《公共政策》课程（课程代码：00318，4 学分）的考试大纲和教材名称自 2011 年 4 月起，变更为《公共政策学》。其原有课程代码、课程名称、学分不变。

请你们及时做好宣传工作，提前通知考生。

全国高等教育自学考试指导委员会办公室
二〇一〇年九月十日

抄送：全国考委公共管理类专业委员会

关于福建省申请备案开考高等教育自学考试畜牧兽医专业（专科）的复函

考委办函［2010］58号

福建省高等教育自学考试委员会：

你委《关于申请备案开考畜牧兽医专业（专科）的报告》（闽教自考［2010］29号）收悉，函复如下：

一、同意你省备案开考高等教育自学考试畜牧兽医专业（专科）。请严格执行考委办函［2009］30号等文件规定。

二、为保证质量标准，开考计划中凡课程名称、学分与全国统考课程相同者，均须使用全国考委组编的课程自学考试大纲、教材，参加全国统一命题考试。

三、同意你省遴选龙岩学院为畜牧兽医专业（专科）的主考学校。请充分发挥主考学校的作用，切实贯彻“教考职责分离”的原则，加强省考课程的课程自学考试大纲、教材建设和实践性环节考核等工作，切实保证质量。

全国高等教育自学考试指导委员会办公室
二〇一〇年九月十四日

关于黑龙江省申请备案开考高等教育自学考试项目管理（独立本科段）等五个专业的复函

考委办函［2010］59号

黑龙江省高等教育自学考试委员会：

你委《关于黑龙江省备案开考高等教育自学考试项目管理等五个专业的请示》（黑自考委［2010］9号）收悉，函复如下：

一、同意你省备案开考高等教育自学考试项目管理专业（独立本科段）、艺术设计专业（独立本科段）、游戏软件开发技术专业（独立本科段）、采矿工程专业（专科、独立本科段）五个专业，请严格执行考委办函［2004］99号、考委办函［2009］62号、考委办函［2005］50号、考委办函［2007］86号等文件规定。我办对报送的专业赋予了部分课程代码（见附件）。

二、为保证质量标准，开考计划中凡课程名称、学分与全国统考课程相同者（附件中序号标注“*”号），均须使用全国考委组编的课程自学考试大纲、教材，参加全国统一命题考试。

三、同意你省遴选哈尔滨理工大学为项目管理专业（独立本科段）、哈尔滨师范大学为艺术设计专业（独立本科段）和游戏软件开发技术专业（独立本科段）、黑龙江科技学院为采矿工程专业（专科、独立本科段）的主考学校。请充分发挥主考学校的作用，切实贯彻“教考职责分离”的原则，加强省考课程的课程自学考试大纲、教材建设和实践性环节考核等工作，切实保证质量。

附件：1. 高等教育自学考试项目管理专业（独立本科段）课程设置与学分
2. 高等教育自学考试艺术设计专业（独立本科段）课程设置与学分
3. 高等教育自学考试游戏软件开发技术专业（独立本科段）课程设置与学分
4. 高等教育自学考试采矿工程专业（专科）课程设置与学分
5. 高等教育自学考试采矿工程专业（独立本科段）课程设置与学分

全国高等教育自学考试指导委员会办公室
二〇一〇年九月二十一日

附件：

1. 高等教育自学考试项目管理专业（独立本科段）课程设置与学分

专业代码：B020256

序号	课程代码	课程名称	学分	备注
1*	03708	中国近现代史纲要	2	
2*	03709	马克思主义基本原理概论	4	
3	00015*	英语（二）	14	三选一
	00016	日语（二）	14	
	00017	俄语（二）	14	
4*	02628	管理经济学	5	
5	11880	项目组织与团队管理	7	
6	05066	项目论证与评估	5	
7	05060	项目范围管理	4	
8	05064	项目风险管理	4	
9	05063	项目时间管理	4	
10	05062	项目质量管理	4	
11	05061	项目成本管理	4	
12	07171	项目管理软件	4	
	03810	项目管理软件（实践）	2	
13	05067	项目管理案例分析	5	
	03809	项目管理案例分析（实践）	2	
	11732	项目管理毕业论文		不计学分
		总学分	70	
1	05065	项目管理法规	6	免考外语的加考课程
2	05059	项目管理学	6	
3*	00058	市场营销学	5	

2. 高等教育自学考试艺术设计专业（独立本科段）课程设置与学分

专业代码：B050437

序号	课程代码	课程名称	学分	备注
1*	03708	中国近现代史纲要	2	
2*	03709	马克思主义基本原理概论	4	
3*	00015	英语（二）	14	
4	11121	设计素描（实践）	8	
5	11120	设计色彩（实践）	8	
6	04856	计算机辅助设计（实践）	5	
7	11881	构成艺术	3	
8	00688	设计概论	4	
9	09460	字体设计（实践）	2	平面艺术设计方向
10	04473	版式设计（实践）	2	
11	02496	印刷工艺学（实践）	2	
12	11144	书籍装帧设计（实践）	5	
13	01781	平面广告设计（实践）	4	
14	11093	企业形象设计	6	
15	07122	立体构成（实践）	3	环境艺术设计方向
16	11882	装饰材料与施工工艺（实践）	4	
17	08513	设计表现技法（实践）	4	
18	00711	展示设计	4	
19	04485	室内设计（实践）	1	
20	05345	景观设计	6	
	09240	艺术设计毕业设计	8	
总学分			77	
1	00853	广告学（二）	4	免考英语（二）的加考课程
2	05054	POP 与 DM 广告设计	5	
3	04122	标志设计（一）	5	
1	04317	素描（实践）	4	加考课程
2	09454	基础图案（实践）	2	
3	10177	设计基础	6	

3. 高等教育自学考试游戏软件开发技术专业（独立本科段）课程设置与学分

专业代码：B080743

序号	课程代码	课程名称	学分	备注
1*	03708	中国近现代史纲要	2	
2*	03709	马克思主义基本原理概论	4	
3*	00015	英语（二）	14	
4	05707	游戏创意与设计概论	4	
5	11883	游戏软件设计概论	4	
6	05708	Visual C++	3	
	05709	Visual C++（实践）	3	
7	05710	多媒体技术应用	3	
	05711	多媒体技术应用（实践）	3	
8	05713	DirectX	3	
	05714	DirectX（实践）	2	
9	05712	艺术设计基础	3	
10	05715	高级C++软件编程	3	
	05716	高级C++软件编程（实践）	3	
11	05717	游戏架构导论	4	
12	05718	游戏开发流程与引擎原理	4	
	05719	游戏开发流程与引擎原理（实践）	2	
13	05720	游戏文化与心理学	3	
14	11884	游戏软件开发技术综合实习	3	
	10354	游戏软件开发技术毕业设计		不计学分
总学分			70	

4. 高等教育自学考试采矿工程专业（专科）课程设置与学分

专业代码：A080108

序号	课程代码	课程名称	学分	备注
1*	03706	思想道德修养与法律基础	2	
2*	03707	毛泽东思想、邓小平理论和“三个代表”重要思想概论	4	
3*	00022	高等数学（工专）	7	
4*	02151	工程制图	4	
5*	00018	计算机应用基础	2	
	00019	计算机应用基础（实践）	2	
6*	02159	工程力学（一）	5	
7	10816	企业管理基础	4	
8	02145	地质学	6	
9	00113	测量学	3	
10	02172	井巷工程	4	
11	02016	矿山电工	5	
	02017	矿山电工（实践）	1	
12	11885	矿山机械设备	4	
13	08134	开采方法	6	
	08135	开采方法（实践）	3	
14	02149	采矿概论	4	
15	08136	矿井通风与安全（一）	4	
	08137	矿井通风与安全（一）（实践）	1	
16	11886	采矿工程毕业实习（一）	4	
	11564	采矿工程毕业设计		不计学分
总学分			75	

5. 高等教育自学考试采矿工程专业（独立本科段）课程设置与学分

专业代码：B080109

序号	课程代码	课程名称	学分	备注
1*	03708	中国近现代史纲要	2	
2*	03709	马克思主义基本原理概论	4	
3*	00015	英语（二）	14	
4	10053	工程数学（线性代数、复变函数）	6	
5*	00051	管理系统中计算机应用	3	
	00052	管理系统中计算机应用（实践）	1	
6	02168	矿山地质	6	
7	03095	系统工程	6	
8	11887	采矿优化设计	4	
	11888	采矿优化设计（实践）	1	
9	02171	采矿学	8	
11	08149	矿山压力及其控制	5	
12	08147	矿井通风与安全（二）	5	
	08148	矿井通风与安全（二）（实践）	1	
13	11889	采矿工程毕业实习（二）	4	
	11890	采矿工程毕业论文		不计学分
总学分			70	
1	08146	矿井提升运输	4	免考英语（二）的加考课程
2	11891	煤炭工业经济	5	
3	11892	液压传动及采掘机械	5	

关于新疆维吾尔自治区申请增设部分课程的复函

考委办函［2010］61 号

新疆维吾尔自治区高等教育自学考试委员会办公室：

你办《关于自学考试维、哈文专业公共政治课设置和汉语课程设置有关问题的请示》（新考办［2010］59 号）收悉，函复如下：

同意你区在高等教育自学考试维、哈文专科和基础科段专业中增加一门《新疆历史与民族宗教理论政策教程》课程；同意你区在高等教育自学考试维、哈文专科和基础科段专业中增设《大学汉语（一）》，在独立本科段和本科段专业中增设《大学汉语（二）》，并对部分课程赋予了课程代码如下：

序号	课程代码	课程名称	学分
1	11893	新疆历史与民族宗教理论政策教程	3
2	11894	大学汉语（一）	8
3	11895	大学汉语（二）	8
4	11896	计算机专业汉语	8
5	11897	股份制经济	8

全国高等教育自学考试指导委员会办公室
二〇一〇年十月十四日

关于山西省申请备案开考高等教育自学考试采矿工程专业（独立本科段）的复函

考委办函［2010］66号

山西省招生考试管理中心：

你中心《关于我省开考高等教育自学考试采矿工程专业（独立本科段）的请示》（晋招考自字［2010］16号）收悉，函复如下：

一、同意你省备案开考高等教育自学考试采矿工程专业（独立本科段）（见附件）。

二、为保证质量标准，开考计划中凡课程名称、学分与全国统考课程相同者（附件中序号标注“*”号），均须使用全国考委组编的课程自学考试大纲、教材，参加全国统一命题考试。

三、同意你省遴选太原理工大学为采矿工程专业（独立本科段）的主考学校。请充分发挥主考学校的作用，切实贯彻“教考职责分离”的原则，加强省考课程的课程自学考试大纲、教材建设和实践性环节考核等工作，切实保证质量。

附件：高等教育自学考试采矿工程专业（独立本科段）课程设置与学分

全国高等教育自学考试指导委员会办公室

二〇一〇年十一月二日

附件：

高等教育自学考试采矿工程专业（独立本科段）课程设置与学分

专业代码：B080109

序号	课程代码	课程名称	学分	备注
1*	03708	中国近现代史纲要	2	
2*	03709	马克思主义基本原理概论	4	
3*	00015	英语（二）	14	
4	08146	矿井提升运输	4	
5	08139	采掘机械	4	
	08140	采掘机械（实践）	1	
6	02016	矿山电工	5	
	02017	矿山电工（实践）	1	
7	08144	计算机绘图	4	
	08145	计算机绘图（实践）	1	
8	08149	矿山压力及其控制	5	
9	02171	采矿学	8	
	08142	采矿学（实践）	3	
10	08152	特殊开采方法	5	
11	08147	矿井通风与安全（二）	5	
	08148	矿井通风与安全（二）（实践）	1	
12	08143	非煤开采技术	3	
13	00144	企业管理概论	5	
	11890	采矿工程毕业论文		不计学分
总学分			75	
1	08150	矿业信息工程及计算机应用	5	免考英语（二）的加考课程
	08151	矿业信息工程及计算机应用（实践）	3	
2	08141	采矿新技术	3	
3	08138	采场顶板控制及监测	3	
1	02149	采矿概论	4	加考课程
2	02145	地质学	6	
	08132	地质学（实践）	1	

关于福建省申请备案开考高等教育自学考试路桥施工技术与管理专业（专科）的复函

考委办函［2010］67号

福建省高等教育自学考试委员会：

你委关于开考高等教育自学考试路桥施工技术与管理专业（专科）的报告（闽教自考［2010］35号）收悉，函复如下：

一、根据全国考委《关于调整高等教育自学考试专科专业审批权试点工作的若干意见》（考委［2005］5号）精神，同意你省备案开考高等教育自学考试路桥施工技术与管理专业（专科）。我办对报送的专业赋予了专业代码和课程代码（见附件）。

二、为保证质量标准，开考计划中凡课程名称、学分与全国统考课程相同者（附件中序号标注“*”号），均须使用全国考委组编的课程自学考试大纲、教材，参加全国统一命题考试。

三、同意你省遴选福建农林大学为路桥施工技术与管理专业（专科）的主考学校。请充分发挥主考学校的作用，切实贯彻“教考职责分离”的原则，加强省考课程的课程自学考试大纲、教材建设和实践性环节考核等工作，切实保证质量。

四、同意你省停考电子技术专业（080704）、环境工程与管理（081101）两个（专科）专业并予以备案，妥善做好善后工作。

附件：高等教育自学考试路桥施工技术与管理专业（专科）课程设置与学分

全国高等教育自学考试指导委员会办公室
二〇一〇年十一月十九日

附件：

高等教育自学考试路桥施工技术与管理专业（专科）课程设置与学分

专业代码：A080832

序号	课程代码	课程名称	学分	备注
1*	03706	法律基础与思想道德修养	2	
2*	03707	毛泽东思想、邓小平理论和“三个代表”重要思想概论	4	
3*	00018	计算机应用基础	2	
	00019	计算机应用基础（实践）	2	
4	04052	建筑工程制图	6	
5	06280	道路建筑材料	4	
6	01553	工程测量（一）	5	
	01554	工程测量（一）（实践）	5	
7	02403	水文学与水力学	3	
8	02405	道路勘测设计	4	
	02406	道路勘测设计（实践）	2	
9	02411	道路施工与管理	5	
10	02432	建筑结构	5	
11	02407	路基路面工程	4	
	02408	路基路面工程（实践）	1	
12	11898	桥梁工程技术（实践）	6	
13	06084	公路施工组织与概预算	5	
14	06283	公路工程监理概论	4	
15	04232	综合课程设计	8	
总学分			77	

关于河北省申请备案开考高等教育自学考试现代农村经济管理（专科）等两个专业的复函

考委办函［2010］68号

河北省自学考试委员会：

你委《河北省关于开考高等教育自学考试现代农村经济管理专业（专科）和农业综合技术专业（专科）的请示》（冀考委自［2010］15号）收悉，函复如下：

一、同意你省备案开考高等教育自学考试现代农村经济管理专业（专科），请严格执行考委［1999］24号等文件规定。经全国考委农科类专业委员会审核，同意你省备案开考高等教育自学考试农业综合技术专业（专科）。我办对报送的专业赋予了部分课程代码（见附件）。

二、为保证质量标准，开考计划中凡课程名称、学分与全国统考课程相同者（附件中序号标注“*”号），均须使用全国考委组编的课程自学考试大纲、教材，参加全国统一命题考试。

三、同意你省遴选河北科技师范学院为现代农村经济管理专业（专科）和农业综合技术专业（专科）的主考学校。请充分发挥主考学校的作用，切实贯彻“教考职责分离”的原则，加强省考课程的课程自学考试大纲、教材建设和实践性环节考核等工作，切实保证质量。

附件：1. 高等教育自学考试现代农村经济管理专业（专科）课程设置与学分

2. 高等教育自学考试农业综合技术专业（专科）课程设置与学分

全国高等教育自学考试指导委员会办公室

二〇一〇年十一月二十一日

抄送：全国考委农科类专业委员会

附件：

1. 高等教育自学考试现代农村经济管理专业（专科）课程设置与学分

专业代码：A090635

<table>
<tr><th>序号</th><th>课程代码</th><th>课程名称</th><th>学分</th><th>备注</th></tr>
<tr><td>1*</td><td>03706</td><td>思想道德修养与法律基础</td><td>2</td><td></td></tr>
<tr><td>2*</td><td>03707</td><td>毛泽东思想、邓小平理论和“三个代表”重要思想概论</td><td>4</td><td></td></tr>
<tr><td>3</td><td>08621</td><td>社区工作</td><td>5</td><td></td></tr>
<tr><td>4</td><td>08622</td><td>农业经营技术专题</td><td>5</td><td></td></tr>
<tr><td>5</td><td>00137</td><td>农业经济学（一）</td><td>6</td><td></td></tr>
<tr><td>6</td><td>00334</td><td>农村科学技术和生产管理</td><td>6</td><td></td></tr>
<tr><td>7</td><td>04535</td><td>乡镇经济发展调查与分析</td><td>4</td><td></td></tr>
<tr><td>8</td><td>01445</td><td>税收基础</td><td>6</td><td></td></tr>
<tr><td>9</td><td>07481</td><td>管理学基础</td><td>5</td><td></td></tr>
<tr><td>10</td><td>02827</td><td>农村企事业会计</td><td>5</td><td></td></tr>
<tr><td>11*</td><td>02541</td><td>农业资源利用与环境保护</td><td>5</td><td rowspan="8">任选四门</td></tr>
<tr><td>12*</td><td>00182</td><td>公共关系学</td><td>4</td></tr>
<tr><td>13</td><td>03650</td><td>创业教育</td><td>4</td></tr>
<tr><td rowspan="2">14*</td><td>00018</td><td>计算机应用基础</td><td>2</td></tr>
<tr><td>00019</td><td>计算机应用基础（实践）</td><td>2</td></tr>
<tr><td>15*</td><td>02126</td><td>应用文写作</td><td>5</td></tr>
<tr><td>16</td><td>05540</td><td>农村人力资源开发与管理</td><td>4</td></tr>
<tr><td>17</td><td>05222</td><td>经济法概论（乡镇）</td><td>6</td></tr>
<tr><td>18</td><td>11899</td><td>农村经济管理综合实践</td><td>10</td><td></td></tr>
<tr><td colspan="3">总学分</td><td>72</td><td></td></tr>
</table>

2. 高等教育自学考试农业综合技术专业（专科）课程设置与学分

专业代码：A090702

序号	课程代码	课程名称	学分	备注
1*	03706	思想道德修养与法律基础	2	
2*	03707	毛泽东思想、邓小平理论和“三个代表”重要思想概论	4	
3*	02554	农业政策与法规	4	
4	11901	农业生产基础知识	5	
5	05148	设施农业	7	
6	08443	植物保护学（一）	6	
7	02760	农业病虫害综合防治（实践）	1	
8	01470	动物疫病防治	4	
	01471	动物疫病防治（实践）	1	
9	01469	现代畜牧学	6	
10*	02717	植物生产概论	7	
11	05223	农产品加工技术（农业）	5	
	01485	农产品加工技术（实践）	2	
12	04595	食用菌栽培	5	
13*	02665	农业生态基础	4	
14	08987	农业信息技术	4	任选四门
15	02691	花卉学	5	
16	03650	创业教育	4	
17	06630	农村建设与发展规划	6	
18	11900	农业综合技术实践	10	
总学分			81	

关于湖北省申请备案开考高等教育自学考试国际旅游管理专业（专科、独立本科段）的复函

考委办函［2010］71号

湖北省高等教育自学考试委员会办公室：

你办《关于备案开高等教育自学考试国际旅游管理（专科、独立本科段）专业的请示》（鄂考委办［2010］6号）收悉，函复如下：

一、同意你省备案开考高等教育自学考试国际旅游管理专业（专科、独立本科段）两个专业，请严格执行考委办函［2010］53号等文件规定。我办对报送的专业赋予了部分课程代码（见附件）。

二、为保证质量标准，开考计划中凡课程名称、学分与全国统考课程相同者（附件中序号标注“*”号），均须使用全国考委组编的课程自学考试大纲、教材，参加全国统一命题考试。

三、同意你省遴选三峡大学为国际旅游管理专业（专科、独立本科段）的主考学校。请充分发挥主考学校的作用，切实贯彻“教考职责分离”的原则，加强省考课程的课程自学考试大纲、教材建设和实践性环节考核等工作，切实保证质量。

附件：1. 高等教育自学考试国际旅游管理专业（专科）课程设置与学分

2. 高等教育自学考试国际旅游管理专业（独立本科段）课程设置与学分

全国高等教育自学考试指导委员会办公室

二〇一〇年十二月六日

附件：

1. 高等教育自学考试国际旅游管理专业（专科）课程设置与学分

专业代码：A020238

序号	课程代码	课程名称	学分	备注
1*	03706	思想道德修养与法律基础	2	
2*	03707	毛泽东思想、邓小平理论和“三个代表”重要思想概论	4	
3*	00018	计算机应用基础	2	
	00019	计算机应用基础（实践）	2	
4	11087	旅游英语（口试）	7	
5	00188	旅游心理学	4	
6	11909	国际旅游法规	5	
7*	02126	应用文写作	5	
8	00192	旅游市场学	4	
9	04942	国际旅游与客源国概况	4	
10	11910	饭店房务管理	4	
11	10897	现代饭店管理	5	
12	11509	酒店管理实习	4	
13	00201	饭店餐饮管理	4	
14	11341	国际旅游学	5	
15	11861	导游业务与模拟导游（实践）	5	
16	11862	旅游景区管理实务（实践）	4	
总学分			70	

2. 高等教育自学考试国际旅游管理专业（独立本科段）课程设置与学分

专业代码：B020235

序号	课程代码	课程名称	学分	备注
1*	03708	中国近现代史纲要	2	
2*	03709	马克思主义基本原理概论	4	
3*	00015	英语（二）	14	
4	04933	酒店英语（口试）	5	
5	03531	国际旅游市场营销	4	
6	11911	国际酒店管理	6	
7	00197	旅游资源规划与开发	5	
8	11607	涉外文化与礼仪	4	
9	11912	民俗文化与旅游	6	
10	11913	国际旅行实务	6	
11	11914	国际会展	6	
12	06125	旅游美学	4	
13	03532	旅游消费行为	4	
	11915	国际旅游管理毕业论文		不计学分
总学分			70	
1*	00321	中国文化概论	5	免考英语（二）的加考课程
2	00194	旅游法规	4	
3	11866	旅游电子商务	5	

关于江西省申请增加高等教育自学考试与高级技工教育相衔接试点专业的复函

考委办函［2010］72号

江西省教育考试院：

你院《关于要求增加高等教育自学考试与高级技工教育相衔接试点专业的请示》（赣考院自［2010］7号）收悉，函复如下：

目前，全国考办正在研究制定高等教育自学考试专业课程改革方案，你省增加与高级技工教育相衔接试点事宜暂缓，待方案确定后再讨论。

此复。

全国高等教育自学考试指导委员会办公室
二〇一〇年十二月九日

关于河北省申请备案开考高等教育自学考试药学（独立本科段）等三个专业的复函

考委办函［2010］73号

河北省高等教育自学考试委员会：

你委《关于备案开考药学（独立本科段）等3个专业的请示》（冀考委自［2010］24号）收悉，函复如下：

一、同意你省备案开考高等教育自学考试药学专业（独立本科段）、化学工程专业（独立本科段）和机械制造及自动化专业（独立本科段）三个专业（见附件），请严格执行考委［2004］11号、考委办函［2008］51号、教考试［1999］3号等文件规定。

二、为保证质量标准，开考计划中凡课程名称、学分与全国统考课程相同者（附件中序号标注“＊”号），均须使用全国考委组编的课程自学考试大纲、教材，参加全国统一命题考试。

三、同意你省遴选河北医科大学为药学专业（独立本科段）、河北科技大学为化学工程专业（独立本科段）、石家庄铁道大学为机械制造及自动化专业（独立本科段）的主考学校。请充分发挥主考学校的作用，切实贯彻“教考职责分离”的原则，加强省考课程的课程自学考试大纲、教材建设和实践性环节考核等工作，切实保证质量。

附件：1. 高等教育自学考试药学专业（独立本科段）课程设置与学分

2. 高等教育自学考试化学工程专业（独立本科段）课程设置与学分

3. 高等教育自学考试机械制造及自动化专业（独立本科段）课程设置与学分

全国高等教育自学考试指导委员会办公室
二〇一〇年十二月十三日

附件：

1. 高等教育自学考试药学专业（独立本科段）课程设置与学分

专业代码：B100805

序号	课程代码	课程名称	学分	备注
1*	03708	中国近现代史纲要	2	
2*	03709	马克思主义基本原理概论	4	
3*	00015	英语（二）	14	
4*	00018	计算机应用基础	2	
	00019	计算机应用基础（实践）	2	
5	05522	有机化学（五）	4	
6	02087	分子生物学	6	
7	11916	药学综合知识与技能	6	
8	06831	药理学（四）	5	
	06832	药理学（四）（实践）	1	
9	01757	药物分析（三）	5	
	01758	药物分析（三）（实践）	2	
10	01759	药物化学（二）	4	
	01760	药物化学（二）（实践）	1	
11	01761	药剂学（二）	6	
	01762	药剂学（二）（实践）	2	
12	10128	医药数理统计	3	
13	01763	药事管理学（二）	3	
14	05524	药用植物与生药学	4	
	06999	毕业论文		不计学分
总学分			76	
1	03130	现代科学技术基础	5	免考外语加考课程
2	04024	应用写作概论	5	
3	08118	法律基础	5	

2. 高等教育自学考试化学工程专业（独立本科段）课程设置与学分

专业代码：B081203

序号	课程代码	课程名称	学分	备注
1*	03708	中国近现代史纲要	2	
2*	03709	马克思主义基本原理概论	4	
3*	00015	英语（二）	14	
4*	00023	高等数学（工本）	10	
5*	00144	企业管理概论	5	
6	02490	专业实验	4	
7	03146	化工原理（二）	5	
	03147	化工原理（二）（实践）	1	
8	02481	物理化学（三）	3	
9	06118	化工安全与环保	3	
10*	02277	微型计算机原理及应用	3.5	
	02278	微型计算机原理及应用（实践）	0.5	
11	09115	化工仿真实验	4	
12	02486	工业化学	3	
13	02487	传递与分离	6	
14	02488	化工工艺设计与化工过程开发	3	
15	06117	化学反应工程	7	
	06999	毕业论文		不计学分
		总学分	78	
1	03130	现代科学技术基础	5	
2	04024	应用写作概论	5	免考外语加考课程
3	08118	法律基础	5	

3. 高等教育自学考试机械制造及自动化专业（独立本科段）课程设置与学分

专业代码：B080302

序号	课程代码	课程名称	学分	备注
1*	03708	中国近现代史纲要	2	
2*	03709	马克思主义基本原理概论	4	
3	00015*	英语（二）	14	三选一
	00016	日语（二）	14	
	00017	俄语（二）	14	
4*	00420	物理（工）	5	
	00421	物理（工）（实践）	1	
5*	02197	概率论与数理统计（二）	3	
6*	02365	计算机软件基础（二）	4	
	02366	计算机软件基础（二）（实践）	1	
7*	02202	传感器与检测技术	4	
	02203	传感器与检测技术（实践）	1	
8	02207	电气传动与可编程控制器（PLC）	3	
	02208	电气传动与可编程控制器（PLC）（实践）	1	
9*	02241	工业用微型计算机	4	
	02242	工业用微型计算机（实践）	1	
10	02204	经济管理	5	
11*	02200	现代设计方法	5	
	02201	现代设计方法（实践）	1	
12	02213	精密加工与特种加工	6	选考一组（机械制造自动化方向）
13	02211	自动化制造系统	5	
	02212	自动化制造系统（实践）	2	
14	02209	机械制造装备设计	5	
	02210	机械制造装备设计（实践）	2	

（续表）

序号	课程代码	课程名称	学分	备注
15	03400	数控机床加工技术	3	选考二组（数控加工与模具设计方向）
	03401	数控机床加工技术（实践）	3	
16	02218	冲压工艺及模具设计	4	
	02219	冲压工艺及模具设计（实践）	2	
17	05511	现代模具制造技术	6	
	05512	现代模具制造技术（实践）	2	
	06999	毕业论文		不计学分
总学分			79	
1	03130	现代科学技术基础	5	免考外语加考课程
2	04024	应用写作概论	5	
3	08118	法律基础	5	

关于宁夏回族自治区申请备案开考高等教育自学考试艺术设计（专科）等六个专业的复函

考委办函［2010］74号

宁夏教育考试院：

你院《关于宁夏开考高等教育自学考试形象设计专业（专科）、电脑艺术设计专业（独立本科段）等六个专业的请示》（宁教考院自考［2010］116号）收悉，函复如下：

一、同意你区备案开考高等教育自学考试艺术设计专业（平面艺术设计方向、人物形象设计方向）（专科）、电脑艺术设计专业（独立本科段）、人力资源管理专业（专科、独立本科段）、劳动和社会保障专业（专科、独立本科段）六个专业（见附件），请严格执行考委办函［2007］55号、考委办函［2007］73号、考委办函［2010］26号、考委［2004］4号等文件规定。

二、为保证质量标准，开考计划中凡课程名称、学分与全国统考课程相同者（附件中序号标注“*”号），均须使用全国考委组编的课程自学考试大纲、教材，参加全国统一命题考试。

三、同意你区遴选宁夏大学为以上六个专业的主考学校。请充分发挥主考学校的作用，切实贯彻“教考职责分离”的原则，加强区考课程的课程自学考试大纲、教材建设和实践性环节考核等工作，切实保证质量。

附件：1. 高等教育自学考试艺术设计专业（专科）课程设置与学分
2. 高等教育自学考试电脑艺术设计专业（独立本科段）课程设置与学分
3. 高等教育自学考试人力资源管理专业（专科）课程设置与学分
4. 高等教育自学考试人力资源管理专业（独立本科段）课程设置与学分

全国高等教育自学考试指导委员会办公室

二〇一〇年十二月十三日

附件：

1. 高等教育自学考试艺术设计专业（专科）课程设置与学分

专业代码：A050436

序号	课程代码	课程名称	学分	备注
1*	03706	思想道德修养与法律基础	2	
2*	03707	毛泽东思想、邓小平理论和“三个代表”重要思想概论	4	
3	01701	公共关系与商务礼仪	4	
4	00504	艺术概论	4	
5	10177	设计基础	6	
6	04315	色彩（实践）	5	
7	04317	素描（实践）	4	
8	10351	平面构成（一）（实践）	5	
9	10409	色彩构成（一）（实践）	5	
10	01422	标志设计（一）	5	平面艺术设计方向
11	01423	版式设计（一）	5	
12	10410	招贴设计（实践）	6	
13	10411	POP 广告设计（实践）	3	
14	10412	计算机辅助设计（Photoshop）（实践）	6	
15	01767	形象流行趋势	6	人物形象设计方向
16	05533	化妆与形象设计	2	
	05534	化妆与形象设计（实践）	4	
17	10008	服饰搭配与形象设计（实践）	4	
18	05531	美容技艺	2	
	05532	美容技艺（实践）	4	
19	04357	发型设计原理与实务（实践）	4	
20	10417	艺术设计毕业实习	8	
	17988	艺术设计毕业考核		不计学分
总学分			72	

2. 高等教育自学考试电脑艺术设计专业（独立本科段）课程设置与学分

专业代码：B050450

序号	课程代码	课程名称	学分	备注
1*	03708	中国近现代史纲要	2	
2*	03709	马克思主义基本原理概论	4	
3*	00015	英语（二）	14	
4	05424	现代设计史	3	
5	07075	计算机辅助设计	5	
	04856	计算机辅助设计（实践）	5	
6	05975	展示设计	5	
7	05423	装饰设计	4	
8	01863	Flash MX	6	
9	04488	3DS MAX	6	
10	05413	AUTOCAD 设计	4	
11	01932	Core IDRAW	6	
12	01858	图案	7	二选一
	01859	标志设计（二）	7	
	11917	电脑艺术设计毕业论文		不计学分
总学分			71	

3. 高等教育自学考试人力资源管理专业（专科）课程设置与学分

专业代码：A020205

序号	课程代码	课程名称	学分	备注
1*	03706	思想道德修养与法律基础	2	
2*	03707	毛泽东思想、邓小平理论和“三个代表”重要思想概论	4	
3*	00012	英语（一）	7	
4*	00018	计算机应用基础	2	
	00019	计算机应用基础（实践）	2	
5	04758	人力资源管理（三）	5	
6*	00043	经济法概论（财经类）	4	
7	11754	人力资源开发	4	证书
8	06092	工作分析	4	证书
9	11755	人员测评技术	4	证书
10	11756	绩效考评技术	4	证书
11	10096	劳动关系与争议处理	6	证书
12	03312	劳动和社会保障概论	6	
13*	00042	社会经济统计学原理	7	
14	11757	人力资源管理初级实验	6	
15	11758	人力资源管理案例分析（实践）	5	
总学分			72	
1*	00341	公文写作与处理	6	免考外语加考课程（二选一）
2*	00054	管理学原理	6	

4. 高等教育自学考试人力资源管理专业（独立本科段）课程设置与学分

专业代码：B020218

序号	课程代码	课程名称	学分	备注
1*	03708	中国近现代史纲要	2	
2*	03709	马克思主义基本原理概论	4	
3	00015*	英语（二）	14	任选一门
	00016	日语（二）	14	
	00017	俄语（二）	14	
4	06093	人力资源开发与管理	6	
5	00937	政府、政策与经济学	6	
6	05969	人力资源战略与规划	5	证书
7	11759	工作分析与评价	4	证书
8	06090	人员素质测评理论与方法	6	证书
9	05963	绩效管理	4	证书
10	06091	薪酬管理	6	证书
11	06089	劳动关系与劳动法	6	
12	11760	人力资源政策与法规	5	
13	11761	人力资源管理高级实验	6	
	10222	人力资源管理毕业论文		不计学分
总学分			74	
1*	00034	社会学概论	6	免考外语者的加考课程
2*	00277	行政管理学	6	
3*	00182	公共关系学	4	

关于重庆市申请在高等教育自学考试道路与桥梁工程专业（独立本科段）中增设选考课程的复函

考委办函［2010］75号

重庆市高等教育自学考试委员会办公室：

你办《关于在“道路与桥梁工程专业（独立本科段）”考试计划中增设选考课程的请示》（渝考办文［2010］11号）收悉，经商全国考委土木水利矿业环境类专业委员会，你市道路与桥梁工程专业（独立本科段）考试计划宜维持不变。

此复。

全国高等教育自学考试指导委员会办公室
二〇一〇年十二月十三日

抄送：全国考委土木水利矿业环境类专业委员会

关于上海市申请备案开考高等教育自学考试销售管理专业（专科、独立本科段）两个专业的复函

考委办函［2010］76 号

上海市高等教育自学考试委员会办公室：

你办《关于上海市高等教育自学考试开考销售管理专业（专科、独立本科段）提请备案的请示》（沪自考委办［2010］27 号）收悉，函复如下：

一、同意你市备案开考高等教育自学考试销售管理专业（专科、独立本科段）两个专业，请严格执行考委［2009］5 号等文件规定。

二、为保证质量标准，开考计划中凡课程名称、学分与全国统考课程相同者，均须使用全国考委组编的课程自学考试大纲、教材，参加全国统一命题考试。

三、同意你市遴选上海工程技术大学为销售管理专业（专科、独立本科段）的主考学校。请充分发挥主考学校的作用，切实贯彻“教考职责分离”的原则，加强市考课程的课程自学考试大纲、教材建设和实践性环节考核等工作，切实保证质量。

全国高等教育自学考试指导委员会办公室
二〇一〇年十二月二十二日

关于湖南省申请开考高等教育自学考试商务经纪（专科）等十个专业的复函

考委办函［2010］77号

湖南省高等教育自学考试委员会：

你委《湖南省高等教育自学考试委员会关于开考高等教育自学考试商务经纪（专科）等10个专业的请示》（湘自考委报［2010］3号）收悉，函复如下：

一、经全国考委经济管理类专业委员会审批，同意你省开考高等教育自学考试商务经纪专业（专科）和经纪学专业（独立本科段）两个专业。同意你省备案开考高等教育自学考试数字媒体艺术专业（专科、独立本科段）、轨道交通信号及控制专业（独立本科段）、医药商务专业（独立本科段）、播音与主持专业（独立本科段）、广播电视编导专业（独立本科段）、工程造价管理专业（独立本科段）、土木工程专业（独立本科段）八个专业，请严格执行考委办函［2004］70号、考委办函［2005］133号、考委办函［2008］5号、考委办函［2004］103号、考委办函［2006］82号、考委［2006］6号、考委办函［2008］45号、考委办函［2007］90号等文件规定。我办对报送的专业赋予了专业代码和课程代码（见附件）。

二、为保证质量标准，开考计划中凡课程名称、学分与全国统考课程相同者（附件中序号标注“*”号），均须使用全国考委组编的课程自学考试大纲、教材，参加全国统一命题考试。

三、同意你省遴选中南大学为商务经纪专业（专科）、经纪学专业（独立本科段）、数字媒体艺术专业（专科、独立本科段）、轨道交通信号及控制专业（独立本科段）和医药商务专业（独立本科段）、湖南大学为播音与主持专业（独立本科段）和广播电视编导专业（独立本科段）、湖南城市学院为工程造价管理专业（独立本科段）和土木工程专业（独立本科段）的主考学校。请充分发挥主考学校的作用，切实贯彻“教考职责分离”的原则，加强省考课程的课程自学考试大纲、教材建设和实践性环节考核等工作，切实保证质量。

附件：1. 高等教育自学考试商务经纪专业（专科）课程设置与学分
2. 高等教育自学考试经纪学专业（独立本科段）课程设置与学分
3. 高等教育自学考试数字媒体艺术专业（专科）课程设置与学分
4. 高等教育自学考试数字媒体艺术专业（独立本科段）课程设置与学分
5. 高等教育自学考试轨道交通信号及控制专业（独立本科段）课程设置与学分
6. 高等教育自学考试医药商务专业（独立本科段）课程设置与学分

7. 高等教育自学考试播音与主持专业（独立本科段）课程设置与学分
8. 高等教育自学考试广播电视编导专业（独立本科段）课程设置与学分
9. 高等教育自学考试工程造价管理专业（独立本科段）课程设置与学分
10. 高等教育自学考试土木工程专业（独立本科段）课程设置与学分

全国高等教育自学考试指导委员会办公室
二〇一〇年十二月二十二日

抄送：全国考委经济管理类专业委员会

附件：

1. 高等教育自学考试商务经纪专业（专科）课程设置与学分

专业代码：A020317

序号	课程代码	课程名称	学分	备注
1*	03706	思想道德修养与法律基础	2	
2*	03707	毛泽东思想、邓小平理论和“三个代表”重要思想概论	4	
3*	00009	政治经济学（财经类）	6	
4*	04729	大学语文	4	
5*	00018	计算机应用基础	2	
	00019	计算机应用基础（实践）	2	
6*	00041	基础会计学	5	
7*	00043	经济法概论（财经类）	4	
8*	00107	现代管理学	6	
9*	00179	谈判与推销技巧	4	
10*	00058	市场营销学	5	
11*	00185	商品流通概论	5	
12	03869	策划学原理	5	
13	03873	现代商务礼仪	4	
14	11918	现代经纪学	6	
	11919	现代经纪学（实践）	2	
15	11710	保险中介概论	5	二选一
16	11920	网络经纪理论与实务	5	
总学分			71	

2. 高等教育自学考试经纪学专业（独立本科段）课程设置与学分

专业代码：B020318

序号	课程代码	课程名称	学分	备注
1*	03708	中国近现代史纲要	2	
2*	03709	马克思主义基本原理概论	4	
3*	00015	英语（二）	14	
4*	00051	管理系统中计算机应用	3	
	00052	管理系统中计算机应用（实践）	1	
5*	00230	合同法	5	
6*	00158	资产评估	4	
7	11921	大型活动的组织与管理	6	
8	00106	期货市场原理与实务	4	
9*	04122	文化产业与管理	5	
10	11922	体育经营管理理论与实务	5	
11	11923	产权经纪理论与实务	6	
12	11924	证券经纪业务营销基础与实务	4	选考课一组（任选一组）
13	11925	房地产经纪理论与实务	4	
14	04125	文化产业创意与策划	4	选考课二组（任选一组）
15	11926	文化经纪理论与实务	4	
16	11927	体育经纪实务	4	选考课三组（任选一组）
17	11928	旅游经纪理论与实务	4	
18	11929	经纪谈判与合同拟定（实践）	3	
	11930	经纪学毕业论文		不计学分
总学分			70	
1*	02897	企业经营战略与市场营销	4	免考英语（二）的加考课程
2*	00226	知识产权法	4	
3*	03298	创新思维理论与方法	6	
1*	00009	政治经济学（财经类）	6	加考课程
2	11918	现代经纪学	6	
	11919	现代经纪学（实践）	2	

3. 高等教育自学考试数字媒体艺术专业（专科）课程设置与学分

专业代码：A050420

序号	课程代码	课程名称	学分	备注
1*	03706	思想道德修养与法律基础	2	
2*	03707	毛泽东思想、邓小平理论和“三个代表”重要思想概论	4	
3*	00012	英语（一）	7	
4	00504	艺术概论	4	
5	00692	计算机辅助图形设计	4	
6	07883	色彩与构成	5	
7	10678	数字媒体基础	5	
8	03425	音乐欣赏	3	
9	07885	图学与计算机绘图	3	
	07886	图学与计算机绘图（实践）	2	
10	11931	脚本与剧本写作	6	
11	07887	平面设计	3	
	07888	平面设计（实践）	2	
12	07891	数字媒体视频编辑	2	
	07892	数字媒体视频编辑（实践）	3	
13	00900	网页设计与制作	2	
	00901	网页设计与制作（实践）	3	
14	04317	素描（实践）	4	
15	11932	数字动画设计（实践）	4	
16	17952	数字媒体艺术毕业考核		不计学分
总学分			68	

4. 高等教育自学考试数字媒体艺术专业（独立本科段）课程设置与学分

专业代码：B050418

序号	课程代码	课程名称	学分	备注
1*	03708	中国近现代史纲要	2	
2*	03709	马克思主义基本原理概论	4	
3*	00015	英语（二）	14	
4	07216	形态构成	2	
	07217	形态构成（实践）	6	
5	05421	图形创意	4	
6	07219	数字摄影技术	2	
	07220	数字摄影技术（实践）	2	
7	07227	电脑动画	4	
	07228	电脑动画（实践）	4	
8	07223	数字影像制作技术	2	
	07224	数字影像制作技术（实践）	4	
9	01126	网站策划与网页设计	3	
10	07231	数字影视合成	4	
	07232	数字影视合成（实践）	4	
11	11933	数字图形界面艺术设计	5	
12	07338	电脑三维设计	6	
13	01581	Flash 动画设计（实践）	5	
	10247	数字媒体艺术毕业论文		不计学分
总学分			77	
1	07884	影视技术概论	5	免考英语（二）的加考课程
2	00736	中外美术史	4	
3	04498	装饰绘画	5	
1	00504	艺术概论	4	加考课程
2	07883	色彩与构成	5	
3	04317	素描（实践）	4	

5. 高等教育自学考试轨道交通信号及控制专业（独立本科段）课程设置与学分

专业代码：B080780

序号	课程代码	课程名称	学分	备注
1*	03708	中国近现代史纲要	2	
2*	03709	马克思主义基本原理概论	4	
3*	00015	英语（二）	14	
4*	00023	高等数学（工本）	10	
5*	00420	物理（工）	5	
	00421	物理（工）（实践）	1	
6*	02141	计算机网络技术	4	
7	07467	计算机联锁技术	4	
8*	02373	计算机通信网	4	
	02374	计算机通信网（实践）	1	
9	08870	编组站综合自动化系统	5	
10	08867	电气集中系统	6	
11	08868	列车运行控制系统	5	
	08869	列车运行控制系统（实践）	1	
12	05309	现代交换技术	4	
13	06888	铁路专用通信	3	
	11934	轨道交通信号及控制毕业论文		不计学分
总学分			73	
1	11935	轨道交通信号及控制专业英语	7	免试英语（二）加考课程
2	07105	铁路运输设备	7	
1	08860	铁路信号运营基础	3	加考课程
2	08861	信号基础设备	4	

6. 高等教育自学考试医药商务专业（独立本科段）课程设置与学分

专业代码：B020254

序号	课程代码	课程名称	学分	备注
1*	03708	中国近现代史纲要	2	
2*	03709	马克思主义基本原理概论	4	
3*	00015	英语（二）	14	
4*	00018	计算机应用基础	2	
	00019	计算机应用基础（实践）	2	
5	01763	药事管理学（二）	3	
6	06831	药理学（四）	5	
	06832	药理学（四）（实践）	1	
7	01761	药剂学（二）	6	
	01762	药剂学（二）（实践）	2	
8	07962	药物经济学与新药研究开发	7	
9	07792	医药商品学	5	
10	07793	医药市场营销学	5	
11	07794	医药商品贮藏与养护	5	
12	07795	药学概论	4	
13	11936	医药商务综合实践	4	
	11674	医药商务毕业论文		不计学分
总学分			71	
1	07791	中药商品学	5	免考英语（二）的加考课程
2	05373	物流企业管理	5	
3	09128	临床药物治疗学	6	
1	03749	药品 GMP 实施与认证	4	加考课程
2	05524	药用植物与生药学	4	

7. 高等教育自学考试播音与主持专业（独立本科段）课程设置与学分

专业代码：B050310

序号	课程代码	课程名称	学分	备注
1*	03708	中国近现代史纲要	2	
2*	03709	马克思主义基本原理概论	4	
3*	00015	英语（二）	14	
4*	00541	语言学概论	6	
5*	00642	传播学概论	6	
6	09343	电视传播概论	5	
7	00504	艺术概论	4	
8	07173	播音与主持创作基础	2	
	07174	播音与主持创作基础（实践）	6	
9	09345	节目主持艺术	6	
10	07175	节目主持人文案写作	4	
11*	00654	新闻采访写作	10	
12	09346	配音艺术（实践）	5	
	10244	播音与主持毕业论文		不计学分
总学分			74	
1*	00644	公关礼仪	4	免考英语（二）的加考课程
2*	00656	广播新闻与电视新闻	6	
3*	00657	新闻心理学	4	
1	07178	普通话语音与发声	2.5	加考课程
	07179	普通话语音与发声（实践）	1.5	
2	07180	广播播音主持	2	
	07181	广播播音主持（实践）	6	
3	07182	电视播音主持	2	
	07183	电视播音主持（实践）	6	

8. 高等教育自学考试广播电视编导专业（独立本科段）课程设置与学分

专业代码：B050311

序号	课程代码	课程名称	学分	备注
1*	03708	中国近现代史纲要	2	
2*	03709	马克思主义基本原理概论	4	
3*	00015	英语（二）	14	
4*	00642	传播学概论	6	
5	01178	电视艺术概论	5	
6	01179	非线性编辑	6	
7	01180	电视采访	6	
8	01181	电视节目导播	6	
9	01182	电视文艺节目创作（实践）	6	
10	01183	电视文艺编导	6	
11	01184	电视艺术片创作	6	
12	01185	广播新闻节目创作	5	四选一；免考英语（二）的考生须加考另三门课程
13	01186	电视节目包装与编排	5	
14	01187	电视片结构	5	
15*	00660	外国新闻事业史	6	
	10245	广播电视编导毕业论文		不计学分
总学分			72	
1	06391	广播电视概论	4	加考课程
2	08248	广播电视编辑学	6	
3	07195	电视摄像基础	3	
	07196	电视摄像基础（实践）	3	

9. 高等教育自学考试工程造价管理专业（独立本科段）课程设置与学分

专业代码：B082231

序号	课程代码	课程名称	学分	备注
1*	03708	中国近现代史纲要	2	
2*	03709	马克思主义基本原理概论	4	
3*	00015	英语（二）	14	
4*	04183	概率论与数理统计（经管类）	5	
5*	04184	线性代数（经管类）	4	
6	04228	建设工程工程量清单计价实务	5	
7	01564	工程建设监理概论	4	
8	04231	建设工程合同（含 FIDIC）条款	6	
9*	02194	工程经济	4	
10	06962	工程造价确定与控制	8	
11	08984	房屋建筑工程概论	4	
12	07138	工程造价与管理	6	
13	04232	综合课程设计	8	
	11937	工程造价管理毕业论文		不计学分
总学分			74	
1	03893	工程建设法规	2	免考英语（二）的加考课程
2	08985	装饰工程定额与预算	6	
3	08986	安装工程定额与预算	6	
1	02386	土木工程制图	5	加考课程
2	06087	工程项目管理	5	

10. 高等教育自学考试土木工程专业（独立本科段）课程设置与学分

专业代码：B080825

序号	课程代码	课程名称	学分	备注
1*	03708	中国近现代史纲要	2	
2*	03709	马克思主义基本原理概论	4	
3*	00015	英语（二）	14	
4*	00420	物理（工）	5	
	00421	物理（工）（实践）	1	
5*	02198	线性代数	3	
6*	02275	计算机基础与程序设计	3	
	02276	计算机基础与程序设计（实践）	1	
7*	02439	结构力学（二）	6	
8	06087	工程项目管理	5	
9*	02448	建筑结构试验	2	
	02249	建筑结构试验（实践）	1	
10*	02404	工程地质及土力学	3	
11*	02442	钢结构	4	
	02443	钢结构（实践）	1	
12*	03347	流体力学	4.5	
	05721	流体力学（实践）	0.5	
13	06001	高层建筑结构设计	5	选考课程一组（建筑工程方向）
14*	02440	混凝土结构设计	7	
	02441	混凝土结构设计（实践）	1	
15	18911	建筑工程课程设计	0	

（续表）

序号	课程代码	课程名称	学分	备注
16	05500	桥梁工程（二）	4	选考课程二组（道桥工程方向）
17	02407	路基路面工程	4	
	02408	路基路面工程（实践）	1	
18	18912	道桥工程课程设计	0	
19	18910	土木工程实验	0	
	18914	土木工程毕业设计		不计学分
总学分			69	
1*	02387	工程测量	2	加考课程
	02388	工程测量（实践）	3	
2*	02389	建筑材料	2	
	02390	建筑材料（实践）	1	
3*	02393	结构力学（一）	5	
4*	02396	混凝土及砌体结构	6	
	02397	混凝土及砌体结构（实践）	1	

关于山西省申请调整高等教育自学考试教育学（独立本科段）等专业课程设置的复函

考委办函［2010］78号

山西省招生考试管理中心：

你中心《关于停考计算机通信工程等专业及调整教育学（独立本科段）等专业部分课程的请示》（晋招考自字［2010］21号）收悉，函复如下：

一、同意你省备案停考高等教育自学考试计算机通信工程专业（独立本科段）、邮电管理工程专业（独立本科段）、采矿技术专业（专科）、档案管理专业（专科）四个专业，请做好停考的有关善后工作。

二、同意你省高等教育自学考试教育学专业（独立本科段）和采矿工程专业（独立本科段）的课程调整设置方案。我办对报送的专业赋予了部分课程代码（见附件）。

此复。

附件：部分专业课程代码表

全国高等教育自学考试指导委员会办公室
二〇一〇年十二月二十二日

附件：

部分专业课程代码表

<table>
<tr><th>序号</th><th>课程代码</th><th>课程名称</th><th>学分</th><th>专业名称</th></tr>
<tr><td>1</td><td>11938</td><td>矿山电工概论</td><td>5</td><td rowspan="3">采矿工程（独立本科段）B080104</td></tr>
<tr><td rowspan="2">2</td><td>11939</td><td>采矿学（二）</td><td>8</td></tr>
<tr><td>11940</td><td>采矿学（二）（实践）</td><td>3</td></tr>
<tr><td>3</td><td>02106</td><td>普通心理学</td><td>6</td><td rowspan="3">教育学（独立本科段）B080104 免考英语的加考课程</td></tr>
<tr><td>4</td><td>02564</td><td>课程设计</td><td>4</td></tr>
<tr><td>5</td><td>07119</td><td>班主任工作概论</td><td>4</td></tr>
</table>

关于内蒙古自治区申请调整高等教育自学考试公司管理（独立本科段）等专业课程设置的复函

考委办函［2010］79号

内蒙古自治区高等教育自学考试委员会办公室：

你办《关于调整课程设置的请示报告》（内考办函［2010］49号）收悉，函复如下：

同意你区将高等教育自学考试公司管理专业（独立本科段）中的“国际商务管理学”课程（课程代码00947）调整为“企业经营战略（一）（实践）”课程（课程代码07360）和项目管理专业（独立本科段）中的“项目管理软件”课程（课程代码07171）调整为“项目管理软件（实践）”课程（课程代码03810）。

此复。

全国高等教育自学考试指导委员会办公室

二〇一〇年十二月二十二日

关于福建省申请备案开考高等教育自学考试中药学（本科段）等六个专业的复函

考委办函［2010］82号

福建省高等教育自学考试委员会：

你委《关于申请备案开考“中药学”（本科段）、销售管理（专科、独立本科段）专业的报告》（闽教自考［2010］39号）和《关于申请备案开考环境保护与管理、工程管理、动画三个专业（独立本科段）的报告》（闽教自考［2010］41号）收悉，函复如下：

一、同意你省备案开考高等教育自学考试中药学专业（本科段）、销售管理专业（专科、独立本科段）、环境保护与管理专业（独立本科段）、工程管理专业（独立本科段）、动画专业（独立本科段）六个专业，请严格执行教考委［1999］6号、考委［2009］5号、考委办函［2006］11号、考委办函［2007］64号、考委办函［2007］124号等文件规定。

二、为保证质量标准，开考计划中凡课程名称、学分与全国统考课程相同者，均须使用全国考委组编的课程自学考试大纲、教材，参加全国统一命题考试。

三、同意你省遴选福建中医药大学为中药学专业（本科段）、集美大学为销售管理专业（专科、独立本科段）、工程管理专业（独立本科段）和动画专业（独立本科段）、福建师范大学为环境保护与管理专业（独立本科段）的主考学校。请充分发挥主考学校的作用，切实贯彻“教考职责分离”的原则，加强省考课程的课程自学考试大纲、教材建设和实践性环节考核等工作，切实保证质量。

全国高等教育自学考试指导委员会办公室

二〇一〇年十二月三十日

教育部高等教育自学考试办公室文件

关于印发《关于积极发展非学历教育考试的若干意见》的通知

教考试办函［2010］1号

各省、自治区、直辖市教育考试院（局、中心），高等教育自学考试办公室，解放军自学考试委员会办公室：

现将《关于积极发展非学历教育考试的若干意见》印发给你们，请结合各地实际情况，做好贯彻落实工作。

附件：关于积极发展非学历教育考试的若干意见

教育部高等教育自学考试办公室
二〇一〇年一月十二日

附件：

关于积极发展非学历教育考试的若干意见

党的十七大提出“提高自主创新能力，建设创新型国家；优先发展教育、建设人力资源强国”，高等教育自学考试面临新的发展机遇和挑战。我们要坚持学历教育与非学历教育并重的指导思想，在办好学历教育考试的同时，积极开展非学历教育考试。

近几年来，各级教育考试机构积极推进非学历教育考试工作，考试种类逐年增多，规模稳步增长，质量不断提高，逐渐成为满足人们接受个性化、多样化教育，不断提高职业能力的重要途径，成为我国高等教育自学考试的重要组成部分，在构建终身教育体系和建设学习型社会的进程中发挥着重要作用。

在新的历史时期，为积极推进非学历教育考

试工作，现提出如下意见：

一、充分认识推进非学历教育考试的重要意义。随着我国高等教育发展的结构性调整，劳动就业准入制度的逐步建立与完善，高等教育自学考试处于一个新的发展机遇期，发展非学历教育考试已成为自学考试改革与发展的重要内容。各级教育考试部门在积极办好高等教育自学考试学历教育的同时，要牢固树立学历教育考试与非学历教育考试并重的思想，抓住机遇，增强服务意识，主动适应继续教育和终身教育的发展；要注重社会效益，积极面向城乡职业教育和成人教育，面向不同岗位的人群，开发和承担适合社会各方面需要的各种非学历教育考试项目，拓展自学考试的教育功能，实现自学考试发展的结构性调整，努力开创自学考试非学历教育发展的新局面。

二、制定非学历教育考试评价目标，建立有非学历教育考试特色的评价体系。实现单一考试向多元评价转变，是教育考试"十一五"规划的明确目标，是考试机构转型的重要任务。在考试项目开发和设计过程中，要首先制定评价目标，后续标准制订、命题架构设计、成绩报告等环节要统筹考虑评价目标，形成新的考试设计方式；要探索适合非学历教育考试的评价方法，形成适应经济社会发展要求、有特色的非学历教育考试评价体系；要加强对考生自然信息和成绩数据的采集、挖掘和利用，逐步实现所有非学历教育考试项目对考生的个人诊断评价，为考生进一步学习提高和用人单位聘用提供参考；要逐步扩大评价服务对象，拓宽评价内容，为政府和社会各界提供适合他们需要的高水平服务。

三、科技引领考试，实现考试管理方式的新飞跃。在统一各类非学历教育考试信息标准，规范非学历教育考试管理工作流程的基础上，利用数据通信技术、网络技术、数据库技术等高科技手段，建立统一、高效的网上协同工作平台，逐步实现考生报名、网上收费、考场编排、考试指挥、考试数据传送、网上考试、网上阅卷、统计分析、成绩发布、证书查询和管理工作全过程网络化管理。建立、健全非学历教育考试管理规章制度和业务规范，确保考试的安全，维护考试的公平与公正。用三年到五年的时间，逐步完成标准化考场建设，实现考场资源多项目共享。

四、积极开发非学历教育考试新项目，完善行业合作机制、非学历教育与学历教育相互衔接制度。加强市场分析与项目论证、积极面向社会开发社会影响大、面向全国、可持续发展的新考试项目，并对项目进行动态追踪、量化评估。同时，要建立健全非学历教育考试开考与停考机制，在突出社会效益的前提下，保证开考项目的良性循环和平稳发展，社会需求下降的项目要逐步淘汰。

继续完善与部门行业合作开考的机制，实现优势互补，资源共享。认真总结与部门行业合作开考的经验，充分发挥部门行业在人才需求、培养目标和方式、专业课程设置和人才使用等方面的优势，联合开发和培育适应社会需求、符合部门行业特点的非学历教育考试项目，为劳动力就业和人才素质提高提供服务。

完善非学历教育与学历教育相互衔接的"双证"考试制度，推进符合高等教育自学考试学历专业考试计划的非学历教育证书考试课程，在自学考试相应专业中承认其考试成绩及学分。证书考试所开课程与自学考试本、专科专业相衔接的课程，课程门数一般不超过五门，总学分不超过25学分。

五、积极探索非学历教育考试命题规律，提高命题科学化水平，保证试题质量。充分发挥高校教师与行业专家的作用，在认真分析研究学科应用技术发展和行业岗位需求的基础上，结合评价目标，科学制订考试大纲与命题标准，注重考试内容的实用性和针对性。制订并执行规范化的命题工作流程，强化命题质量控制和过程管理，确保试题科学、规范。加强对命题技术的学习和研究，采用案例试题、情境试题等特色试题形式，探索高效、多元的命题方式。大力加强题库建设，非学历教育考试项目要用三年至五年的时间，逐步实现题库命题，以满足考试安全、科学和考试形式多样化的需求。

六、创新非学历教育考试项目推广、运行管理机制，做大做强考试项目，扩大考试影响。要强化服务意识，在确保规范管理和保证质量的前提下，在体制与机制上积极创新，建立适合非学历教育考试特点的管理方法和运行模式。要提高宣传意识，利用报刊、互联网、广播电视等媒体，多形式、多渠道地积极开展非学历教育考试的宣传工作，主动与部门行业、高等院校和各类职业院校沟通，了解其人才培养和人才使用的基本需求，争取各方面行政管理部门的政策支持，探索与其他教育形式的沟通与互认，进一步增强证书的通用性和社会认可度。要树立品牌意识，打造非学历教育考试精品项目。

七、拓展考试服务功能，重视培训管理工作。完善非学历教育考试信息服务网站，为考生和社会提供考试信息咨询、培训助学、证书查询、就业指导等个性化、多样化的服务。组织编写、出版具有非学历教育考试特色的、实用的精品教材和多媒体学习资料，建立立体化的教材服务体系。加强对培训机构的引导和管理，鼓励通过广播、电视、网络、函授、面授等多种形式，为考生和教师提供培训服务。

八、加强机构和队伍建设，提高管理水平和工作质量。各省级教育考试机构要加强对非学历教育考试的集中领导与统筹管理，应设立专门部门负责管理非学历教育考试，配备思想素质好、业务水平高、管理能力强的专职人员；明确职责，理顺关系，加强对下一级考试机构和考点的考试业务的指导、管理与监督。建立、健全各级考试管理人员的业务培训与考核制度。加强与各地教育行政部门及相关部门行业的协调配合，完善非学历教育考试突发事件的应急处置机制。

九、加强考试理论和应用的研究，促进非学历教育考试项目可持续发展。鼓励各级教育考试机构、高校科研人员、助学机构等申报研究课题，利用研究成果指导考试工作。掌握国内外同类考试的基本情况和动态信息，加强与国内外同行的交流合作。认真总结全国计算机等级考试和全国英语等级考试等项目的发展经验，不断打造新的精品考试项目。

各级教育考试机构要认真学习领会本意见精神，高度重视非学历教育考试工作，统一思想，提高认识，真抓实干，为开创非学历教育考试的新局面，构建终身教育体系和建设学习型社会做出贡献。

关于进一步加强高等教育自学考试成绩、证书数据安全管理工作的通知

教考试办函［2010］3号

各省、自治区、直辖市高等教育自学考试委员会办公室：

目前，高等教育自学考试年报考规模近千万，各级教育考试机构在不断加强管理的同时，采用多种形式的信息技术手段，为广大考生提供了多样服务，效果良好。但随着考试信息服务的延伸和扩展，由于个别省级教育考试机构对考试信息服务的管理工作重视不够，技术防范不到位，出现了高等教育自学考试成绩、毕业证书查询网站被恶意攻击、甚至考生数据被篡改的情况。为加强考试成绩、证书数据的管理，维护高等教育自学考试的信誉，现就有关考试数据安全问题通知如下：

一、提高认识，加强领导

高等教育自学考试的数据安全直接关系到考生切身利益和社会的稳定。各级自考机构要从落实科学发展观的高度出发，增强忧患意识，牢固树立安全意识，加强领导，落实责任，积极协调有关公安、信息部门，采取有效措施，加强管理和技术防范，切实维护考试数据和管理系统的安全。

二、完善制度建设和应急预案

各级自考机构要针对高等教育自学考试的特点，结合工作实际，紧密依靠专家，认真梳理数据流转环节，科学地从管理和技术两方面制订流程规范和信息报送、发放、公布的管理制度和监督制度。严格落实“谁主管、谁负责”，“谁使用、谁负责”的原则。明确数据、成绩等信息的归口部门，确保数据的有效、有序管理。

同时，要充分发挥各地联席会议机制，建立与公安机关及有关信息专业机构的经常性工作机制，定期进行信息安全、系统漏洞检查，积极防范不法分子对高等教育自学考试信息系统、网站的恶意攻击。针对可能出现的情况，制订各环节的工作预案和实施方案，妥善处置突发事件。

三、强化人员备案管理和监督

加强对高等教育自学考试信息管理、操作人员的资格审查和备案，系统管理员必须由本单位信息部门的负责人担任。定期对有关人员进行安全保密、法制、考试业务、信息安全知识和技术的培训、考核，并从人员配备、职责权限上形成相互制约、相互监督的工作机制。

四、加强设备、网络和信息管理

加强机房、设备、网络的安全管理和网站备案工作，落实日常安全防范工作，确保软硬件的可靠运行。及时升级系统补丁程序、查杀病毒。严格网络接入管理，确保业务系统、网站的安全。严格业务接入管理，确保业务、数据的接入安全。

五、全面开展自查和排查工作

在专家以及网络、信息主管部门和公安部门的指导下，3月底前，各省级自考机构完成高等教育自学考试成绩查询、证书查询等网站的自查和排查工作，确保网站安全、稳定运行；梳理业务数据内容，确保内容来源准确；强化有关数据的存档和备份机制，确保出现意外情况时能够及时、有效恢复。请省级考试机构于2010年3月31日前，将自查结果报我办考务管理与监察处。

教育部高等教育自学考试办公室
二〇一〇年二月三日

关于对《青海省高等教育自学考试办公室关于推迟我省玉树藏族自治州地震灾区2010年4月高等教育自学考试的请示》的回复

教考试办函［2010］12号

青海省高等教育自学考试指导委员会办公室：

你办《青海省高等教育自学考试办公室关于推迟我省玉树藏族自治州地震灾区2010年4月高等教育自学考试的请示》（青教考办［2010］10号）收悉。经研究，同意你办将玉树藏族自治州考区4月17日、18日的高等教育自学考试推迟到10月进行。

请你们继续完善应对地震灾害的预案，做好对玉树藏族自治州考生的宣传、解释工作，确保青海省2010年4月高等教育自学考试工作平稳实施。

教育部高等教育自学考试办公室
二〇一〇年四月十六日

关于进一步加强高等教育自学考试考点管理工作的通知

教考试办函［2010］16号

各省、自治区、直辖市高等教育自学考试办公室，解放军自学考试办公室：

高等教育自学考试是“个人自学、社会助学和国家考试”相结合的一种教育形式，教育质量的把握和体现集中反映在国家考试上，考点、考场的管理工作是确保自学考试质量的重要环节，也是国家教育考试严肃性和权威性的体现。近年来，各省级自考办严格按照考务相关规定，加强自学考试考点、考场的建设和管理工作，狠抓考风考纪和安全保密，确保了自学考试的质量，维护了考试的公平、公正。但仍有个别地区疏于管理，尤其对助学、办学单位设置的考点缺乏有效的监督和检查，造成了考场混乱，严重损害了自学考试的声誉。为进一步加强考点规范化管理，现就有关工作要求如下：

1. 严格按照《教育部关于印发〈高等教育自学考试考务工作规定〉的通知》（教考试［2009］1号）的相关规定设置、管理考点。各地应在“多考统筹”的原则下，加大对自学考试标准化考点建设的投入，在有条件的地区以及考风考纪薄弱地区尽快建成国家教育考试标准化考点。

2. 考点原则上不得设置在自学考试的助学、办学单位。对因特殊情况需要将考点设置在自学考试的助学、办学单位的，考点必须符合《国家教育考试标准化考点规范（试行）》（教试中心函［2010］79号）的要求，经省级自考办评估、审核、备案，并报我办备案后，方可向社会公布。今后凡有新增、暂停、取消考点的，须及时上报。

3. 任何考点不得在登记、备案的考点地址外，设立分考点、分考场。

4. 各省级自考办于2010年8月31日前，完成对所属自学考试考点的清理、整顿、评估、备案工作，并将本省所有评估合格、同意备案的考点按照附件要求上报我办备案。

各级自考机构要把考点管理工作当成大事来抓，要积极争取地方教育行政部门的支持，加快推进国家教育考试标准化考点建设，切实维护自学考试的质量和信誉。

附件：高等教育自学考试考点信息上报要求

教育部高等教育自学考试办公室
二〇一〇年六月二十五日

附件：

高等教育自学考试考点信息上报要求

1. 信息报送的方式及时间

各省级自考办将考区考点信息于2010年8月31日前通过国家教育考试考务管理平台中的“2010年4月高等教育自学考试”→“考务信息”→“考试工作布置安排”栏目上报。

2. 上报文件格式及命名方式

上报自考考点信息采用Excel表格格式，文件命名方式为“省代码－自考考点信息”。例如：11－自考考点信息.xls，即表示：北京上报自考考点信息。

3. 上报信息标准

序号	列表名称	说　明
1	序号	
2	省份代码	按照各省代码填写
3	考区代码	与自考考务考籍管理系统相一致
4	考区名称	地市或县
5	考点代码	与自考考务考籍管理系统相一致
6	考点名称	承担考试的考点详细名称，不要使用缩写
7	考场数	考点所用的考场数量
8	是否是助学、办学单位	填写“是”或者“否”
9	办学许可证编号	
10	助学许可证编号	
11	考点主考姓名	
12	考点主考职务及职称	
13	考点联系电话	包括固定电话和手机
14	考点详细地址	
15	考点邮政编码	
16	考点传真号	
17	是否为标准化考点	填写“是”或者“否”

关于加强2010年7月高等教育自学考试助学单位、办学单位组织考试管理的通知

教考试办函［2010］19号

各省、自治区、直辖市高等教育自学考试办公室，解放军自学考试办公室：

2010年7月自学考试在即，各省级自考办应严格按照有关规定，规范考点设置和管理，认真落实“教考职责分离”原则，确保考试工作平稳。现就本次自考在助学单位、办学单位组考的，要求如下：

1. 试卷（备用卷）领取、运送、在考点临时存放、管理等严格按照有关规定执行，省级考办或地市考办人员负责全程管理。

2. 考试期间，考点主考由省级考办或地市考办人员担任。考点工作人员、监考人员由省级考办或地市考办统一调配，每个考场2名监考员中至少1名为省派或地市派人员。

3. 考点不得私自设立分考点或在备案考点地址外组织考试。

4. 任何考点不得将试卷、备用卷私自分送其他地点、其他考点。

5. 省级考办、地市考办应准备一定数量的备用考点、考场，做好应急预案。

教育部高等教育自学考试办公室
二〇一〇年七月一日

教育部考试中心

高校入学考试命题

普通高等学校招生全国统一考试

【综述】 2010年普通高考试题遵循《考试大纲》和《考试说明》的规定，有利于高校选拔新生，有利于中学实施素质教育。各试卷都制定了科学的能力考查方案，突出能力考查；试卷结构、组卷策略和试题形式都有所创新；试卷难度稳定，区分合理，为高校录取新生提供了有效的依据。

2010年共有山东、广东、海南、宁夏、江苏、天津、辽宁、浙江、福建、安徽、北京、黑龙江、吉林、湖南、陕西15个省（自治区、直辖市）使用课程标准试卷，其中北京、吉林、黑龙江、湖南、陕西首次使用课程标准试卷。

首次实行新高考的省市保持了平稳过渡。命题进一步体现能力立意，体现课程改革的理念。适当加强对学科探究能力的考查。考试内容与高中新课程内容相衔接，突出学科的核心内容和主干知识，体现基础性、时代性和选择性的要求；关注对考生情感、态度与价值观的考查。选考模块间试题难度基本平衡，试题的区分度进一步提高。

【分省命题管理】 2010年，全国高考分省命题省市继续保持为16个，其中，北京、天津、浙江、福建、安徽、山东、广东、重庆、四川9个省市命制语文、数学（文/理）、英语、文科综合、理科综合（山东还命制基本技能），上海、江苏2个省市命制语文、数学（文/理）、英语、政治、历史、地理、物理、化学、生物等学科（上海还命制文科基础和理科基础），辽宁、江西、湖北、湖南4个省命制语文、英语、数学（文/理），陕西省命制数学（文/理）和英语，其他考试科目使用教育部考试中心命制的试题。所有小语种考试仍由教育部考试中心命题。

2010年，教育部继续加强对分省命题的指导、业务培训、监督和评价工作，重视对实行高中课程改革后高考命题省份特别是新增省份的命题进行指导。北京、吉林、黑龙江、湖南、陕西5个省市从2010年开始实行高中课程改革后的高考，4月中旬，教育部考试中心对这5个省市进行了调研，了解课程改革后的教学情况和学生的实际水平，为命题工作做好准备。9月中下旬，教育部考试中心对大部分实行课程改革后高考的省市进行了调研，了解2010年高考情况，进行高考命题工作的分析和总结。

【高考试题评价与分析】 教育部考试中心高度重视全国高考试题的分析、评价和总结工作。7月，在北京召开全国高考试题评价会，对全国高考试题从政治性、科学性、公平性、规范性等方面进行了专业分析和评价，形成了《2010年全国普通高考试题专家评价报告》。10 月，在湖北武汉召开 2010 年全国高考命题工作总结会，交流各学科命题经验，总结 2010 年全国高考命题工作。

全国各类成人高等学校招生统一考试

【概况】 2010 年，根据近几年成人高校教育教学实际和考生生源的变化情况，对 2007 年版的《全国各类成人高等学校招生复习考试大纲》（以下简称《大纲》）进行了修订。修订后的《大纲》适当调整了考试内容，突出了能力考查要求，更加适应在职人员的复习备考需要。同时，根据新《大纲》调整、补充了题库试题，保证了题库试题数量充足、质量稳定可靠。

政法干警招录培养体制改革试点教育入学考试

【概况】 根据中央政法委等 12 家中央主管部门印发的《2010 年政法干警招录培养体制改革试点工作实施方案》（政法［2010］29 号）文件的指示精神，2010 年政法干警招录培养体制改革试点工作在 2008 年和 2009 年的基础上，继续深入推进。

2010 年教育入学考试笔试于 8 月 1 日举行，全国共有 259 139 人报名参加考试，其中报考专科层次文化综合考试的有 96 570 人，报考本科层次民法学考试的有 153 791 人，报考法律硕士专业学位层次专业综合 I、专业综合 II 考试的有 8 778人。

教育部考试中心负责上述考试科目的命题。

教育考试国家题库

【概况】 2010 年，教育考试国家题库（以下简称“题库”）建设的各项工作按照原定计划有序推进，题库建设的软件和硬件都得到了有效的加强。软件开发工作进展顺利，上半年，题库计算机管理系统主体功能的代码编写完毕，进入测试阶段；下半年，通过 4 个学科的试运行，证实题库系统各项功能可满足工作需求。另外，国家命题基地的建成和投入使用，为国家教育考试命题工作提供了具有多种安防设施、多功能、专业化的命题场所，促进了命题工作的日常化、专业化和无纸化。

供稿：教育部考试中心命题中心
　　　教育部考试中心考务中心
撰稿：任子朝　李　勇　胡传勇　柳　博
　　　关丹丹　谢建国　王　伟
审稿：李光明　刘　芃

高等教育自学考试

综　述

【概况】　2010年，高等教育自学考试各项工作在教育部和全国考委的领导下，深入贯彻第四次全国教育工作会和《国家中长期教育改革和发展规划纲要》精神，主动适应社会发展和终身教育需求，树立终身学习理念，以人才培养目标的改革为核心任务，确保质量，为构建灵活开放的终身教育体系搭建平台，为社会各领域培养了大批人才。

2010年，自学考试学历教育报考965万余人次，较2009年减少约77万人次，降幅为7.4%，其中，本科报考610万人次（占63.2%），专科报考354万人次（占36.7%），其他层次报考1万人次（占0.1%）。报考科次为2 303万，较2009年减少168万科次，降幅为6.8%，其中，本科报考1 469万科次（占63.8%），专科报考831万科次（占36.1%），其他层次报考2万科次（占0.1%）。自学考试学历教育规模在平稳发展中有所下降。

截至2010年年底，参加自学考试学历教育累计有近5 579万人（不计重复）、2.17亿人次，累计报考科次约5.09亿，累计培养本、专科毕业生982万余人。全国共开考796个专业，其中专科层次专业413个，本科层次专业383个。全国有693所高等学校担任主考学校，与27个部委、行业合作开考44个专业。

【贯彻落实教育规划刚要精神，探索自学考试新发展】　全面贯彻落实第四次全国教育工作会和《国家中长期教育改革和发展规划纲要（2010—2020年）》精神，对自学考试今后发展提出一系列新思路。制定“第六届全国考委换届工作方案”并获教育部部长袁贵仁批示通过。落实教育部要求，清理自学考试文件，最终确定6份规章、61份规范性文件上报教育部予以公布。协助中国教育发展研究中心完成终身教育研究丛书第四辑《面向终身学习的继续教育文集》中《自学考试的地位和作用》部分的修改、校稿工作。积极与上海远程教育集团开展合作，双方在构建终身学习“立交桥”等方面达成共识，并签订合作框架备忘录。

专业管理

【专业和课程改革调研】　为落实作为教育部2010年教育体制改革工作重点之一的“研究制定高等教育自学考试专业课程改革方案”，全国考办组织了专题调研。

10月9日至11月29日，全国考办副主任刘军谊带队，由全国考委各专业委员会秘书长和江苏、浙江、北京、上海、重庆、四川、湖北、湖南、广东9省（市）考办负责人组成的高等教育自学考试专业和课程改革调研组赴河北、重庆、吉林、天津、江苏、浙江6省（市）进行调研。调研组听取了各地的工作汇报，实地考察了部分主考学校、助学单位、合作企业，广泛征求了专业委员会、省级和部分地市考试机构、主考学校、助学单位、合作行业部门、用人单位、考生等各方面的意见，在此基础上，形成了《高等教育自学考试专业和课程改革方案（征求意见稿）》。

【加强专业建设和管理】 加强专业建设，引导各省（自治区、直辖市）建立专业调整机制。推进学历与非学历的结合，开考销售管理专业，开设移动商务、嵌入式技术等专业；积极推进自学考试面向农村，采取有效的措施推动义务教育专业（专科、独立本科段）的发展，2010年4月首次报考人数达到近万人；做好日常专业管理工作，批复22个省（自治区、直辖市）申请备案或审批的135个专业点；协调有关省（自治区、直辖市）停考一批社会需求萎缩的专业。

规范专业管理，强力推进专业公告制度。强化规范程序和要求，清理核对海南、贵州、吉林、河北、天津、黑龙江、广东、山东和福建9个省（市）的5 000多条数据，大力推进江苏的全面清理工作。试公告以来，收到良好成效，基本杜绝了违规开考专业的现象。

社会助学

【综述】 2010年，各省（自治区、直辖市）自考办及社会助学组织积极贯彻落实《高等教育自学考试社会助学管理试行办法》（考委［2010］1号），加强自学考试社会助学管理工作，社会助学工作平稳开展，顺利实施。全国各类助学组织数量和参加助学的人员数量都有所增长，有力地促进了自学考试的健康可持续发展。

【正式出台《高等教育自学考试社会助学管理试行办法》】 《高等教育自学考试社会助学管理试行办法》（以下简称《办法》）于2010年3月正式下发。《办法》包括总则、社会助学管理指导机构、社会助学组织、登记注册制度、招生制度、助学活动、学习服务中心、检查与评估、公告与社会监督、附则十章。《办法》对社会助学活动的内涵及其在自学考试中所处的重要地位做了阐释，进一步明确了全国考办及各省级考办对社会助学的管理指导职责。对社会助学工作中的招生、助学组织登记注册、检查与评估、公告与社会监督等做出了具体规定。

【全国社会助学组织登记备案情况】 2010年，全国注册登记并经教育行政管理部门批准的社会助学组织共有1 602个，比2009年增加138个。其中普通高校736所，占45.9%；成人高校44所，占2.7%；民办高等教育机构587所，占36.7%；部门委托办学49个，占3.1%；其他助学组织186个，占11.6%。从数量上统计，普通高校与民办高等教育机构数量的总和占全国总数的比例为82.6%。

在上述1 602个社会助学组织中，参加助学的学员共有177万余人，比2009年增加187 882人，增幅为11.8%。按助学组织的主体类型分：普通高校助学学员99.1万余人，占全部参加助学学员总数的55.7%；成人高校助学学员4.8万余人，占全部参加助学学员总数的2.7%；民办高等教育机构助学学员58.7万余人，占全部参加助学学员总数的33.1%；部门委托助学学员4.6万余人，占全部参加助学学员总数的2.6%；其他助学组织的助学学员10.5万余人，占全部参加助学学员总数的5.9%。

在所有参加自学考试社会助学的学员中，有

85.8 万余名学员选择全日制方式参加助学，占全部参加助学学员总数的 48.3%；有 92 万余名学员通过业余方式参加助学，占全部参加助学学员总数的 51.7%。

高等教育自学考试社会助学组织年度登记备案信息通过中国教育考试网 http://www.neea.edu.cn 向社会予以公告。同时指导各省级考办做好社会助学组织登记注册信息的公告工作及相关宣传引导工作，为广大自学考试学习者合理选择助学组织提供信息服务。

【召开助学工作研讨会】 3 月 25 日至 26 日，全国高等教育自学考试指导委员会办公室与中国民办教育协会联合召开 2010 年全国高等教育自学考试社会助学工作研讨会。中国民办教育协会会长、国家总督学顾问陶西平在会上作了题为《推动高等教育自学考试事业的科学发展》的报告。教育部考试中心主任戴家干在会上讲话，提出要把高等教育自学考试放在一个历史发展的高度来看待，明确新时期、新阶段高等教育自学考试制度改革的历史方位和崇高使命。教育部考试中心副主任刘军谊做大会总结发言，对今后做好自考社会助学工作提出五项要求：建立自考助学管理和监督机构；建立自考助学四项监督机制，即备案登记注册制度、公告制度、社会监督制度、检查与评估制度；建立一批学习中心；积极开展网络助学；制定自学考试突发事件应急预案和处置体系。

【召开全国社会助学招生工作视频会议】 为进一步加强高等教育自学考试社会助学管理工作，贯彻落实《高等教育自学考试社会助学管理试行办法》，规范社会助学组织招生行为，7 月 29 日召开 2010 年度高等教育自学考试社会助学招生工作视频会议。会议对一年来各地区高等教育自学考试社会助学招生管理工作取得的成绩给予充分肯定，并提出招生管理工作是自学考试社会助学的重点和难点，要加强综合管理，把招生管理工作纳入到自学考试发展与改革的整体工作中，通过综合管理和整体发展来净化自学考试社会助学招生环境，正确引导社会助学组织的助学活动，维护广大自学考试学习者的合法权益，促进自学考试社会助学规范、健康、有序发展。

自学考试命题

【全国统考课程概况】 2010 年高等教育自学考试全国统考课程共计 635 门。其中全国考办负责命题课程 115 门，北京、沈阳、上海、南京、武汉、成都、西安、广州、杭州、哈尔滨、重庆、天津、长春、济南、福州、兰州 16 个命题中心共负责命题课程 520 门。

【考试安排和试卷申报】 2010 年全国考办共安排 721 科（次）课程进行全国统一命题考试，提供试卷清样 11 801 套。1 月、7 月，通过统考课程单独申报工作，安排 521 科（次）课程，提供试卷清样 3 153 套。

【召开命题中心工作会议】 1 月，召开全国高等教育自学考试命题中心工作会议。会议对 2009 年全国自考命题工作进行总结，对命题安全、题库建设、平台应用等重要内容进行研讨，提出下一阶段自考命题工作思路。北京等 17 个命题中心负责人及所在省级教育考试机构领导共 60 余人参加会议。

【考试大纲建设】 2010 年，全国考办配合有关专业委员会，参与完成中文、义务教育、法律、护理学等专业 39 门课程自学考试大纲的新编（修订）及审订工作。

【国家题库建设】 2010 年，完成自学考试全国统考 100 门课程的年度题库建设计划，命制 237 套备用试卷。

【命题信息管理平台建设】 2010年，高等教育自学考试命题信息管理平台在自学考试命题管理工作中继续发挥积极作用。考试安排发布、试卷清样申报、试卷评价上报、题库信息上报、命题任务查询、命题经费统计等各个模块均运转良好，特别是命题信息子平台中的课程专家管理、题库数据管理以及试卷抽取功能为日常命题管理提供了高效而准确的技术支持。部分省级考办用户通过平台的共享信息查询及工作交流讨论等模块沟通信息，在一定范围内对省级命题共享进行了积极尝试。

【统考课程命题质量评估】 9月，召开全国统考课程命题质量评估会议。法学类等7个专业委员会的秘书长及24位课程专家参加会议，对自考7个专业类别的8门全国统考课程试卷进行评估，形成每门课程的命题质量评估报告及试卷具体评估意见。

【兰州命题中心评估验收】 11月，全国考办组织专家组对兰州命题中心进行评估验收。评估组专家本着“客观、公平、公正、实事求是”的原则，依据《高等教育自学考试命题中心管理办法》和《高等教育自学考试命题中心管理工作评估指标体系》开展评估工作。兰州命题中心顺利通过评估验收。

【统考课程命题质量与考试情况调查反馈】 2010年，对2009年10月考试的325门全国统考课程和2010年4月考试的322门全国统考课程命题质量与考试情况进行了问卷调查。北京、上海、天津、湖北等17个省级考办按照要求，上报了有关课程的考试数据和评价意见。经汇总整理，及时将有关课程考试信息分别反馈给各命题中心，供命题教师参考，以提高命题质量。

自学考试宣传

【概况】 2010年，全国考办组织在全国开展自学考试宣传周（月）活动。召开全国自学考试报刊宣传委员会年会，交流宣传工作经验，部署宣传工作任务。初步制订《纪念高等教育自学考试制度建立30周年宣传活动工作方案》，确定纪念相关事项及要求。编印《高等教育自学考试2009年工作报告》、《高等教育自学考试2009年大事记》，编发《高等教育自学考试简报》12期。

中国高等教育学会自学考试分会

【概况】 2010年，中国高等教育学会自学考试分会发展新会员19家。对265家会员单位进行清理，按照《自学考试分会章程》，对会员证书到期或过期的148家会员单位进行换发证书工作。召开中国高等教育学会自考分会理事长扩大会议，增补部分副理事长。召开纪念全国高等教育自学考试制度建立30周年专项课题立项评审会，确定立项34个课题。编辑出版《2009年自考分会论文集》。

教材建设

【概况】 2010年，加快自学考试全国统考课程教材的修订、重编工作，全年累计出版新教材45本，完成42门教材的审稿工作，落实49门教材的重编任务。探索和完善自学考试教材研发新机制，加强编写流程的规范化管理。以主编招标制为改革抓手，开展自学考试教材编写面向全社会征集主编人选的试点。召开专家评审会，对首批招标教材的申报材料进行评选，确定41位主编，并对新任主编进行了系统培训和工作部署。下发《关于在高等教育自学考试大纲、教材编写中加强审稿工作的意见》。研究自考特色教材建设，推进教材多样化、立体化学习媒体建设，形成和提交了特色教材的研制试点方案。

供稿：教育部考试中心自考综合处
教育部考试中心自考助学管理处
教育部考试中心自考命题处

教育部考试中心教材研究所

撰稿：李　颖　邱建臣　张　环　王海东
张　薇　沈　漪　刘丽芳　李　骐
刘素娟　高　卓

审稿：刘军谊　王建民　王凌云　高　升

非学历教育考试

【概况】 2010年，非学历教育考试报考总规模再创新高，全年报考1 103万人次（含省级考试300余万人次），较2009年增加52万人次，增幅为4.9%。其中，全国统一非学历考试规模803万人次，较2009年增长6.9%。

【全国计算机等级考试（NCRE）】 2010年，全国计算机等级考试的报考人数达507.6万（比2009年增加7.2%），获证人数186.3万。截至2010年年底，逐年累计报考人数达3 855.5万，累计获证人数达1 448.8万。

2010年，全国共批复新考点106个，一批有技术和硬件保障、条件成熟的考点成为NCRE新考点；经过大量的数据审核、上网测试等工作，到9月10日，NCRE自开考以来的全部证书上网可查，考生和用人单位可以直接通过网站办理查询和补办证书；北京军区在2009年开考一级的基础上，2010年试点开考二级Access等三个科目，报考人数大幅增加；初步制定二级无纸化考试方案并进行了试点考试；跟踪信息技术发展热点，进行了广泛的市场调研，着手制定新版考试大纲。

【全国英语等级考试（PETS）】 2010年，全国英语等级考试在全国31个省（自治区、直辖市）和解放军总参系统、北京军区开考，全年考生总人次达157.55万，比2009年增加17.58%。

3月，云南省首次在全省范围内开考PETS二级计算机辅助口语考试，并用该考试成绩取代高考英语口语考试成绩，考生约6.1万人。9月，开考PETS二级听力测试，云南成为继浙江之后，全国第二个将PETS二级听力测试成绩替代高考英语考试听力成绩的省份，约17.76万云南考生参加该考试。

【全国计算机应用技术证书考试（NIT）】 2010年，全国计算机应用技术证书考试在全国21个省（自治区、直辖市）开考4次，全国报名总人数约30万人次，获证人数25.9万，报考规模与2009年基本持平，生源基本稳定。通过与欧洲计算机使用执照基金会（ECDL）的合作，NIT部分模块合格证书将与国际计算机使用执照（ICDL）相关证书进行直接互换认证；在教材改版方面，2010年累计出版并发行3本新版NIT教材。

【全国青少年计算机考试（YNIT）】 2010年，全国青少年计算机考试在全国21个省（自治区、直辖市）开考4次，开考13个模块，约3.5万人报考，约3万人获得证书。

【全国信息技术高级人才水平考试（NIEH）】

2010年，全国信息技术高级人才水平考试报考2 623人次，其中，报考信息应用1 283人次，占报考总人数的49%，软件开发报考183人次，网络应用报考474人次，数码艺术报考683人次。

2010年，NIEH建立了证书查询服务，自2009年12月以来的全部证书均上网可查，考生和用人单位可以直接通过网站办理查询。

【中国书画等级考试（CCPT）】 2010年，中国书画等级考试在全国18个省（自治区、直辖市）开考2次，报考总人数为49 116人次，比2009年有较大幅度增加，增幅为301.86%。

5月，在青岛市语委、青岛市教育局组织的第二届中小学生规范汉字书写大赛的决赛中，采用了中国书画等级考试硬笔书法三级的测试方式和评价标准。

【全国外语水平考试（WSK）】 2010年，全国外语水平考试（包括英语五级、法语、德语、日语和俄语）在全国37个考点开考2次，6月开考英语、德语、法语，12月开考英语、日语和俄语。全年共报考23 752人次，较2009年增加20.5%。

【全国中小学教师教育技术水平考试（NTET）】 2010年，共有231 004名考生参加了在辽宁、江苏、河南、福建、上海、四川、重庆、广西、云南、海南、陕西、宁夏、青海、新疆、西藏15个省（自治区、直辖市）举行的全国中小学教师教育技术水平考试，186 237人取得合格证书。上半年，教学人员中级考试在上海试点成功，下半年顺利推广到广东、青海、四川。

2010年，完善了教学人员中级考试网上阅卷平台，顺利完成首次大规模网上阅卷工作，编写《2009年度全国中小学教师教育技术水平考试数据分析与评价报告》。

【中国少数民族汉语水平等级考试（MHK）】 2010年，中国少数民族汉语水平等级考试开考9次，共有55 519名考生参加了在北京、内蒙古、吉林、四川、青海、宁夏、江西及新疆等省（自治区、直辖市）举行的考试，考生人数较2009年增加42.44%。在教育部民族教育司的指导下，教育部考试中心在青海省进行了少数民族汉语教育质量监测工作，撰写了监测报告；协助新疆教育厅编制了新疆地区双语教学质量监测实施方案；首次在全国高校直属考点正式启用了中国少数民族汉语水平等级考试考务管理与服务平台。

【全国外语翻译证书考试（NAETI）】 2010年，全国外语翻译证书考试报考6 370人次，比2009年增加14.98%。2010年全国新增考点11个，达到59个。英语四级笔译和口译考试从下半年开始分别发放合格证书。

【中国餐饮业职业经理人资格证书考试（CMEP）】 2010年5月和11月，中国餐饮业职业经理人资格证书考试在全国22个省（自治区、直辖市）开考，总计报考14 482科次。

【劳动和社会保障岗位资格证书考试（LSSEP）】 2010年5月和11月，劳动和社会保障岗位资格证书考试在全国14个省（自治区、直辖市）开考，总计报考8 841科次。

【调查分析师证书考试】 2010年5月和11月，调查分析师证书考试在全国27个省（自治区、直辖市）开考，总计报考12 674科次。

【中国物流职业经理资格证书（CPLM）】 2010年5月和11月，中国物流职业经理资格证书在全国28个省（自治区、直辖市）开考，总计报考208 691科次。

【中国市场营销资格证书考试（CMAT）】 2010年5月和11月，中国市场营销资格证书考试在全国9个省（自治区、直辖市）开考，总计报考397科次。

【剑桥少儿英语】 2010年，剑桥少儿英语报考20.4万人次，考试次数由原来的3次增加至4次，分别为3月、5月、9月、12月。截至2010年年底，参加剑桥少儿英语考试的人数累计已达200万余人次，全国持证上岗的教师有3万余人，培训合格的口试考官5 000余人。

5月至10月，举办了首届剑桥少儿英语大赛。大赛覆盖全国28个省（自治区、直辖市），全国有万余名剑桥少儿英语考生报名参赛，千余家培训机构参与组织。大赛经过培训机构初选、省内复选、全国复选、全国总决赛四个阶段，最终选出一等奖3名、二等奖6名、三等奖9名。

【中英合作商务管理与金融管理专业（专科）合作课程】 2010年，中英合作商务管理和金融管理专业考试在北京、天津等14个省（自治区、直辖市）开考，共计报考9.1万科次，比2009年下降20%。该项考试自2000年开考以来，累计报考达到104.9万科次。

【中英合作采购与供应管理职业资格证书考试(CIPS)】 2010年，中英合作采购与供应管理职业资格证书其不意考试在全国17个省（自治区、直辖市）开考，总计报考26 505人，60 385科次。考生人数较2009年增加39%。

【中国销售管理专业水平证书考试（SMAT）】 中国销售管理专业水平证书考试是销售管理专业水平证书和高等教育自学考试销售管理专业（专科/独立本科段）相结合的“双证”考试项目，由教育部考试中心与中国市场学会合作开发，其目的是培养适应我国经济发展需要和满足不同行业、不同层次需求的专业销售管理人员。考试共分三个级别：销售总监专业水平证书、销售经理专业水平证书和销售经理助理专业水平证书，采取全国统考形式，每年开考两次，时间分别为5月和11月。2010年11月，在全国5个省（自治区、直辖市）首次开考，总计报考3 464科次。

【国际计算机使用执照证书考试（ICDL）】 国际计算机使用执照证书考试由欧洲计算机使用执照基金会（ECDL）创立，对个人的计算机使用技能进行认证。2009年10月，教育部考试中心与ECDL签署合作协议，在中国大陆地区联合开展ICDL考试，NCRE和NIT两项考试证书可与ICDL证书进行有条件互认。目前，教育部考试中心在国内设立了18个ICDL省级承办机构和直属考点。2010年，ICDL考试首次在湖南开考，76人报名参加考试，有67人获得证书。

【剑桥通用英语证书KET/PET青少版考试】 2010年，教育部考试中心中英教育测量学术交流中心和剑桥大学外语考试部在我国共同推出了KET（Key English Test）和PET（Preliminary English Test）两个级别的青少版英语证书考试。KET/PET青少版考试适于11岁至14岁的学生，向下衔接剑桥少儿英语三级。2010年，KET/PET青少版在7个省（自治区、直辖市）开考，总计报考9 148人次。

【剑桥少儿英语预备级】 剑桥少儿英语预备级是教育部考试中心中英教育测量学术交流中心设计并实施的全国低年龄英语水平学习测评系统，于2002年正式在中国大陆地区开始实施。

为了适应低年龄的学习特点，2010年剑桥少儿英语预备级考试逐步在全国范围内推广试卷电子化及评分电子化。电子化试卷、一年多次考试、送考上门的设计理念使考试变得更轻松、更具趣味性，有效提升了安全指数，减少了考试对考生产生的压力，让考生在愉快的环境中完成考试。2010年，剑桥少儿英语预备级全国共报考22 528人次，比2009年增加13.2%。

【全国音乐等级考试】 全国音乐等级考试是由教育部考试中心与中央音乐学院联合推出的面向全国业余音乐学习者的培训评价体系，该项考试旨在考察考生的音乐素养，提高考生的综合素质，推动和促进我国社会音乐教育的繁荣与发展。2010年，率先推出《音乐基础知识》考试，并在北京进行了试考，考试人数为4 978人。

【全国大学英语四、六级考试（CET）】 2010年，全国大学英语四、六级考试（CET）全年报考1 783万人次，比2009年增加55万人次，增幅为3.2%。评卷工作仍采用网上集中评卷方式，其中答题卡扫描由吉林、江苏、福建、山东、湖南、广东、重庆、甘肃和新疆共9个省级CET承办机构承担，主观题评卷由北京、天津、吉林、上海、江苏、浙江、山东、广东、湖北、重庆、四川、陕西共12个省级CET承办机构负责。

供稿：教育部考试中心社会考试处
　　　教育部考试中心考务中心
撰稿：黄啸波　吴　莎　赵　强　臧　林
　　　孙显福　巴伊尔　杨　英　王连晓
　　　李盛丹　仲　华　方　博　高旭东
　　　韩　雁　赵　卉　朱　洁　赵英华
　　　姜春红
审稿：王　莉　王　伟

海 外 考 试

【概况】 2010年是教育部考试中心“十一五”事业发展规划的收官之年，在过去5年中，海外考试取得了快速发展，考生规模不断扩大。“十一五”期间，海外考试的考生规模达到455万人，相当于“十一五”之前整个海外考试历年考生人数总和的1.4倍。

近几年，由于中国政府采取各项有力经济措施应对始于2008年的金融危机，国民经济保持快速增长，自费留学人员也大幅增加。在这种背景下，2010年海外考试考生人数达到115万人，与2009年相比，考生人数略有下降，但仍然保持了历史第二高位。考生人数排前5位的考试项目分别为：IELTS考试333 929人、日本语能力测试258 445人、托福网考218 609人、BEC考试116 378人、韩国语能力测试100 595人。其中托福网考考生人数增幅最大，为13.71%。

在考试管理方面，严格执行《境外考试保密管理规则》，重点打击利用伪造证件替考和手机等其他高科技手段作弊行为。为此，要求考点配备第二代身份证鉴别仪并在托福和IELTS考点使用金属探测器，遏制了替考情况上升的势头。同时加强对大规模考试的巡查力度，组织人员对考点进行巡查。继续加强考点视频监控的建设工作，将视频监控纳入托福网考考点标准，要求所有托福网考考点安装视频监控设备。及时、妥善处理了10月23日GRE考试重考所造成的相关转考退费等一系列问题。积极做好实施GRE网考的各项准备工作，与美方密切沟通，完成了GRE网考的网上报名系统开发调试工作并进行了一次试考。

在引进新项目方面，完成与剑桥大学外语考试部关于举办CAE、CPE考试备忘录的签署工作。继续与潜在合作伙伴接触商谈，在新语种考试、新形式英语考试和知名国际职业认证方面探索新发展。与西班牙塞万提斯学院的西班牙语考试（DELI）的合作谈判已进入尾声。与培生集团有关培生英语考试PTE、与美国Certiport关于微软专业应用技术国际认证（MTA）的合作谈判正在进行中。

在国际合作方面，加强与国外考试机构的联系，接待了美国教育考试服务中心（ETS）高级副总裁、美国ACT副总裁、德福考试院总裁、韩国国立国际教育院院长等人士的来访。同时派相关人员赴英国剑桥及希腊进行工作访问，就相关业务情况与外方合作伙伴进行了会谈。

【美国托福（TOEFL）】 2010年，托福网考增设4个考点，19个考场。截至2010年年底，全国共设托福网考考点88个，考场188个。全年实施网考40次，报名总人数为218 609人，比2009年增加13.7%。实际参加考试总人数198 700人，比上年增加20.6%。

【美国研究生入学考试（GRE）】 2010年，GRE一般能力双模式考试机考人数为79 321人，比

2009 年增加 63.44%。一般能力双模式纸笔考试举办 2 次，考生总人数为 70 596 人，比 2009 年增加 50.25%。GRE 专业测验考试举办 1 次，考生总人数为 2 474 人，比 2009 年增加 0.94%。

【GRE 重考】　10 月 23 日举办的 GRE 考试重复使用了先前的旧试题，为此，美国 ETS 采取了如下措施：首先，宣布取消所有参加 2010 年 10 月 23 日中国大陆地区 GRE 一般能力双模式纸笔考试的考生成绩，并保证今后不再发生类似事件；其次，推出如下 3 项补救措施，任考生选择其中一项：①参加于 2010 年 11 月 20 日举行的免费重考；②免费转考 2011 年 6 月 11 日举行的 GRE 纸笔考试；③全额退还 10 月 23 日 GRE 纸笔考试的考费。对于参加 11 月 20 日重考的考生，ETS 也做出了最迟于 2010 年 12 月 10 日将此次免费重考成绩寄送相关院校的承诺。

11 月 20 日，GRE 重考如期举行，报考考生 17 207 人，实际参加考试 16 068 人。重考考生的成绩于 12 月 6 日寄送到了考生申请的美国相关高等院校。

【美国工商管理研究生入学考试（GMAT）】　2010 年，全国 12 个 GMAT 考场共有 26 213 名考生参加了 GMAT 机考，比 2009 年增加 26%。

【美国法学院入学考试（LSAT）】　2010 年，LSAT 增设上海财经大学和广州外语外贸大学 2 个考点。全年考试 2 次，6 月报考 366 人，12 月报考 361 人，共计报考 727 人，比 2009 年增加 12.2%。

【美国外国护士资格证书考试（CGFNS）】　由于美国国内签证政策的变化，护士移民的配给数量为零，导致无考生报考，故 2010 年暂停 CGFNS 考试。

【美国信息技术证书考试（IT）】　2010 年，共有 14 345 名考生报名参加 IT 考试，比 2009 年增加 26.28%。考生数量回升与委托实施考试的 IT 公司增加了宣传有关。

【英国剑桥商务英语证书考试（BEC）】　2010 年，BEC 在保持每年 2 次纸笔考试的同时，还举办了 5 次计算机化考试。考生人数共计 116 378 人（其中机考考生 182 人），比上年增加 5.3%。2010 年增设安徽财经大学、西南财经大学和山东科技职业学院 3 个考点。

【英国剑桥第一英语证书考试（FCE）】　2010 年，举办 2 次 FCE 考试，考生总人数为 698 人，比 2009 年增加 10%。

【英国雅思（IELTS）】　2010 年，举办 48 次 IELTS 考试，考生总人数为 333 929 人，比 2009 年增加 6.7%。为预防和打击替考行为，在部分考点采取在考试当天给考生拍照和提取指纹的新措施。此外，为方便考生，在准考证中增加了考场安排的有关信息。

【英国伦敦工商会国际认证考试（LCCIIQ）】

2010 年，举行 3 期 LCCIIQ 固定考试，全国共有 624 名考生参加了 797 科次的考试。西安博雅国际经培训学校、上海华东师范大学、广州市广播电视大学继续教育学院、对外经济贸易大学英语学院举行了 13 次即期考试，共有 796 名考生参加了 1 258 科次的考试。

2010 年，在原有 26 个考点的基础上，增加福建师范大学外国语学院、北京联合大学商务学院、大连市会计服务中心财会培训学校、对外经济贸易大学英语学院 4 个考点，减少国家发展与改革委员会培训中心考点。目前全国共有 29 个考点承担 LCCIIQ 的考试工作。

【日本语能力测试（JLPT）】　2010 年，日本语能力测试开始实施新版。新日本语能力测试分为N1、N2、N3、N4、N5共5个级别，N1与日本语能力测试中的1级相比（约相当于我国大学本科专业日语3～4年级的水平），加深了高难度部分，但是，及格线与现行测试基本相同；N2与日本语能力测试的2级水平基本相同；N3为新设级别，其水平介于日本语能力测试2级与3级之间；N4与日本语能力测试的3级水平基本相同；N5与日本语能力测试的4级水平基本相同。

新日本语能力测试一年举办2次，于7月和12月的第一个星期日实施。7月考试的级别仅限于N1、N2、N3级，12月考试为全部级别。考试时间首次由上午改为下午。2010年2次考试的总人数为258 445人，比上年减少31%。增设河北保定剑桥英语学校考点。

【商务日语能力考试（BJT）】　2010年，实施2次BJT考试，6月报考1 178人，11月报考1 176人，全年共计报考2 354人，比上年减少7.43%。实际参加考试2 157人。

【德福（TestDaF）】　2010年，TestDaF举行3次考试，共计报考4 912人，比上年增加13. 4%。

【德适（TestAs）】　2010年，TestAs举行2次考试，共有245名考生参加考试，比2009年增加53.1%。

【韩国语水平考试（TOPIK）】　2010年，TOPIK考生总人数为100 595人，比2009年减少29.6%。从2011年开始，TOPIK的主办机构将由原“韩国教育课程评价院”变更为“韩国国立国际教育院”，取消实务级别的B-TOPIK，只保留一般级别的S-TOPIK。

【巴西葡萄牙语考试（Celpe-Bras）】　根据教育部考试中心与巴西教育部于2009年9月15日签署的《关于在中国境内进行葡萄牙语言水平考试的合作协议》，巴西葡萄牙语考试自2010年起在中国开考，每年举行2次，分别于4月和10月进行。4月考生人数为32人，10月考生人数为19人，全年共计51人。目前全国考点仅1个，设在中国传媒大学外国语学院。

【意大利语言水平等级考试（CELI）】　根据教育部考试中心与意大利佩鲁贾外国人大学语言评估和认证中心（CVCL）于2009年8月签署的《关于在中国境内进行意大利语言水平等级考试的合作协议》，意大利语言水平等级考试自2010年起在中国开考，每年举行2次，分别于6月和11月进行。目前设有北京外国语大学、北京森淼学校、上海外国语大学、南京师范大学、广东外语外贸大学5个考点。2010年尚无考生报名考试。

2010年海外考试各项目考生人数统计表

国别	考试项目名称	总人数（人）
美国	TOEFL iBT	218 609
	GRE General（纸笔）	70 596
	GRE Subject	2 474
	GMAT	26 213
	LSAT	727
	IT	14 345

（续表）

国别	考试项目名称	总人数（人）
英国	BEC	116 378
	FCE	698
	IELTS	333 929
	LCCIIQ	2 055（科次）
日本	JLPT	258 445
	BJT	2 354
韩国	TOPIK	100 595
德国	TestDaF	4 912
	TestAs	245
巴西	Celpe-Bras	51
合计		1 152 626

供稿：教育部考试中心考务中心
撰稿：陈　可　李　彤　解　智
审稿：张为舟　张　进

中小学和幼儿园教师资格考试

【概况】 为贯彻落实教育部2号文件精神和加强幼儿园、中小学教师队伍建设的意见，积极推进全国中小学和幼儿园教师资格考试项目工作的开展，2010年，中小学和幼儿园教师资格考试项目在2009年的基础上，继续推进，2010年主要进行了笔试大纲、面试大纲的编写和考试方案研讨、汇报工作。

【编写考试大纲】 1月至3月，完成教师资格考试综合素质（幼儿园、小学、初中、高中）、教育知识与能力（初中、高中）、教育教学知识与能力（小学）、初高中的语文、数学、英语、历史、化学、政治、物理、生物、地理、音乐、美术、体育与健康、信息技术等学科教学知识与能力34科考试大纲的编写工作。6月完成幼儿园、小学、初中、高中教师资格考试面试大纲研制工作。

【研讨方案】 4月9日至10日，教育部师范教育司、教育部考试中心召开教师资格考试试点工作研讨会。参加会议的有北京、上海、河北、浙江、山东、安徽、湖南、广东、广西、海南、重庆、贵州12个省（自治区、直辖市）教育行政部门师资（人事）部门和考试院负责人。与会代表一致认为，实行教师资格考试是改革和完善教师队伍建设的重大举措，国家要加快开展教师资格考试试点工作，积累经验，逐步推开，严把教师入口关，提高教师队伍整体素质。

【汇报方案】 12月31日，教育部考试中心主任戴家干、副主任刘军谊带队到教育部师范教育司汇报中小学和幼儿园教师资格考试项目筹备工作情况。教育部师范教育司对教育部考试中心一年多来的筹备工作给予充分肯定和高度评价，提出首次试点考试时间将于2011年下半年举行，以后每年上半年、下半年各举行1次。

供稿：教育部考试中心中小学和幼儿园教师资格考试中心（筹）专项工作组
撰稿：余仁胜 冯加根 汤新国 杨宏博
审稿：刘军谊

考务管理与监察

【综述】 在各级党委、政府和国务院有关部门、有关司局强有力的支持下，教育部考试中心举全中心之力，采取多项措施，充分发挥部际联席会议作用，积极应对青海玉树地震、部分地区洪水等自然灾害，坚持以人为本，从维护社会稳定和考生利益出发，部署并开展各项工作。各级考试机构狠抓落实，在有关部门的配合下，重点做好安全保密和考场管理工作，加强对考试工作人员培训，及时查处考试违规行为。在2010年各项国家教育考试考务工作中，充分利用教育部考试中心“十一五”事业发展规划取得的成果，发挥国家教育考试考务管理与服务平台等高科技手段的作用，效果良好，得到了部领导的充分肯定和高度评价。总体看，2010年国家教育考试考务工作实施平稳。

【突出抓好安全保密和考风考纪】 为确保考试平稳实施，各项国家教育考试考务工作始终围绕安全保密和考风考纪这两个主线进行部署和要求，不断地、旗帜鲜明地向各地考试战线强调这两点。在高考、研究生考试、成人高考、自学考试、大学英语四六级考试等考试前3～5天，教育部考试中心进入24小时值班状态，试卷到达地市级保密室后，每天不定时对各地试卷保密室进行抽查，并及时通报抽查结果。同时，配合国务院相关部委做好互联网有害信息处理工作。考试期间，教育部考试中心及各省级考试机构均派出巡视组，对部分地区安全保密、考风考纪、预案细化及落实等工作进行巡视检查。

【不断完善考务规章制度】 根据国家教育考试面临的新形势和新情况，在充分总结近年工作经验、教训并征求、吸收各地意见的基础上，先后出台了《教育部办公厅关于做好2010年普通高等学校招生全国统一考试安全保密和考务管理工作的通知》、《教育部办公厅关于进一步加强2010年普通高等学校招生全国统一考试安全工作的通知》、《教育部关于印发〈2010年全国招收攻读硕士研究生统一入学考试考务工作规定〉的通知》、《关于做好2010年高等教育自学考试考务工作的通知》、《关于做好2010年全国大学英语四六级考试考务工作的通知》等多份规范战线开展考务工作的文件，同时，启动了《国家教育考试违规处理办法》（教育部18号令）的修改工作，进一步完善了各项考试管理规定。

【加强考务科技含量，充分发挥考务平台重要作用】 在各项重大考试前，教育部考试中心利用国家教育考试考务管理与服务平台视频会议系统组织召开考务、安全工作会议，布置重点工作。考试期间，通过考务指挥系统，利用短信、通知通告、加密传真等与省级考试机构密切联系；利用巡查系统对保密室、考场进行实时监控和巡查。2010年，国家教育考试考务管理与服务平台共发布工作公告57个、工作通报16个、重要文件47个、各类短信54 781条，保证了各项考试指挥、部署有序。

【加强检查，确保各项规章制度落实到位】

2010年，教育部考试中心在高考、成人高考、研究生考试、自学考试、大学英语四六级考试等多项考试期间，共派出35个检查组，巡视检查人员90人，对部分省（自治区、直辖市）及解放军系统、101个地（市、县、军区）考试组织管理工作、125个保密室的安全保密工作、138个考点的考风考纪情况以及10个评卷点、10个试卷定点印刷厂的组织管理和安全保密情况进行了巡视检查。对发现的问题要求及时整改并反馈书面报告，同时要求各级教育行政部门、考试机构加强对所属单位的工作检查，特别是对各试卷保密室做到"逐一检查，不留空白"。

供稿：教育部考试中心考务中心

撰稿：陈景才 王 伟 马炳勋 刘 勇 时 雨 蔡武越

审稿：张为舟

教育考试评价

【升学指导测验修订工作顺利进行】 2010年，教育部考试中心对升学指导测验进行了修订。修订工作主要包括两部分，一是根据近年来我国高校专业的变动情况，对原来的解释系统进行了调整，如专业的名称、专业简介等；二是应用项目反应理论的相关模型（等级反应模型、展开模型）对往年的测试结果进行了分析。结果表明：升学指导测验各题的信息量均达到统计上的要求，从拟合程度来看，展开模型优于等级反应模型。修订工作是为进一步提高测验的精度和反馈的成效，为后续开发奠定良好的基础。

【考生专业匹配地图项目研发启动】 为进一步开展多元评价，建立科学、合理的考试评价体系，2010年，教育部考试中心启动了考生专业匹配地图的研发工作。该项目以升学指导测验的有关工具为基础，结合大学在校生的满意度调查，分析不同满意度的学生在专业选择、有关测试上的分布特征，逐步建立相应的常模。专业匹配地图项目为期三年，将对我国高校开设的数百个专业进行抽样测试，突出对学生的职业兴趣、胜任力、满意度等进行评价。

【协助大学自主选拔学业能力测试工作】 为探索实行高水平大学联考，教育部考试中心受有关高校委托，对大学自主选拔学业能力测试给予指导和协助，重点开展考试后评价，将项目反应理论引入到考生个人的诊断性成绩报告中。为考生提供了内容丰富的成绩报告单，开通了中学、大学成绩评价网站，为中学的教学改进、大学的多元选才提供帮助。

【学科能力倾向测试开始试用】 经过近两年的开发、试测和修订，教育部考试中心研制成功学科能力倾向测试，并于2010年在北京房山区进行了测试。对测试结果采用经典测量理论和项目反应理论的有关技术进行了细致、深入的分析。结果表明：学科能力倾向测验具有良好的信度、效度，对高中学生的学科成绩具有显著的影响。测试学校普遍反映，学科能力倾向测试对指导学生进行文理分科选择、学校选修课的设置、改进教学工作、推进中学进行素质教育具有重要的现实意义。

【国家教育考试评价研究院成立】 为实现教育部考试中心“十一五”事业发展规划提出的向专业化考试评价服务机构转型的目标，教育部考试中心与北京师范大学合作共建“国家教育考试评价研究院”，1月26日举行签约仪式并召开第一次理事会，9月29日召开第二次理事会，确定了发展方向，决议通过了国家教育考试评价研究院的各项管理制度。

国家教育考试评价研究院成立后，通过设立规章制度、组建人才队伍、搭建国家教育考试评价研究院网站、接待国内外研究机构、国内外专家来访等多方面活动迅速提升在国际国内同行中的声誉，承担了教育部考试中心“十二五”事业发展规划编制专题研究等相关工作。

【学生能力国际评价（PISA）2009 中国试测研究项目形成政策咨询研究报告】 在经济合作与发展组织（OECD）的协调下，与澳门 PISA 中心建立协作关系，在测试工具修订、试题册编码等方面获得了澳门 PISA 中心的协助。参照 PISA 技术标准自行完成 PISA2009 中国试测研究的抽样工作，在 OECD 的授权许可和 ACER 技术人员协助下，自主完成数据分析工作。撰写的国内、国际比较结果报告和系列专题政策咨询研究报告，呈送教育部领导、相关司局和试点地区教育行政部门后，得到积极评价。

【增值评价项目试点启动】 为探索高考对素质教育的正面推动作用，于 2010 年启动了增值评价试点项目。该项目旨在构建语文、数学、英语三个学科整个高中阶段的垂直学科能力量表，通过对学生学科能力的增值评价，在学校、学区层面进行描述和分析，并在此基础上结合学生背景信息、学习状况、教师教学、学校管理、教育投入等因素对教学成效、学校效能进行公平、科学、准确的评价。2010 年，选取海南和河北进行试点，对语文、数学、英语三科进行了试测，两省每科样本量均超过 1 000 人，截至年底完成三科学科能力量表基准点的初步构建，相关应用和演示软件在完善中。

供稿：教育部考试中心评价中心
撰稿：章建石　莫春晖　焦丽亚　夏欢欢
审稿：李光明　韩　宁　马世晔　王　蕾

教育考试科研发展

【综述】 2010年，重点推进2006年度全国教育科学规划教育考试研究专项课题和全国教育考试“十一五”科研规划课题的研究和结题工作。2项教育考试研究专项课题通过全国教科规划办的专家集体评审结题，13项全国教育考试“十一五”科研规划课题结题。对全国教育科学规划2009年度“教育考试研究专项课题”和全国教育考试“十一五”科研规划2009年度课题共计95项课题进行了中期检查，共收集到阶段性研究成果、研究报告及论文近150篇。对已结题的科研课题成果，编发《教育考试科研要报》3期。

【编制“十二五”事业发展规划】 2010年，以《国家中长期教育改革和发展规划纲要（2010—2020年）》为依据，编制《教育部考试中心“十二五”事业发展规划》。以规划的制定要兼具前瞻性和可操作性为标准，制定了编制工作方案，在调动中心员工建言献策的同时，充分发挥专家学者的作用，密切追踪国外考试的发展趋势，根据事业单位分类改革要求准确定位，找准机构事业发展的方向。在全国各类考试机构开展了广泛的调研，对国外专业考试机构进行专项研究，形成规划的初稿。

【《中国考试》杂志】 2010年，《中国考试》杂志全年出刊12期，刊载文章120余篇，110余万字。全年总发行量8万余册，广告销售80多版。刊物致力于打造考试评价研究的专业性理论期刊，反映国内外考试评价科学研究的新成果，介绍国内外考试评价理论研究的新动态，探讨考试改革和发展的新问题，杂志质量进一步提升。读者对象涵盖国内外及地区各级各类考试机构的研究者和工作者、教育工作者、中学及高等院校相关专业的师生等。

供稿：教育部考试中心评价中心、《中国考试》杂志社

撰稿：张志刚　石建华

审稿：韩家勋　杨　跃

教育考试信息化

【国家教育考试考务管理与服务平台建设】 国家教育考试考务管理与服务平台（简称“考务平台”）是教育部考试中心“十一五”事业发展规划五大重点工程之一 。经过近四年的努力，全国31个省（自治区、直辖市）考试机构实现了国家和省级视频指挥系统互联互通，全国2 591个试卷保密室全部实现了网上监控，28个省启动了考场网上监控建设，可监控的考场数达到13万个。

根据《国家教育考试管理与服务平台援助工程管理办法》，完成了对申请援助省平台建设方案的评审工作，根据专家评审意见，对19个省进行援助，并对受援助省平台建设工作进行检查指导，受援助的省保密室全部实现网上监控，新增网上监控考场4万多个，平台建设取得了较大进展。

编制了《国家教育考试标准化考点建设规划方案》，向财政部提交了国家教育考试标准化考点建设专项资金申请报告，并由教育部、财政部联合下发《关于大力推进国家教育考试标准化考点建设工作的通知》。

【命题基地建设】 国家教育考试命题基地是教育部考试中心“十一五”事业发展规划五大重点建设项目之一。2010年，完成了命题基地综合布线、楼宇自控、酒店管理、会议系统、电视系统、安防系统和机房等弱电工程建设；完成了命题基地互联网接入、网络系统集成、电话系统等工作；完成了命题基地5号楼命题办公专网系统和命题办公系统集成工作，为命题部门提供了用户集中管控、应用集中分发、数据集中存储的安全、稳定、可靠的工作平台，为推进国家教育考试题库建设，转变命题理念、方式和手段，建立新型命题工作机制提供了有力的硬件支持和条件保障。

【高等教育自学考试信息系统建设】 高等教育自学考试信息管理系统是教育部考试中心“十一五”事业发展规划十大任务之一，是推进高等教育自学考试信息化建设的重要举措。2010年，完成了系统的开发和部署工作、原始数据的整理和导入工作，以及系统开发文档的撰写和归档工作，并对省级自考办进行了培训。实现了自学考试专业计划、课程、教材、命题、考务、助学等管理全过程的计算机化。

【网上有害信息监控】 为进一步净化国家教育考试期间互联网的网络环境，打击社会不法分子利用网络、QQ、短信等手段进行兜售所谓“试题答案”和作弊器材等诈骗行为，教育部考试中心与各省级考试机构实行网络监察员工作制度，并继续加强与公安部、工业与信息化部、国新办等部委的协调和沟通，召开专项会议，加大打击力度，有效地防止在国家教育考试期间利用高科技手段进行大规模舞弊行为的发生。在2010年高考、成人高考、研究生考试、自学考试以及大学英语四、六级考试期间，共举报不良信息12 768条，有害QQ群及QQ号7 793个，封杀助考网、代考网等357个具有独立域名的网站。

供稿：教育部考试中心信息处

撰稿：孙惠丽

审稿：褚庆军

地方教育考试

北　京　市

综　述

【概况】 2010年，北京市共组织各级各类考试498次，涉及考生202.9万人，为各级各类招生单位录取新生30.9万人，全年共命制试卷1 153套，通过考试发放各种证书38万份。

【招考任务顺利完成，基本实现“平安考试”目标】 坚持把考试安全和考试公平作为生命线。在各级各类考试招生工作中，周密制订工作方案和应急预案，完善预警机制；充分发挥市招考委和国家考试局际联席会议作用，密切与公安、交通、保密、网监等部门的沟通与协作；加强教育培训，严格规范考试工作程序；加强保密管理，严防泄密事件发生；加强巡视检查，强化纪检监察部门作用，确保各级各类考试平安顺利进行。

【加强调研与论证，稳步推进各项招考改革】

①稳步实施新高考改革方案。依托区县、学校，加大新高考改革方案的政策宣传与方案解读力度，方案内容得到考生及社会认同。在招考实施过程中，精心策划、谨慎操作、沉着应对，以“高会统招”录取方式为重要突破口的新高考方案平稳顺利实施；同时还实行调整外语口试时间、实现全部科目网上评卷、继续进行高职自主招生试点等改革措施。②中等学校招生首次实现新课程条件下会考对社会全面开放，高中会考信息管理系统开发完毕并投入使用，中考体育考试、信息技术统考试点等工作筹备顺利。③研究生招生从科研入手促进改革，与高校合作共同开展北京市研究生招生制度改革与促进首都高端人才培养的实证研究和无线电作弊网络化防控系统专项研究。④成人高等学校招生采取积极措施，着力解决志愿填报不均衡的现象。⑤自学考试从“建设学习型社会重要支撑”的高度探索改革方向，积极推进自考综合改革试点工作，大力开展高等教育“立交桥”建设的可行性研究，成功举办纪念“北京市高等教育自考制度创建30周年”系列活动。⑥社会考试进行深化运行机制与发展模式的探索研究，北京英语口语证书考试全程电子化管理考试系统进一步优化。

【积极推进题库建设，不断提高命题质量】

2010年，命题工作严格执行安全保密规定和工作流程，系统把握技术指标，命题的科学性、规范性、安全性、稳定性得到进一步提升。进一步推进高考试题资源库、自学考试标准化题库建设，“高考试题资源库信息系统”建设方案的框架设计基本完成，试题录入检索软件完成初步开发，进入试用调试阶段；基本完成“自考命题管理信息系统”和“自考计算机题库管理系统”的开发，力争2011年试用。

积极配合北京市普通高中新课程改革，做好“普通高中新课程高考调研卷的开发与试测”，为本年高考命题提供重要参考依据。从高考后各方信息反馈来看，本年试题符合科学、公平、准确、规范的质量要求，反映首都教育发展水平和考生特点，较好发挥区分选拔功能和对素质教育、课程改革的导向作用。

【以标准化信息化为支撑，促进考务规范化管理】

考务管理信息化进程加快。试卷运送 GPS 定位及视频监控系统进一步优化，在中考、高考、研究生考试等各级各类考试中继续广泛应用，切实提高试卷及答卷运送的掌控能力。远程电子巡查系统功能不断延伸，进一步促进考务管理规范化，在确保考试安全、及时有效发现并快速处置考试突发事件中的作用日渐显著。研究生考试保密室远程监控系统及考试的智能视频分析监控试点项目顺利开展。北京师范大学和北京工业大学网上评卷基地建设相继启动。

考务管理标准化成效显著。制定完成《北京教育考试标准化考点规范》及《标准化考点规范实施方案》，为考务管理进一步规范提供标准依据；网上评卷规模进一步扩大，除研究生考试部分统考科目外，中考、会考、高考、成人高考、自学考试全部实行网上评卷，评卷工作更加科学规范，评卷质量显著提高。北京市教工休养院与首都师范大学示范性评卷基地正式投入使用。

【发挥科研牵动作用，扎实做好考试研究工作】

考试评价工作稳步提升。适应评价工作发展需要，研究启动新的工作机制，首次与北京高等学校教育科技发展中心签订协议，合作开展评价研究工作；完成对中考、会考和高考 23 个学科的全样本分析，组织专家完成研究报告 100 万字；调整优化北京市高考统计分析软件，为学校教学提供翔实的数据资料；个性化评价服务范围扩大，为更多区县和学校教育教学提供参考依据。

平稳推进诊断性评价工作。在自学考试《英语水平考试（一）（笔试）》、《计算机应用基础》两科分数报告中增加课程学习标准、考核目标、考生作答明细以及学科专家的评价和学习建议等内容，全年共提供网页版诊断性评价报告 12 469份。

【拓展领域完善体系，考试服务迈出新步伐】

坚持服务学校、服务考生，网上公众服务平台升级改造完成，在综合提升招考业务管理水平的同时，北京教育考试院公共服务功能进一步增强。充分发挥北京教育考试院网站和北京考试报宣传主阵地作用，及时准确发布招考信息，咨询举报渠道畅通，咨询信访工作卓有成效。全年共组织召开新闻通气会 4 次，发布各类信息 5 783 条，完成大型网上咨询活动 5 次，回答各类问题 25 029个，回复意见箱留言 1 253 条，通过广播电台组织专题咨询节目 100 余期，编辑出版中招、高招、成招和研招等系列招考专刊。

总　类

【开展国际交流】　2010 年，北京教育考试院组团前往印度尼西亚、巴西、印度等 5 个国家，考察有关教育考试、高等教育体制和人才培养机制以及汉语培训市场等方面情况。接待印度尼西亚国家教育部、韩国教育课程评价院、香港考试及评核局等 5 个访问团组。

【启动质量管理体系建设】　2 月，北京教育考试院启动质量管理体系建设工作，借鉴 ISO 9001 质量管理理念，经历动员、现状调研、内审员培训、处室工作流程梳理、各处室程序文件的编写与修订等阶段，至年底，共梳理工作主流程 85 个、子流程 64 个，编写程序文件 38 个、院级作业文件39个。

【召开招考委年度首次全体委员会议】 3月17日，北京市招生考试委员会2010年第一次全体委员会议召开。会议听取2009年高招工作汇报，审议并通过《北京市2010年普通高校招生工作规定》。市招考委主任委员、副市长黄卫出席会议，并对2010年北京市高招工作提出要求。市招考委成员单位负责人参加会议。

【剑桥少儿英语考试召开表彰先进会】 3月24日，北京教育考试院召开2008—2009年度北京市剑桥少儿英语考试优秀报名站（考点）和先进个人表彰会。会议表彰优秀报名站（考点）15个，先进个人87人。

【召开英语口语证书考试研讨会】 6月22日至23日，北京教育考试院召开北京市英语口语证书考试工作研讨会。会议听取北京外国语大学教授、北京英语口语证书考试首席考官韩宝成作题为《关于北京英语口语证书考试质量的完善及其发展》的主题发言。来自16个区县和部分外省的北京英语口语证书考试考点的负责人、项目负责人等共计90人参加会议。

【建设评价专家资源库】 6月，北京考试评价专家库投入使用。专家库呈金字塔形，基础层是入库的所有学科专家，中间层是通过审核的专家，高端层是正式参与考试评价工作的专家。至2010年年底，专家库共有350名专家信息。该项工作于2月启动，主要通过区县教委推荐的方式收集各类学科专家信息。

【高职招生改革研究课题结题】 10月，北京教育考试院承担的“北京市高等职业教育招生改革研究”课题结题。该课题是北京市教育科学规划课题，以研究制定高等教育步入普及化阶段以及高中新课改背景下的北京市高考改革方案为目标，提出把普通本科招生与高等职业教育招生进行分类设计，并以高等职业教育招生改革为本轮高考改革的突破口，提出“高会统招”方案。该方案是将学生的统一高考成绩与高中会考成绩相结合作为高校招生录取依据的一种招生模式；是由统一高考的语文、数学、外语三科与相应的高中会考备选科目组成。“高会统招”方案的出台，既是落实国家进一步加快发展职业教育、引导普通高中毕业生向高等职业院校合理分流的重要举措，也是进一步改革和完善高等职业教育体系、优化高等职业教育多元化选拔录取机制、提高高等职业教育质量和办学水平的重要举措，同时也符合高考“稳住中间，放开两端”的改革方向。

【“大规模教育考试评价研究与实践”课题获教学成果奖】 12月6日，教育部办公厅公布基础教育课程改革教学研究成果奖的结果，北京教育考试院“大规模教育考试评价研究与实践”被评为教育部基础教育课程改革教学研究成果一等奖。

【庆祝北京市高教自学考试制度建立30周年】

12月28日，北京教育考试院召开纪念北京市高等教育自学考试制度建立30周年庆祝活动。会议全面回顾和总结了北京自学考试制度建立30年来的发展历程和取得的成就。教育部考试中心主任戴家干做了题为《在北京市高等教育自学考试制度建立30周年纪念大会上的讲话》主题报告，报告指出，自学考试今后的发展，要调整人才培养标准和目标，改革自学考试专业和课程体系；加强与其他教育形式的沟通和衔接，探索建设继续教育学分银行和国家考试公共服务平台；坚持国家考试权威性，加强管理，确保国家考试质量和安全。会议还提出北京市自学考试要实现“三个转变”，即由单一的学科型质量观向不同类别、层次高等教育的立体质量观转变；由单纯作为学历教育的补充，向学历教育、职业教育、学习型社会建设支撑并举转变，并逐步将职业教育作为重点；在继续保持现有主考学校的基础上，要向职业教育类高校转变，为培养多样化人才提供条件。会议表彰了先进主考学校、先进考区、先进考点校、先进助学单位、优秀自学考试工作者、优秀命题教师和优秀自考生。来自全国高等教育自学考试指导委员会办公室、市委教育工委、首届北京市高等教育自学考试委员会委员、高校自考办和区县考试中心、自考办人员，命题教师代表、助学单位代表、考生代表和自学考试战线离退休人员代表共240人参加会议。

普通高考

【概况】 2010年，全国共有797所高等学校在京招生，全市高考报名共计80 241人，录取69 775人，升学率稳中有升，达到86.6%。其中，统招报名74 008人，招生计划62 165人，实际录取64 793人（文史类21 611人，理工类43 182人），较计划增加2 628人；高职单独招生报名6 233人，招生计划4 888人，实际录取4 982人，较计划增加94人。

【完成美术类专业统一测试工作】 1月3日，北京市2010年美术类专业统一考试举行。考试在北京工业大学、首都师范大学和北京城市学院3个考点进行，共有5 633人报名，实际参加考试5 146人，缺考率8.65%。1月4日至9日，美术类专业统一考试评卷工作在首都师范大学和北京服装学院进行。经评定，共有5 080名考生取得美术统考合格资格，合格率90.18%。

【完成高水平运动员体育测试工作】 3月27日，北京市2010年高水平运动员体育测试在北京体育大学进行。测试项目包括足球、篮球、排球等12个项目，337人报名参加考试，实际参加测试285人。经认定，达到测试A级标准138人、B级127人、C级20人。

【完成报考体育专业考生测试工作】 4月10日，北京市2010年普通高等学校体育教育、社会体育专业测试工作在首都体育学院举行。测试项目包括100米、立定跳远、原地双手推铅球、绕杆跑以及面试和专项加试。1 138名考生参加考试，经测试，成绩90分以上29人、80分以上140人、70分以上316人、70分以下653人。

【完成高职升本科试点工作】 4月，北京市完成选拔高等职业教育（专科层次）优秀应届毕业生进入本科阶段继续学习的试点工作。45所高校推荐5 498名专科毕业生参加“高职升本科”考试。15所高校参加招生，计划招生3 200人，实际录取3 149人。

【组织完成外语口试工作】 4月24日至25日，北京市2010年普通高校招生外语口试举行。考试在北京外国语大学、北京语言大学、中国传媒大学、对外经济贸易大学、首都师范大学、外交学院、北京第二外国语学院7个考点进行，42 434名考生参加外语口试。本年首次将外语口试时间从高考结束后第一周周末提前至4月举行。

【完成高职自主招生考试试点工作】 5月，北京市完成2010年度高职自主招生考试试点工作。根据《2011年北京市试行高等职业教育自主招生实施办法》规定，各试点院校可自主采取不同形式的入学考试评价办法，考试内容以综合能力测试为主。各试点院校按照德智体全面衡量、择优录取的原则，结合考生高中阶段的学习情况及综合测试成绩，自主确定录取方案。本年全市共有12所高职院校参加自主招生试点工作，计划招生2 695人，实际录取2 721人，较计划增加26人。

【举办高招广播电台咨询活动】 4月1日至29日、6月28日至7月12日，北京教育考试院通过北京人民广播电台新闻台“教育面对面”栏目举办招生院校咨询活动。70所在京高校参加咨询，介绍学校办学情况和本年招生信息。

【举办高招网上咨询活动】 4月18日至22日、6月26日，北京教育考试院分别举办在京招生的本科、专科院校进行高考网上咨询活动。该活动通过考试院网站（www. bjeea. cn）回答考生提出的问题。75所招生院校参加咨询，网站点击数近317万次，访问人数23 716人，提出问题12 371个，回答问题11 973个，问题回复率96.78%。

【召开教育考试招生工作电视电话会议】 5月12日，2010年北京市教育考试招生工作电视电话会议召开。会议全面部署2010年高等学校招生考试工作，提出工作要求。北京市副市长黄卫出席会议并讲话，来自公安、交管、保密、供电、卫生、城建、城管、宣传等部门人员，区县考试中心负责人和有关人员，在京高校领导和招生办主任共计300人参加会议。

【完成新高考改革方案后的首次高考】 6月7日至8日，北京市举行新高中课程改革后的首次普通高等学校招生考试。考试在19个考区进行，共设立考点123个，考场2 691个。8万余名考生顺利参加考试。新高考改革方案的总体思路是“引导方向、系统设计、分层定位、重点突破和稳步推进”，其目标是逐步建立和完善在国家统一考试录取基础上的全面、综合、多元化的考试评价制度和高等学校多样化的选拔录取制度，促进学生全面而有个性的发展，推进素质教育。2010年重点实施以下改革：首次在专科普通批次中实施“高会统招”的录取方式，即在高中会考成绩满足所报志愿要求的基础上，按照高考语文、数学、外语三科总成绩从高分到低分录取；将专科普通批次志愿设计与填报方式调整为“专业+院校”的方式，首次实行大平行录取方式，同时将专科批次录取院校志愿填报时间统一为7月底；增加综合素质评价有关内容，录取时考生会考成绩以等级形式、综合素质评价以统一表格形式记入考生电子档案，由高等学校择优录取。从实施效果看，新高考改革方案初步得到认同，社会反响整体良好。

【完成高考（北京卷）入闱命题工作】 5月17日，2010年普通高等学校招生全国统一考试北京卷入闱命题动员会召开。北京市副市长黄卫、北京市教委主任刘利民出席会议并讲话。入闱期间，王安顺、刘利民以及教育部有关领导到入闱现场检查指导工作，听取北京新课程改革高考方案的研究概况和入闱命题工作进展的汇报，并就高考命题和考试组织管理工作做出指示。6月8日，高考命题工作完成。

【首次实现高考全科目网上评卷】 6月9日至22日，北京市2010年高考评卷工作举行。评卷工作在北京大学、清华大学、北京师范大学、首都师范大学、北京第二外国语学院和北京工业大学6个评卷点进行，共评阅考生答卷290 244份，1 000余名教师参加评卷工作。本年首次实现高考全科目网上评卷，各科目均实行背靠背双评，确保高考评卷工作的科学公正。

【确定普通高校最低录取控制分数线】 6月23日，北京市招生考试委员会第二次全体会议确定本市普通高校招生最低录取控制分数线。普通专业文科：本科第一批最低录取控制分数线524分、第二批最低录取控制分数线474分、第三批最低录取控制分数线439分；理科：本科第一批最低录取控制分数线494分、第二批最低录取控制分数线441分、第三批最低录取控制分数线401分。提前批次专科录取参考工作线，文科：

180分、理科：170分。艺术类本科录取最低分数线，文科：308分、理科287分。艺术类专科录取参考工作线，文科：105分、理科：105分。体育教育、社会体育、休闲体育专业文科（本科）350分（体育成绩60分）、理科（本科）330分（体育成绩60分）。本科批次录取结束后，经市招考委批准，确定专科批次录取最低控制分数线：文科150分、理科150分。

【做好招生录取期间信访接待服务工作】 7月5日至9月中旬，北京市高考招生录取期间做好信访接待服务工作。考试院安排专人组成信访接待组，接听咨询电话，接待考生及家长来访；录取现场设信访接待组，安排区县有经验的人员负责，轮流值班；录取结束后，安排高招办工作人员在考试院接听来电，接待来访考生。经汇总来访考生情况，录取期间共接待考生及家长500余人次，接听咨询电话3 000余次。

【完成2011年高考报名工作】 12月1日至20日，北京市完成2011年高考报名工作。本次报名采用网上填报个人信息、网上支付报名费的方式进行。经确认，2011年高考报名76 007人，较2009年减少4 234人，降幅5.27%。其中，全国统考报名70 857人，较2009年减少3 151人，降幅4.26%；高职单考单招报名5 150人，较2009年减少1 083人，降幅17.38%。

研究生招生考试

【概况】 2010年，北京市研究生（含博士、硕士）招生计划（不含解放军在京单位）为82 056人，比2009年增加9 725人，增长13.4%，其中国家计划66 010人，比2009年增加7 792人，增长13.4%。硕士研究生招生计划63 992人，比2009年增加7 864人，增长14.0%，其中国家计划48 751人，比2009年增加5 460人，增长12.6%。博士生招生计划18 064人，比2009年增加1 861人，增长11.5%，其中国家计划17 259人，比2009年增加2 332人，增长15.6%。

2010年，全国报考北京139个硕士生招生单位的考生258 654人，比2009年增加33 005人，增长14.6%。报考76个博士生招生单位（不含解放军在京招生单位）考生56 820人，比2009年增加14 374人，增长33.9%。

2010年，北京研究生招生单位（含解放军在京单位）共录取硕士生64 586人，比2009年增加4 071人，增长6.7%。其中招收全日制专业学位硕士生18 022人，比2009年增加12 572人。录取博士生18 300人，比2009年增加1 540人，增长9.2%。

【硕士研究生入学统一考试举行】 1月9日至10日，2010年全国硕士研究生统一入学考试举行。北京地区共设置67个考点，2 732个考场，应试考生103 317人。与2009年相比，考场增加314个，应试考生人数增加10 495人，增长11.3%。

【硕士生初试科目统一评卷】 1月27日至3月5日，北京教育考试院组织硕士生入学考试全国统考科目统一评卷工作，共评阅试卷约60万份。

【同等学力申请硕士学位全国统考报名】 3月12日至23日，组织完成2010年同等学力人员申请硕士学位外国语水平和综合水平全国统一考试报名工作。3月26日至29日，北京4个报名点组织考生现场确认，经确认报考外国语水平考试的考生有13 556人，报考26个学科综合水平考试的考生有11 722人。北京教育考试院首次承担该项考试工作。

【同等学力申请硕士学位全国统考举行】 5月30日，2010年同等学力人员申请硕士学位外国语水平和学科综合水平全国统一考试举行。北京市共设5个考点，456个考场，2.5万人次考生分别参加外国语和学科综合水平考试。

【在职攻读硕士学位全国联考报名】 7月2日至14日，组织完成2010年在职人员攻读硕士学位全国联考报名工作。7月16日至19日，5个报考点组织考生进行现场确认，共确认考生17 862人。北京教育考试院首次承接该项考试。

【开展博士生录取检查工作】 9月20日，2010年博士生招生录取检查工作举行，对招生规模较小的科研院所进行了重点检查。在各博士生招生单位自查的基础上，北京教育考试院抽调10个科研单位，对其录取的175名博士生的录取材料进行了集中检查。检查结束后，与存在问题的招生单位领导当面交换意见，并要求提交书面整改报告。

【调整硕士生报考点】 按照解放军在京招生单位不再单独设置报考点和往年京内报考人数不足100人的科研单位不再设置报考点的原则，9月下旬，在2011年硕士研究生统一入学考试报名前，将北京市的硕士生报考点由67个调整为59个，降低组考风险。

【在职攻读硕士学位全国联考举行】 10月30日至31日，2010年在职人员攻读硕士学位全国联考举行。北京市共设6个考点，620个考场，1.7万多名考生报考2.7万科次。

【下一年硕士生报名工作完成】 10月10日至31日，2011年全国招收攻读硕士学位研究生统一入学考试进行网上报名。11月10日至14日，北京59个报考点组织考生进行现场确认，共确认考生114 759人，比2010年增加303人，增长0.3%。其中，报考京内招生单位的考生106 754人，占京内报名总人数的93.0%；报考外埠495个招生单位的考生8 005人，占7.0%。

【召开研究生招生工作培训会议】 11月23日至25日，北京教育考试院召开2011年研究生招生工作培训会议。会议邀请专家针对学籍学历认证、安全保密工作举办专题讲座，考试院对Visual FoxPro及招生工作相关管理系统的基本应用进行了培训。会议还对各招生单位进行2011年硕士研究生入学统一考试考务工作培训，具体布置考试和评卷工作。114家招生单位240余人参加会议。

【研究生考点及考场巡查和监控系统试点建设】

至2010年年底，北京教育考试院完成59个硕士生考点的远程电子巡查指挥系统和2所学校的考场智能视频监控硬件建设。系统安装、调试完毕后，于2011年硕士生考试期间全部投入使用。

成人高考

【概况】 2010年，全国共有95所成人高等学校在京招生，其中，市属院校47所，部（委）及外埠院校48所，招生专业1 595个，招生计划为86 035人，比2009年减少1 522人，减少1.7%。其中，高中起点升专科计划招生37 362人，占计划总数的43.4%；高中起点升本科计划招生8 052人，占计划总数的9.5%；专科起点升本科计划招生40 621人，占计划总数的47.2%。北京市共有111 842人参加考试，比2009年减少3 488人，减少3%。其中，报考高中起点升本科13 967人，报考高中起点升专科46 736人，报考专科起点升本科51 139人。实际录取80 307人

（不含单考单招），其中，高中起点升本专科艺术、体育类共录取7 003人，高中起点升本科、专科起点升本科共录取42 729人，非艺术体育类专科录取30 575人。

【上半年成人本科学士学位英语考试举行】 5月8日，上半年北京地区成人本科学士学位英语考试举行。共有64所学校的80 184人报考，其中，北京考生54 358人，外省市考生25 826人。京内外共设考点177个、考场2 764个，其中外省市考点108个、考场917个，本市考点69个、考场1 847个。实考考生58 989人，缺考考生21 195人，缺考率25%。这是该项考试由北京市教育综合服务中心划转北京教育考试院后组织的首次考试。

【完成招生计划汇总工作】 8月1日，北京市成人高校招生计划核对及汇总工作结束。全国共有95所高校在京招生，比2009年减少1所。招生专业1 595个，比2009年增加30个。招生计划总数中，部属院校计划53 305人，市属院校计划32 730人；脱产计划4 399人，业余计划75 753人，函授计划5 883人。本年招生计划的主要特点是：招生计划总数有所下降；高中起点升本科层次计划下降幅度较大，比2009年降低13.4%；函授计划下降幅度较大，比2009年降低16.3%；单考单招的计划数有较大幅度增加。

【举办网上咨询活动】 8月8日至9日，北京教育考试院举办成人高校招生网上咨询活动。81所成人高校参加，考生共提出各类有关问题7 716个，问题处理率99.3%。咨询页面点击10万余次，访问7 410人次。考生关注的问题主要集中在：招生照顾政策、外地考生报考是否需要暂住证、具体报名办法、网上交费、各招生学校专业设置等。

【完成报名工作】 8月15日至28日，成人高校招生考试网上报名工作举行。网上报名162 216人（次），网上交费共118 589人（次），确认报名111 842人。

【全国统一考试举行】 10月16日至17日，成人高校招生全国统一考试举行。北京设19个考区，156个考点，3 837个考场，102 426人参加考试。共发现违规考生236人，违纪率2.3‰，按照教育部《国家教育考试违规处理办法》，分别给予取消当科考试成绩和取消全部考试成绩的处理。

【完成阅卷工作】 10月18日至28日，进行成人高考阅卷工作，共评阅20科、34.4万份试卷。11月5日，考试成绩通过北京教育考试院网站发布。

【下半年成人本科学士学位英语考试举行】 11月6日，下半年北京地区成人本科学士学位英语考试举行。共有63所学校的96 393人报考，其中，北京市考生66 595人、外地考生29 798人。京内外共设考点175个、考场3 309个，其中，外地考点108个、考场1 054个，北京市考点67个、考场2 255个。实考考生72 689人，缺考考生23 704人，缺考率24.6%。

【划定录取最低控制分数线】 11月12日，经报请北京市招生考试委员会批准，北京市成人高考录取的最低控制分数线确定。高中起点升专科：文史外语类151分，艺术类72分，理工类100分，体育类73分；高中起点升本科：文史外语类251分，艺术类175分，理工类128分，体育类98分；专科起点升本科：文史中医类122分，艺术类92分，理工类100分，经济管理类134分，法学类125分，教育学类125分，农学类158分，医学类215分。

【完成录取工作】　11月25日至12月14日，北京市成人高校进行录取，共录取80 307人，完成计划的99.1%。

高级中等学校招生考试

【概况】　2010年，北京市共有10.2万名初三年级学生通过登录北京教育考试院网站进行网上报名。实际参加考试93 616人，其中，8名盲残考生、12名视力障碍考生。全市共有396所高级中等学校计划招生92 681人，其中，普通高中268所、中等师范1所、中等专业学校36所、技工学校23所、职业高中60所、五年高职院校8所。实际录取79 724人，其中，普通高中录取58 458人、中等专业学校（含师范）录取10 069人、技工学校录取3 984人、职业高中录取3 813人、五年制高职学院录取3 400人。另外，27所中职学校录取未升学高中毕业生226人。

【编印参考资料】　3月15日至26日，北京教育考试院编印完成本年度中考参考资料。资料包括《招生简章》、《报考指南》和《部分学校情况介绍》，其中，《招生简章》刊载全市117所提前招生学校和370所统一招生学校的招生计划，《部分学校情况介绍》收录244所学校情况介绍，占招生学校总数61.62%。

【举办网络和电话咨询活动】　5月8日，北京教育考试院举办北京市高级中等学校招生网上咨询活动。活动主会场设在北京教育考试院，分会场设在各区县中招办和258所咨询学校。咨询系统点击数92万余次，访问人数7 168人，咨询注册考生2 000余人。各咨询单位回答问题4 600个，回答率89%，问题处理率94%。市教委、市人力社保局、市体检中心和市区县中招办以及咨询学校共计900余名工作人员参加咨询活动。

【召开命题工作动员会】　4月28日，2010年北京市中考命题工作动员会召开。会议指出，要以《国家中长期教育改革和发展规划纲要（2010—2020年）》的精神和要求指导包括中考改革在内的各项基础教育工作，通过考试评价改革促进课程改革的深化和素质教育的实施；做好中考命题工作必须建设一支优秀的命题教师队伍，要以适当的形式对中学教师和教研员进行命题业务培训，不断提高命题质量和水平。会议强调保密工作的重要性，并对2010年中考命题的目标、指导思想和原则等做具体部署。会上，考试院代表与命题教师签订保密协议，与会领导向命题教师颁发聘书。市教委、考试院领导及命题人员共计55人参加会议。

【文化课考试举行】　6月24日至26日，2010年北京市高级中等学校招生文化课考试举行。考试由北京教育考试院组织完成，采用全市统一命题、分区县网上评卷的方式进行。考试科目为语文（120分）、数学（120分）、外语（120分）、物理（100分）、化学（80分）共计5个科目，考试时间分别为语文150分钟，数学、外语、物理120分钟，化学100分钟。全市共设考点204个，考场3 204个。

【召开统一评卷标准报告会】　6月25日至27日，北京教育考试院召开高级中等学校招生考试统一评卷标准报告会。会议听取命题组教师介绍语文、数学、外语、物理、化学5个学科评分标准，提出网上评卷应注意的问题。17个区县（单位）中考评卷负责人300人参加会议。

【完成残疾学生试卷评阅工作】　6月27日，2010年北京市高级中等学校招生考试残疾学生试卷评阅工作完成。评卷工作由北京教育考试院组织完成，试卷面向盲残、视障考生，分为盲文和大字试卷两种，共计20份。共有8名盲残和12

名视障考生参加语文、数学、外语、物理和化学5科文化课考试。来自北京市盲人学校的14名教师参加试卷评阅工作。

【完成提前招生录取审批】 7月13日，北京教育考试院完成本年度高级中等学校提前招生录取审批工作。117所提前招生学校共录取考生8 218人，其中，普通高中录取1 323人，职技类学校录取6 895人。

【完成特殊学生录取资格审核】 7月17日，北京教育考试院完成本年度高级中等学校统一招生录取特殊学生的资格审核。104所有招收特殊学生任务的普通高中学校，共录取特殊考生4 420人，其中，优秀生1 352人、金银帆奖学生7人、市级三好生303人、文艺特长生687人、体育特长生617人、科技特长生58人、高校教工子女254人、集训队员40人、各种实验班936人、外交人员子女和异校推荐及其他166人。

【完成统一招生录取审批】 7月28日至31日，2010年度高级中等学校统一招生录取审批工作完成。招生工作由北京教育考试院组织完成，统一招生录取按照总成绩从高分到低分，依照考生的志愿顺序择优录取。

【完成中招补录工作】 8月7日，北京教育考试院完成部分高级中等学校招生补录工作。统一招生录取结束后，未完成招生计划的职技类学校补录未被录取的考生782人。

【完成中招调剂录取工作】 9月15日，北京教育考试院完成部分高级中等学校调剂录取工作。共有75所学校调剂录取考生1 335人，其中，落榜考生192人，占调剂录取总人数的14.38%。

【完成未升学高中毕业生录取审核】 10月13日，北京教育考试院完成部分高级中等学校录取未升学高中毕业生审核备案工作。根据北京市教委关于“在部分中等职业学校中开展面向未升学高中毕业生进行中等职业教育的试点工作”的要求，共有27所中等职业学校，录取未升学高中毕业生226人，完成计划的5.5%。

高中毕业会考

【概况】 2010年，北京教育考试院组织完成春季和夏季两次高中会考。两次会考分别开设语文、数学、外语、地理、历史、政治、物理、化学、生物9科文化课考试。全年参加高中会考（含自行组考及替代科目）的考生总计222 929人，比2009年减少10 019人，下降4.3%；报考682 571科次，比2009年减少7 838科次，下降1.1%。颁发《北京市高中会考合格证》63 634份。共为715名外省市回京考生进行高中会考成绩核定，涉及全国25个省市区。

【春季高中毕业会考举行】 1月13日至15日，2010年春季高中毕业会考进行。报考人数132 704人，报考472 963科次，其中，126 036名在校学生和979名职技类及非在校公民参加新课程9科会考，报考463 497科次；5 689名往届生参加原方案9科会考，报考9 466科次。与2009年春季相比，报考人数减少5.3%，报考科次增长1.1%，全市共安排考点137个。此外，经市教委批准的10所自行组考学校也同期考试，考生7 311人，报考21 064科次。考试期间，发现并处理违规考生106人。1月22日至28日，北京教育考试院组织评卷教师449人，评阅试卷47万份。

【颁发高中会考合格证】　北京教育考试院颁发《北京市高中会考合格证》63 634份。其中，普高类合格证63 560份，职技类合格证40份，社会类合格证34份。应届高中毕业生70 948人参加会考，61 000人取得合格证，占毕业生总数的85.98%。

【夏季高中毕业会考举行】　7月6日至8日，北京市2010年度夏季高中毕业会考举行，74 459人报考159 938科次。其中，新课程会考报名70 770人，报考154 208科次；原方案会考报名3 689人，报考5 730科次。全市共安排考点120个。与2009年同期相比，报考人数减少7.5%，报考科次下降10.12%。此外，10所自行组考学校考生8 455人，报考28 606科次。考试期间，发现并处理违规考生162人。7月14日至18日，北京教育考试院组织评卷教师180人，评阅试卷16万份。

【召开中考中招、高中会考年度工作总结会】

12月20日至22日，北京教育考试院组织召开北京市中考中招、高中会考年度工作总结会。会议总结了2010年中考中招、高中会考工作，表彰了获得2010年度中考中招和高中会考目标管理评比优秀奖的17个区县（单位）；听取北京教育委员会主任线联平关于《北京市中长期教育发展规划》专题讲座。市教委有关处室、市人力社保局、市体检中心、部分区县教委主管主任及各区县考试中心、中招办、会考办主任等110余人参加会议。

自学考试

【概况】　2010年，北京市高等教育自学考试共有39.2万人次报考99.1万科次，注册新生4.8万人。全年开考专业总计112个，其中，专科专业61个，本科专业51个（含“双证书”专业19个）。全年开考课程总计983门。全年评阅试卷57.9万份。毕业生10 691人，其中，本科毕业生4 174人，专科毕业生6 517人，3 413人获取学士学位。

【1月自学考试举行】　1月8日至10日，北京市高等教育自学考试在13个考区、83个考点、1 622个考场进行，开考107个专业、42门课程，有100 978名考生报考199 877科次。

【4月自学考试举行】　4月10日至11日、17日至18日，北京市高等教育自学考试在19个考区、137个考点、2154个考场举行，开考110个专业、376门课程，有142 503名考生报考359 355科次。注册新生8 121人。考试中发现并处理违规考生179人。

【上半年《计算机应用基础》考试举行】　5月8日至9日，北京市自学考试《计算机应用基础》考试举行。考试在16个考区进行，共有10 240人报名参加考试。

【上半年自学考试非学历证书考试举行】　5月15日至16日，北京市上半年高等教育自学考试证书考试举行。共开考32门课程，涉及13个证书，10 645名考生报考23 545科次。

【7月自学考试举行】　7月2日至4日，北京市高等教育自学考试在朝阳区、延庆县两个考区进行，设立考点18个、考场294个。开考4个专业、17门课程。有16 350名考生报考46 518科次。

【10月自学考试举行】　10月23日至24日、30日至31日，北京市高等教育自学考试在19个考区、115个考点、1 813个考场举行。开考110个

专业、390 门课程，有 100 503 名考生报考 291 615科次。注册新生 10 075 人。考试中发现并处理违规考生 234 人。

【下半年《计算机应用基础》考试举行】 11 月 13 日至 14 日，北京市自学考试《计算机应用基础》考试举行。考试在 15 个考区进行，共有 5 153人报名参加考试。

【下半年自学考试非学历证书考试举行】 11 月 20 日至 21 日，北京市组织完成下半年高等教育自学考试证书考试。共开考 35 门课程，涉及 14 个证书，7 484 名考生报考 15 907 科次。

社会考试

【概况】 2010 年，北京市中国书画等级考试报考 1 331 人次，比 2009 年增长 450%；全国计算机等级考试报考 123 918 人次，比 2009 年增长 3.1%；全国英语等级考试报考 15 483 人次，与 2009 年基本持平；剑桥少儿英语报考 37 869 人次，比 2009 年减少 11.6%；北京英语水平考试报考 9 081人次，比 2009 年减少 19.4%；全国计算机应用技术证书考试报考 6 326 人次，比 2009 年减少 22.8%；北京英语口语证书考试报考22 840 人次，比 2009 年减少 28%；全国青少年计算机考试报考 3 278 人次，比 2009 年减少 31.6%。

【剑桥少儿英语考试举行】 剑桥少儿英语全国统一考试分别于 3 月、9 月和 12 月举行，北京市参加一级考试的考生人数为 14 353 人，二级 12 512人，三级 11 004 人。

【北京英语水平考试举行】 5 月、10 月、12 月，北京教育考试院举办 3 次北京英语水平考试，参加一级考试的考生 4 619 人，二级 4 134 人，三级 328 人。

【北京英语口语证书考试举行】 5 月、11 月，北京教育考试院举办 2 次北京英语口语证书考试（BOEC）。该考试采取考官与考生一对一形式，分为初、中、高 3 个等级，考试时间分别为初级 5 ~ 7 分钟/人，中级 8 ~ 10 分钟/人，高级 12 ~ 15 分钟/人。

【全国计算机等级考试举行】 全国计算机等级考试（NCRE）分别于 3 月和 9 月举行，北京市设立 123 个考点。参加一级考试的考生人数为 43 757人，25 837 人获得合格证书；参加二级考试的考生人数为 63 420 人，18 621 人获得合格证书；参加三级考试的考生人数为 15 065 人，2 805人获得合格证书；参加四级考试的考生人数为 1 676 人，367 人获得合格证书。

【全国英语等级考试举行】 全国英语等级考试（PETS）分别于 3 月和 9 月举行，共计 15 483 人次报名参加考试，其中，笔试 13 643 人次，口试 9 882 人次。扫描答题卡 37 166 张，评阅试卷 10 376 份，发放成绩（证书）7 555 份。

【全国计算机应用技术证书考试举行】 全国计算机应用技术证书考试分别于 6 月和 12 月举行，北京市设立 14 个考点，累计开考文字处理、电子表格和演示文稿制作等共计 12 个模块。4 341 人取得合格证书。

【全国青少年计算机考试举行】 全国青少年计算机考试（YNIT）分别于 3 月、6 月和 12 月举行，开考操作基础、文字处理和多媒体制作等 11 个模块。3 190 人取得合格证书。

【承担“高校自主选拔通用基础测试”制卷和评卷工作】 1 月，北京市教育考试指导中心受教育部考试中心委托，承担2010年5校（清华大学、南京大学、上海交通大学、中国科技大学、西安交通大学）合作自主选拔通用基础测试答题卡制作、数据扫描和网上评卷工作，共监制答题卡468 000张、扫描答题卡397 849张、评阅试卷178 372份。

【承办中国银行选聘招聘考试】 受中国银行委托，负责“2010年中国银行北京单证中心校园招聘考试”、“2010年中国银行北京单证中心选拔考试”、“2010年中国银行社会招聘考试”考务组织工作，参加3类考试共计2 409人次。其中，为“2010年中国银行北京单证中心校园招聘考试”完成制卷1 800份、制卡3 000张、答题卡数据扫描1 467份、评阅试卷1 467份。

【承担北京市中考网上评卷技术服务工作】 4月至7月，北京教育考试指导中心承担2010年北京市中考网上评卷技术服务工作。扫描答题卡936 323张，制作、打印、发放考生条形码65.8万枚，派出26名技术员分赴19个评卷点，为9.3万考生466 802份试卷的网上评卷工作提供技术服务。

【承担大学英语四、六级考试】 6月，北京教育考试指导中心承担北京地区全国大学英语四、六级考试工作，共设77个考点、18个分考点、考场9 182个，考生共计269 998人；12月，该项考试共设74个考点、13个分考点、考场7 791个，考生共计231 254人。

【承担执业兽医资格考试】 10月，北京教育考试指导中心承担2010年北京地区全国执业兽医资格考试考务组织工作。该项工作受北京市畜牧兽医总站委托，共计5 290人次参加考试。

【承办全国报检员资格考试】 11月，北京教育考试指导中心承办全国报检员资格统一考试北京考区考务工作。该项工作受北京市进出口商品检验检疫局委托，全市共有1 537人报名参加考试。

【主办会计类专业应届毕业生会计从业资格考试】

12月，教育考试指导中心主办北京地区大、中专院校会计类专业应届毕业生会计从业资格考试。共设83个考点、22个分考点、考场864个、共计24 460人次参加考试。2010年起，教育考试指导中心负责北京地区“大、中专院校会计类专业应届毕业生会计从业资格考试”考务组织工作。

【承办英国使馆委托的多项考试】 2010年，北京教育考试指导中心受英国使馆文化教育处委托，承办“雅思口语考试（IELTS）”、“英国特许公认会计师考试（ACCA）”、“英国特许管理会计师公会考试（CIMA）”、“跟单信用证专家资格考试（CDCS）”、“英格兰暨威尔士注册会计师考试（ICAEW）”、“美国运营管理协会认证考试（APICS）”和“国际贸易金融师资格认证考试（CITY）”等多项考试的考务组织工作，全年共为12 839名考生提供服务。

中外合作考试

【概况】 2010年，北京教育考试院举办中英合作英语口语等级考试（GESE）316场，英国剑桥通用英语证书考试（MSE）6场，英国剑桥英语教学能力证书考试（TKT）6场，共有42 521名考生参加考试。全年举办中英合作英语口语等级考试考前培训、英国剑桥少儿英语教师培训、英国剑桥通用英语证书考试考前培训、英国剑桥英语教学能力考前培训共8期，551人参加培训。

【举办英国剑桥通用英语证书（MSE）考试】 5

月、11 月，北京教育考试院举办英国剑桥通用英语证书考试（MSE）6 场。共有 7 871 名考生参加三个级别的考试，其中一级（KET）3 023 人、二级（PET）4 356 人、三级（FCE）492 人。

【举办中英合作英语口语等级考试（GESE）】

2010 年，北京教育考试院共举办英语口语等级考试（GESE）316 场，共有 34 348 名考生参加 12 个级别的考试，总体通过率 74%。

【举办英国剑桥英语教学能力证书考试（TKT）】

2010 年，北京教育考试院共举办英国剑桥英语教学能力证书考试（TKT）6 场，共有 302 名考生参加 4 个证书的考试。其中，证书一 76 人、证书二 87 人、证书三 103 人、证书五 36 人，所有考生均获得成绩证书。

供稿：北京教育考试院
撰稿：伍亚娜　杨天燕　周　欣　何森森　冯国红　卢　杰　赵海燕　段绍晖　李青文　陈进生　郭振铎　段绍晖　徐卫红　金　辉　冯国红　丁炜航　姜树森　庞　博　胡　海
审稿：张泉利

天　津　市

总　类

【考试文化展览馆落成】　为推动天津市教育招生考试院的文化建设，展示考试历史文化精华，普及考试历史文化知识，通过社会征集、拍卖、购置和友人捐赠等多种方式，历经多年收集各类考试文物，于2010年10月考试院建院10周年之际，考试文化展览馆落成并接待中外来宾。全部展览分为科举制度、科举教育、科举习尚和现代考试四个主题单元，展出考试文物和图片数百余件，包括典籍、挟带、乡试卷、状元策、“应试文官”匾和解放前大学招生广告、大学入学试题、同学录、准考证、1977年高考答题卷等文物珍品。

【《普通高中教学质量综合评价报告》完成改版】

为更好地发挥普通高中学业水平考试对天津市普通高中学校落实新课程改革、提高教育教学质量的监测和评价作用，受天津市教委委托，天津市基础教育学业水平评估中心会同天津市教委中学处，围绕普通高中教学质量评价工作对教学的影响、评价指标的合理性、评价报告的呈现方式等问题对区县教育行政主管部门和各类型普通高中学校进行深入调研。重新设计了市、区、校三个版本的《普通高中教学质量综合评价报告》，并首次将学业增值评价结果纳入评价体系当中，进一步提高了评价的科学性和有效性。

【首次承接区县级学业质量监测项目】　受东丽区教育局和天津经济技术开发区文教卫生局委托，开展“初中生入学水平基线测试”区县级学业质量监测项目。依据国家教育课程标准，命制语文、数学学科测验，并针对与学生学习相关的背景因素，编制学生调查问卷。2010年9月19日，对东丽区和开发区共计3 722名7年级学生进行测试。通过科学分析，最终提供区级、校级、班级、学生等不同层次的监测结果反馈报告。

【首次举办“2010年高考命题与评价反馈会”】

12月19日，天津市教育考试院召开“2010年高考命题与评价反馈会”，有来自天津市21个区县的教研室负责同志、部分学科教研员和骨干教师及评价教师共150余人与会。会议专题报告了新课程改革背景下天津市高考命题的指导思想和高考命题与评价之间的关系，2010年高考评价工作的总体思路和取得的成果，2010年高考考生水平评价和教学质量分析成果。本次会议首次面向教学与研究一线的服务对象推介高考评价工作。

【举办第七届社会考试论坛】　2010年11月19至22日，第七届社会考试论坛在天津市举行。

来自全国26个省市教育考试机构近100名代表参加了本届论坛。教育部考试中心副主任李光明、天津市教委副局级督学闻玉东以及京、津、沪、渝四个主办方有关领导出席了论坛。根据会议代表提交的论文，编辑出版《适应社会发展 提升服务水平》论文集。

【《考试研究》杂志】 2010年，《考试研究》杂志以“考试·评价·全面发展”、“基于标准的评核”、“大学招生公平谈”、“考试、学业质量监测与学校问责”、“评价的理论与技术”为专题组织出版四期正刊与一期增刊。继续探索杂志内容由考试向评价领域延展，在增加教育评价方面文章刊发力度的同时，以筹备杂志由季刊改双月刊为契机，增设“学业评价”栏目，并开展对此栏目的设计、调研及组稿工作。加强与国际相关专业领域研究机构的联系，2010年共刊载5篇海外作者的文章，涉及机构包括美国加州大学、西澳大利亚大学、日本东北大学、以色列国家测评中心等。对照核心期刊评审标准，加强稿件编辑力度，2010年被人大复印资料全文转载两篇。

【考试科研成果获奖】 2010年，天津市教育考试院有8项科研成果获天津市奖项。其中“基础教育质量监控研究：PISA天津预实验”获天津市第二届教育科学研究优秀成果一等奖；“天津市高等教育自学考试管理信息系统的研究与开发”、“普通高校招生生源流动及其控制问题研究”获天津市第二届教育科学研究优秀成果二等奖；“大规模考试数据在学业增值评价中的应用研究”获天津市第二届教育科学研究优秀成果三等奖。

普通高考

【概况】 2010年，全国共有1 289所高等学校在天津市计划招生61 826人，其中，理工类计划招生43 822人，文史类计划招生16 191人，艺术类计划招生1 690人，体育类计划招生123人，保送生计划183人，单考备案677人。

2010年，天津市共报考71 037人，比2009年减少5 529人，减幅7.2%。其中，文史类18 933人，理工类48 387人，艺术类2 778人，体育类939人。报名考生中，应届毕业生64 496人，比2009年减幅7.4%；往届毕业生6 541人，比2009年减幅5.5%。

2010年，天津市普通高校录取新生64 942人，其中，理工类44 705人，文史类17 615人，艺术类1 636人，体育类126人，保送生183人，单考备案677人。在津招生院校全部实现远程网上录取。

2010年，天津市普通高考录取控制分数线：理工类本科一批录取控制分数线509分，本科二批录取控制分数线445分，本科三批录取控制分数线355分，高职高专录取控制分数线245分；文史类本科一批录取控制分数线519分，本科二批录取控制分数线466分，本科三批录取控制分数线390分，高职高专录取控制分数线275分。

【香港、澳门高校在津招生】 2010年，香港地区12所高校、澳门地区5所高校继续在天津市招生。香港高校在津有两种招生形式：香港中文大学、香港城市大学提前批次招生，香港大学、香港理工大学、香港科技大学、香港浸会大学、香港岭南大学、香港教育学院、香港公开大学、香港演艺学院、香港树仁大学、香港珠海学院10所高校单独招生，共335名考生报考10所单独招生的香港高校，香港高校在津共录取考生35人。澳门大学、澳门理工学院、澳门旅游学院、澳门科技大学、澳门镜湖护理学院采取网上报名方式，共计报名162人，录取64人。

【春季高考和高职升本科招生】 2010年，天津市春季高考报名人数7 656人，比2009年减少

5 473 人，减幅 23.4%。其中，中职学校应届毕业生报考 6 755 人，各类高级中等学校往届毕业生报考 901 人。全市共有 28 所院校计划招生 8 340人，比 2009 年增加 2 160 人，增幅 34%。实际录取6 500 人，录取率84.9%，比2009 年增加21%。高职升本科报名4 294 人，比2009 年增加163 人，增幅 0.4%；6 所普通高校计划招生 1 122 人，比2009 年减少196 人，减幅 14.87%；实际录取1 210 人，录取率28.2%，比2009 年减少7%。

考试设 19 个考区，31 个考点，425 个考场。各考点精心组织，规范操作，加强考点周边环境的综合治理，考试中使用反作弊仪器，并由市无线电管理委员会派出无线信号检测车进行重点考点周边巡查，有效防范了考试作弊，共查处各类违纪作弊考生 30 人。

研究生招生考试

【概况】　2010 年，全国报考天津市研究生招生单位的考生共计 44 967 人，比 2009 年增加 6 185 人，增幅 15.97%。其中，全国统一考试报考 39 635人，单独考试报考 148 人，MBA 专业学位报考 2 453 人，法律硕士专业学位报考 616 人，推荐免试生 2 115 人。天津市报名参加考试的考生为 34 281 人，比 2009 年增加 5 513 人，增幅 19.16%。

天津市硕士研究生招生单位共计25 个，招生规模为 13 399 人，比 2009 年增加 335 人，增幅 2.5%。实际录取硕士研究生 13 367 人，完成计划的 99.8%。

成人高考

【概况】　2010 年，天津市成人高考报名 33 143 人，比 2009 年减少 4 110 人，减幅 11.1%。其中，高中起点升本科报考 277 人，比 2009 年增加 76 人；高中起点升专科报考 17 219 人，比 2009 年减少4 175人；专科起点升本科报考 15 647 人，比 2009 年减少 11 人。全市 18 个考区、6 150 个考点、1 233 个考场，共查处考试违纪、作弊事件 257 起，违纪率为 0.78%。

2010 年，71 所在津招生学校共录取新生 28 043 人，录取率为 84.6%，完成计划的 86.7%。其中，高中起点升本科录取 196 人，完成计划的 183%；高中起点升专科录取 14 638 人，完成计划的 80.5%；专科起点升本科录取 13 210 人，完成计划的 94.5%。

【政法干警招录培养体制改革试点考试首次在津开考】　按照中央政法委《关于印发〈2010 年政法干警招录培养体制改革试点工作实施方案〉的通知》和教育部考试中心《关于 2010 年政法干警招录培养体制改革试点教育入学考试有关工作的通知》的要求，在市人事局、市公务员局、市公安局等单位密切配合下，天津市教育考试院首次组织了于 8 月 1 日举办的政法干警招录培养体制改革试点教育入学考试。天津市共有 3546 名考生报名参加专科层次的考试。

自学考试

【概况】　围绕贯彻落实《国家中长期教育改革和发展规划纲要》精神，在认真总结“十一五”规划的基础上，形成天津市“十二五”自考工作的发展思路，即“一个坚持（坚持“以市场为导向、以考生为中心、以规范保质量、以创新求发展”的方针）、两个推进（积极推进综合改革试验区建设；积极推进《天津市高等教育自学考试促进条例》立法进程）、三个巩固和深化（巩固和深化“面向农村、面向企业、面向社区”的发展成果）、四个拓展与提升（拓展专业发展空间，拓展与其他教育形式的沟通与衔接，拓展自考外部发展空间和提升考务信息化管理水平）”的发展思路。

2010年，不断完善考务考籍管理水平，切实加强考风考纪建设，提高组考工作水平，确保滴水不漏、万无一失，全年四次考试累计报考661 704科次。

落实天津市委办公厅（津党办发［2008］4号）文件精神，继续推进面向农村的“农民大专学历证书教育”工程。2010年，完成工程总培训任务的86.8%，为明年全面完成任务创造了条件。

继续推进天津市自考委联合市人力社保局、市经信委等政府部门，共同组织实施的面向全市企业务工人员开考的“蓝领双证工程”。累计报考53 744科次。

【全面推进以普通高校为龙头的自学考试助学体系建设工作】 正式印发《关于加强天津市高等教育自学考试助学体系建设的意见》等文件，召开天津市高等教育自学考试助学体系建设工作会议，部署以普通高校为龙头的自学考试助学体系建设工作。批准建立天津大学、天津师范大学、天津外国语大学三个学习服务中心，天津华夏专修学院、天津高等教育进修学院等民办自考助学机构通过评估成为学习服务中心成员单位。

【网络助学平台发展迅速，社会效益、经济效益明显】 2010年，作为天津市高等教育自学考试网络助学平台，天津市教育招生考试院与北京东大正保科技有限公司合作建立的“朝升培训”网站（www.etctj.com）发展迅速。在面向个人开展网络助学的同时，启动面向助学单位集体开展网络助学的试点工作，开设课程96门，网站注册学员29 633人，网上学习考生已达22 051人次。

【重视开考专业效益跟踪，加强专业动态管理】

2010年，遵循“适应需求、规范管理、稳定规模、提高效益”的原则，进一步加强专业建设，集中力量和资源发展优势专业，提高专业开考质量和效益。根据各专业的报考人数和社会需求情况，对开考专业进行跟踪和效益分析。对58个不适应经济社会发展以及报考人数较少的专业提出“黄色预警”，宣布停考16个专业，其余42个专业限期整改。

【高等教育自学考试命题工作】 2010年，高等教育自学考试天津命题中心完成35门自学考试全国统考课程命题，向全国32个省市及单位提供46门课、72科次的试卷、试题答案及评分参考清样127种，共计850套。提供天津市自学考试课程试卷、试题答案及评分参考清样1 440套，其中，市考课程878套，实践考核课程21套（合计899套），全国统考课程541套。新命制市考课程343门，试卷1 194套，比2009年增加164套。完成小学学科基本能力测试5个学科的命题任务。继续深化命题安全管理制度，落实命题安全责任制，分别与天津市19个主考院校签订《天津市高等教育自学考试命题安全责任书》。不断完善内部软硬件设施建设，为自学考试命题工作的制度化、规范化建设奠定了基础。

社会考试

【概况】 2010年，社会考试工作坚持“以创新求发展，以服务促发展，以质量保发展”的工作理念，以“服务社会，规范管理，确保安全”为重点，通过加大考试项目宣传推广，积极引进新的考试试种，不断拓展服务领域，考试规模再创新高。2010年承办社会考试项目共计17个，全年组织各级各类考试26次，报名考试人数达700 864人，创历史新高。其中全国计算机等级考试、全国大学英语四六级考试、天津市初等英语水平考试（1～3B）三个项目均创开考以来报考人数新高。

【召开第三次社会考试工作会议】　2010年1月，天津市第三次社会考试工作会议召开。来自全市计算机等级考试、英语等级考试考点以及剑桥少儿英语培训机构的120余名代表参加了会议。会议总结回顾了社会考试近年来的工作，并对2009年评选出来的21个全国计算机等级考试、全国英语等级考试先进集体和43名优秀个人进行表彰，制定并出台10多项加强考务管理工作的制度和规定，有力地规范和强化了考务管理，为社会考试未来发展奠定了坚实的基础。

供稿：天津市教育招生考试院

撰稿：薛东风　钟　君　李　勇　许志勇　张耀萍　王泽来　安国义　肖玉宇　林　杰　孔庆来　孔祥娟

审稿：张　静

河　北　省

综　述

【概况】　2010年，河北省教育考试院在省委、省政府和省教育厅的正确领导下，以科学发展观为指导，紧紧围绕“阳光招考、依法招考、和谐招考、科学招考和办人民满意的招生考试”的工作方向以及建设“学习型、服务型、专业化、信息化”招生考试机构的工作目标，深化阳光工程，推进关键环节改革，坚持以考生为本，加强规范管理，维护考试招生公平公正，推进了河北省教育考试招生事业科学发展。

【推进科技考务，确保考试安全】　把试题安全和考场安全列为“一把手工程”，实行“分级管理、逐级负责”，大力推进科技考务建设。考前，对命题、组卷、试卷运输及保密室建设实行全程监控，并通过视屏监控系统对各市的试卷保密室及值班情况进行检查，确保试卷管理万无一失；考试期间，加强人防、技防、制防的结合力度，在配备指纹仪、手机信号屏蔽器等反作弊设备、协调出动无线电监测车的同时，联合公安、无线电管理等部门重点打击各类高科技作弊行为；不断提高考务信息化建设水平，截至2010年年底共建成联通全省179个保密室、148个考点、8 715个考场的网上巡查系统和省市两级指挥中心。2010年河北省没有发生一起失泄密事件及集体舞弊事件，圆满实现“平安招考”目标。

【维护公平公正，深化招生考试阳光工程】　普通高校招生坚持“三四三一”运行机制，实行招生委员会全体会议、招委主任办公会议、录取领导小组会议三级决策，严守不点名录取、不降低标准录取、不计划外录取、不违规录取的“四不”原则，自觉接受纪检监察部门、新闻舆论和社会三方监督，努力使人民群众满意；全面实施“六公开”制度，保证招生政策、高等学校招生资格及有关考生资格、招生计划、录取信息、考生咨询及申诉渠道、重大违规事件和处理结果完整、及时、准确地向社会公开，维护考生的知情权、公平竞争权、监督权；完善新闻通报会制度，在高考录取现场及时向新闻媒介通报各批次录取情况和重点事项，使录取进程和录取办法透明化；加大信息公开力度，凡是不涉及机密和个人隐私、应该让考生周知的信息和政策，全部在内外网和政府有关网站上公开，方便考生查询和社会监督。

【以考生为本，打造高质量综合服务体系】　建立并完善河北招生考试信息服务网，在线为广大考生提供各类考试招生业务咨询、答疑，招考政策、考试成绩、录取信息查询等服务，全年总点击量达500多万次，日点击量最高达30多万次；

实行模拟投档，主动向招生院校介绍本省生源现状，争取院校的理解和支持，为考生创造更多入学机会；设立“语音提示系统”，为考生创造温馨的考试环境；放宽试卷复查条件，允许所有考生申请复查各科试卷；设立特殊考场，照顾因病、因伤不能正常应考的考生；协调城建、环保、交通、卫生、公安等部门，为考生提供优质考试环境。

普通高考

【概况】 2010 年，河北省普通高考报名人数 50.3 万人，设 190 个考区，376 个考点，17 611 个考场，聘用考务工作人员 7 万余名；有 1 710 所院校安排招生计划 353 007 人，共录取考生 389 167人，其中本科录取 173 059 人，专科录取 212 771人，省内高职院校单独招生录取 3 337 人；完成计划的 110.24%，录取率 77.37%。

【强调规范管理，严肃考风考纪】 推进标准化考场建设，制定下发《河北省普通高校招生考试网上巡查系统管理和使用暂行办法（试行）》，共有 41.08% 的考场实现了网上视频巡查功能；加大考点监管和考务工作力度，继续由省统一随机编排考场，继续在县与县之间调换主监考员，继续向每个考点选派省、市两级巡视员，重点打击利用通信手段作弊和有组织的团伙舞弊等严重违规违法行为，共依规处理违规考生 193 人。

【坚持统一标准，高质量完成阅卷工作】 除对口招生专业理论课外，其他科目全部实行网上阅卷，有 2 800 多名教师和工作人员参加阅卷工作。严密阅卷程序，严格评分标准，建立“题组质检—学科组质检—评卷点质检—省级质检”四级质量检查机制，确保阅卷质量。

【推进招生方式改革，使考生和学校双受益】

第一，继续深化平行志愿和征集志愿改革，除特殊类别招生外，全部实行平行志愿填报和录取；第二，继续实施分段填报志愿和分段录取，合理制定各批次志愿填报和征集志愿填报时间；第三，继续实行模拟投档，本科一批的模拟投档次数增加至三次，其他本科批次继续实行两次模拟投档；第四，高考录取后不进行补录，以避免为高校教学组织带来困难，造成新的不公平。

【拓宽信息公开渠道，提高信息公开时效】 完善省、市、县三级招考信息咨询服务站建设，加大对县级基层服务站传递的信息量；建立手机短信服务平台，即时公布招考信息，2010 年全省 50.3 万考生中有 49 万考生享受这一服务；在省考试院外网增设“咨询意见台”栏目，以电子邮件方式解答考生、家长关心的各类招考热点问题；继续邀请省人大代表、政协委员、中学教师和家长、考生代表进入录取现场，实地考察监督招生录取过程。

【加强招生管理，确保录取公平公正】 严格执行招生工作“六不准”和招生工作人员廉政守则，严格执行“学校负责、招办监督”的录取办法和“六公开”制度，实行岗位责任制和责任追究制度。设立由省纪委、省教育厅、省考试院纪检检察人员组成的纪检监察组，对录取工作实施全程监督。录取中切实做到了不点录，不换录，不降低标准录取。

研究生招生考试

【概况】 2010 年，河北省共有 67 234 人报考全国硕士研究生统一入学考试，实际录取 20 166 人，录取率为 30%。全国报考河北省硕士生招生单位的考生共计 33 815 人，实际录取 12 047 人，录取率为35.6%。

2010年，河北省录取博士研究生595人。

【做好统考科目网上评卷工作，确保评卷质量】 首次实行硕士研究生招生考试统考试卷网上评卷工作，设立评卷领导小组，下发《关于做好河北省2010年硕士研究生统一入学考试评卷工作的通知》，实施学科组、学校和省级三级质检制度，确保评卷工作质量。

【切实做好成绩查询和查卷服务工作】 下发《关于做好2010年硕士生入学考试成绩发布及考生申请成绩复核的通知》，实施网上公布考生成绩；组织评卷教师对申请复查统考试卷进行复核，共涉及17家招生单位，16个学科，426人次，进一步维护了阅卷工作的严肃性，维护了考生的合法权益。

【硕士研究生考试报名实行网上支付】 首次采用考生网上支付的方式交纳硕士研究生入学考试报名费。整个支付工作较为圆满、顺利，极大方便了广大考生，减轻了报考点工作量。

成人高考

【概况】 2010年，河北省成人高校招生考试报名人数为139 039人。共设12个考区，165个考点，4 703个考场。全国有137所院校计划在河北省招生83 669人，实际录取105 796人，其中专科起点升本科录取47 792人，高中起点升本科录取4 880人，高中起点升专科录取53 124人。

【实施计划编制方式改革】 2010年，河北省成人高考实行先报志愿后定计划的方式，即考生在报名时先填报意向志愿，由教育行政部门根据意向志愿情况确定招生规模，并指导省内招生院校制订分省、分专业招生计划。招生计划确定后，考生再正式填报志愿。此举措提高了计划编制工作的准确性，65.2%的院校在第一志愿即足额完成招生计划，第一志愿计划完成率达90%以上的院校占招生院校总数的87.5%。

【实行征集志愿改革】 2010年，河北省成人高考实行网上征集志愿，即在第一志愿录取结束后，及时整理、公布缺额计划，由考生在网上再次填报志愿。此项改革的全面实施，有效提高了录取率。在录取过程中，公布征集志愿计划两次，共有5 000余名考生填报，通过征集志愿录取近3 500人。

中师、中专招生考试

【概况】 2010年，河北省中考报考人数为603 463人，共设201个考区，667个考点，20 437个考场。中职、中师、高职院校共录取65 176人，其中中等职业学校录取50 933人，五年制、“3+2”高职院校录取14 243人。

【完善中招录取信息标准】 2010年，统一全省中招报名、志愿填报信息标准，并规范各市为学校提供考生档案和录取审核表的信息标准及格式要求；修订自主招生信息标准，完善自主招生数据采集程序。

【创新计划管理模式，规范招生计划编制工作】 研发“河北省中等职业学校招生来源计划网上管理系统”，网上办理招生来源计划的报送、确认和备案，同时方便考生查询招生计划，增强了招生工作的透明度。按照教育部颁布的《中等职业学校专业目录》标准，全面规范招生院校的专业和学制；改革计划报送方式，要求市属跨市招生的学校同时上报市属及外市的招生计划；扩大招生计划的信息量，增加科类、隶属关系、学校办学性质等特征信息；对招收高中起点生源的中专学校及专业进行统一编码；规范师范类专业的招生计划，只允许教育厅审批通过的21所学校招收学前教育专业。

【规范工作程序，加强录取管理】 调整录取批次，第一次录取不再分批进行，第二次录取分省属、市属两批进行；简化自主招生录取程序，将录取数据审核与录取资格审核合并进行，提高了录取审核的可操作性；采取学校先办录取手续，再按录取名单发放录取通知书的做法，限制了学校乱发录取通知书的行为，维护了招生秩序。

自学考试

【概况】 2010年，河北省自学考试报考人数为250 131人，593 241科次；毕业生人数24 365人，其中本科18 622人，专科5 743人；办理免考23 908科次；办理转考手续1 353人，其中转出1 021人，转入332人；补办毕业证明书290张；出具毕业证书认证报告169张；开考非学历证书考试项目5个，累计报考人数3 663人，8 878科次。

【推行在校生课程考试考核改革】 制定出台了《河北省高职、高专院校在校生自学考试课程考试考核改革试行办法》，在免考课程范围、设置衔接课程、部分课程增加实践考核内容、职业资格证书与自考课程对接、适量引入过程性考核方式等方面给予在校生一些鼓励措施和优惠政策。

【加强专业建设和课程调整】 按照“宽口径、厚基础、大方向”的专业建设思路，对不适宜河北省经济社会发展和市场需求的22个专业实施停考；下发《关于调整河北省高等教育自学考试部分本科层次专业英语（二）等公共外语课程设置的通知》，对27个本科专业实行英语（二）免考；开考义务教育（专科、独立本科）、销售管理（专科、独立本科）专业。

【命题制卷工作科学化、规范化、标准化】 以“坚持课程标准，体现培养目标，确保试题质量，维护自考信誉”为准则，2010年共命制138科试题，组配试卷800余套，印制939门课程、60多万科次试卷；两次申报全国统考课程480多科；对900多科试卷进行了评估；核对更换命题教材100余科，废除旧题库100余套，更新了题库和命题教师人才库。

【规范收费工作】 制定《实践性环节考核收费标准》，并通过物价局审批，统一了河北省实践性环节考核收费标准。

【推进信息化管理】 健全完善“自学考试网上管理系统”，理论课报名、交费，实践性环节考核报名，实践课报名、选题、辅导，相关考核信息查询，申请免考，毕业申请等环节实现网上办理。考生还可通过该系统查询专业培养目标、考试计划、毕业条件、主考院校、助学单位、教材使用、已合格课程成绩等信息。

【规范助学管理】 重新审核批准自学考试助学单位86家，为70家尚无收费许可的助学单位取得了自考助学收费标准备案登记；全面审核开考专业的课程教材，调整136门课程的使用教材。在“河北招生考试信息服务网”开设自学考试网络辅导平台，帮助学生利用信息手段主动学习、自主学习。

【非学历证书考试项目报考人数下降】 2010年，餐饮职业经理人资格证书考试、劳动和社会保障岗位资格证书、调查分析师证书考试、机械工程师资格考试等5项非学历证书考试项目，累计报考3 663人次，8 878科次，较2009年降幅明显。

社会考试

【概况】 2010年，河北省各类社会考试共报考1 373 752人次，其中大学英语四、六级考试报考975 282人次；全国计算机等级考试报考379 895人次；全国英语等级考试报考14 111人次；剑桥少儿英语报考4 464人次。各项考试累计比2009年增加67 856人次，增幅5.2%。

【科学管理大学英语四、六级考试】 贯彻细微处见大的方略，在整体中考虑多方面的发展原则，加强试卷及相关保密材料的安全保密工作，强化监考队伍建设和考风考纪教育，加强市级教育考试机构日常管理和考试期间的重点管理。切实加强考试的具体组织工作，对各项操作高标准、严要求。

【完善全国英语等级考试管理体制】 积极学习全国考办推广的管理经验，借鉴兄弟省市的先进做法；利用各种宣传媒介加强宣传，增强公众对该考试项目的认识。强力推行社会考试省级考办、市级考办、考点三级管理体制。全年新增考点2个，考点总数达到32个。

【剑桥少儿英语考试管理到位】 采取堵塞和疏通并行的手段，加强对教学、考试以及教材发行的管理；通过以会代训的形式，提高办学管理人员的水平；聘请专家对教师和考官进行专项培训；按照教育部考试中心的要求，采取切实措施，对不规范的竞争行为加以引导。

【用先进的技术手段保障全国计算机等级考试平稳发展】 充分运用现代化技术手段对考试数据进行适时分析，对可疑试卷送省公安厅技术监督处分析鉴定，严厉打击违纪舞弊，净化考试环境。

供稿：河北省教育考试院
撰稿：卢志舟　郭文明　刘　娟
审稿：李　石

辽 宁 省

总 类

【内设机构规格提升】 在中共辽宁省委、省政府的亲切关怀和辽宁省教育厅的大力支持下，2010年7月14日，辽宁省编制委员会办公室印发《关于调整省高中等教育招生考试委员会办公室内设机构规格的批复》（辽编办发［2010］139号），同意将辽宁省高中等教育招生考试委员会办公室内设机构规格由副县处级调整为县处级。经过制订工作方案、大会动员、报名审核、竞聘演讲、民主测评、组织谈话、省教育厅党组研究、公示等环节，顺利完成了内设机构升格干部竞聘上岗工作。内设机构规格提升畅通了干部成长渠道，充分调动了干部的积极性和创造性。为干部队伍锻炼、成长和实现个人价值创造了良好的条件，提供了更多的机会，为辽宁省招生考试办公室干部队伍建设注入新的动力和活力。

【以内设机构规格提升为契机，干部队伍建设再上新台阶】 辽宁省招生考试办公室领导班子始终把干部队伍建设摆在招生考试事业发展的突出位置，着力加强四个建设：一是加强领导班子建设，努力打造坚强的领导集体；二是加强能力建设，增强办好人民满意招生考试的实力；三是加强作风建设，为办人民满意的招生考试打好基础；四是加强文化建设，着力打造精品招生考试干部队伍。2010年12月17日，辽宁省招生考试办公室召开干部队伍建设工作会议。辽宁省教育厅厅长魏小鹏作了题为《加强省招考办领导班子和干部队伍建设，促进招生考试事业发展》的重要讲话。辽宁省招生考试办公室主任李荣希作了题为《全面加强干部队伍建设，着力提升工作能力水平，为办好人民满意的招生考试事业做出新贡献》的干部队伍建设工作报告。提出了努力围绕一个中心，力求两个突破，发挥三个优势，运用四个激励，坚持五个结合，着力推动全办干部队伍形象有新变化、能力有新提高、作风有新转变的干部队伍建设新要求。

【以更高的标准加强领导班子建设，不断提高执政能力】 干部队伍建设上新台阶，首先领导班子建设要用高标准。辽宁省招生考试办公室领导班子努力塑造五个方面的良好形象，即注重理论修养，树立学习型领导形象；识大体、顾大局，树立自觉维护班子整体威信的领导形象；出于公心，敢于负责，树立敢抓善管的领导形象；讲究民主，宽容大度，树立亲和共事的领导形象；带好头，作表率，树立严于律己的领导形象。做到“四个坚持”，即坚持中心组学习制度；坚持民主生活会制度；坚持领导班子例会制度；坚持班子成员之间及班子成员和普通干部之间的不定期谈心制度。

【大幅提升管理国家教育考试的科技水平】 完成了全省14个市102个试卷保密室的升级改造工作，实现与国家联网；在普通高校和成人高校招生网上录取中使用“数据审计监察系统”；在全省高考推广使用第二代身份证读卡器完成报名信息采集工作；完善普通高校招生录取征求志愿信息采集系统；升级普通高校招生网上核对计划平台、录取系统计划管理模块和艺术类录检模块；升级了成人高考网上报名系统。

【开展“国家教育招生考试突出贡献奖”评选表彰活动】 为了树立模范执行国家教育招生考试的先进典型，鼓励全省考务人员承担国家教育招生考试任务、依法监考，公平、公正履行考试工作人员职责，有效防止各类舞弊事件发生，热心为考生服务，充分调动各级国家教育招生考试工作人员的积极性，继续深入办好人民满意的招生考试，1月8日，辽宁省高中等教育招生考试委员会制发了《关于开展评选表彰“国家教育招生考试突出贡献奖”活动的通知》（辽招考委字［2010］2号）。3月24日，辽宁省高中等教育招生考试委员会印发了《关于表彰辽宁省国家教育招生考试突出贡献奖获得者的决定》（辽招考委字［2010］11号）。3月25日，在2010年全省招生考试工作会议上，辽宁省高中等教育招生考试委员会对荣获“辽宁省国家教育招生考试突出贡献奖”的19名同志进行了表彰。多家新闻媒体对此进行了报道。同时，编印了《辽宁省国家教育招生考试突出贡献奖事迹汇编》一书，发给参加2010年高考监考的教师及相关工作人员，有力地推动了人民满意的招生考试机构创建活动向纵深发展。

【深入基层，开展调研活动】 1月26日至28日，辽宁省招生考试办公室主任李荣希带领班子成员及相关部门同志组成调研工作小组，赴沈阳、锦州和鞍山等地召开专题座谈会，进行工作调研。本次调研的内容包括：2010年各市国家教育招生考试考务管理方面存在的问题及建议；各市对国家教育招生考试环境综合整治的要求，政府相关职能部门作用发挥需要改进和加强的工作；各市对辽宁省招生考试办公室的建议和意见。各市结合本地国家教育招生考试实际，对调研内容充分发表了意见，提出了很好的建议。

【确保考试安全】 2010年，辽宁省各类考试把考试安全作为一项政治任务来抓，从命题，试卷印制、运送、保管以及考试、评卷各个环节，进一步加强考试的安全管理，做到了安全保密管理到位，软硬件设施配备到位，防范措施落实到位，人员选聘培训到位，安全检查督促到位。与辽宁省保密局配合，对命题使用的计算机进行检查并安装“涉密计算机违规外联监控系统”，有效提高了“人防、技防、物防”的水平，保证了命题的安全。全年各项考试没有发生任何试卷失泄密事件。

【运用科技手段，严抓考风考纪】 2010年，辽宁省国家教育招生考试考场全部使用电子监控录像系统、手柄式金属探测器和手机信息屏蔽器，实施考生入场安检和考试期间电子通信信号屏蔽，并实现了全省考场、保密室的联网监控和联动报警。考试期间，全省14个市和设置考点县区全部启用“教育部国家教育考试考务管理平台网上巡查指挥系统”，进行网上时时巡查监控和应急指挥，这些高科技管理设备对防范和震慑高科技舞弊起到了极为有效的作用。国家教育招生考试结束后，实行省、市两级录像联审、回放措施，对监控录像审查发现的违规考生和考试管理人员进行严肃处理。这一措施使国家教育招生考试违纪率明显下降。

【做好政务公开和纠风工作，提高人民群众满意度】　为进一步提高辽宁省招生考试工作的透明度，维护考生和家长的知情权，接受社会监督，辽宁省招生考试办公室制定了《辽宁省招生考试办公室政务公开工作办法》，坚持“谁主管、谁负责”的原则，实行政务公开责任制、管理区域责任制。自觉接受社会监督，提高政务质量和水平，提供让人民群众满意的招生考试服务。

5月26日，辽宁省政府纠风办、省政务公开办对举报投诉和政策咨询办理工作进行表彰，辽宁省招生考试办公室被评为“民心网举报投诉和政策咨询办理工作先进集体”。

9月15日，辽宁省招生考试办公室召开了全省招生考试系统民心网网上评议政风行风暨“评议学校月”工作视频会议。辽宁省招生考试办公室主任李荣希对辽宁省招生考试系统民心网网上评议政风行风工作暨“评议学校月”活动做了动员和部署。全省招生考试系统以此次民心网民主评议政风行风工作为契机，以促进教育公平、办人民满意的招生考试为载体，全心全意地解决群众最关心的热点难点问题。受理领导批示件15件，重要信访件26件，行政复议1件，民心网投诉及政策咨询件16件。办理省人大建议、政协提案4件，满意率100%。

【获得的荣誉】　2010年，辽宁省招生考试办公室获得：辽宁省总工会颁发的“辽宁五一奖状”；教育部学位与研究生教育发展中心授予的“2010年度非全日制攻读硕士学位全国考试考务工作先进单位”称号；中国高教学会招生考试分会颁发的“2009—2010年度高校招生杂志宣传发行工作先进集体”一等奖；辽宁省直属机关工会工作委员会授予的辽宁省直属机关“模范职工之家”称号。

辽宁招生考试办公室自学考试处、普通高校招生处、综合处获辽宁省直属机关精神文明建设委员会授予的省直机关“文明处室”称号和辽宁省教育厅授予的直属机关“先进党支部”称号。

普通高考

【概况】　2010年，辽宁省普通高校招生考试任务圆满完成，实现了平安高考、和谐高考、人民满意高考的目标，高考的长效管理机制进一步巩固完善，管理更加严格规范有序，考试安全得到落实，考风考纪持续好转，高考公信力进一步提高，做到了社会认可、高校满意、上级领导高度肯定。

2010年，辽宁省有25.5万人报名参加普通高校招生考试。全国共有1 448所普通高等学校在辽宁省招生，计划招收209 063人，其中本科117 463人，专科91 600人；普通文史类51 686人，普通理工类138 516人，体育文史类693人，体育理工类1 543人，艺术文史类14 395人，艺术理工类2 230人。实际录取226 628人，录取率为88.87%。

2010年，辽宁省有29所普通高等学校招收应届高职高专毕业生升入本科学校继续学习，招生计划为4 225人，其中普通类计划2 665人，定向类计划370人，计算机软件类计划1 190人，涉及62个专业。有11 067人参加考试，实际录取4 109人，占计划总数的97.25%。其中普通类录取2 619人，占计划总数的98.27%；定向类录取370人，占计划总数的100%；计算机软件类录取1 120人，占计划总数的94.12%。

2010年，辽宁省中职升高职招生计划为6 824人，其中本科237人，普通专科6 372人，体育艺术专科215人。有8 166人报名参加考试。

2010年，辽宁省高等师范院校培养本科层次小学（学前）教师招生考试招生计划为595人，有1 212人报名参加考试。

【政府统筹管理高考的机制趋于常态和完善】

高考期间，省市主要领导亲自挂帅，听取工作汇报、提出目标要求、现场检查指导、协调解决难题。以政府名义下发文件，出台严管高考工作的举措，层层签订责任状。省市高考指挥部相关部门各司其职、各负其责、通力协作、齐抓共管。省高考指挥部以其统一协调、反应迅速、工作到位，为全省高考工作提供了强有力的组织领导和应急保障。6 月 14 日，中国教育报以专访形式报道了辽宁省“强化政府行为，办人民满意高考”的做法。

【加大督察指导力度】　组织了由辽宁省招生考试办公室领导班子成员为组长、各处室干部组成的高考考前准备工作情况巡查组。以整治高科技手段舞弊为重点，继续加大考试督察力度。高考期间，省政府专门组织由厅级领导带队的 14 个督察组分赴 14 个市进行督察工作；同时在省内高校抽调精干队伍组成 80 个飞行检查组，对考风考纪较薄弱地区和有群众举报的考点加大督察力度，蹲点检查，有效防控考场内外高科技舞弊行为，确保普通高校招生考试安全顺利。

【全面系统实施“阳光工程”】　按照教育部“六公开”的要求，辽宁省从实施主体、工作环节上明确普通高校招生考试报名、考试、录取各阶段信息公开的基本内容；借助网络、媒体，利用咨询接待制度、招生公示制度、新闻发言人制度、新闻发布会制度和新闻通稿制度等，及时准确、合理有序地进行招生信息发布工作；对保送生、艺术体育特长生、高水平运动员、自主选拔录取及各类享受政策加分的考生，进行规范化公示，公示范围扩大到考生所在的学校，确保了过程透明化，结果公示化，切实维护了考生的知情权、选择权、竞争权，使广大考生和家长放心满意。

辽宁省还高度重视普通高校招生信访工作，把回复民心网上网民提出的问题、接待群众来信来访列入普通高校招生的重要工作日程，使普通高校招生阳光工程更加温暖人心。

按照教育部阳光工程“六不准”的要求，辽宁省加强招生监督管理，有效遏制违规行为。纪检监察部门介入招生工作的全过程，纪检监察人员参与和监督各项具体工作，招生工作人员自觉接受监督，使监督落实到实处。在考试评卷及录取期间，邀请人大代表、政协委员、政府领导、纪检监察人员和省招考委委员以及考生家长代表、新闻媒体及社会各界人士，亲临考试现场、评卷现场和录取现场，巡视检查、监督指导。同时通过举报、申诉电话等渠道健全了社会监督机制。这些措施使普通高校的招生工作更加规范，更加透明，更加公平。

【首次通过高中学籍网严查报考资格】　4 月 8 日，辽宁省高中等教育招生考试委员会印发《2010 年辽宁省普通高等学校招生工作实施细则》，对从省外全家户口迁入辽宁省的考生报名提出新要求，要求户籍迁入时间须在辽宁省高考报名工作开始前，应届考生要求在辽宁省高中学籍截至报名开始之日为一年以上，往届考生或社会青年须具备辽宁省中学毕业证书。辽宁省首次通过高中学籍网审核 2010 年普通高考报名资格，共有 307 名不符合高考报名条件的考生被取消报考资格，有效遏制了高考移民和非应届在校生报考。

【体优生和高水平运动员测试使用测距仪、测速仪】　从外省聘请专家评委，采用测距仪、测速仪等现代化管理手段加强体优生和高水平运动员统一测试管理，取消了 211 人的加分资格。

【改进艺术类专业统考管理办法】　2010 年，戏剧影视艺术类、广播电视艺术类专业采取全省统考，首次实行评委现场打分、计算机即时录入、后台复检人员即时进行质量监控的评分方式。美术类专业统一考试，素描、速写科目采用计算机网上评卷，色彩科目采用传统人工评卷方式，同时进行色彩科目网评试点。每张试卷采取7评制，统计分数时去掉一个最高分和一个最低分，取其他5位评委的平均分作为考生的最终成绩。

【全方位开展诚信考试教育】 以违纪案例为内容编写诚信考试教材和致考生家长的公开信，进行警示教育；通过省内各新闻媒体进行考风考纪宣传活动；做客民心网视频直播宣传辽宁省加强考风考纪采取的具体措施，营造良好的考试氛围；参加考试的所有考生签订诚信高考承诺书，并提醒所有考生如违纪将记入考生诚信档案。

【改进和完善评卷系统功能】 4月，针对辽宁省高考新课改的新变化，在全省范围内组织2万多名考生进行了高考适应性模拟测试，完全按照高考的各个环节进行，之后分析总结测试过程发现的问题，并听取各学科专家提出的意见和建议，及时对评卷软件进行了修改完善。

【请外省专家对评卷工作进行复查验收】 6月17日至21日，辽宁省教育厅、辽宁省招生考试办公室分别从吉林省、内蒙古自治区聘请朝、蒙文专家组成专家组，对辽宁省少数民族高考试卷评卷情况进行了复查验收，专家组对辽宁省少数民族高考试卷评卷质量给予了肯定。

【采取措施，提高考生志愿实现率】 在普通类一批本科A段、B段实行平行志愿投档录取方式。普通类各批次均采用公布剩余计划，补充填报征集志愿的方式。为便于考生填报征集志愿，在公布剩余计划的同时，还公布了未被录取考生的成绩分布情况，帮助考生解决在填报志愿时遇到的问题。

【组织编著第一本少数民族语文考试大纲及考试说明】 2010年部分少数民族科目实施新课改后首次高考，为准确把握少数民族语言科目的命题标准，准确体现新课改的理念，确保少数民族高考大局的稳定，自2009年高考命题结束之后即着手对全省少数民族基础教育进行调研。了解实行新课改后的少数民族教学实际情况，听取专家和一线教师对少数民族高考命题的建议，从而直观和比较全面地对少数民族中学的整体教学水平有了基本的把握，为选拔标准的科学确定提供了第一手的素材。在此基础上，组织省内部分少数民族命题专家编写了《普通高等学校全国统一考试辽宁省蒙古语文考试大纲及考试说明》和《普通高等学校全国统一考试辽宁省朝鲜语文考试大纲及考试说明》两本书，共计20万字，为完成少数民族语言高考命题任务打下了坚实的基础，胜利完成了2010年新课改后首次辽宁、吉林、黑龙江东北三省少数民族语言命题任务。

【编撰《高考命题汉语、朝鲜语、蒙古语文字排版规范》】 经过两年的研究、摸索和调研，11月8日召开2011年普通高等学校招生全国统一考试命题文字排版工作研讨会，辽宁省招生考试办公室普通高考命题处及来自全省的11名省内少数民族试卷排版专家研讨并确定了《2011年辽宁省高考命题汉语、朝鲜语、蒙古语文字排版规范》。该项工作创全国少数民族命题工作文字排版规范的先河。

研究生招生考试

【概况】 2010年，全国考生选择在辽宁省34个报考点考试的准考人数为60 352人，其中统考生52 938人，推免生2 702人，单考生319人，MBA、MPA考生3 091人，法律硕士专业学位考生1 182人，强军计划考生120人。

2010 年，辽宁省硕士生的招生计划为 25 801 人，实际录取 25 695 人，完成招生计划的 99.6%。其中，学术型录取 19 499 人，完成计划的 99.3%；全日制专业学位录取 6 196 人，完成计划的 100.4%。

2010 年，辽宁省博士生报考人数为 4 135 人，16 个博士研究生招生单位招生计划为 2 440 人（不含中科院所属招生单位），实际录取 2 457 人，完成招生计划的 100.7%。

2010 年，辽宁省有 3 109 人参加了同等学力人员申请硕士学位考试，共计报考 4 377 科次。有 10 061 人参加了 17 个学位类别的在职人员攻读硕士学位全国联考，共计报考 19 691 科次。

【硕士生推免权学校增加】 经教育部批准，从 2011 年起辽宁省新增大连交通大学、辽宁科技大学、沈阳建筑大学、大连工业大学、沈阳师范大学、大连外国语学院 6 所高校开展推荐优秀应届本科毕业生免试攻读硕士研究生工作。至此，辽宁省具有攻读硕士学位研究生推免权的高等院校已达 19 所。

【在职攻读硕士学位全国联考首次使用“二代身份证识别仪”】 10 月 30 日至 31 日，在职人员攻读硕士学位全国联考在辽宁省进行。本次考试各考点首次使用“二代身份证识别仪”，考生刷证进入考场，防范作弊的措施更加严密。

【复试增加英语笔试内容】 为保证和提高生源质量，推进硕士生招生复试工作规范化和制度化，辽宁省招办要求各招生单位在复试中增加英语笔试，使录取做到“保证质量，宁缺毋滥”。

成人高考

【概况】 2010 年，全国有 128 所成人高校在辽宁省招生，招生计划为 70 672 人，其中专科升本科招生计划为 27 785 人，高中起点升本科招生计划为 2 934 人，高中起点升专科招生计划为 39 953 人。

2010 年，辽宁省报名参加全国成人高考的考生为 107 638 人，报名人数继续稳定在 10 万人以上。其中，专科起点升本科报考 30 591 人，占报名总数的 28.42%；高中起点升本科报考8 542 人，占报名总数的 7.94%；高中起点升专科报考 68 505 人，占报名总数的 63.64%。

2010 年，辽宁省成人高等学校实际录取 82 076人，其中统考生为 80 990 人，免试生 1 086人；专科起点升本科录取 26 597 人，其中统考生为 25 814 人，免试生 783 人；高中起点升本科录取 3 245 人；高中起点升专科录取 52 234 人，其中统考生为 51 931 人，免试生为 303 人。

【继续在部分成人高等医学院校举办乡医班，加强农村基层卫生人才队伍建设】 2010 年，辽宁省继续在部分成人高等医学院校举办临床医学专科层次、专升本层次和预防医学专业乡医班。考生必须是已经取得中专或中专同等学历，具备执业助理医师以上资格的农村基层医疗机构的中青年技术骨干，由县级卫生行政部门推荐，市级卫生行政部门审核，参加成人高考后择优免费进入成人高等医学院校专科学习。2010 年共录取 1 161人。

【开展乡镇兽医大专学历教育，加强农村兽医队伍建设】 2010 年，辽宁省继续开展乡镇兽医大专学历教育，加强农村兽医队伍建设。考生必须是辽宁省在编的乡镇动物卫生监督所工作人员，参加成人高考后择优免费进入辽宁医学院成人教育学院畜牧兽医专业专科学习。这项措施受到基层畜牧兽医人员的欢迎，报名踊跃，2010 年共录取 598 人。

【开展农民工免费学历教育，提高农民工素质和竞争能力】　2010年，辽宁省继续在大连工人大学机械制造与自动化、数控技术、焊接技术及自动化、模具设计与制造、建筑工程和企业管理专业，向大连地区农民工招生。有255名农民工被大连工人大学录取。

【面向煤炭企业职工进行定向培养，单独划线录取】　为进一步加快我国煤炭行业人才培养的速度，不断满足安全生产对专业人才的需求，解决煤炭生产一线专业技术人才招不进、留不住的问题，2010年，辽宁省继续在辽宁工程大学采矿专业、机械工程及自动化、煤矿开采技术和矿山机电等专业招收煤炭企业职工，参加成人高考，单独编制招生计划，单独填报专业，定向培养，单独划定录取分数线。2010年录取煤炭企业职工152人。

【免试入学，为高考落榜生拓宽升学渠道】

2010年，辽宁省继续推进高考落榜生免试进入成人高校学习试点工作。对报考普通高校高职、高专升高职本科的合格生源，由于招生计划所限未被录取的考生，实行免试进入成人高校相对应的本科专业学习；普通高校招生考试的三校生升高职本科或高职专科未被录取的上线考生，实行免试进入成人高校的专科学习。这一政策的出台受到了社会的普遍关注，也受到广大考生的欢迎。2010年全省34所成人高校201个专业共录取免试生1 086人。

【制定政策，鼓励成人高校为辽宁经济建设服务】

2010年是辽宁老工业基地建设关键的一年，辽宁省成人高校招生工作通过制定招生政策，积极引导、鼓励成人高校利用自己的优势为当地经济建设，特别是为辽宁老工业基地的振兴服务。对远洋运输、道桥、社会福利、冶金矿山、地质测量等专业在上线考生不足时降分投档。为支持社会主义新农村建设，辽宁省对涉农专业继续给予大力扶持，鼓励农业院校为新农村建设培养人才。在政策的引导下，辽宁省成人高校积极投身振兴辽宁老工业基地建设主战场，将自己的专业结构和人才培养结构与省委省政府确定的产业结构调整方向密切结合，增设相应的专业，增加相关专业的招生计划。2010年，辽宁省有74所成人高校举办符合政策支持的专业363个，受惠于各项政策照顾的考生达20 274人。

中等专业学校招生考试

【概况】　2010年，共有182所普通中专学校在辽宁省招生，招生计划为78 241人，其中初中生62 708人，高中生10 764人，“3＋2”模式4 769人。实际录取66 093人，其中，普通中等专业学校126所，录取62 818人；“3＋2”模式招生学校56所，录取3 275人。

【继续实行普通中专招生计划分解到市的改革】

根据辽宁省中考实行分市命题的实际情况，为保证普通中专录取的公正、公平，辽宁省从2009年开始实行了招生计划分解到市改革。2010年延续了这一做法，“3＋2”模式学校和部分生源充足、社会关注度高的普通中专学校都实行了全部招生计划分解到市。从录取结果看，此项改革成果得到了巩固，也受到了各市招生考试办公室和考生的普遍好评。

【继续实行在普通高考专科补报志愿阶段增设普通中专志愿的改革】　继续实行在普通高考专科补报志愿阶段增设普通中专志愿的改革，为高考落榜生提供新的升学和就业出路，拓宽高考落榜生的选择渠道。

【实施远程网上录取，大力推进录取方式改革】

2010年，辽宁省启动了外省学校远程网上录取工作。完成了录取系统的研制和改造、培训、录取环境的搭建、录取数据的上报处理、录取的组织实施等重要环节的工作。实施过程中严密组织、严格培训，确保了改革的圆满成功。

【进一步改进和完善中招信息平台，为普通中专提供更多更好的服务】 辽宁省的中招信息平台在实现和完善省市招生考试办公室和学校之间数据、文件的传送平台，考生报考、网上录取和计划调整的平台等功能之外，还增加了数据的校验功能，可以有效地改善上报数据的质量，更好地保证数据传送渠道的畅通。

自学考试

【概况】 2010年，辽宁省高等教育自学考试规模实现了平衡发展。全年共有203 475人次参加自学考试，总计报考479 291科次，考生数量与科次与2009年相比基本持平。完成了20 170人的学历认定、15 057名毕业生审查和毕业证书的发放工作。

【积极拓宽合作领域，搭建中高职教育立交桥】

辽宁省招生考试办公室在广泛调研、严格论证的基础上，与辽宁装备制造学院共同开展以高等教育自学考试为载体，充分整合各类教学资源，探索高等教育自学考试与中等职业学校教育优势互补、相互衔接、协调发展的人才培养模式，促进中职教育和高等教育自学考试专科教育的对接，以构建中高职教育立交桥。

为了适应市场对人才的需求，针对辽宁装备制造学院下属20多所中职学校的生源情况，在尊重中职学校专业及课程设置，保持专业特色的基础上，制订开考专业及课程计划，组织好中职学校的自考助学活动，积极探索以职业人教育为核心的职业导向式技能人才培养教学改革，为辽宁省经济建设培养高素质技能型人才。

【加快专业调整步伐，注重考生实践能力培养】

根据教育部考试中心最新制订的《高等教育自学考试专业考试计划调整方案》，探索以核心课程为主体内容的专业和课程体系建设，加大实践课、选修课比重，注重考生实践能力培养，形成具有自考特色的专业及课程体系。在对现有专业进行全面清理的基础上，论证开考了13个社会需求多的新专业，停考了5个社会需求少、就业前景差的专业。

【开展以题库建设为中心的命题方式改革】 深入开展以题库建设为中心的命题方式改革，稳步推进题库建设，扎实做好题库建设的基础性工作。为了适应自学考试命题方式改革的需要，除老旧专业外，全面推进题库建设，题库基础工作已基本完成。针对题库建设的开展，不断研究、探讨、总结工作经验，不断深化对题库理论和实践的研究探讨。在承担的两项课题研究中，“题库及其在考试中的应用研究”被列为辽宁省教育科学“十一五”规划——招生考试研究重点课题，参与的教育部重点课题“高等教育自学考试试题难度及标准研究”正在深入稳步进行。

社会考试

【概况】 2010年，辽宁省招生考试办公室完成了15项非学历教育考试任务。全国计算机等级考试233 289人次；全国英语等级考试20 686人次；大学外语四、六级考试752 990人次；英语应用能力考试197 536人次；辽宁省成人本科生学士学位外语考试52 546人次；全国高校计算机考试17 061人次；剑桥少儿英语考试1 299人次；全国中小学教师教育技术水平考试51 355人次；全国计算机应用技术证书考试6 024 人次；中国书画等级考试1 128 人次；资格证书考试包括中国餐饮职业经理人资格证书考试、劳动和社会保障岗位资格证书考试、调查分析师资格证书考试、中国物流职业经理资格证书考试和中英合作采购与供应认证考试5 种类型，全省共有5 760人参加了13 082 科次的考试。

【不断改革创新，推动各项考试向前发展】 针对成人本科生学士学位考试大纲和考试内容多年不变，已远不适应新的教材和课程考试的实际，向辽宁省学位办公室和命题部门提出改革建议和改革方案；针对目前全国计算机应用技术证书考试的特点，重新进行了考点的培训、评估和认证工作，由原17 个考点增设到21 个考点，考生数量较往年显著提高；针对辽宁省考试政策的调整，在征求有关单位使用建议的基础上，自主开发“网上评卷系统”，适应和满足了使用需求。

供稿：辽宁省高中等教育招生考试委员会办公室
撰稿：高庆福
审稿：李荣希

吉 林 省

综 述

【概况】 2010 年，吉林省招生委员会办公室在省委、省政府和省教育厅的领导下，认真贯彻落实教育部有关招生工作要求，不断完善制度建设，加大对考试安全和考风考纪的管理力度，加强宣传工作力度，推动“阳光工程”深入开展，积极稳妥推进招生制度改革，全面完成各类招生工作任务，努力办人民满意的教育考试。

【实行国家教育考试“一把手”工程】 ①强化职责。吉林省委书记孙政才要求，国家教育统一考试工作要强化“一把手”工程，实行党政纪问责制，谁出问题谁负责，不搞“下不为例”。②承诺定责。各市（州）政府向省政府递交《做好考风考纪和安全保密工作承诺书》；各级政府及有关部门分别与所属行政区政府及相关部门逐级签订《做好高考工作责任书》。做到人人有责，人人负责，确保考试各环节有机链接。③严格问责。省纪委首次制定并下发了《关于对普通高等学校招生考试中违纪行为责任追究的暂行办法》，宣布实行“五个一律”：一是对舞弊考生，一律取消当年成绩和下一年高考资格；二是对参与或授意舞弊的公职人员，一律给予党政纪处分；三是对参与或授意舞弊的领导干部，一律先停职检查，再作组织处理和党政纪处分；四是对失职失责造成影响和后果的部门，一律追究责任；五是对参与或间接参与舞弊等违纪的领导干部、党员干部、考生和考生家长，一律公开曝光。

【完善联席会议制度，切实加强联防联动的工作机制】 成立了由省政府牵头，由省教育厅、省委宣传部、省公安厅、省卫生厅、省工业和信息化厅、省建设厅、省保密局、省环保厅等部门组成的招生考试工作联席会议，明确各委员单位的职责，考试期间，统一调度，统一指挥，联合处置。

【全面建设覆盖所有考场的标准化考点】 启动了覆盖吉林省所有考场的电子监控巡查系统建设。截至 5 月末，全面完成一期建设目标，省、市（州）、县（市、区）和考点电子监控巡查系统建设验收并达标，实现了考点与县（市、区）电子监控巡查系统联网；市（州）、县（市、区）招生考试管理部门的保密室电子监控巡查系统与省招生办联网。多数地区提前实现二期建设目标，完成了教育部考试中心、省、市（州）、县（市、区）、考点五级电子监控巡查系统联网。2010 年，共建设可使用考场 8 466 个，实际使用 6 234 个考场，总投资 10 717.47 万元（不含省级平台建设）。新建考场在普通高考、成人高考中投入使用，收到良好效果。

【纪委介入，全程监察】 2010年，吉林省纪委监察部门全程介入国家教育统一考试工作。每个考点设立一个由4名至5名纪检监察干部组成的监督组实行现场监督，重点把好“五关”：一是“入口关”。监督考务检测人员逐个对考生进行电子扫描、金属探测检查，严防带入作弊工具；二是“监考关”。监督考点负责人组织实施监考情况，监督监考老师履职情况；三是“巡查关”。会同教育部门成立考场巡查组，进行固定和流动巡视，及时发现和解决问题；四是“打压关”。配合公安、工信部门充分发挥科技设备监测的功能，及时覆盖、打压、干扰非法信号传输；五是“查处关”。会同省教育厅成立违规违纪案件联合调查组，设立24小时举报电话，一旦发生高考舞弊行为，快速调查，从严查处。各地纪委和教育部门也都设立了举报电话。

【完善安全保密规定】 吉林省招生委员会办公室会同有关部门下发了《关于进一步做好考试安全保密工作的意见》，确定4月第3周的周一为安全保密教育日，与涉密人员签订《安全保密责任书》。会同省公安厅、省保密局在考前对全省所有试题（卷）保密室进行检查，由省保密局核发《合格证》。省招生办通过保密室监控巡查系统对全省所有县（市、区）试卷保密室进行全程监控。两次对试题印制场所进行检查，签订安全保密和制卷质量协议。加大试卷印制场所的安保软硬件建设投入。加强对互联网有害信息的监控和处置，省招生办与省公安厅网监部门对网络信息安全进行时时监控，及时过滤、封堵和删除不良信息。

【打击作弊前移，专项整治】 各级公安、工商、教育、监察、工信等部门在各类考试前一两个月联合开展专项整治行动，集中力量对无线作弊器材集散地进行清理整顿，从源头上加大预防和打击力度。公安机关与已经打击处理过的销售考试作弊器材的人员重新见面，依法训诫，继续跟踪。对考点周边临时租住房进行清查，深挖组织作弊幕后人员。依法坚决严厉打击考试作弊策划组织者，对构成犯罪的，依据刑法追究刑事责任；对未构成犯罪的违法人员予以劳动教养。普通高考前共侦破销售考试作弊器材案件55起，收缴各类作弊器材6 500余套（件）。

【加大投入，保持对作弊手段打防结合的技术优势】 省无线电管委会投入1 200万元，采购了先进的无线电警示压制设备，增强了对作弊信号的自动搜索识别和跟踪压制能力。考试期间，全省无线电管理部门所属的全部无线电固定监测站、移动监测车和便携测向设备全部投入使用，在第一时间配合公安部门对作弊组织者进行查处。有的地区还向省外相关技术部门租借部分设备，做到了一个考点一部监测设备。

【加强宣传，营造良好舆论氛围】 省委宣传部、省招生委员会联合下发《关于做好高校招生考试工作暨加强考风考纪工作宣传报道的通知》，并召开中直、省直新闻媒体主管领导通气会，对宣传工作提出明确要求。从5月开始到高考录取结束，集中开展高考“宣传教育”活动，营造了良好的舆论氛围。在成人高考和硕士研究生入学考试期间，也充分借鉴普通高考的宣传模式，收到良好效果。

普通高考

【概况】 2010年，吉林省高考报名人数为168 951人，比2009年减少28 400人。其中普通高校招生报名人数为164 102人，比2009年减少27 549人；职业对口招生报名4 849人，比2009年减少851人。全省共设58个考区，193个考点，6 107 个考场，录取新生 147 040 人。

【完善考场管理】　严格考场管理，考生需持准考证和本人身份证进入考场（不准使用临时身份证）。考生不得携带手机进入考场，一经发现一律按违纪处理；考生进入考场时必须在考场内电子监控下接受金属探测仪对携带物品的检查，拒检考生不允许进入考场。考生在各科考试结束前不得离开考场。违规考生在考点统一设置的休息室内休息，待考试结束后方可离开。

【严查严惩违规人员】　考试结束后，省招生办、教育厅纪检组、省监察厅纠风室组织 1 000 余人对考场录取进行回放审查，共处理了 28 名违纪考生和 6 名不作为监考教师。

【加强录取工作监督】　成立了以省政府副秘书长、省教育厅厅长为组长的录取工作领导小组，负责全省录取工作的领导及重大问题的决策。省纪检委派工作人员到录取现场，对招生录取进行全过程监察。每个批次都邀请新闻媒体进行参观、采访，加强媒体监督。每天的录取结果直接传至各县（市、区），考生可在当地查询录取结果，也可通过 168 信息台或移动通信查询高考录取信息，拓宽社会监督。省招生办在录取现场设立咨询接待窗口，接待考生和家长对录取及有关问题的咨询。

【平稳推进招生改革】　按照经教育部批准的《吉林省深化普通高校招生考试改革方案》要求，将学业水平考试成绩作为普通高校招生录取的重要依据，逐步加大综合素质评价在普通高校录取中的作用。普通高考科目中语文、数学、文科综合、理科综合设置选考内容。外语听力成绩分步记入高考总分，2010 年记入 10 分，2011 年记入 20 分，2013 年开始全部记入总分。

普通专科增设 B 段，为中外合作办学专业和软件专业等；网上征集志愿扩大到普通本科批次 A 段文理科，民办本科批次文理科，普通专科批次 A 段文理科。

【调整照顾加分分值】　高考加分严格按教育部有关规定执行，坚持“不设置教育部规定外的照顾项目，逐年降低照顾加分分值”的原则，将应届高中毕业生高中阶段参加全国青少年科技创新大赛一等奖、二等奖获得者从照顾 8 分调减为 5 分。

【认真做好迎检工作】　3 月 31 日，教育部副部长、党组副书记陈希、部长助理林蕙青等领导一行 9 人，对吉林省高考准备情况进行全面检查。5 月 25 日，教育考试中心主任戴家干、副主任刘军谊检查吉林省高考准备情况。5 月 27 日，教育部党组成员、中纪委驻教育部纪检组长王立英等领导同志一行 9 人，视察了吉林省招生办和长春市、松原市部分高考考场，听取了相关汇报。6 月 5 日至 8 日，教育部考试中心党委副书记、纪检书记来启华等 3 位领导对吉林省普通高考工作进行了全程全面检查。

研究生招生考试

【概况】　2010 年，全国报考吉林省硕士生招生单位的考生有 36 080 人，招生计划为 15 187 人，实际录取 15 309 人。博士生招生计划为 2 129 人，实际录取 2 188 人。考试设 9 个考区，39 个考点。

【加强对复试的监督】　各招生单位分别成立了由主管领导为组长、纪检人员参加的招生录取领导小组，制定复试细则上报省招生办，省招生办汇总成册后供各招生单位参考。

成人高考

【概况】　2010 年，吉林省成人高校报名人数为 72 468 人，比 2009 年减少 1 082 人。其中，专科起点升本科报名人数为 19 241 人，比 2009 年增加 3 008 人；高中起点升本科报名人数为 6 209 人，比 2009 年增加 781 人；高中起点升专科报名人数为 47 019 人，比 2009 年减少 4 870 人。考试设 41 个考区，2 822 个考场。考试期间，共选派监考人员 6 298 人，省派巡视员 160 人。

录取新生 51 280 人。其中专科起点升本科录取 17 089 人；高中起点升本科录取 2 588 人；专科起点升专科录取 31 603 人。录取分数线如下表：

层　次	科类名称	最低分数控制线（投档分）
高中起点升本科	文史	290
	理工	290
	艺术	180
高中起点升专科	文史	220
	理工	220
	艺术	140
	体育	100
专科起点升本科	文史	100
	理工	100
	艺术	90

【严格考试管理】　充分借鉴普通高考的管理模式，全部考场均选定在承担普通高考考试任务的考场，均由电子监控系统全程监控，并对考试进行全时录像，考试结束后对监控录像进行回放审查。

【完善规章制度】　重新修订了《吉林省成人高等学校招生考试工作规定》。

普通中专招生考试

【概况】　2010 年，普通中专共有 243 所院校在吉林省招生，招生总计划为 53 038 人，实际录取 27 936 人，其中专科高职 2 030 人，普通中专 25 906 人。

【完善网上录取操作功能】　完善院校端退档程序，并增加对外省籍考生的限制模块，提高了考生信息的周转，加快了录取进度。延长了网上录取开放时间，并采取一次性打印，减少了差错。为外省学校代办录取审批并邮寄录取名册。

供稿：吉林省招生委员会办公室
撰稿：于　武
审稿：岳　强

黑 龙 江 省

综 述

2010年，黑龙江省共组织各类招生考试30多次，报考总规模达140多万人次。其中，普通高考及对口招生报考201 824人，录取186 446人；成人高校招生报考91 000多人，录取73 897人；硕士研究生招生报考49 322人，录取15 931人；自学考试全年报考107 929人次、295 469科次，产生本专科毕业生共14 568人；各类社会考试全年共举办13次，报考人数达930 982人次；高中学业水平考试报考20余万人次。全年累计命题1 826套。

普通高考

【概况】　2010年，高考报名人数为195 200人，比2009年减少29 719人，降幅达13%；对口招生报考6 624人，比2009年减少2 725人，降幅达29%。全国共1 300多所普通高校在黑龙江省计划招生177 050人，其中本科计划105 779人，专科计划70 871人，预科计划400人。另外，对口招生计划8 051人，其中本科计划1 498人，实际录取1 510人；专科计划6 553人，实际录取4 335人。

【严格规范综合素质评价管理】　修订、完善了“黑龙江省普通高中学生综合素质评价实施方案（试行）”及管理规定，研发了“黑龙江省普通高中学生综合素质评价学校管理平台”，利用这一平台采集了近20万条2007级普通高中毕业生的综合评价信息，实现了与2010年黑龙江省普通高校招生录取信息的无缝链接。

【学业水平考试】　以网络支撑为依托，提高了注册、报名、考试、阅卷等考试管理工作信息化水平。完善考试管理系统，加强了学籍、考籍管理，严密了审核程序。组织了黑龙江省20万人次的2007级学生学业水平考试。首次启动了高考评价研究项目，形成了各科评价报告，推进了评价改革的科学发展，保证了高考改革方案的有效落实。

研究生招生考试

【概况】　2010年，黑龙江省硕士研究生招生报考人数为49 322人，比2009年增加5 328人。国家下达给黑龙江省的硕士生招生计划为16 467人，其中学术型13 554人，专业学位2 913人，实际录取15 931人。

【加强宣传，引导考生报考专业学位研究生】

针对近几年黑龙江省总体生源不佳，尤其是基础学科和艰苦行业生源严重不足的实际情况，采取了一系列措施：加大招生宣传力度，在吸引生源上狠下工夫，把各专业学位的培养目标、培养特点、入学条件、招生人数、生源范围、复试办法、收费标准、资助体系、在校待遇、授予证书类型等向广大考生及时、准确地宣传，使广大考生充分认识和了解专业学位研究生招生、培养、就业等情况，鼓励和引导考生根据自身情况选报专业学位研究生。

【规范管理，确保质量】　召开了2010年黑龙江省硕士研究生录取工作会议，下发《关于做好黑龙江省2010年硕士研究生招生录取工作的通知》，充分利用网络平台，及时发布调剂专业、生源缺额信息、调剂要求等，建立有效的工作机制，积极为考生调剂提供服务，坚持标准，规范复试，确保录取新生质量。

成人高考

【概况】　2010年，黑龙江省成人高考报名人数为91 000多人，其中专科起点升本科35 613人，高中起点升本科6 606人，高中起点升专科45 848人，免试生约为2 000多人。全国各类成人高校在黑龙江省招生计划为61 959人，其中，专科起点升本科招生计划为28 101人，高中起点升本科计划为3 097人，高中起点升专科计划为30 761人。

考试期间，抓获违规考生640人，其中替考生240人，电子工具作弊60人，其他违规340人，违规率0.76%。考试前，按举报线索，会同公安机关在鸡西市端掉了一伙利用电子工具作弊的团伙，没收200多套无线电传输设备；在评卷过程中，发现一伙利用通信工具作弊团伙，涉及考生52人，均按相关规定做了严肃处理。

中等专业学校招生考试

【概况】　2010年，黑龙江省初中毕业生报考初中高职（中专）、高师（中师）的考生为14 080人，比2009年减少2 175人。全省招生计划为68 860人，其中初中高职2 588人，高师1 760人，中师835人，中专63 677人。实际录取40 004人，其中初中高职2 281人，高师1 022人，中师322人，中专36 379人，完成招生计划的58.1%。

自学考试

【概况】　2010年，黑龙江省高等教育自学考试累计报考人数为107 929人次、295 469科次。实践环节考试共计52 268科次，计算机无纸笔考试组织7次考试，共计1 610人参加考试。全年考试共处理违纪事件655起。全年毕业生约为7 782人，其中本科6 144人，专科1 638人。参加非学历证书考试共计229人、396科次。全年共办理考籍转考944人次，其中省内转考582人次，省外转考362人次。全年办理课程免考12 192人次。

【加强自学考试管理，促进自学考试和谐发展】

以社会需求为导向，从宏观上调整了黑龙江省自学考试的专业结构。对31个专业给予停考收尾处理，相继新开考了5个具有发展潜力的专业。针对考生购买不到自考教材的问题进行市场调查，对查出的125科有问题的书目及时进行更换，解决了长期存在的教材供应问题。统一了全省审查资格和办理免试的管理方式，规范了自学考试的考籍管理。对网上阅卷系统进行了结构改造，使阅卷系统部署更简单，系统维护更方便。

社会考试

【概况】 2010年，黑龙江省报考社会考试的考生累计930 982人次，其中，有628 492人次报考全国大学英语四、六级考试，137 920人次报考全国计算机等级考试，3 397人次报考全国英语等级考试，1 049人次报考剑桥少儿英语考试，45 308人次报考黑龙江省计算机等级考试，112 465人次报考黑龙江省英语应用能力考试。

【特岗教师考试】 按照黑龙江省教育厅和黑龙江省招考办党组的要求和安排，2010年继续承担“黑龙江省2010年农村义务教育阶段学校特设岗位教师”的报名、命题、考试实施、评卷、登分和公布成绩等相关工作。全省共有符合条件的2 351名本、专科毕业生报考。

供稿：黑龙江省招生考试委员会办公室
撰稿：李伟晗
审稿：孙　权

上　海　市

综　述

【概况】 2010年，上海市普通高校招生报考人数为89 628人（含秋季集中录取、非集中录取、春季招生、应届“三校生”高考），硕士研究生招生报考人数为105 906人，成人高校招生报考人数为71 606人，初中毕业生统一学业文化考试考生人数为9.05万人，高等教育自学考试、中英合作开考专业考试、学历与职业资格证书相结合考试共开考526 554科次，各类社会考试报考860 628人次/科次。

2010年，上海市教育考试共录取考生26.13万余人。其中，普通高校录取77 093人；硕士生录取32 439人，完成招生计划的98.19%，录取率为30.63%；成人高校录取59 361人，完成招生计划的85.80%，录取率为82.90%；高中阶段各类学校录取新生8.68万余人，升学录取率为96.00%。

【强化信息管理，实现平稳目标】 2010年，上海市普通高校招生工作在世博会期间进行，上海市教育考试院严格按照中央和上海市政府“稳定大局、平安世博”的要求，按照教育部和上海市教委下发的文件精神，深入贯彻实施“阳光工程”、“平安高考”，坚持科学、公平、规范、有序的原则，加强管理，完善措施，规范运作，实现了平安、平稳、平静的招生工作目标，为世博之年大局的稳定与和谐做出了贡献。

在2008年和2009年两年实行“平行志愿”的基础上，总结经验、广泛调研、多方听取意见，进一步完善平行志愿的实施办法，第二批本科志愿填报院校数量从4个增至6个，考生志愿满足率和满意度得到较大提高；细化工作流程，完善投档录取软件，确保录取工作万无一失；开展安全保密教育，录取指挥部与全体招生工作人员签订保密协议，与各区（县）招考部门签订《加强高校招生信息管理责任书》，从领导机制、思想认识、人员管理、规章制度、监督监察和责任追究等方面明确安全保密责任；加强技术研究，加大对考生信息的保护力度，如考生成绩查询由字符格式改成图片格式，杜绝考分信息下载和排名，避免考生有关信息的泄露，维护考生利益。

结合招生工作进程、社会关注点和不同阶段特点，把握好宣传的时机、重点和方式，多方位、多渠道、多形式解读政策，开展咨询服务。加大信息公开力度，在“上海招考热线”开设“信息公开”、“高招信息专窗”等栏目，主动公布政策规定、录取规则及录取进程等相关政策和信息；与各大媒体共同营造了积极、正面、健康、宽松的舆论氛围，促进招生工作的顺利开展。

普通高考

【概况】 2010年，上海市普通高校招生报名人数为89 628人（含秋季高考、非集中录取、春季高考、“三校生”高考），招生计划为74 037人，实际录取新生77 093人，其中，本科生录取44 654人，占录取总数的57.92%；高职（专科）生录取32 439人，占录取总数的42.08%。

【春季招生】 2010年，上海市普通高校春季入学招生考试报名人数为4 542人，比2009年增加25人，增幅为0.55%。参加上海市普通高校春季入学招生的院校有上海大学、上海师范大学、上海工程技术大学、上海商学院、上海师范大学天华学院、上海工商外国语职业学院、上海农林职业技术学院、上海思博职业技术学院8所，计划招生580人，实际录取报到545人，完成招生计划的93.97%。其中，5所本科院校计划招生360人，录取报到356人，完成本科招生计划的98.89%；3所高职（专科）院校计划招生220人，录取报到189人，完成高职（专科）招生计划的85.91%。上海师范大学、上海师范大学天华学院、上海工商外国语职业学院、上海农林职业技术学院增加了招生计划。

【秋季招生】 2010年，参加上海市普通高校秋季招生集中录取的高校共699所（含2所香港地区高校和14所军事、武警部队高校），其中上海高校67所，外省市高校632所，首次在沪招生的外省市院校72所。除西藏、台湾、澳门外，全国其他省市均有高校在上海安排普通高校招生计划。全市参加普通高校秋季统一招生考试的人数为67 411人（含复旦大学、上海交通大学两校“深化自主选拔录取改革试验”录取的参加高考的1 008人和内地新疆班、西藏班考生528人），报考人数比2009年减少约10%，招生计划总数54 799人（含艺术类专业招生计划，但不含未编制分省招生计划的艺术类高校招生计划数），实际录取新生57 337人，完成招生计划的104.63%。

【招收应届“三校生”】 2010年，上海市普通高校招收应届“三校生”的普通高校共26所，计划招生5 651人（不含上海应用技术学院20个听力残障单独招生计划），其中，非艺术类专业招生计划4 763人（文科计划为2 804人，理科计划为1 959人），艺术类专业招生计划888人（文科计划为750人，理科计划为138人）。报考人数为10 617人，实际录取6 336人，其中非艺术类专业录取5 096人（文科录取2 907人、理科录取2 189人），艺术类专业录取1 240人（文科录取1 151人、理科录取89人）。

【考务工作精细严密，确保世博年高考平稳】

为确保世博之年高考的平安、平稳、平静，上海市教育考试院加强考务安全管理，周密部署各项考务工作，特别是对黄浦、卢湾、徐汇和浦东4个涉博考区的考点设置做了相应调整，撤销世博管控区附近的考点，增加或重新启用远离管控区的考点，同时加强与交通、公安部门的协调，为考生创造了良好的考试环境。

继2009年普陀、闵行、金山3个区成功开通网上巡查系统以后，2010年又开通崇明、徐汇、黄浦、大屯4个考区的部分考点、考场与上海市以及教育部考务指挥中心对接，考试全程可实时查看7个考区的试卷保密室。考试期间，网上巡查的考点增至16个，网上巡查的考场增至449个，所有考试监控资料均保存半年备查。

全程实施专项电磁环境监测，以防范和打击非法利用无线电设备舞弊的行为，确保高考在公平、公正的环境下有序进行。

【普通高中学业水平考试首次开考】　2010 年是上海市普通高中学业水平考试开考第一年，5.8 万余名具有上海市普通高中学籍（含综合高中）的 2009 级学生参加了地理、信息科技两门学科的考试。为确保考试平稳开展，上海市教育考试院认真制定考试细则，从报名、命题、信息安全、突发事件处理、试卷印制保管、评卷组织等多方面开展调研，充分听取基层意见。为让考生和教师了解考试形式和基本要求，正式考试前，地理学科进行了全市范围的考前训练，统一下发了训练卷和答题纸；信息科技学科在闸北、崇明全部高中学校和徐汇、普陀、闵行部分学校进行了试点模拟考，并进行了全市范围的全真模拟考，确保了正式考试的有序进行。

【继续推进上海市普通高校自主招生改革】

2010 年，上海市继续推进本科和专科层次的自主招生改革。复旦大学、上海交通大学“深化自主选拔录取改革试验”计划招生 1 000 人，与 2009 年相同；实际录取 1 008 人，比 2009 年增加 55 人。参加上海市高职（专科）层次“依法自主招生改革试点”招生院校 2010 年扩大为 24 所，新增院校为：上海建峰职业技术学院、上海城市管理职业技术学院、上海电影艺术职业学院。招生计划为 10 080 人（含招收退役士兵计划 80 名），比 2009 年减少 2 290 人；实际录取 10 660人，比 2009 年减少 1 479 人。

研究生招生考试

【硕士研究生招生概况】　2010 年，全国共有 105 906 人报考上海市 54 个硕士研究生招生单位，比 2009 年增加 9 450 人，增幅为 9.80%。其中，全国统考生 84 837 人，推荐免试生 6 753 人，单独考试 631 人，管理类联考 10 285 人，法律硕士联考 3 372 人，强军专项计划 28 人。上海市硕士生招生计划为 32 505 人，比 2009 年增加 3 728人，增幅为 12.95%。新增全日制专业学位硕士研究生招生计划 9 085 人。

上海市实际录取硕士生 32 439 人（含全日制专业学位 9 537 人、少数民族骨干培养计划 151 人），比 2009 年增招 1 103 人，增幅为 3.5%，报名人数和录取人数之比约为 3.26∶1。分类录取情况为：统考生 20 573 人，单考生 228 人，工商管理硕士 3 922 人，公共管理硕士 407 人，法律硕士 663 人，推荐免试生 6 635 人，强军专项计划 5 人，农村师资计划 6 人；非定向录取23 651 人，占 72.91%；定向录取 370 人，占 1.14%；委培生录取 2 369 人，占 7.30%；自筹经费生录取 6 049 人，占 18.65%。

【博士研究生招生概况】　2010 年，上海市博士研究生招生报名人数为 17 244 人（不含报考中科院上海市分院的考生），比 2009 年增加 229 人，增幅为 1.35%。参加上海市博士生招生的高校和科研院所共有 23 个单位（不含中科院上海市分院），招生总规模为 5 495 人，比 2009 年增加 103 人，增幅为 1.91%。实际录取 5 554 人，比 2009 年增加 93 人，增幅为 1.70%。录取的博士生按报考类别分：非定向生录取 3 870 人，占 69.68%；定向生录取 739 人，占 13.30%；委培生录取 888 人，占 15.99%；自筹经费生录取 57 人，占 1.03%。

【在职人员攻读硕士学位全国联考】　由国务院学位办公室和教育部学位中心主办，要求报考对象获得学士学位 3 ~ 5 年以上、具有一定的工作经验且必须经本单位人事部门或有关主管部门推荐。2010 年共设有 14 个硕士学位类别，上海市报考人数为 12 857 人。

【同等学力人员申请硕士学位全国统一考试】

由国务院学位办公室和教育部学位中心主办，要求报考对象获得学士学位后工作满 3 年以上，且已通过学位授予单位培养方案规定课程的考试。2010 年上海市共计报考人数为 4 914 人。

成人高考

【概况】 2010 年，在上海市招生的成人高校共 75 所，其中上海市成人高校 65 所，外省市成人高校 10 所。实际录取 59 361 人，完成招生计划的 85.8%。由于实际参加考试的人数少于计划数，包括专科起点升本科、高中起点升本科、高中起点升专科在内的成人高等学校招生计划都没有完成。报考人数及招生情况如下：

招生类型	计划数			报考数			录取数		
	2010 年人数（人）	与 2009 年相比		2010 年人数（人）	与 2009 年相比		2010 年人数（人）	与 2009 年相比	
		人数（人）	比例		人数（人）	比例		人数（人）	比例
专科起点升本科	38 594	-1 102	-2.8%	42 785	-5 128	-10.7%	34 271	-3 668	-9.7%
高中起点升本科	6 802	-249	-3.5%	7 786	-1 632	-17.3%	5 770	-275	-4.5%
高中起点升专科	23 799	-951	-3.8%	21 035	-3 277	-13.5%	19 319	-2 830	-12.8%
合计	69 195	-2 302	-3.2%	71 606	-10 037	-12.3%	59 361	-6 773	-10.2%

注：计划栏内为公布计划数，不含体育单招计划和高校在招生过程中的调整计划。

中等学校高中阶段招生考试

【概况】 2010 年，上海市初中毕业统一学业考试实际报考人数为 9.05 万人，其中 8.68 万人升入高中阶段各类学校，录取率为 96%。普通高中与中职校录取人数比例为 61∶39，基本实现年初预定的目标。高中阶段各类学校执行计划情况如下：

学校类别	招生计划数（人）	实际录取数（人）
普通高中	53 464	52 528
综合高中	909	927
中　专	26 310	23 369
职　校	10 910	8 137
技　校	2 670	1 849
全市总计	94 263	86 810

【提前推荐自主录取情况】 “零志愿”招生计划为 1 963 人，录取 1 790 人。“名额分配”招生计划为 2 338 人，实际录取 2 295 人。

上海市实验性示范性高中和国家级重点中职校继续实行“提前录取”，在初中学校推荐或学生自荐的基础上，经过公示和网上填报志愿，由招生学校根据学生综合素质评价情况和推荐（自荐）意见自主择优预录取。学生参加中考后，结合在全市统一划定的最低录取控制分数线，将提前推荐自主录取与统一文化考试成绩相结合。提前推荐自主录取情况如下：

类别		计划数（人）	预录取数（人）	实际录取（人）
推荐生	高中	5 484	4 663	4 586
	中职校	144		117
自荐生	高中	2 120	2 015	1 980
	中职校	2 976		2 831
合计	高中	7 604	6 678	6 566
	中职校	3 120		2 948

自学考试

【概况】　2010 年 4 月和 10 月分别举行了第 56 次、第 57 次高等教育自学考试。上海市第 56 次高等教育自学考试由 18 所主考学校开考 96 个专业，其中专科专业 47 个、本科专业 49 个，开考课程 358 门（不包括学历与职业资格证书相结合的证书考试）；报考人数为 95 907 人（其中报考本科专业考生为 43 327 人，报考专科专业考生为 52 580人），报考科次数达到 228 059 科次（不包括学历与职业资格证书相结合的证书考试）。第 56 次考试全市实际参加考试 166 266 人次，实考率 73.00%，平均合格率 52.03%，有 78 445 人次取得单科合格证书。

第 57 次高等教育自学考试由 18 所主考学校开考 96 个专业，其中专科专业 47 个、本科专业 49 个，开考课程 362 门（不包括学历与职业资格证书相结合的证书考试）；报考人数为 89 071 人（其中报考本科专业考生为 37 744 人，报考专科专业考生为 51 327 人），报考科次数达到 212 334 科次（不包括学历与职业资格证书相结合的证书考试）。第 57 次考试全市实际参加考试 146 394 人次，实考率 67.54%，平均合格率 52.61%，有 73 517 人次取得单科合格证书。

经审核统计，2009 年 10 月第 55 次高等教育自学考试后，3 341 人取得专科毕业证书，2 390 人取得本科毕业证书；2010 年 4 月第 56 次高等教育自学考试后，2 546 人取得专科毕业证书，2 161 人取得本科毕业证书。

【其他考试】　2010 年，中英合作开考的商务管理和金融管理两专业开考两次，报考数为 37 735 科次。学历与职业资格证书相结合的证书考试全年开考两次，其中报考中国物流职业经理资格考试为 13 831 科次；报考调查分析师资格证书考试为 200 科次；报考中英合作开考的采购与供应管理职业资格证书考试为 31 265 科次，报考劳动和社会保障资格证书考试为 3 130 科次；餐饮职业资格证书考试处于停考过渡阶段。

社会考试

【概况】　2010 年，上海市教育考试院承办的各类非学历证书考试共有 10 项，总计报考数为 860 628人（科）次。

【全国计算机等级考试】　由教育部考试中心主办，考生不受年龄、职业和学历限制，测试考生计算机应用知识与能力的等级水平考试，设一级、二级、三级、四级 4 个等级，考生一次限报一个等级，每年开考两次。2010 年，上海市报考人数为 36 461 人。

【上海市高等学校计算机等级考试】　由上海市教委和上海市高等学校计算机等级考委会组织的全市高校统一教学考试，报考对象为上海市普通高等院校本科、专科、研究生在校生，共设有一级、二级、三级 3 个等级 9 个科目的考试。2010 年，报考总人数为 111 753 人。

【全国中小学教师教育技术水平中级考试】　由教育部考试中心主办，以全面提高教师教育技术应用能力，促进技术在教学中的有效运用为目的，对象为已完成中小学教师教育技术水平中级培训并获得合格证书或已完成英特尔未来教育项目 7.0 及以上版本培训并获得合格证书的教师，每年组织两次考试。2010 年，上海市报考人数为 12 812 人。

【全国大学英语四、六级考试】　大学英语四、六级考试每年开考两次，上半年四级开考英语、日语、德语和法语，六级仅开考英语，下半年四、六级都仅开考英语。2010年，上海市报考总人数为646 565人。

【全国英语等级考试】 全国英语等级考试每年开考两次，设一级（含一级B）、二级、三级和四级4个等级。2010年，上海市报考人数为21 942人。

【剑桥少儿英语考试】 剑桥少儿英语考试每年开考两次，设预备级、一级、二级和三级，考试合格者由教育部考试中心和剑桥大学考试委员会（UCLES）联合签发写实性证书。2010年，上海市报考总人数为12 665人。

【剑桥英语五级证书考试】 剑桥英语五级证书考试每年开考两次，上海目前开设KET（英语入门）、PET（初级英语）、FCE（第一英语）三个级别。2010年，上海市报考总人数为498人。

【中国市场营销资格证书考试】 中国市场营销资格证书考试分中国市场营销总监资格证书、中国市场营销经理资格证书和中国市场营销经理助理资格证书三种，每年开考两次。2010年，上海市报考人数为161人。

供稿：上海市教育考试院
撰稿：汪成辉　黄　琦　卢致杰　张亚萍
　　　程新圩　孙长庚　柏伟民等
审稿：李瑞阳

江　苏　省

综　述

【概况】　2010年，江苏省教育考试工作在江苏省委、省政府以及省教育厅的正确领导下，深入贯彻落实科学发展观，紧紧围绕“争创全国第一”的奋斗目标，坚持以“大教育考试观”为引领，以平安招考为重点，以事业发展为核心，以优质管理为主线，以服务保障为基础，取得了显著的成果。共组织各类教育考试60余次，招生考试总规模约570万人次，招考事业有了新发展，招考管理质量有了新突破，综合保障水平有了新提升，为江苏省教育考试事业在“十二五”期间的新发展奠定了更加坚实的基础，为江苏省实现“两个率先”、建设教育强省的宏伟目标做出了更加积极的贡献。

【考试命题工作】　经过几年的探索和积累，江苏省命题队伍结构更加合理，安全保密工作更加严格，试题命制程序更加完善，“能力立意”原则更加凸显。全年完成1 500多门课程、9 000余套试卷的常规命题及委托命题工作，提供各类考试试卷清样7 000多份，为各项教育考试事业的发展提供了强有力的保障。加强对考试评价基础性、根本性问题的研究，更加重视研究和反馈，首次组织实施了江苏省高考问卷调查项目。进一步加强命题队伍建设，学科秘书建设取得突破，大部分科目的学科秘书已经到位，并正在发挥越来越重要的作用。

【信息化管理水平】　2010年，江苏省信息化管理水平再上新台阶，紧紧围绕“思想理念、事业发展、招考管理、招考服务、队伍建设”五个目标，实施了普通高校招生录取、第二个信息化建设规划文本拟定、电子监控考场工作方案制定、评卷录取基地弱电工程改造、响水县网上巡查监控系统建设等多个新增项目，高标准、高质量地完成了各项工作。

普通高考

【概况】　2010年，江苏省普通高考首次实行文理分开计划、分开划线、分开录取的“三分开”政策。普通高考报名人数为52.7万人，比2009年减少约1.9万人。全国共有1 639所高校在江苏省录取各类新生42.8万人，录取率达到81.2%，创历史新高。其中，录取本科生22.3万人，占52.1%，录取专科生20.5万人，占47.9%。

顺利完成普通高校“对口单招”工作，江苏省报名人数为14 504人。江苏省专业技能考试由建筑等14个专业联考委组织实施，共设技能考点21个。江苏省共有1.3万人参加文化统考，实际录取各类新生1.1万人。

【学业水平测试】 2010年，江苏省普通高中学业水平测试共有53.2万名考生报考。各学科报考人数分别为物理256 634人、化学370 718人、历史351 575人、地理409 077人、政治370 050人、生物378 270人。江苏省信息技术考试考生479 572人，其中网络技术应用373 623人，多媒体3 574人，程序设计Visual Basic 102 373人。

研究生招生考试

【概况】 2010，江苏省21个统考报名点共接受9.4万人报名，报名人数比2009年增长18%。全国共有12.4万人报考江苏省53家招生单位，报名人数比2009年增长14.3%。江苏省45家地方硕士生招生单位总计划为37 158人，实际录取37 567人，比2009年增加1 972人，增长5.5%，其中学术型实际录取数28 651人，全日制专业学位实际录取8 916人。

成人高考

【概况】 2010年，江苏省对成人高校招生政策和办法进行四项微调，更好地贯彻了教育部及江苏省教育厅关于成人高校招生工作的有关要求，更好地适应了成人高考发展的需要。2010年，江苏省共有211 700名考生报考各类成人高校，比2009年增加1 105人，增长0.52%。共录取各类新生151 530人，录取率达77.46%，其中，专科起点升本科录取56 253人，高中起点升本科录取9 506人，高中起点升专科录取85 771人。

【“专转本”考试】 2010年，江苏省“专转本”选拔计划为14 242人，比2009年增加了3 042人。共有110余所成人高校推荐40 589人报考，较2009年减少2 700余人，减幅为6.35%。实际录取15 314人，录取率为37.73%，完成计划的107.52%。

自学考试

【概况】 2010年，江苏省自考以改革创新为动力，以目标管理为抓手，以精细化管理为手段，以质量建设为核心，以队伍建设为依托，以服务考生为重点，不断推进自学考试内涵建设。努力做好自学考试综合改革试点工作，对现有的专业计划实施改造，建立更加科学、实用的自学考试专业课程体系和多元化的评价机制。启动在普通高校学生中开展自考本科第二学历教育试点工作，充分挖掘事业潜能。全年自考规模达85.9万人次，圆满完成了2008年提出的“目标三年不变”的总目标。

社会考试

【概况】 2010年，江苏省全年社会证书考试报考总规模为2 944 431万人次，其中，大学英语四、六级考试报考总人数为1 579 144人次，全国计算机等级考试报名人数为622 086人次，均继续保持全国第一的规模。江苏省自主研发的书法水平等级证书考试，从2006年开考时不足3.5万人上升到2010年378 334人，是开考之初的10倍，发展势头迅猛。

供稿：江苏省教育考试院
撰稿：陈艳艳
审稿：刘炳贵

浙　江　省

综　述

2010年，浙江省教育考试院共组织各类教育考试项目33个，120多次考试，考生总规模394.71万人次，比2009年增加5.84万人次，增幅1.5%。

普通高考

【概况】　2010年，浙江省普通高考报名30.2万人，其中文理科报考26.77万人，艺术类报考2.99万人，体育类报考0.44万人。实际录取25.3万人，录取率为83.8%，比2009年提高了1.3个百分点，其中，文理科一批（重点本科）录取3.5万人，文理科二批（普通本科）录取10.5万人，文理科三批（专科）录取9.6万人，艺术类录取1.6万人，体育类录取0.1万人。高职单考单招报名2.73万人，录取2.17万人，录取率达到79.5%。英语听力和技术类考试报名114.04万人次。

【改革平稳推进】　2010年，浙江省新课改高考总体稳定，各项政策为社会广泛了解，一些高校进一步尝试“三位一体”评价，对会考成绩和综合素质评价提出相应要求。高职自主招生综合改革进一步推进，有23所高职院校开展自主招生试点，其中9所国家级示范高职“校考单录”模式共录取2 557人，比2009年增加18%；其他14所高职“校考与高考结合”模式录取考生992人，比2009年增加174%。社区医生定向培养试点从专科扩展到本科，由3所高校增至5所，共录取考生829人，比2009年增加65%。为更好地服务基层、同时确保公正公平，将招生计划直接定向到县，并实行了先填志愿后签协议，高职招生多元录取态势更趋巩固。

【考试安全卓有成效】　2010年，浙江省进一步强化考试安全管理，建立完善网上巡查、实时监控、全程录像、电子存档试卷保管技术防范体系；根据世博安保要求，强化考试突发暴力性事件的预防；首次开展考试招生系统“考试安全教育日”，结合“诚信考试宣传教育周”共促诚信平安考试氛围的营造。建立了评卷零分题复查控制机制，文科综合评卷点对评卷教师启用了指纹识别系统。高考考场继续实施人防技防并举、预防打击结合，艺体测试和自主招生考试严格制度、规范实施。首次在音乐科省统考中实行了全程监控录像。由于多措并举，确保了考试安全，2010年高考犯规舞弊率下降到0.79‰，远低于全国平均率。

【公正公平不断提升】　2010年，分别在年初和年底两次对高考加分政策进行清理调整，减项目、限赛事、降分值，体育加分项目只剩8项，奖励类加分也大幅减少。同时，进一步完善和规范了公示制度，延长公示时间、专设公示平台、多级公示，强化了社会监督。考试招生数据信息管理更趋严格。数据流转各环节相互制约，完善了成绩和志愿信息“三备份、三分离”机制，首次实行纪检部门参与的第三方数据比对制度。阳光招生工程不断深化，信息公开实现同步、动态、全覆盖。

研究生招生考试

【概况】 2010年浙江省硕士研究生考试报考4.65万人，录取1.47万人；博士研究生报考0.60万人，录取0.19万人；同等学力申请硕士学位报考0.37万人；在职人员攻读硕士学位报考1.13万人。

成人高考

【概况】 2010年浙江省成人高考报考14.67万人，其中专科起点升本科报考4.65万人，高中起点升本科报考0.3万人，高中起点升专科报考9.71万人；录取11.4万人，其中专科起点升本科录取3.66万人，高中起点升本科录取0.15万人，高中起点升专科录取7.66万人。

自学考试

【概况】 2010年，浙江省自学考试开考专业136个（本科71个、专科65个），全年报考42.39万人次，77.98万科次，毕业生1.37万人。

【“大选考制”改革试点进一步扩大】 2010年，浙江省“大选考制”改革试点由2009年的2个专业扩大到63个专业。随着试点专业的扩大，专业课程体系建设改革进一步深化，改革受益群体由2009年的793人，发展为2010年的22.83万人。这一改革，真正实现了完全意义上的学分制，使自考更好地适应社会和考生的需求，更有利于考生学用结合、学以致用。

【自考与社区教育沟通启动】 与省农办联合制定下发《关于建立自学考试与社区教育沟通机制，为新农村建设提供教育服务的实施方案》，充分发挥社区教育与自考的功能优势。通过两者功能的耦合，整合农村教育资源，搭建农村社区教育和农村终身教育体系，提升农村人员的文化技术素质。开考农村社区管理、农产品营销、农家乐经营和管理、淡水养殖四个专科专业，同时推出相应的非学历证书，以适应农村人员多层次的教育需求。

【自考网上助学和课程学业综合评价改革进程加快】 2010年，首次与北京东大正保科技有限公司合作建设并开通了浙江省自学考试网络助学平台，向考生提供社会网络教育助学资源，开展网络助学，并在此基础上进行课程学业综合评价，把过程性评价与终结性评价相结合，有26所学校参与了此项试点。中欧电子学习模式自考课程学习过程性考试试点扩大到9所学校，报考6 377科次。年初，对全省90所全日制助学机构办学资质进行了重新认定，75所助学机构具备举办自考全日制助学资格。全省共有64所自考全日制助学机构参加助学网上招生试点，通过服务平台共招生17 000人。

【自考与其他教育形式的衔接沟通不断深化】 2010年，浙江省专本衔接的试点高职高专学校38所，比2009年增加9所，参加学生3.79万人，增幅33%；有13所高校、57所中职学校参加中高职衔接试点（其中新增2所高校、8所中职学校），参加学生3.77万人，增幅21.22%；有7所本科院校参与学分互认试点，参加学生约2万人。

社会考试

【概况】　2010年，浙江省各项非学历证书考试报考人数186.03万人次，比2009年增加6.41万人次，增幅为3.57%，其中，全国英语等级考试报考3.22万人次，全国计算机等级考试报考5.24万人次，大学计算机等级考试报考43.17万人次，大学外语等级考试报考114.29万人次，剑桥少儿英语考试报考3.2万人次，教师资格认定考试报考13.27万人次，托福、雅思、韩国语等考试报考3.64万人次。

供稿：浙江省教育考试院
撰稿：张超然
审稿：缪克俭

安 徽 省

综 述

【概况】 2010 年，安徽省教育招生考试院共承担 34 项各类考试和录取任务，累计报考人数达 300 万人次。全省教育考试环境进一步优化，考务管理进一步规范，考风考纪进一步好转，社会满意度进一步提升。

【教育考试环境综合治理取得成效】 安徽省招生委员会成员单位、省教育考试工作联席会议成员单位以及其他相关部门根据国家平安教育考试的部署和要求，按照职能，从试卷安全保密、考场周边环境整治、考生和考务管理人员安全保障、舆论引导、食宿卫生安全、电力通信保障以及打击利用现代通信工具团伙作弊等多方面分工合作，综合整治考试环境，全力维护教育考试秩序。重大考试前，均召开教育考试环境综合整治会议，研究部署有关工作。普通高考、成人高考、研究生考试和自学考试四项国家教育考试和大学英语四、六级考试全年累计处理违规考生 1 503 人，与 2009 年相比，在考生人数增加的同时，违规人数减少 737 人。

【招生考试监察严密】 进一步规范高考报名秩序，有效打击、遏制各类违规报名行为，杜绝高考移民和冒名顶替。经过多方数据对比核查，清除了违规报考的 10 名在校大学生和 14 名高二学生的报名资格。从群众反映强烈的航模加分入手，加强对二级运动员加分考生的复查和测试，并将二级运动员的加分分值由 10 分降为 5 分。经联合审查，取消了 80 多人的加分资格，其中证书造假 7 人，同时取消了其高考报名资格。后期测试又取消了 15 名考生的加分资格。录取期间，共完成了提前批、艺体类、普通文理科等 13 批 20 多次的投档监察任务和 80 多次数据备份工作。实行高考试卷保密室启用省级备案制度，所有高考试卷保密室检查情况报省考试院备案。5 月，省考试院联合省公安厅、省国家保密局抽查了池州、安庆、巢湖等 8 个市 15 个县区的试卷保密室。12 月，在 2011 年研究生考试前夕，联合省公安厅、省国家保密局等单位全面检查了 21 个研究生招生单位保密室。全省各类考试平安有序，未发生试卷失泄密事件和有组织的集体舞弊案件。

【国家教育考试考务管理平台建设成绩显著】

安徽省省级考务指挥平台建设初具规模，具有考试指挥功能的视频会议系统得到应用，市级保密室监控网上巡查系统建设已经完成，网上报名、网上志愿填报、网上信息查询等信息平台整合建设逐步完成。至 2010 年高考前，全省已有 17 个县（区）实现了对考区内所有高考考场的视频监控和网上巡查，其中亳州和宿州两市完成了辖区内所有高考考场的视频监控和网上巡查。

【招生考试宣传力度继续加强】 为加大信息公开力度，规范信息发布行为，安徽省考试院继续坚持新闻发言人制度，为社会提供及时、准确、丰富、权威的第一手新闻资料。普通高校招生录取期间，省教育厅新闻办和考试院联合召开6次新闻发布会。新闻发布会详细解读了各批次录取情况、考生志愿填报存在的问题、媒体报道注意事项等，尤其深度解读各批次录取特点，为研究本省普通高校招生及考生填报志愿等提供了素材。新闻发言人和新闻发布会制度确保了对外宣传口径的统一，畅通了与新闻媒体之间的沟通和交流，避免了媒体随意采访，断章取义，为教育招生考试工作创造了一个和谐的外部环境。

普通高考

【概况】 2010年，安徽省普通高考报名人数为56.2万人，比2009年减少1.1万人，降幅为1.9%。考生数量位居全国第四。其中，文史类考生27.3万人，理工类28.9万人，分别占48.6%和51.4%。应届考生41.9万人，往届考生14.3万人，分别占74.6%和25.4%。城镇考生27.3万人，农村考生28.9万人，分别占48.6%和51.4%。在全省17个市中，考生最多的为安庆市，共有考生7.6万人，考生人数最少的为铜陵市，有0.7万人。

2010年，安徽省实际录取普通高校本专科新生37.8万人，其中，本科录取18.1万人（含预科109人），比计划增加6 234人；专科录取19.7万人（含预科20人），比计划减少1 689人。此外，同期还完成普通高校对口招收中等职业学校毕业生录取任务，实际录取1.1万人，其中本科计划864人，录取836人；专科计划1.1万人，录取1万余人。

【试卷命制更加科学，质量更有保障】 2010年是安徽省高中新课改第二年。省招委、省教育厅高度重视，明确省教育招生考试院统筹负责，教科院全力协助。制定周密的命题工作方案和命题人员岗位职责，精心组织、精细操作。开展命题工作调研，了解全省新课改工作进展，把握高三教学工作情况。在17个市教育局和教育招生考试机构、教研室以及部分高校的大力协助下，抽调中青年骨干教师搭建命题工作组织架构和工作平台。高考试卷命制过程中，命题人员及时总结上年命题成功经验与存在不足，按照“保持高度、调整难度、控制长度、提高区分度”的原则，在加大贯彻落实课改理念力度的同时，注意新课程改革与全省高中实际教学进程的有机衔接。经过88名高考命题教师及命题工作人员42天闱内的共同努力，命题工作如期完成。

【考务管理更加规范，考试安全有序】 各级教育招生考试机构认真贯彻落实教育部、省招委、省教育厅的要求，严格考务管理，牢牢把握考试安全这条主线。在全国率先对各市接运试卷的车辆安装GPS定位和图像采集系统，对试卷押运进行了全程监控。从细节入手，特别加大了考务流程的规范管理。制订了高考监考员规范化操作规程及执行情况登记表，明确了三名监考员在监考过程中的各自职责以及操作流程，加大了对考务工作人员的培训力度。2010年全省1.89万个高考考场没有发生因考务人员操作失误而引起的纠纷，监考质量明显提高。

【评卷工作更加周密，操作更加精细】 2010年是安徽省实行网上评卷的第五年，技术日臻成熟，管理更加完善。成立了以教育厅主要负责人为组长的网上评卷工作领导组，全面加强对网上评卷工作的领导。评卷工作从6月7日晚扫描答题卡开始，12 日正式评卷，到 20 日上午正式结束。21 日 20 时统分工作开始。统分合成过程中，继续强化数据校验和复核工作，采取了系统校验、人工校验、单科主观题相关性检查、各科之间成绩平衡性检查等方法。此外，还对考生的成绩信息进行了大量的统计分析工作，做到数据分析与重点检查相结合，有针对性地采用标准分折算分析、调阅评卷轨迹、打印核查整图等方式对统分结果进行严格检查。

【组织开展“送服务下基层”创先争优活动】

为给考生提供面对面的志愿填报指导，以服务考生的实际行动开展创先争优活动。6 月 29 日，在省考试院统一组织下开展“送服务下基层”活动，9 所省属高校的招生负责人和省考试院有关人员分成三个小组，深入亳州市利辛一中、宣城市泾县中学和安庆市岳西中学，为三地的考生提供面对面的咨询服务。

【对口单独招生考试顺利完成】 2010 年，全国 53 所普通高校（其中安徽省内 47 所）计划在安徽省对口单独招生 11 378 人，其中本科 864 人，专科 10 514 人。全省共有 17 545 人报名参加考试，实际录取 11 308 人，其中，本科 836 人，专科 10 472 人，完成计划的 99. 4% 。

对口招生考试与普通高考时间同步，考试科目为语文、数学、专业综合课、英语。共设立了 23 个考区，26 个考点，698 个考场。查处 24 名作弊考生，10 名违纪考生。

研究生招生考试

【概况】 2010 年，安徽省硕士研究生招生考试的报名工作在 17 个市级招办及 4 所高校共 21 个报考点进行。全省报名总数为 58 211 人，比 2009 年增加 6 351 人，增幅为 12. 25% 。其中，男生32 612人，占 56. 02% ；女生 25 599 人，占 43. 98% ，比 2009 年增加 1. 46% 。普通高校应届本科毕业生 37 914 人，占 65. 13% ，比 2009 年增加 3. 21% ；非应届生 19 827 人，占 34. 06% 。

2010 年，安徽省共有 21 个研究生招生单位计划招收硕士研究生（不含军队院校）12 884 人（其中专业学位计划 3 463 人），比 2009 年增加 367 人，增幅为 2. 93% 。2010 年安徽省博士生招生计划为 1 158 人。

2010 年，安徽省共招收硕士研究生 12 828 人，比 2009 年增加 8. 16% 。2010 年博士研究生共录取 1 182 人，比 2009 年增加 34 人，增幅为 2. 96% 。

【建立健全研招各项规章制度】 2010 年，安徽省在教育部发布的《2010 年招收攻读硕士学位研究生管理规定实施细则》、《2010 年全国招收攻读硕士学位研究生统一入学考试初试考务工作规定》的基础上，结合本省实际，制定了《2010 年安徽省招收攻读硕士学位研究生工作实施办法》（皖招考［2009］72 号）、《2010 年安徽省硕士研究生招生考试工作细则（试行）》和《安徽省研究生招生考试安全保密工作规则（试行）》。

【积极做好全日制专业学位招生】 明确专业学位研究生和学术型研究生属“同一层次、不同类型”，操作落实上要“一视同仁、同等对待”，防止出现“矮化”专业学位研究生教育的现象。高度重视宣传工作，特别是把各专业学位的培养目标、培养特点、在校待遇、授予证书类型等向广大考生及时、准确地宣传，鼓励和引导考生选报专业学位研究生。要求各有关高校认真研究分析本校专业学位研究生报名考试特点，发动院系和导师有针对性地向考生介绍专业学位的发展情况，使社会和考生全面了解全日制专业学位研究生培养特点以及专业学位研究生教育的各项政策。在调剂和录取过程中，广泛深入宣传专业学位，向考生讲明专业学位与学术型研究生是“同一层次，不同类型，同规格培养，各有侧重”，打消考生“专业学位不如学术型”的思想顾虑以及外界对专业学位的不良传闻对他们的影响，努力树立良好的专业学位品牌形象，使更多报考学术型的上线考生调剂到专业学位。

成人高考

【概况】　2010 年，安徽省成人高考报名人数为 110 193 人，创历史新高，其中，高中起点升本科报考 3 520 人，专科起点升本科报考 40 790 人，高中起点升专科报考 65 883 人。全省共设考区 17 个，考点 150 个，考场 3 774 个，配备监考及考试工作人员 11 322 人，省派巡视员 75 人。

2010 年，全国有 102 所各类成人高等学校在安徽省招生，招生计划为 59 614 人，其中，高中起点升本科 1 766 人，专科起点升本科 30 484 人，高中起点升专科 27 364 人。实际录取 88 984 人，其中，高中起点升本科 2 320 人，专科起点升本科 31 073 人，高中起点升专科 55 591 人。

【标本兼治，防范大规模异地报考】　2010 年，教育部在成人高考招生文件中强调，将遏制考生大规模异地报考作为 2010 年成人高校招生考试环境综合整治工作的一项重要内容抓好抓实。按照教育部的要求，着重做了以下几方面工作：一是严格控制考生异地报考，对持外省身份证报名的考生，统计后发至各报名点重点审核，考生非特殊情况均劝其回原籍报考；二是实施重点考生管理，对报名地与户籍所在地不符的考生进行身份多“证”审查，严格把关；三是实施重点考场管理，将报名地与户籍所在地不符的考生分散安排考场，增加巡考人员，配置必要设备，防止利用高科技手段有组织作弊现象的发生。从考试的结果看，这些措施都收到了较好的效果。

【网上缴费取得成功】　从 2010 年起，安徽省成人高考报名缴费实行网上缴纳的办法，即考生在网上预报名期间，通过网上银行支付、银行网点柜面支付等方式缴纳报名考试费用。网上缴费是为适应招生考试进一步科学化、规范化所采取的一项重要举措，考生报考信息、报名费用均通过网络采集，便捷、高效，是招生考试信息化管理的发展方向。为保证这项改革措施的万无一失，省考试院做了深入细致的准备工作，多次召开专题会议，讨论、部署工作方案。在具体实施中，本着慎之又慎的工作态度，对网上缴费服务银行的选定、系统运行的完善和测试、对社会和考生的宣传等都做了大量细致的工作。通过努力，网上缴费取得了圆满成功。为保证网上缴费与网上报名系统的连接顺畅，新开发了系统软件，对有关程序进行了修改完善，并加强了软硬件维护、网络保障、病毒防范、数据备份、人员配备以及应急预案的制定等方面的工作。

普通高校专升本招生考试

【概况】　2010 年，安徽省 21 所院校专升本招生计划为 5 180 人，其中文科类 2 465 人，理科类 2 445人，艺术类 230 人，体育类 40 人。报考人数为 13 491 人，其中文科类 6 372 人，理科类 6 682人，艺术类 395 人，体育类 42 人。实际录取 5 260 人，其中文科类 2 548 人，理科类 2 509 人，艺术类 193 人，体育类 10 人。

中等教育招生考试

【概况】　2010 年，安徽省中考考生人数为 718 241人，比 2009 年减少 59 186 人。考生分布在市、县和乡镇三级 97 个考区、578 个考点（含

48个乡镇考点）、24 032个考场参加考试。各类监考教师及考务工作人员将近十万人。

2010年，安徽省高中阶段教育招生计划为77.4万人，其中教育部门所属学校73.4万人（普通高中40.5万人，中等职业学校32.9万人），劳动部门所属的技工学校4万人。

安徽省考试院负责的中等职业学校招生有159所学校参加，共录取105 385人，比2009年减少8 147人。在审核时注销未到校报到新生17 901人，实际到校报到87 484人，其中五年制高职17 109人，三年制中专70 375人。

【完善措施、细化流程，实施平安工程】　编印《考务工作实施细则》，对考试工作的组织领导、报名考试、考场的规范化操作程序、考试偶发事件处理、试卷的安全保密、考点和考场的设置、监考人员的选聘和培训等都做了明确规定。针对听力考试这一最容易出现问题的环节，首次新增了听力的试听环节，并参照教育部对高考外语听力的要求，调整了中考英语听力的操作规程，细化了英语听力考试过程中每个时间点及时间段的工作步骤和内容。同时要求各市加大对听力考试考务工作人员的培训力度，最大限度减少人为操作的失误，全省2.4万多个考场听力考试组织工作质量明显提高。

【提高服务质量】　在中职招生中继续实行“五个放开”政策，进一步扩大学校自主权，拓宽生源渠道，努力完成中专招生任务。普通高中招生中执行“三限”政策。实施全过程的“阳光招生工程”，规范招生行为，净化招生环境，维护考生和招生学校的合法权益。

【推进信息化建设】　推出了网上注销报到系统，改变以前人工审核注销方式，首次实行了网上审核注销，此举减轻工作量，提高了工作效率，确保了数据真实准确，为学生申报学籍、中职资助和五年制高职学生三年后转录提供可靠的数据依据，也保证了新生名册的真实与完整。

【积极开展多种类型的招生工作，努力扩大生源范围】　鼓励和支持学校开展春秋两季的自主招生工作，将招生对象拓展到往届初中毕业生、高中在读回流生、应往届高中毕业生、返乡农民工、退役士兵等城乡劳动者。针对艺体类学校的招生特点，开展春秋两季的艺体类单考单招工作。在发展特色教育、培养特长人才的同时，也扩大了中职招生规模。发挥中等卫生类和师范类学校招生吸引力，开展招收未升学高考落榜生的专项招生工作。既提高了中等卫生类和师范类生源的质量，又促进了招生任务的完成。

自学考试

【概况】　2010年，安徽省组织3次自学考试。全年报考累计387 771人次、884 929科次。由于宣传到位，准备充分，顺利实现由过去全年四次考试到今年三次考试的平稳过渡。

2010年上半年有3 660人获得毕业证书，其中，专科1 018人，本科2 642人；下半年有4 232人获得毕业证书，其中，专科1 317人，本科2 915人。

【根据社会经济发展需要调整开考专业】　根据社会经济发展需求和安徽省实际情况，调整开考专业，开发新的考试项目，做好宣传推广工作。2011年将正式开考嵌入式技术（专科、本科）、移动商务技术（专科、本科）专业。调整部分专业主考院校，中国科技大学不再担任主考院校，增加三联学院为主考院校。

【电子摄像试点取得成功】　自5月网上报名起，在合肥市试点电子相片上传，取得成功。解决了合肥新生众多，现场摄像存在的安全隐患。

社会考试

【全国计算机等级考试】　2010 年，安徽省计算机等级考试报名人数达 239 861 人次，比 2009 年增加 41 447 人次，增幅为 20.89%。

编印《全国计算机等级考试考务工作手册》，将考试的各项规章制度汇编在一起，下发到每个考点，使考试的每一个环节、每一个步骤都有章可循，有法可依。其次是认真做好培训工作，加强对考试工作人员的业务培训，坚持实行考核聘任制，未经培训或培训考核不合格人员不能上岗。对在工作中不负责任，在考试中不按章办事的考点，坚决停考，严肃处理。2010 年停考一个考点，同时对一个监考不力的考点，进行了书面警告。由于措施得力，保证了考试的健康发展。

【大学英语四、六级考试】　2010 年，安徽省设大学英语四、六级考点 99 个，上半年考生 391 168人，下半年考生 409 868 人。

【全国英语等级考试】　2010 年，安徽省在合肥、芜湖、马鞍山三个市设全国英语等级考试考点，共计 1 282 人参加考试。

【非学历资格证书考试】　2010 年，安徽省在合肥市设考点，开考中国餐饮业职业经理人资格证书考试、中国物流职业经理资格证书考试、调查分析师证书考试、中国市场营销资格证书考试、劳动和社会保障资格证书考试 5 个项目，共计 5 259人参加考试。

【全国高校计算机水平考试】　2010 年，安徽省设全国高校计算机水平考试考点 90 个，共 222 928人报名参加考试，比 2009 年增加 1 371人。

【剑桥少儿英语考试】　2010 年上半年，安徽省设剑桥少儿英语考点 17 个，983 人报名参加考试；下半年，设 10 个考点，512 人报名参加考试。

【高等学校英语应用能力考试】　2010 年，安徽省设高等学校英语应用能力考试考点 78 个，164 731人报名参加考试。

供稿：安徽省教育招生考试院
撰稿：张明
审稿：郇平川

福 建 省

综 述

2010年，福建省高校招生考试工作是继续取得丰硕成果、历史意义非凡的一年。按照教育部统一部署，在福建省委省政府关心支持下，在省招生委员会、省教育厅领导下，根据教育部文件规定，按照学习实践科学发展观的要求，继续坚持不懈，努力创新工作思路，坚持以考生为本，营造更加公平、和谐的招生考试综合环境，积极稳妥推进各项招生考试改革。积极提升招生考试现代化管理水平，继续深入实施高校招生“阳光工程”，稳步推进国家教育考试各项改革，切实加强招生考试环境综合整治工作，确保国家教育考试安全、平稳、和谐地进行。切实把考试安全、招生宣传工作、考务管理和录取工作作为不同阶段的重点狠抓落实，确保福建省普通高校、成人高校、硕士学位研究生招生考试工作安全有序、公正公平进行。圆满完成年度各项教育考试和招生工作任务，为海峡西岸“两个先行区”建设做出了应有贡献，实现了让考生满意、社会满意、党委政府满意的工作目标。

2010年，福建省自考办在全国自考办、省教育厅的领导下，牢牢把握政治大方向，凝心聚力，奋发有为，以办考生如意、人民满意、政府放心的自考事业为宗旨，以改革发展、安全规范为主旋律，以促进公平、提高质量为方针，适应新形势新任务的要求，认真学习胡锦涛总书记在全党深入学习实践科学发展观活动总结大会上的重要讲话以及来闽考察重要讲话精神，学习国家教育改革和发展规划纲要，服从全省教育大局，努力实现自考和海西经济社会建设协调发展，发挥自考在海西战略中的基础性、支撑性作用。切实加强机关作风和效能建设，提高办考质量，积极推进自学考试事业科学规范安全发展。除高质量地完成学历教育考试工作任务外，还承担了全省面向社会教师资格认定“两学”考试、全省中小学新任教师公开招聘文化考试、政法干警招录培养体制改革试点教育入学考试、大学英语四六级考试、全国计算机等级考试、全国高校英语应用能力考试、社会艺术等级考试、中国书画等级考试等非学历证书考试。

总 类

【自考系统第四届文体活动周在集美大学隆重举行】 6月22日，福建省自考系统第四届文体活动周在集美大学体育学院开幕。全省自考系统有29个单位，220多人参赛，规模及人数均超历届。

【自考办组团参加海峡两岸职业教育及终身教育研讨会】 8月3日至4日，在三明市召开先行先试服务海西——海峡两岸职业教育及终身教育研讨会。研讨会由福建中华职教社、三明市委统战部、三明中华职教社联合主办，福建省全民终身教育促进会、（台湾）民生文教基金会协办，福建省自考办作为福建省终身教育促进委员会的成员单位组团参会。海峡两岸专家学者近300人参会，共商职业教育和终身教育发展大计，自考办在研讨会上作《发展自学考试，服务学习型社会——自学考试助力终身教育前景宽阔》的主题发言。

【自考办承办全国教育考试系统第五届乒乓球、第三届羽毛球赛事】 9月26日至27日，全国教育考试系统第五届乒乓球、第三届羽毛球比赛在福建集美大学举行。教育部学生司、教育部考试中心以及全国28个省、自治区、直辖市教育考试机构共32支代表队报名参加比赛，参赛运动员多达300人，其规模为历届之最。

【编写出版《考试研究方法导论》】 福建省自考办科研人员编写出版《考试研究方法导论》，全书22万字，包括考试研究概述、考试研究步骤、考试研究方法、考试研究评价等内容。该书由陈明庆、陈达辉、林文广主编，省教育厅副厅长薛卫民为该书作序。

【编辑出版《根植沃土》文集】 由南平市委组织部与福建省自考办联合编辑的《根植沃土》文集出版。该文集共20万字，分调研报告、学员风采、宣传报道、文件资料四大主题，内容翔实、图文并茂，不但深入总结了南平市实施“一村一名大学生村干部”培养计划五年来的实践经验，明确提出了以举办自学考试乡村管理专业大专班持续实施培养计划的目标措施，而且还生动展示了村干部优秀自考生积极投身社会主义新农村建设的精神风貌。

普通高考

【概况】 2010年，福建省普通高考（含“高职单招”）考生292 679人，比2009年减少12 412人，减幅约4%。其中，报考普通高校的考生278 384人；报考“高职单招”的考生为14 295人。全省共设85个考区，279个考点，12 018个考场；比2009年减少5个考点、532个考场。

2010年，福建省普通高校招生总计划为229 449人，实际录取新生231 187人（含保送生等各类招生），比原计划增加1 738人。其中，本科招生计划109 605人，实际录取113 116人；高职高专招生计划119 794人，实际录取118 021人。

【精心组织、措施有力，确保考试安全】 2010年，福建省高招办重视做好高考组织实施工作。重点对所有考点的网上巡视系统、保密室的建设与管理及突发事件的应急处置预案的制订等方面工作狠抓落实。采取的措施主要有：（1）建立和完善考风考纪责任制。省、市、县和考点之间层层建立考风考纪和试（答）卷安全保密责任制与责任追究制。（2）狠抓安全保密落实工作。按照教育部和福建省招生委员会的要求，狠抓考点和试卷保密室标准建设。（3）加强考试工作人员的岗前培训工作。严格执行回避制度，加强识别和防范利用现代通信工具进行考试作弊行为的培训。（4）切实加强考试环境综合治理工作。高考前，由福建省招生委员会、省教育厅、公安厅、省信息化局联合发出《关于进一步加强2010年考试环境综合整治工作确保福建省普通高考平安和谐进行的通知》，对考试环境综合治理工作进行具体部署。（5）认真制订应对自然灾害、人为破坏等各类突发事件的应急预案，防范未然，确保考试安全。（6）加强考前和考试期间的督察工作。在考前和考试期间，福建省高招办和各设区市教育局都专门组织力量对各地的考前准备和考试组织实施工作进行全面督促检查。此外，在高考考试期间，福建全省各地坚持以考生为本，加强考点周边环境的综合整治，组织“高考爱心车”免费运送考生，为伤病等需要照顾的考生启用备用考场或提供方便。

经统计，福建省 2010 年高考，全省缺考 6 165人，占全省考生总数的 2.11%，经查主要是因为考生已确定被保送、单独招生录取，或者出国以及体检不合格、体育、艺术类专业考试不合格等原因而自主放弃考试，未发现一例因考务工作失误以及社会公共条件缺失而造成的考生缺考现象。

【严肃考风考纪，落实责任制】 2010 年，福建省以“平安高考、和谐高考”为工作目标，并在总结往年经验的基础上，重点采取了以下措施：（1）认真落实教育部确定的责任制和责任追究制，逐级签订责任书，确保职责到岗、任务到人。（2）考生准考证全省集中编制。实行考生准考证号码全省集中统一编排，并对准考证和条形码实行分开打印和分别发放，形成互相制约的机制。（3）采取措施，防范替考。要求考生必须在准考证上签名，并在参加每场考试时再在专门的“考生签到表”上签名，以便监考老师核对签名笔迹，防止“冒名顶替”。（4）加强考风考纪宣传教育工作。着重加强考生诚信教育，组织考生逐个签订诚信应考承诺书，营造“诚信考试光荣，违纪舞弊可耻”的社会舆论环境。（5）继续实行高考巡视制度。福建省高招办按照每个考点至少配备一人以上的标准，向各个考点选派出经过集中培训的省派巡视员，深入考点考场，开展现场督促检查。（6）使用技术手段防范和打击高科技高考违纪舞弊行为。高考考场全部实行电子监控并全程实时刻录备查，部分考区还配置了专门监测对付“隐形接收器”的仪器或者对全部考场实行手机信号电子屏蔽；各级招生考试机构、公安和无线电管理部门进一步完善联合巡查机制，考试期间派出无线电监测车进行巡查，防范和打击各种企图利用无线通信设备进行高考作弊的行为。经统计，福建省 2010 年高考期间全省无线电管理部门投入无线电监测车、无线电行政执法车及保障车 32 辆，94 台设备，发现并压制可疑作弊信号 1 起。（7）确保考试安全。针对校园安全工作形势严峻的新情况，福建省招生委员会、省教育厅、省公安厅、省信息化局在考前联合印发通知，要求各级招委会成员单位和有关部门，加大对各种危及高考安全、影响高考正常秩序、侵害考生利益行为的治理和打击力度，为高考公平公正、平安和谐创造良好的社会环境和考试环境。采取措施有力，成效显著。据统计，福建省公安部门在 2010 年高考前夕破获涉嫌出售高考作弊设施设备的犯罪团伙 6 个，抓获疑犯 58 人。同时，明确要求各地公安部门在考试期间，按每考点至少两名警察的标准向各考点派驻警力，并在考生进场和退场等重要关节点，对考点周边、考生集中住宿地区加强警力配备、加大巡逻密度，切实保证考生、考试工作人员及考点的安全以及良好的交通秩序；并要求各级招生考试机构严格限定各类证件的发放范围和发放对象，切实加强考点的门卫措施。（8）建立了考场视频监控录像回放审看制度。2010 年，福建省首次在高考结束后，组织专人专用设备，将全省各考点的考场监控视频录像，统一集中到省里进行回放审看，并对通过回放审看中发现的违规考生和违规工作人员，按照有关考试考务规定进行严肃查处。

经过努力，福建省 2010 年普通高考未发生失、泄密以及大面积违纪舞弊或有组织有预谋的团伙恶性作弊现象；考试期间，发现违纪舞弊事件 67 例，涉及考生 67 人；通过录像回放共发现作弊事件 17 例，涉及考生 16 人，高考违纪舞弊率继续保持低水平。

【继续稳步推进高校招生改革】　福建省2010年招生录取工作采取的三项新举措都取得圆满成功，这三项举措是：（1）为适应“平行志愿”投档与录取模式改革，把原有各个项目的加分照顾政策的分值全部“减半”；同时，加强了对照顾对象的审核把关。福建省招生委员会专门会同省侨务办公室、省民族宗教厅、省公安厅等发出文件，更加严格了审核程序，细化了审核条件，加强了公示工作。比如，规定所有照顾对象都要公示，特别是针对少数民族考生的“移民”现象，专门规定了凡是从城市迁往少数民族聚居乡的不予认定，因家长工作变动等原因从农村其他乡镇迁往少数民族聚居乡的必须达2年以上才能享受照顾政策等。这一举措通过福建省各传媒的正面宣传报道，社会反映平稳，未收到一例反对意见。（2）把“平行志愿”的投档与录取模式扩大到体育和艺术类。2010年，福建省的艺术类提前批录取，在全国首创“平行检索、一档多投、高校预录、考生确认”的“平行志愿”创新模式改革试点，收到明显的实效，得到教育部有关领导的肯定。（3）将艺术类划分为音乐类、美术类、舞蹈类、播音主持类、编导类、影视表演类、时装表演类、摄影类、书法类、艺术教育类、音乐（南音方向）类11个类别，将高职单招分为文化教育类、财经类、旅游类、农林牧渔类、医药卫生类、艺术设计传媒类、制造类、电子信息类、土建类9个类别，进行分类投档与录取。

【深入实施“阳光工程”】　2010年，福建省招生信息公开公示制度进一步完善：（1）建立和完善以“六公开”为主要内容的信息公开制度，通过媒体宣传和网站等渠道，在报名、考试和录取等各个阶段，及时、全面、准确地向社会发布招生政策与规定、招生计划、工作日程安排与工作程序、管理办法等内容。（2）通过省、市、县（区）及考生所在中学的“四级”平台，公示享受政策照顾资格的考生名单，并在教育部“阳光高考”平台和省高招办网站上公示保送生、艺术特长生、高水平运动员、自主招生的资格生名单，主动接受社会监督。（3）开通考生信息查询系统，直接向考生本人提供与考生密切相关的考试成绩、考生所填报的院校投档线及录取结果等信息。（4）每批次录取期间，向考生公开各高校最低录取分数线，并在每天录取结束后及时公布当天录取结果；各高等学校在每批次录取结束后，也及时公布该校录取的各专业第一志愿录取最低分数线。

【普通高校录取管理工作制度化、规范化】

（1）由省招生委员会在录取点成立了录取现场领导组，实行集体议事制度，集体研究、决定录取工作的有关事项。对于录取期间需要处理的重大问题，录取现场领导组还提请召开省招生委员会主任办公会议集体研究决定。（2）在录取现场成立独立行使职权的监察组（由省监察厅和教育厅监察室干部组成），在录取管理系统专门开设监察窗口，对招生录取全过程进行监督，并对录取工作的重点环节、重点岗位、重点时段进行重点监督。（3）加强录取工作人员的教育管理。所有人员均须接受岗前培训，培训合格后持证上岗。同时，将录取有关的管理规定、操作程序和纪律要求等汇编成《2010年福建省普通高校招生网上录取工作手册》，印发给录取工作人员遵照执行。（4）录取过程主动接受社会和舆论监督。邀请人大、政协的领导来录取现场视察，专门安排考生和家长来观摩；向社会公布举报电话，设立招生咨询服务窗口，开通服务专线，接受考生和社会的咨询、投诉和监督；主动联系媒体召开通气会及时通报情况，接受社会监督。

研究生招生考试

【概况】　2010年，福建省设立12个硕士研究生招生考试报考点，确认接受报名22 713人，比2009年增加14.7%。其中，应届本科毕业生为13 709人，占60.4%；在职人员为5 768人，占25.4%；其他人员为3 236人，占14.2%。参加全国统考的考生为17 689人，占77.9%，推荐免试生为1 737人，占7.6%；在职人员单独考试为89人，占0.4%；管理类专业学位联考考生2 508人，占11%；法律硕士专业学位联考考生655人，占2.9%；农村教育硕士35人，占0.2%。

2010年，全国报考福建省11个硕士研究生招生单位的考生共28 375人，比2009年增加3 055人，增幅为12.1%。其中，应届本科毕业生报名人数为18 772人，占66.2%；在职人员和其他人员报名人数为9 603人，占33.8%。参加全国统一考试的考生为23 369人，占82.4%；推荐免试生为1 648人，占5.8%；在职人员单独考试为89人，占0.3%；管理类专业学位联考考生为2 508人，占8.8%；法律硕士专业学位联考考生为726人，占2.6%；农村教育硕士35人，约占0.1%。

全省设立10个考区（除9个市外，厦门大学单设1个），共有23个考点，682个考场，监考及工作人员1 652人，省派巡视员50人。考试期间，发现处理违纪、舞弊考生共计27人，其中违纪20人，作弊7人，违纪舞弊率约0.1%，与2009年持平。

2010年，福建省11个硕士生招生单位实际录取9 456人，比2009年增加438人，增幅为4.9%。其中，学术型录取7 601人，专业学位录取1 855人；全国统考录取6 694人，单独考试录取40人，推荐免试录取1 612人，管理类专业学位联考录取906人，法律硕士专业学位联考录取169人，农村教育硕士录取35人；其中少数民族骨干录取26人。博士生录取总人数为1 075人，比2009年增加36人，增幅为3.5%，其中公开招考录取827人，硕博连读227人，直接攻博21人；其中少数民族骨干录取30人。

【优化报考点布局，切实做好报名工作】 按照教育部有关精神，对全省硕士研究生报考点进行优化调整，保证报考点布局合理，便于管理。报名工作开始前，组织召开全省网报实施工作会议，对报考点和招生单位有关人员集中进行培训，严格按照教育部统一要求，做好网上报名宣传咨询和应急预案编制工作；各报考点还根据本地考生人数变化等新情况、新特点，采取各种措施，认真进行模拟演练。报名确认期间，各报名点增强服务意识，想考生所想，急考生所急，尽最大努力为考生提供方便、快捷、优质的服务。

【采取有效措施，确保试（答）卷安全】 试（答）卷的安全保密始终是招生考试工作的生命线。2010年进一步加强对考点和招生单位考前试卷安全保密的管理工作，专门下发了《关于做好2010年福建省硕士研究生招生全国统一考试工作的通知》等文件，要求有关单位对考试实施各环节工作的复杂性有充分的认识，对易出现问题的环节应有防范预案。特别强调要重视试卷的考前保管、考试结束至评卷期间答卷保管工作。要求试卷的运送、保管、分发各环节严格按照《国家教育考试安全保密工作规定》的要求执行，层层落实责任制，全省所有试卷保密室实行录像监控，严格履行交接手续，认真做好值班记录，形成软件硬件同样硬的制度化管理，杜绝失、泄密事件的发生。福建省高招办在各报考点、招生单位自查的基础上，组织专人对全省所有报考点及招生单位的保密室进行使用前全面检查验收工作，并接受教育部考前准备情况检查组的抽查。试卷到位后还组织专人对全省试卷保密室进行了抽查，检查各项保密制度和措施是否落实到实处，同时，不定期地检查各地值班情况，确保试卷的绝对安全。

【加强硕士研究生招生单位自命题管理】 大力加强招生单位自命题的管理工作，强化了自命题环节的规范管理，下发《福建省硕士研究生入学考试自命题科目试卷印发工作管理规范（试行)》。通过命题工作会议，进一步强调招生单位自命题安全保密工作的重要性，增加责任意识，由福建省高招办汇总各招生单位自命题各环节工作规范加以优化，之后再发给各招生单位作为工作指导。明确要求各招生单位采取切实有效措施，严格按照教育部的有关规定和文件要求，加强对试题、答案以及试题交接、保管等各环节的落实管理。

【抓好评卷管理，提高评卷质量】 （1）高度重视，精心组织，保障有力。所设两个评卷点领导高度重视，成立由校长、纪委书记、分管副校长等校领导以及省招办领导组成的评卷工作领导小组，领导小组下设八个职能机构，由校有关职能机构领导、学科小组组长担任，负责评卷的具体事务。（2）职责分工明确，责任落实到位。①召开评卷动员暨培训大会，由评卷领导小组负责人对评卷工作提出了总体要求：一是思想要重视、责任要落实；二是标准要坚持、质量要保证；三是安全要抓紧、过程要规范；四是纪律要严守、保密要自觉。②规范评卷工作的各环节，制定有关规范性文件，明确了办公室、纪检组、考务组、技术组、后勤保障组、保卫组、答卷管理组等职能部门的职责。③通过培训和学习，提高思想认识，明确岗位职责。（3）强化安全纪律，评卷过程规范。评卷过程中，各评卷点始终把答卷安全作为评卷的第一要务抓紧、抓好，并不断通过纪律教育提高大家的安全保密意识。（4）评卷工作本着“坚持标准、公正准确、科学规范、安全有序、严守纪律、保守秘密”的指导思想，按照教育部考务工作规定的有关要求，有条不紊地进行。

【科学做好计算机登分和校验工作】 为了使全省硕士生统一阅卷、登分工作更加科学化、规范化，2010年福建省又改进和完善了研究生阅卷登分管理系统，更新了计算机设备。除继续采用在阅卷点随机编排答卷袋保密号外，还在严格的工作纪律和操作程序下进行两遍成绩录入，同时由纪检监察人员全过程实施监督，确保了考生成绩的准确性、可靠性。试卷评完后，福建省还专门从各招生单位抽调工作人员集中在评卷点对已阅试卷再次进行全面核查，确认有无漏评或统分、登分错误等问题，同时还要核对卷面上的成绩与数据库中的成绩是否一致，以保证考生成绩准确无误。聘请有多年光电阅读器评卷经验的计算机专家编制评卷软件。由专职技术人员和专业公司的技术人员负责维护、调试计算机、光电阅读器等电子设备，标准答案输入由两组专职人员进行多遍核对，保证每个工作单位时间数据都有备份，备份数据由2名专职人员分别保管，每张机读卡由不同阅读器进行初评、复核阅读。抽取一定数量的机读卡复印后由人工评阅，检查机器阅卷质量。

成人高考

【概况】 2010年，福建省各类成人高校报考总数为72 893人，比2009年增加8 453人，增幅为13.1%。其中，专科起点升本科28 978人，比2009年增加1 983人；高中起点升本科1 007人，比2009年减少184人；高中起点升专科42 908人，比2009年增加6 654人。

2010年，全国共有117所成人高校在福建省招生，招生计划为50 601人，比2009年增加1 239人，增幅为2.69%。按学历层次分，专科起点升本科招生计划为28 163人，占55.7%；高中起点升本科为920人，占1.8%；高中起点升专科为 21 518 人，占 42.5%。按院校隶属划分，部委及外省院校招生计划为 15 641 人，占 30.9%；省属院校招生计划为 34 960 人，占 69.1%。

全省 11 个设区市共设 85 个考点，2 971 个考场。违纪舞弊 178 人，比 2009 年增加 64 人，违纪率为 0.24%。

2010 年，福建省共录取成人高考新生 57 566 人，完成计划的 113.8%。其中，专科起点升本科录取 23 292 人，完成计划的 82.7%；高中起点升本科录取 651 人，完成计划的 70.8%；高中起点升专科类录取 33 623 人，完成计划的 156.3%。此外，录取退役兵 11 人、“下基层”服务期满的普通高职（专科）毕业生 38 人申请免试就读福建省成人高校专升本，录取台湾农业协会会员 12 人来闽攻读成人大专学历。

2010 年福建省成人高考各科类录取最低控制分数线

层次	科类名称	分数线	层次	科类名称	分数线
专科起点升本科	农学	190 分	高中起点升本科	理工	161 分
	医学	230 分			
	文史	201 分		文史	160 分
	理工	138 分			
	经管	128 分	高中起点升专科	理工	131 分
	教育	202 分		文史	130 分
	法学	188 分		西医	166 分
	中医	170 分		中医	155 分

【积极做好招生宣传，信息服务周到】 坚持以考生为本，努力提高管理和服务水平，积极采取有效措施，营造更加和谐的招生考试宣传氛围。在报名开始前，召开全省成人高校招生工作会议，传达教育部有关文件精神，针对成人高考招生宣传工作的特点进行部署，要求全省各级招办和招生院校进一步加大招生宣传，增强服务意识，积极组织生源。以“福建省成人高考招生信息网”和省内主流媒体为平台，及时公布《福建省 2010 年成人高等学校招生规定》、《考生须知》、《报考问答》、招生院校介绍及省、市、县区招办和院校招生咨询服务电话等，把为考生提供周到服务落实到实处。

【优化报名工作流程，加强网报管理】 为确保网上报名工作顺利进行，报名前，召开网上报名考务会议，对全省报名系统管理人员专门进行网报岗位培训，组织模拟测试，对测试合格的统一办理岗位证书，实行持证上岗，有效地提高了报名管理人员的业务水平和系统操作技能。对网上报名现场确认各个环节进行详细安排，对考生的报考资格、学历审核等做了明确的规定，强调各确认点要把好学历证件审核关，实行专人负责、严格把关，对不符合条件的一律剔除，有效地防范了有组织的异省报考和假学历报考现象。2010 年福建省成人高校招生网上报名现场个人信息确认使用 B/S 结构进行操作，配置 C/S 服务器作为应急预案应对突发事件（如断网等），确保考生网上报名信息准确无误地传送。

【进一步加强考试环境的综合治理】 严格执行考生凭准考证和身份证两证入场的规定，考场统一使用带有考生网报现场确认照片的签到表，由监考人员核对检查，切实防范替考。所有考场使用“网上巡视系统”、“手机屏蔽仪”和“手机探测狗”等现代科技手段防范作弊。考试期间各地招办主动协调无线电管理部门配合，派出无线电监测车在考点周边巡查监测异常信号。

【加强评卷管理，确保评卷质量】 为做好 2010 年成人高考评卷工作，福建省高招办在 9 月底召开全省评卷工作专题会议，对评卷院校在评卷安全、教师选聘、场地选择、时间安排、质量监控等项工作均做出具体部署和明确要求。在评卷质量上坚持“依据标准、客观公正、给分有理、扣分有据、宽严适度、始终如一”的评卷原则，并从以下三个方面做好管理工作：（1）精心组织，健全机构。各评卷点成立了以校领导、纪委书记、各职能部门负责人组成的评卷工作领导组，各学科由相关学院院长担任评卷业务组组长，按规定条件选聘评卷人员。按照《福建省成人高校招生考试评卷工作管理规则》的要求，严格落实试卷安全保密的措施，对试卷保管室及评卷场所进行全面的专项检查。在试卷保管室及评卷场所安装了监控设备，对评卷的全过程进行实时刻录。建立严格的试卷交接制度，对每次进出库的试卷都要详细地填写《试卷进出库登记表》，逐一清点验收，确保答卷的安全。（2）在评卷过程中，各评卷院校首先组织教师认真学习试题答案和评分标准，精选样卷，根据考生的答题情况，找出给分点，定出本学科的评分细则，避免出现不同人评卷标准执行不一或同一教师前后给分宽严不一现象。要求各评卷点配备专职分数复核员，严格执行“一评、二复、三抽查”的工作程序，以加强对评卷工作的检查。（3）规范登分操作、严防差错。登分工作采取抱卷上机，不打开试卷密封线，按试卷袋保密号和考生座位号输入大题分，由电脑自动对甲、乙两人输入的分数进行校对，将有疑问的数据打印出来用人工查卷核实。总分合成后再次核对各项数据，防范漏评卷、漏答分、漏统计的事件发生。

【坚持录取标准，确保新生质量】　11月初，福建省高招办开通院校信息管理平台，发布了各招生院校分专业生源分布情况，使招生院校能根据生源分布情况及时进行各层次计划的调剂。录取开始前，严格按教育部的规定在确保新生质量和不单纯为完成计划而降低分数标准的前提下，划定福建省各类最低录取控制分数线；录取中做到四个“坚持”，即坚持公平、公正、择优录取的原则，坚持按向社会公布的政策和程序进行录取，坚持执行招生计划，规范计划调整手续，坚持现场请示报告制度。为切实解决院校间生源分布不均和生源与专业计划之间的矛盾，福建省高招办通过与省教育厅相关处室的密切配合，加强计划调整的宏观管理，在实际操作过程中，做到既严格执行招生计划，又解决部分院校实际困难，取得院校理解和支持，受到招生院校的好评，同时也圆满完成了招生任务。

自学考试

【概况】　2010年，福建省自学考试报考人数为32.6万人次、64.9万科次。其中，1月报考89 589人次、175 996科次，4月报考90 695人次、184 828科次，7月报考70 569人次、133 414科次，10月报考75 624人次、155 591科次。开考专业达137个，其中本科专业65个，专科专业72个。全年毕业生15 524人。

【省自考办深入高校开展调研活动】　3月5日，福建省自考办主任及各科室负责人与福州市教育局、自考办负责人，到福州大学阳光学院、对外经济贸易职业技术学院开展调研活动。调研组与两所学院充分讨论了高校在自学考试中的地位和作用，并就如何进一步发挥高校在自考社会助学中的优势，为自学考试发展做出更大贡献进行了探讨。通过调研，认识到高校在积极参与自学考试工作的同时，要立足提高办考质量，集中精力，重点办好若干个专业，形成规模效应和良性循环。

【设立“高等教育自学考试研究基地”】　福建省自考委批准在集美大学设立“福建省高等教育

自学考试研究基地”，并于4月30日举行授牌仪式。“研究基地”的主要任务是：（1）开展高等教育自学考试理论研究；（2）推介高等教育自学考试研究成果；（3）承担高等教育自学考试综合改革试点工作。

【院长聚首共商自考改革之道】 5月22日至23日，2010年福建省普通本科院校继续（成人）教育学院院长协作会在武夷山市召开。来自全省18所普通本科院校继续（成人）教育学院的负责人共46位代表参加了会议，会议以自学考试改革与发展为主议题，展开了充分的交流与研讨。省自考办领导到会并参与相关主题讨论。

【闽西南五地市自考协作会在东山县召开】

8月11日至13日，2010年闽西南五地市自学考试协作会漳州年会在东山县召开，来自莆田、泉州、龙岩、厦门、漳州五地市教育局的分管领导和各县区自考办的代表共34人参加了会议，福建省自考办领导到会并讲话。与会代表围绕自学考试改革与发展的主题，展开充分的交流，并就自学考试开考专业设置、专科与本科衔接、教材与大纲改革、宣传与推广、指导与服务等问题进行深入的探讨。

社会考试

【概况】 2010年，福建省非学历社会考试全年报考92.2万人次，比2009年增加2.3万人次，增幅为2.61%。其中，全国计算机等级考试报考151 352人次，全国英语等级考试报考14 165人次，全国大学英语四、六级考试报考545 662人次，全国高等学校英语应用能力考试报考117 539人次，全省面向社会认定教师资格“教育学”、“心理学”考试报考86 007人次。

【社会考试工作会议在莆田召开】 3月11日，福建省社会考试工作会议在莆田市召开。参加会议的有全国计算机等级考试、全国英语等级考试福建省所在各考点负责人，各设区市自考办主任以及省自考办各科室负责人共130多人。莆田市教工委副书记、教育局局长姚志平到会致辞，省自考委秘书长、省自考办主任林健民宣读表彰决定，省自考办副主任杨小川做社会考试工作总结。会议对社会考试先进集体和先进个人以及福建省全国计算机考试先进考点和优秀考试工作者进行了嘉奖。会议还探讨了新形势下社会考试工作的新思路，强调要提高对开展社会考试工作重要性的认识，努力拓宽服务领域，提高服务水平，促进福建省社会考试工作的发展。

【全国计算机等级考试第31考次报考人数大幅回升】 全国计算机等级考试第31考次于3月27日至31日在福建省九个设区市的112个考点同时举行。全省共有83 199名考生报名参加全国计算机等级考试4个级别的笔试和机试。本考次报考人数基本回升到开考以来的最好水平。

【中小学教师招考笔试顺利举行】 5月29日，福建省2010年中小学新任教师公开招聘文化课笔试在全省各地考点统一举行。笔试分为教育综合知识和专业知识两部分，其中专业知识分28个学科。福建省2010年拟公开招聘近5 300名中小学教师，其中农村教师3 800多名。报名参加考试的主要是高校应届毕业生。本次考试成绩全省通用，并且不划定统一的合格线。考试之后，各县（市、区）按照考生的笔试总成绩以1∶3的比例从高分到低分确定进入面试人选。

【中国书画等级考试报考人数有所增长】 由教育部考试中心主办、福建省社会艺术教育学会承办的中国书画等级考试于11月20日在福州、平潭、莆田、厦门、漳州、诏安、三明、沙县、漳州9地举行。本次考试设书法、硬笔书法、素描、色彩、动漫画五个科目，各设1级至9级。福建省报考人数为2 091人。

供稿：福建省高等学校招生委员会办公室
福建省高等教育自学考试委员会办公室

撰稿：江小敏　念孝明　苏良琪

审稿：林其天　郑元鼎　方小彤　林健民

江　西　省

综　述

江西省2010年教育考试招生工作在省委、省政府的正确领导下，在省高招委、省中招委、省自考委和省委教育工委、省教育厅的直接指挥下，各级招生考试机构认真贯彻执行教育部有关文件精神，以科学发展观统领全局，不断深化改革，大力推进“阳光工程”，确保了考试安全、维护了公平公正，圆满完成了普通高考、研究生招生考试、成人高考、自学考试、社会考试等各项工作任务，在办人民满意教育考试中迈出了新的步伐。

普通高考

【概况】　2010年，江西省普通高考共有311 651人报考，比2009年减少37 364人，减幅为10.7%。其中，普通类考生306 032人，占考生总数的98.2%，比2009年减少34 967人，减幅为10.25%；以“三校生”（职业高中、中专、技校毕业生）身份单独报考高职类院校（以下简称“三校生”高职类）的考生5 619人，占考生总数的1.8%，比2009年减少2 397人，减幅为29.9%。普通类考生中，报考文史类的考生128 548人，占42%；报考理工类的考生177 484人，占58%。其中，兼报艺术类的22 127人（美术类专业16 623人，音乐类专业5 123人，特殊类专业381人），兼报体育类的9 983人。“三校生”考生中，兼报艺术类的58人（美术类54人，音乐类4人），兼报体育类的47人。全省设11个考区，187个考点，10 656个考场，省内21所高校选派112名教师作为高考巡视员。

2010年，全国普通高校在赣招生计划为21.86万人，实际录取24.8万人，完成招生计划的113.5%，录取率达79.6%，比2009年增长近11%。

【改革更加深入，彰显科学规范】　2010年，江西省普通高校招生工作继续推进改革，具体举措是：第一，将平行志愿范围扩大到文史类、理工类和体育类的二本、三本批次以及美术类二本批次，实现了志愿满足率明显提高、院校生源稳定性提高、录取的公平性进一步提高和上线考生落选率再创新低的“三高一低”良好态势。平行志愿使得各批次院校一次投档满额的比例明显提升，一本批次由2009年的85.2%上升到89.6%，二本批次由2009年的46.7%上升到61%，三本批次由2009年的54.2%上升到81.9%。同一高校录取的考生高低分差明显减小，多数院校都集中在10分至20分之间。平行志愿使得“高分低录”、“低分高录”的现象减少了，凸显其“高分优录”的选拔功能。全省一本线上考生落选人数为192人（2009年为422人），二本线上（含一本）落选人数为2 112人，落选率为2.3%，较2009年下降54.5%。

第二，严格退档制度，维护了志愿填报的严肃性。对于有志愿的考生，高校不能以“考生自愿放弃”为由退档，考生也不能以“自愿放弃”为由要求院校退档。这一措施切实维护了考生志愿的严肃性，提高了录取工作效率，也有效保证了部分高职（专科）院校的生源。

【管理更加严格，成效更加显著】　2010年，江西省普通高校招生工作进一步加强管理，成效显著：第一，命题质量稳中有升。近年来江西省自命题工作受到上级部门的充分肯定及社会各界的广泛认可，从高考后各学科数据分析来看，江西省2010年自行命题质量保持平稳上升的态势，有利于高校招生选拔，有利于向新课程高考的平稳过渡。第二，考务管理严格规范。由于领导重视、措施得力、管理到位，2010年江西省高考秩序井然，考风考纪进一步好转，在考试过程中没有出现大面积的违纪舞弊事件，没有出现试卷泄密、答卷丢失等事故。查处违规考生69人次，违规率为0.55‰。评卷工作继续实行“三评制”，坚持严格的监控制度，2010年江西省评卷误差率为零，进一步提高了评卷质量，确保了考试公平和考生利益。第三，录取工作安全顺利。在2010年录取工作中，江西省严格计划管理，杜绝了无计划、超计划和体制外招生；严格执行各层次录取控制分数线和院校投档线，切实维护了录取工作的严肃性和权威性；严格录取通知书的管理，杜绝了无序招生、虚假招生；加强网络信息管理，确保招生信息完整准确。

【服务更加优化，社会满意度增强】　江西省普招工作围绕“服务考生、服务高校、服务社会”的工作宗旨，坚持以考生为本，深入实施高招“阳光工程”，不断提升服务质量，获得了社会的广泛好评。第一，加大了信息公开透明力度。主动接受纪检监察部门的全程监督，新闻媒体的舆论监督，人大代表、政协委员和群众的社会监督，切实执行以“六公开”为主要内容的信息公开制度。开展“高考直通车”宣讲活动，将高招政策、信息及应试技巧等送达中学；免费发放《高招100问》，确保考生准确了解掌握高招各阶段应知、须知的政策、信息；实行“知分、知线、知位”填报志愿，举办大型填报高考志愿咨询会，面对面指导考生科学合理填报志愿；推行“新闻发布会制度”，并向新闻媒体及时提供高招信息通稿，始终把握正确的舆论宣传导向。第二，积极搭建信访“绿色通道”。认真做好现场信访接待和网上答疑工作，特别是录取期间实行领导信访接待日活动，班子领导定期到信访接待处接待来访考生及家长，有效化解工作过程中产生的矛盾和问题，确保了高招工作的安全顺利，维护了社会的和谐稳定。由于服务多形式、多渠道，2010年录取期间受理信访问题67件，比2009年同期减少9.46%。高招录取期间，考生、家长和中学送来了锦旗，武汉大学、哈尔滨工程大学等高校寄来感谢信，充分体现了考生、高校以及社会对江西省高招工作的客观评价和充分肯定。

研究生招生考试

【概况】　2010年，江西省报考硕士研究生的考生为36 626人，比2009年增加4 664人，增幅为14.59%。其中统考生33 368人，推荐免试生974人，工商管理专业学位联考考生1 283人，法律硕士专业学位联考考生1 001人。全国各地报考江西省4所博士研究生招生单位的考生人数为620人，与2009年持平。

2010年，全国报考江西省13个招生单位的考生为16 484人（含推荐免试生974人），比

2009 年增加 2 449 人，增幅为 17.45%。

全省在 11 个设区市和江西财经大学共设 12 个考区，32 个考点，1 195 个考场，准考人数为 35 652人（不含 974 名推免生）。经过各考区组织考务培训并考核后，共选拔 4 555 人担任监考教师及有关考务工作。省高招委、省教育厅派出 26 名巡视员和 13 名督察员分赴各考区监督指导。

2010 年，江西省实际录取硕士研究生 7 952 人，比 2009 年增加 6.14%，其中，录取学术型研究生 5 735 人，全日制专业学位研究生 2 217 人。录取博士研究生 185 人，比 2009 年增加 5.1%。

【积极做好考务部署，把考试安全作为第一要务】 2009 年 11 月 3 日和 12 月 16 日，先后两次召开全省硕士研究生入学考试考务工作会，分别布置了报名、自命题管理和初试考务等有关工作。对全省研究生考试考务人员进行业务培训，要求各考区、各考点高度重视考试安全，特别要高度重视试卷的安全保密工作，要将考试安全和考试管理责任层层落实，从省高招办到各考区，从各考区到各考点，从各考点到一线考务人员，层层签订责任状，明确责任分工和责任追究。

【公平公正、科学合理开展推荐免试工作】 为使 2010 年的研究生招生推免工作更加科学合理，江西省教育考试院反复重申、重点强调，要求推免单位进一步规范和完善推免工作程序，确保推免过程的公平、公开、公正。2010 年江西省共推荐免试生 974 人，推免工作平稳有序，未出现一起因推免不公正而引起的学生投诉。

【严肃考风考纪，严防严打高科技和群体性舞弊事件】 为防范高科技团伙作弊，严厉打击利用无线耳机等高科技手段作弊的行为，启动部门联动协作机制。考试期间，全省使用手机信号屏蔽仪和耳机探测仪，省市无线电管理部门全面出动无线电监测车等反作弊设备，省、市公安部门大力支持，协助各级招生考试机构加大对高科技舞弊、群体性舞弊和其他有组织舞弊行为的打击力度，整肃了考风考纪，创造了良好的考试环境。中央电视台新闻频道 1 月 10 日中午《新闻直播间》栏目以及江西卫视同日晚上《江西新闻联播》栏目对江西省严打高科技舞弊行为做了正面报道。

【质量为先、措施并举，着力做好专业学位招生录取工作】 2010 年是教育部实行研究生教育结构调整的第二年，学术型研究生招生计划减少，全日制专业学位研究生招生计划增长。但报名时考生、家长、社会对全日制专业学位研究生这种新的学位类别和培养模式认识不足，给全日制专业学位招生工作带来一定困难。为了确保顺利完成招生计划，确保专业学位研究生的生源质量不输在起跑线上，调剂时采取了如下措施：第一，严格执行与学术型研究生相对应的专业学位研究生考生进入复试的初试成绩基本要求。鼓励学术型研究生向专业学位研究生调剂，也允许专业学位研究生按照要求向学术型研究生调剂。政策的严格执行确立了专业学位与学术型研究生的平等地位。第二，加大对第一志愿生源不足的专业学位类别调剂录取研究生的宣传力度。招生单位积极在中国研招网、中国考研招生网和中国研究生招生在线等专业网站刊登调剂信息，吸引线上生源。第三，多数招生单位在学费上出台优惠政策，吸引合格生源。南昌航空大学、江西理工大学等高校不仅对专业学位第一志愿复试合格考生实行学费公费，对调剂录取的考生也全部实行学费公费。还有的招生单位采取半公费的政策，有的同时实行普通奖学金、优秀考生奖学金制度。在优惠政策的激励下，全日制专业学位招生计划得以顺利完成，而且生源质量较 2009 年有所提高，生源结构也更加趋于合理。

成人高考

【概况】　2010年，江西省成人高校招生考试报名人数为83 949人。其中，专科起点升本科25 693人，高中起点升本科17 339人，高中起点升专科40 917人。全省设11个考区，62个考点，2 832个考场，有7 596名监考教师和考务工作人员参加监考及管理工作。

2010年，江西省成人高校实际录取新生56 319人，录取率为67.09%。其中，专科起点升本科录取20 126人，高中起点升本科录取3 224人，高中起点升专科录取32 969人。

【巩固扩大报考成果，报考工作成效显著】　江西省自网上报名工作开展以来，在吸收以往经验和做法的基础上，注重创新，2010年推出五项措施加强生源组织工作：第一，周密部署，工作主动。要求全体招考工作人员以高度的责任感和务实精神，全力以赴投入到组织报名工作中去；第二，进一步完善信息公开制度和重要事项告知制度。按照“阳光工程”的要求，各级招考机构建立常态化工作机制，全面、准确、及时地向考生发布招生政策、报名资格、考试办法、录取规则以及成人高校办学资格、办学类型和学费标准等信息；第三，措施得力，落实到位。各地积极开展招生报名宣传月活动，切实做好网上报名政策咨询及技术指导工作。各报名点举行现场咨询活动，为考生提供细心、贴心的优质服务；第四，进一步提高报考信息化管理水平，认真做好考生报名信息采集工作。建立高效实用、服务周到的报考管理服务信息平台，实现了考生信息电子化、数据管理集中化、业务操作网络化；第五，坚持报考条件，严把报名资格审查关。

【坚持从严治考，努力推行考务工作规范化管理】

2010年，江西省坚持从严治考，具体措施有：第一，提高诚信考试理念，加强警示教育，营造良好的诚信考试氛围；第二，提升考试管理水平，认真开展考试工作人员的职责教育和业务培训；第三，健全有效的工作机制，加强网上有害信息的监控工作；第四，牢固树立“安全第一”观念，组织落实考试安全措施，重点加强试卷安全保密和考试的组织管理；第五，建立健全防范考试风险管理应急机制，考试期间，如遇重大突发事件，迅速启动应急预案，采取主动、积极有效的措施稳妥处置；第六，严密组织实施考试中各环节的操作程序和标准；第七，健全和完善工作措施，认真落实值班制度和责任，加强应急值守，落实好值班责任；第八，加强巡视和监督检查力度，坚持实行省派巡视组巡考制度，认真做好考场巡视、督察工作；第九，增强服务的主动性，为考生提供有效、公正的服务；第十，加大考风考纪的管理力度，严防各种舞弊行为的发生。由于措施得力，江西省2010年成人高考未发生重大安全事故、泄密事件、考场重大集体舞弊事件，考试实施整体上平稳顺利，得到了上级领导部门的高度评价和社会的广泛好评。

自学考试

【概况】　2010年，江西省组织3次自学考试，累计报考人数为670 624人，报考科次数为1 823 272科，查处考试违纪舞弊考生1 931人。办理毕业生手续45 579人，其中本科23 435人，专科22 144人。开考专业161个，其中本科70个，专科91个。新增4所高职院校作为主考院校，目前全省共有69所主考学校。

【进一步推进规范化考点建设】　2010年，江西省加强对自学考试考点的审批、监督和验收工作，规定考点一律设在全日制普通高校、成人高校和全日制中学；按照考场建设的基本条件，统一规划，统一要求，统筹管理；营造公平公正的考场环境，使考试质量落到实处，为考点规范化建设奠定良好基础。

【全面推进考务考籍信息化管理进程】 依托全国考务考籍管理系统，建立江西省自学考试信息管理系统，实现自学考试业务全方位计算机管理。在确保网络信息安全的前提下，为考生提供网络一站式服务，全面实现网上报名和缴费，转（免）考、实践环节考核成绩的信息化管理，实现网上毕业设计和论文答辩审核和毕业生资格的审查，逐步实现了自学考试考务考籍信息化管理。2010年1月，自学考试首次开展公共课网上评卷试点工作，实现江西省自学考试考务管理工作的一项重大改革。

【新增农村义务教育专业考试，发展势头良好】

2010年4月，首次开考农村义务教育专业（专科、独立本科段），在全省9个设区市共设立了17个考点，首次报考人数2 142人，位列全国第三。为做好这项工作，依托“全国中小学教师继续教育网”的网络平台，以“江西省中小学教师远程培训中心”及教师培训和教师教育机构为主体，设立61个“教师学习与考试服务中心”，开展远程网络助学与考试服务，建立面向农村教师的学习与考试服务支持体系。

【综合改革试点工作逐步完善】 从2008年开始，江西省先后在蓝天学院、南昌理工学院开展自考向职业教育转型综合改革试点工作。通过两年多的改革实践，学生基础理论和专业知识得到了提高，学生从事本专业领域或岗位群、岗位实际工作的基本能力和基本技能得到了提升。充分体现了自考“以服务为宗旨，以就业为导向，走产学研结合的发展道路”，基本实现了综合改革试点工作的阶段性目标。按照职业型、应用型、技能型人才培养目标要求，积极推进由学科体系型向职业型、应用型、技能型的转变，逐步建立多元化学习体系和评价方式。

【加强与其他教育形式沟通】 江西省加强自学考试与其他高等教育的沟通，积极开展与高职高专、中职中专、高级技校等各类职业院校合作的试点工作，实现优势互补，资源共享。在全省9所技师学院或高级技工学校开展试点工作，参加试点的在籍自考生有15 600余人，其中2007级参加试点的考生有5 041人，毕业生2 294人，毕业率为45.5%。

社会考试

【概况】 2010年，江西省非学历教育考试共开设了14个考试项目，开考各类非学历教育考试15次，各种项目报考共计813 426人次。其中，全国计算机等级考试报考共计197 193人次，同比增长8.02%；全国英语等级考试报考共计10 971人次，同比增长31.52%；剑桥少儿英语考试报考826人次，同比增长58.54%；中国书画等级考试报考170人次，同比增长20.77%；全国大学英语四、六级考试报考584 437人次；物流职业经理资格证书考试报考19 142人次；餐饮职业经理人资格证书考试报考465人次；调查分析师资格证书报考158人次；市场营销资格证书考试报考6人次；中英合作采购与供应管理职业资格证书考试报考58人次。

【重点抓好考点全面重新申报评审工作】 2010年，对全省各类资格（等级）证书考点进行全面重新申报评审。评审的重点是：管理体制是否理顺，考点设置的条件是否符合要求，考点的职责是否全面履行。9月，完成了对84个全国大学英语四、六级考试考点、65 个全国计算机等级考试考点、19 个全国英语等级考试考点、19 个物流资格证书考试考点、8 个剑桥少儿英语考试考点的重新申报评审工作。对考点实行了归口管理，对薄弱考点、问题考点进行了重点评审，规范了考点管理，提出了整改意见，对整改不到位或问题比较严重的考点，做撤销或停考 2 年的处理。

【依托高校两个培训中心，推动证书考试各项工作】 为保证江西省证书考试科学化、规范化发展，充分发挥高校的资源优势，成立了两个证书考试培训中心。其中依托南昌大学继续教育学院，成立江西省资格证书考试培训中心；依托江西师范大学继续教育学院，成立江西省等级证书考试培训中心。

【加强与证书考试推广机构的合作】 加强与证书考试推广机构的合作，与推广机构签订正式协议，分清责权利。省考试管理机构主要负责考务管理方面的工作，如试卷的运送、保管、考点考场的管理，证书推广机构主要负责宣传、推广、组织生源等。

【加大对考生报名资格的审查力度】 江西省自考委、省教育厅联合下文，要求加强和改进全国大学英语四、六级考试考务管理，对报名对象作了限制，如大学一年级学生不能报考，民办高校（含民办教育机构）、全日制自考助学班学生上半年不准报考，社会考生不得报考。同时对考生的报名信息进行了更为严格的审查，有效防止跨省、跨校代考等舞弊行为。

【加强考务管理，加大考点建设力度】 每次考前均对考务管理人员、计算机系统管理员和监考教师进行业务培训，未经培训者或培训后考核不合格者均不得上岗。强化责任意识，每次考试前按三级管理模式层层签订责任状，责任到人。严格实行责任追究制度。加大交叉监考和巡视力度，每次考试派出巡视组分赴各地市考点巡考，考试结束后及时反馈情况。抓好考风考纪建设，加强对考生道德教育和考风考纪教育。加强考场管理，加大预防和控制高科技作弊的投入，配备手机屏蔽仪和作弊克等现代科技工具，有效防止高科技作弊。

供稿：江西省教育考试院

撰稿：李洪平　陈　玮　彭彤彤　刘胜松

陈志鼎　彭　莉　黄龙华

审稿：万普海　肖　辉

山 东 省

综 述

2010年，山东省教育招生考试院认真贯彻执行国家教育招生考试政策，完善措施，规范管理，平稳顺利完成了普通高考、成人高考、硕士研究生招生、博士研究生招生、普通中等专业学校招生、自学考试、社会证书考试等招生考试工作。

总 类

【深入推进“阳光工程”】 结合阳光工程制度化建设要求，山东省进一步加强了招生考试信息的公布、公告和公示制度，将招生信息全面、及时、准确地向社会公开。主要措施有：第一，通过网站发布招生考试信息，使广大考生及时掌握考试的时间安排、考试要求、考试成绩、录取信息等；第二，加强公示制度，将享受照顾政策的所有考生名单、自主选拔拟录取名单在网站上进行集中公示，要求招生单位对推荐免试的硕士研究生在校区网站进行为期7天的公示等；第三，通过通报会和新闻发布会向社会公开群众最关心的招生考试信息，与《齐鲁晚报》合作召开2次高考咨询会、1次自学考试和社会证书考试咨询会，与山东人民广播电台联合，利用其“阳光政务热线”栏目，向社会介绍高考相关政策，解答考生和家长关心的有关问题等；第四，完善省、市、县（市、区）三级信访、咨询平台，录取期间在每批次录取结束后将最新录取情况包括录取轨迹发送各市；第五，录取期间，专门设立督察信访处，公开接待来电、来人查询。

【国家教育考试考务平台建设取得优异成绩】

2010年，在网上巡查系统建设中，加强保密室建设，规范考场监控操作，增加技术保障手段。各市、县（市、区）招生考试部门按照省考务平台规划方案的要求，采取有力措施，统筹安排，稳步推进，克服了资金少、时间短、任务重等多种困难，取得了可喜的成绩。开通了国家、省、市视频会议系统；实现了对全省17市高考140个保密室网上巡查，实现了所有高考考场的本地监控和录像，其中青岛、济宁、威海、潍坊等6市93个考点的4 000多个高考考场开通了网上巡查。

【加强制度建设，严格内部管理】 进一步优化录取流程，明确各自职责，加强内部相互监督，从制度上保证录取结果的准确、有效。坚持科学民主决策和“谁主管，谁负责”的原则，重大问题实行集体议事制度。遵守《招生考试廉洁勤政守则》，遵守“六不准”的承诺，以自身的言行切实维护高考“绿洲”、“净土”的声誉。纪检监察部门加强对招生考试全过程以及重点岗位、重点时段、重点人群的监督，严肃查处违规行为，坚决杜绝招生考试工作人员参与、组织、纵容考试作弊、录取舞弊等恶性行为，切实维护了招生考试工作的严肃性和广大考生的利益。

【安全保密工作作为第一要务得到落实】 对招生考试的安全保密工作按照“严密制度、严格操作、严肃纪律”的要求，常抓不懈，严防死守，不留一个盲点，不留一个死角。按照“分级管理，逐级负责”的原则，进一步健全和完善招生考试的各项保密措施，狠抓考试命题和试卷印制、运输、保管以及考试实施、评卷等每个环节的安全管理与监控，做到条件达标、培训到岗、措施到位、责任到人，确保安全保密工作万无一失。切实加强对命题工作的组织和领导，选好命题教师，实行全程封闭式管理，确保命题安全和试题质量。各县（市、区）、各评卷点和试卷印制单位严格执行安全保密规定，杜绝试卷印制、运输、保管方面的事故发生。

【严肃考风考纪，综合治理考试环境】 进一步发挥省招生委员会、省自学考试委员会和教育考试环境综合整治联席会议制度的职能，加强与公安（武警）、信息产业、保密、宣传、监察等各部门的协调配合，明确各自职责，细化工作环节，规范操作程序，形成齐抓共管的有效机制和局面。重点防范和打击有组织、有预谋的“团伙舞弊”、雇人代考或替考以及利用现代通信工具作弊等严重舞弊行为，确保不发生大面积群体舞弊事件。采取有效技术手段，层层设防，加强对互联网有害信息的封堵，净化网络环境。加强考点周边环境治理，切实保障考点秩序和安全。

一年来，共接待群众来访650人次，办理人民来信和举报信116件，其中查实违纪作弊37件，接听答疑咨询电话1 000多次，查处违纪舞弊考生3 295人。其中，普通高考268人、研究生入学考试103人、对口高职考试132人、体育专业测试47人、高水平及优秀运动员测试31人、艺术专业考试256人次、成人高考2 458人次。

【重点整治招生秩序】 2010年，继续把严禁招生乱收费、严禁违规录取、严打中介诈骗作为招生工作的重点治理内容。明确规定：（1）任何高校不得以任何形式收取与录取挂钩的任何费用，特别是严禁高校利用调整计划向考生乱收费。对在招生录取中乱收费的高等学校，要立即责令其主要负责人停职检查，再依据有关规定处理。（2）要严格规范高校特别是部分高职院校、民办高校招生管理，坚决禁止计划外招生。（3）禁止任何高校委托任何个人或中介机构组织参与招生，对虚假招生广告宣传和欺骗性的招生中介坚决进行打击，绝不手软。（4）严格特殊类型招生管理。公开选拔标准和录取办法，加强公示备选资格考生名单和录取结果。（5）继续加强新生入学资格审查，严防不法分子利用假录取通知书进行诈骗，发现问题要及时报告公安机关，并积极配合处理。

【奖励】 鉴于山东省教育招生考试院在各项工作中绩效突出，社会反映良好，2010年被山东省文明办授予“省级文明单位”称号；被省直机关工委授予“省直机关先进基层党组织”称号。

普通高考

【概况】 2010年，山东省报名参加普通高考的人数为612 472人，比2009年减少50 244人。其中，普通文科报考175 527人，普通理科报考356 446人，艺术（文）报考57 344人，艺术（理）报考13 988人，体育类报考9 167人。报考人数最多的是临沂市，达74 546人；其他超过5万人的有潍坊、菏泽、济宁3市。全省共设考区142个，考点397个，考场20 764个。

2010年，山东省报考高职对口招生的人数为34 504人，比2009年减少4 963人。全省共设考区17个，考点53个，考场1 257个。

2010年，普通高校招生共录取考生515 744人（含对口高职27 550人），其中，本科录取240 852人，专科录取274 892人，合计录取率为79.72%。

山东省普通高考录取最低控制分数线

批次		文科（分）	理科（分）
本科军检		580	546
本科一批		606	580
本科二批	省属	578	542
	市属	564	528
	济南、青岛	558	522
本科三批	省属	537	499
	市属	523	485
	济南、青岛	517	479
专科军检		540	506
专科一批	省属	523	487
	市属	509	473
	济南、青岛	503	467
专科二批		190	190

本科填报志愿资格线：文科470分，理科450分；艺术类本科文化课分数线：艺术（文）300分，艺术（理）300分；省外独立设置的本科艺术院校、享受同样政策的8所院校和浙江传媒学院、内蒙古大学、浙江理工大学、苏州大学、北京印刷学院的部分专业，由招生院校自行划定本校文化课录取控制分数线；山东艺术学院、山东工艺美术学院不低于全省艺术专业分数线下20分之内确定本校文化课分数线。艺术专业专科填报志愿资格线：艺术（文）、艺术（理）专科（高职）最低录取控制分数线200分。体育专业本科最低录取控制分数线377分，专科最低录取控制分数线330分。对口高职本科填报志愿资格线475分，专科填报志愿资格线为190分。实践生填报志愿资格线190分。

【成功实施网上报名】 2010年，山东省普通高考首次实施网上报名，改变了以往填涂信息卡、读卡校对的模式，考生基础信息采集工作正式进入网络化管理时代。网上报名系统还用于考试全过程的管理，包括考点管理、考场编排、信息服务和公告发布等，为后期的网上录取工作提供了有效、准确、及时的考生志愿信息。

【实现分批次征集志愿录取工作】 从本科三批开始分批次网上征求志愿录取，同时增加了每所院校可选择的专业志愿数，给考生提供更多的选择，提高了学校的报到率。采用征求志愿模式方便了考生，惠及院校，体现了以人为本的科学发展观。

【优化招生考试服务措施】 2010年，山东省在优化招生考试服务上采取了以下措施：第一，继续加强对填报志愿的指导，举办面对面咨询会，进行网络咨询和书面指导等，印刷《2010年在鲁招生高等院校通览》免费赠送给考生。第二，采取有效措施，保护高分考生利益。鼓励部分名牌高校拿出部分计划录取二志愿高分考生，尽量将高分考生调剂到名牌或层次较高的学校。对部分成绩特别高的不服从调剂的考生采取电话重新征求考生志愿的办法，准许在未满计划的学校中进行重新选择。第三，按时出版《2010年山东省普通高校招生填报志愿指南》杂志，帮助考生正确选择志愿。第四，加强市、县（市、区）两级招生考试办公室的职能，抓住报名、考试、填报志愿、录取等关键环节，做好政策宣传、咨询信访等工作，努力把招生考试工作做成老百姓满意的“品牌工程”。

【自主招生规模进一步扩大】　2010 年，将自主招生录取改革试点的高职院校由 2 所扩大到 7 所（青岛职业技术学院、威海职业学院、山东商业职业技术学院、淄博职业学院、日照职业技术学院、山东科技职业学院、长沙民政职业技术学院），共录取考生 2 113 人。

【强化管理、科学实施命题工作】　2010 年，山东省在深入高校和中学调研的基础上，根据教育部制定的《普通高等学校招生全国统一考试大纲》科学制定了山东版“考试说明”，作为命题工作的依据。命题工作坚持“有利于高等学校选拔新生、有利于中学推进素质教育、有利于扩大高等学校办学自主权、有利于考试科学、公正、安全、规范”的原则，在命题工作中既保证平稳过渡，又体现新课程理念。2010 年自行命制了语文、数学（文史类）、数学（理工类）、英语（不含听力）、文科综合、理科综合、基本能力共 14 套高考试题（A 卷、B 卷），完成了俄语、日语、法语等小语种的答题卡制作工作。从社会反映来看，2010 年试题的题量和难度把握比较得当，很好地遵循了考试大纲和考试说明，试题质量比 2009 年有所提升，特别是在素质教育和体现山东特色方面又有新的突破，达到了预期的目标。

研究生招生考试

【概况】　2010 年，山东省有 212 339 人网上报名参加硕士研究生招生考试，现场确认 143 242 人，比 2009 年增加 9.42%。全国报考山东省 33 所研究生招生单位的考生人数为 62 611 人，比 2009 年增加 12%。2010 年，山东省硕士研究生招生计划为 20 910 人，实际录取 20 768 人，比 2009 年增加 1 001 人，其中，学术型录取 15 669 人，专业学位录取 5 099 人。

2010 年，山东省博士研究生招生报名人数为 5 079 人，比 2009 年减少 157 人，减幅 3%。博士生招生计划为 1 814 人，实际录取 1 841 人，比 2009 年增加 34 人，增幅 1.9%。

成人高考

【概况】　2010 年，山东省成人高考报名254 070 人，报考人数居全国第一。其中，专科起点升本科报考 112 050 人，高中起点升本科报考 12 401 人，高中起点升专科报考 129 619 人。全省共设考区 29 个，考点 258 个，考场 8 918 个，配备各类考试工作人员 39 095 人。

2010 年，山东省成人高考招生计划为 144 904人，比 2009 年略有增加。其中，专科起点升本科 64 905 人，高中起点升本科 5 212 人，高中起点升专科 74 787 人。实际录取 163 832 人，其中，专科起点升本科 70 342 人，高中起点升本科 5 944 人，高中起点升专科 87 546 人。

山东省成人高考录取最低控制分数线

层次	代码	科类	最低控制分数线（分）	备注
专科起点升本科	11	文史、中医类	200	不含中医
			170	中医类专业
	12	艺术类	100	
	13	理工类	200	
	14	经济、管理类	160	
	15	法学类	160	
	16	教育、体育类	190	不含体育
			110	体育类专业
	17	农学类	110	
	18	医学类	310	
高中起点升本科	41	文史类	330	
	43	艺术	220	
	45	理工类	365	

（续表）

层次	代码	科类	最低控制分数线（分）	备注
高中起点升专科	51	文史类	215	
	53	艺术类	100	
	55	理工类	175	
	58	体育类	110	
	71	医疗、高护、西医类	190	
	73	中医药类	140	

中专招生考试

【概况】　2010 年，参加山东省三二连读、五年一贯制高职及普通中专录取的学校共有 262 所，其中，45 所高等职业学院，25 所中等师范学校，14 所市级体育运动学校，178 所普通中等专业学校。招生计划为 17 8119 人，其中，五年制高职招生计划为 13 688 人（包括普通类 7 644 人，师范类 6 044 人），三二连读高职招生计划为 19 469 人，普通中专招生计划为 144 962 人。实际录取 12 万人左右，其中，五年制高职录取 13 428 人，占招生计划的 98.1%；三二连读高职录取 18 678 人，占招生计划的 96%；普通中专录取人数在 9 万人左右。

自学考试

【概况】　2010 年，山东省共组织 4 次自学考试，开考专科专业 45 个，本科专业 48 个。累计组织 917 门课程的考核，报考 473 221 人次，869 020科次。发放高等教育自学考试课程合格证书 20 余万张。办理自学考试毕业手续 2 次，颁发毕业证书 18 141 张。组织技能考核 2 次，全年累计报名 41 551 人次，考核 61 664 科次。

【信息化管理水平显著提高】　2010 年山东省高等教育自学考试专业课程设置实现网上查询，开通了自学考试和技能考核的网上报名系统，率先在全国实现既符合财政收支两条线政策、又能通过网络即时缴费的报名系统，也是省财政厅实施网上报名缴费的首家试点单位。圆满完成首次自考网上评卷工作。

【拓宽服务领域，完善服务功能】　随着全日制高校大规模的扩招、各类教育形式的迅猛发展，高等教育自学考试的生存与发展面临着严峻的挑战，面对新形势，自学考试制定了“广开思路拓生源、完善制度促规范、加强服务谋发展”的工作方针，考试规模稳中有升，各项工作稳步发展。与行业部门合作，在高级技工院校开考职业类专业，2010 年开考 2 个试点专业，27 个学校参与；推出了《山东省高等职业院校学生参加高等教育自学考试本科专业考试试点方案》，加强与高等职业院校合作，选择 4 个试点专业，考察批准了 43 所试点院校；制定了《山东省高等教育自学考试在校生实践课程改革试点方案》，选择 8 个专科专业、18 个本科专业试点，考察批准了 64 所试点院校。

【命题取得优异成绩】　进一步完善了命题教师的推荐选拔工作，规范了命题教师管理体系。年初下发了《关于进一步加强我省高等教育自学考试命题教师选拔管理工作的通知》，要求全省 20 所主考院校成立由学校分管领导、校纪检监察负责人、有关院系领导及自考办主任等人员组成的保密领导小组，由其负责按规定条件和程序推荐政治素质过硬、专业水平较高、责任心强的教师组建山东省命题专家库，并负责对本校命题教师进行跟踪教育和考核，为命题教师队伍的建设和管理探索了新途径。

2010 年，命制山东省负责的 6 门全国统考课程试题 30 套，94 门省级课程试题 376 套，职业类专业15门课程试题60套，高职类专业19门课程试题76套。全年没有出现安全保密和试题质量方面的问题。

社会考试

【概况】　2010年，山东省组织各类非学历证书考试总人数达到1 834 441人次，其中，全国英语等级考试79 819人次，全国计算机等级考试365 452人次，全国计算机应用技术证书考试1 671人次，剑桥少儿英语考试12 700人次，全国大学英语四、六级考试1 034 368人次，中国餐饮业职业经理人资格证书考试1 592人次，劳动和社会保障岗位资格证书考试82人次，调查分析师证书考试252人次，中国物流职业经理资格证书考试13 321人次，山东省工商管理职业资格证书考试1 474人次，中英合作采购与供应管理职业资格证书考试1 663人次，山东省英语口语等级证书考试4 135人次，中国销售管理专业水平证书考试505人次，中小学信息技术等级考试303 000人次，山东省中国书画艺术等级证书考试14 407人次。

供稿：山东省教育招生考试院
撰稿：刘文超　胡廷政　卢岩红
审稿：王　坦

河　南　省

综　述

2010 年，河南省各类招生考试工作，以科学发展观为指导，继续深入实施“阳光工程”，稳步推进改革，严格规范管理，提高服务质量，圆满完成了全年各项招生考试工作。

总　类

【大力加强标准化考场建设】　2010 年，河南省启动了考务管理与服务平台二期建设工程，重点是标准化考场建设。省教育厅印发《关于做好我省国家教育考试考务管理与服务平台二期工程建设的通知》，确定利用三年时间建设覆盖全省国家教育考试考点的视频监控系统，建设 3.3 万个视频监控考场。全省共投资 7 216 万元，其中省招办投资 870 万元，各地投资 6 346 万元。教育部专项援助资金 300 万元。全省共建成标准化考点 258 个，视频监控考场 12 945 个，超额完成了 2010 年建设任务。服务平台的省级巡查系统可对全省保密室、服务大厅、标准化考场实施网上巡查，同时按照教育部考试中心的要求，实时上传标准化考场、试卷保密室的视频图像，保证了国家教育考试网上巡查系统的三级巡查；市（重点扩权县）级巡查系统，可对各市（重点扩权县）所辖的标准化考点、保密室、服务大厅实施网上巡查，实时调取任意监控图像，监督各项工作的进展情况；县（区）招办到各考点进行现场巡查，保证各考点考试工作的顺利进行。

【加强考试科学研究】　（1）组织科研课题申报工作。在全省招生考试系统组织 2010 年度招生考试科研课题的申报工作，共收到各市（县）招办、招生院校及省招办各处申报课题 71 项。经过评审研究，将“主观题网上评卷评分误差控制研究”和“构建高中学业水平考试评价体系”确定为 2010 年度专项研究课题，将“加强考试管理严肃考风考纪长效机制的研究”等 18 项作为重点研究课题，另设一般性课题 16 项和自筹经费课题 33 项。（2）以“主观题网上评卷评分误差控制研究”课题为重点，积极开展相关子课题研究工作。该课题是河南省承担的全国教育科学“十一五”规划 2009 年度教育部重点课题。为此，确立了四个子课题，组织了以郑州大学、河南大学、河南工业大学三个评卷院校的主管校长牵头的课题研究队伍，制订了课题研究实施方案，向全国教育科学规划领导小组和教育部考试中心分别报送了课题开题报告，组织召开了课题的中期研讨活动。（3）从首次高中学业水平考试入手，积极探索并开展招生考试评价工作。将“构建高中学业水平考试评价体系”确定为 2010 年度专项研究课题，以首届（2008 级学生）学业水平考试数据为依托开展研究，制订了高中学业水平考试评价工作方案，初步建立了评价体系，出版了《河南省2008级普通高中学生学业水平考试评价报告》，其内容包括：考试情况概述、试题评价、考试实施评价、区域评价、学生个体评价五个部分。

【加强网络实时监控】　（1）根据不同考试类型，设置相应的关键字，将有害信息分为几类，将有效防范和处置泄题、考场舞弊、招生诈骗作为搜索重点，对网络新闻、网页、重要论坛等全面过滤搜索；（2）专人负责，把不同类别的考试和重点敏感网站、论坛的监测责任落实到人；（3）非考试期间一天两次搜索监测，在普通高考、研究生考试、成人高考、自学考试等重要考试和录取期间，实施全天候不间断监控；（4）协同公安部门加强网络安全防范，一旦发现有害信息，及时向领导汇报，第一时间进行调查处理。全年编辑“招考舆情”21期，提供各类考试网络监测报告7份。

【开通“河南省普通高校招生考生服务平台”系统】　2010年，河南省首次开通使用“河南省普通高校招生考生服务平台”系统。该系统将考生报名、志愿信息采集和为考生提供信息服务融为一体。考生信息采集包括：报名基本信息采集、基本信息维护、正式志愿信息采集以及征集志愿信息采集。为考生提供的信息查询服务包括：高招政策查询、高招工作进度、考生录取动态查询。通过该系统共采集考生报名信息954 986人，为考生提供了3次10个批次正式志愿的填报和11次18个批次的征集志愿的填报。通过网站发布高校招生政策以及新闻150条。普通高考录取期间，网站页面访问量112 146 679次，信息查询总量17 841 480次。

【网上评卷工作进展顺利】　2010年，河南省在普通高考、成人高考、硕士研究生考试英语科目及学业水平考试中进行了网上评卷，共计处理答题卡10 175 348张，涉及考生180万名。做到了“四个坚持”，一是继续坚持“三地协作”工作模式，即“集中扫描、异地存储、远程阅卷”；二是继续坚持由两家技术服务单位提供网上评卷技术服务保障，在硬件冗余的基础上实现真正意义的技术和应用上的互为备份，确保网上评卷安全；三是继续坚持网上评卷“三个统一”技术要求，即统一答题卡格式、统一选择题切分图格式和统一选择题图像识别标准，“三个统一”技术标准的实施实现了统筹不同机器答题卡扫描的管理，提高了答题卡扫描的适应性和工作效率，减少交叉识别和质检的误差；四是继续坚持选择题识别和评分部分的“交叉识别校验”，即由两家服务单位将各自识别的OMR填涂信息及图像，交由对方采用不同的识别算法进行二次识别后由省招办专人对识别的结果进行比对，差异部分采取人工背靠背双评模式，以确保客观题答题结果图像识别方式下的准确性。

【严格网络安全管理】　严格实行内外网分离政策，有效地阻止了同网段设备、系统之间的病毒传播，严密监控内部办公网、专网、评卷现场、网上录取现场的防病毒软件使用和病毒升级情况，做好病毒、木马预防、分析工作。在网上评卷过程中，督促评卷公司每天做好扫描数据、评卷数据的备份工作。实行24小时值班、每间隔2小时巡视制度，并做好巡视过程中的问题记录，每天与各个评卷点联系，确保网上评卷工作的顺利进行。更换出口处防火墙为新的千兆防火墙，并在现有业务正常运行的基础上，有针对性地对全省网上报名工作增加新的安全监控设备。

【加强媒体宣传工作】　密切同新闻单位的沟通与联系，继续实行新闻发言人和新闻通稿制度，共举办新闻发布会16次，电台、电视台录播节目12次。省内媒体刊载、播出的稿件、消息1 000余篇。开展“招生考试好新闻”评选活动，共收到20家新闻单位、21位记者的作品54件。经评选，评出一等奖9个，二等奖12个，三等奖12个。省委宣传部、省招办为获奖人员颁了奖。

【开展普通高校招生咨询活动】 普通高校招生咨询活动分为现场咨询、电话咨询、网上咨询三种形式，回答考生及家长提问1 139个，解答考生问题6 610个。通过招生咨询热线13733880505，省市招办接受考生及家长电话咨询21 879人次，共计32 784分钟。省内外800余所高校参加了现场咨询活动，约有15万考生及家长前来咨询。

普通高考

【概况】 2010年，河南省普通高考（含全国统考和单招）报名人数为86.5万人，比2009年减少1.2万人，减幅为1.37%。与普通高考同时举行的中等职业学校对口升学考试报考4.7万人，本省高校专升本考生为39 916人。全省共设考点835个，考场32 396个。实际录取61.5万人，其中普通统考类录取55.5万人（包括本科25.1万人，专科30.4万人），单招录取0.5万人，对口升学录取3.1万人，专升本录取2.4万人。

【改革措施效果显著】 2010年，河南省推出网上报名、网上填报志愿、知分填报志愿、平行志愿投档4项改革措施。省委省政府高度重视，认真研究决策。省教育厅、省招办反复调研论证，广泛征求意见，精心设计方案。由于准备工作充分，问题研究透彻，方案设计科学，宣传指导到位，操作细致规范，改革实施顺利，社会广泛认可。网上报名和网上填报志愿，使考生享受到更加优质便捷的服务，知分填报志愿使考生摆脱了估分盲报和误报的苦恼，特别是本科一批实行平行志愿，使录取更加公平公正，高分考生的利益得到了更好保护，考生志愿满足率达到100%，本科一批“零退档”的学校达43%，文科600分以上的考生无一人落选，理科600分以上的考生只有53人未被录取。

研究生招生考试

【概况】 2010年，河南省硕士研究生招生共设28个报名点，现场确认报名人数为99 376人，比2009年增加9815人，增幅11%。按性别分，男生48 423人，女生50 953人；按政治面貌分，中共党员21 463人，共青团员59 715人，其他18 198人；按毕业状况分，应届本科生64 582人，成人应届本科996人，在职人员13 315人，其他20 483人；按考试类别分，全国统考93 494人，推荐免试1 201人，单独考试6人，法律硕士专业学位联考2 823人，管理类专业学位联考1 643人，农村师资209人；按学历层次分，研究生58人，本科生92 223人，同等学力7 095人。全国报考河南省26所硕士研究生招生单位的考生32 257人（其中专业学位报考人数4 252人），比2009年增加4 251人，增幅为15%。设23个考区，28个考点，3 275个考场。全省学术型硕士研究生招生计划7 923人，实际录取8 040人；全日制专业学位硕士研究生招生计划2 271人，实际录取2 308人。

成人高考

【概况】 2010年，河南省成人高校招生继续实行网上报名，预报名人数达23 690人，实际确认196 854人，比2009年增加11 254人，增幅为6.1%，高于全国报名人数增幅3.3%的水平。其中，报考专科起点升本科的考生77 725人，比2009年增加7 716人，增幅为10.8%；报考高中起点升本科的考生7 221人，比2009年增加521人，增幅为7.8%；报考高中起点升专科的考生111 908人，比2009年增加3 162人，增幅为3%。

全国有202所成人高校在河南招生，共录取151 383人，完成招生计划的116.8%。其中，专科起点升本科录取59 747人，完成招生计划的119%；高中起点升本科录取5 661人，完成招生计划的95%；高中起点升专科录取85 975人，完成招生计划的117%。河南省有94所院校招生，共录取13 7071人，完成招生计划的121.3%。其中，专科起点升本科录取52 396人，完成招生计划的129.1%；高中起点升本科录取4 729人，完成招生计划的97.3%；高中起点升专科录取79 946人，完成招生计划的118.4%。

【实行四项改革】　2010年，河南省成人高校招生实行四项改革：（1）按照教育部的安排，进行分学校、分专业招生计划编制方式的改革试点工作，即在保持现有报名和考试时间不变的前提下，先组织报名，然后参照报名情况制订并公布分学校、分专业招生计划；（2）高中起点升本、专科考试数学不再分文科、理科，统一使用数学（文）试卷；（3）在录取过程中，将网上填报“调剂志愿”改为网上“征集志愿”，录取工作由过去集中录取与调剂录取两次进行改为报考志愿与征集志愿两个阶段一次集中录取；（4）对参加“选聘高校毕业生到村任职”、“三支一扶”（支教、支农、支医和扶贫）、“大学生志愿服务西部计划”和“农村义务教育阶段学校教师特设岗位计划”等项目服务期满并考核合格以及应征入伍服义务兵役退役的普通高职（专科）毕业生，凭身份证、普通高职（专科）毕业证、士兵退役证或相关项目考核合格证，可申请免试就读成人高校专升本，并纳入成人高校招生工作同步进行。

普通中专招生考试

【概况】　2010年，河南省参加中招考试的初中毕业生852 342人，比2009年减少57 055人，减幅达6%。其中，普通中专报考58 388人，较2009年减少5 840人，减幅9%。省内外387所学校共计录取23万人，超额完成招生任务。

【招生改革】　（1）开展春季普通中专招生工作，实行普通中专春季招生备案政策。办理省内52所学校共计152 28人录取手续；（2）组织省辖市和部分省管学校开展协作交流活动；（3）省属8校联盟，探索普通中专教育办学新模式。本着规模效益、优势互补的原则，加大创新机制，有效开展工作，实现了校际间良性竞争发展。

普通高中学生学业水平考试

【概况】　1月15日至17日，举行河南省2008级普通高中学生学业水平考试。这是河南省普通高中课程改革后的第一次学业水平考试，考试科目为语文、数学、外语、思想政治、历史、地理、物理、化学、生物9科，全省参加考试的学生60万人，共计5 408 407科次。本次考试实行网上评卷，由省招生办公室统一组织实施，共评阅试卷5 408 407份，有4 200余人参与了评卷工作。

自学考试

【概况】　2010年，河南省高等教育自学考试共报考306 188人，800 212科次。其中，上半年报考155 700人，404 455科次；下半年报考150 488人，395 757科次。本年开考专业106个，其中专科40个，本科66个。全年新开专业17

个。全年毕业28 719人，其中上半年毕业14 058人，下半年毕业14 661人。全年共命题655套，印制试卷1 543 120份，评卷800 212份。全年共办理转考13 870人次，免考23 000多科次；补办毕业证明书等3 000多人次。

社会考试

【概况】　2010年，河南省全国大学英语四、六级考试报考984 580人次，全国计算机等级考试报考232 985人次，全国英语等级考试报考12 981人次，剑桥少儿英语考试报考4 685人次，中小学教师教育技术水平考试报考41 663科次，中国餐饮业职业经理人资格证书考试报考990科次，调查分析师证书考试报考1 812科次，中国物流职业经理资格证书考试报考7 322人次。

【规范考务管理】　（1）严格新考点的审批，对老考点实行动态管理。为规范考点管理，实行省、市、考点三级管理模式，进一步规范了考点申报、审核、报批及考评等工作。对考点的审批本着“坚持标准，严格把关，合理布局，方便考生”的原则，对于不符合要求的考点，坚决不予批准。（2）加强对考试的组织领导，实行考点主考负责制。各考点均成立考试工作领导小组，组长由考点院校主管领导担任，考试工作领导小组全面负责考试的组织实施。（3）加强制度建设，强化社会考试的信誉度。本着“从严治考”的精神，制定相应的规则和要求。在考试之前，市招办还通过与考点主考签署《考试安全责任书》，进一步明确职责，增强考点主考的责任意识，保证考试安全、平稳。

供稿：河南省招生办公室
撰稿：孟留拴
审稿：朱玉山

湖北省

综述

【概况】 2010 年，湖北省各类教育考试报考总人数为 337.73 万人次，较 2009 年增长 1.12%。其中，普通高考报名总人数为 49.22 万，较 2009 年减少 5.26%；硕士研究生入学考试报考人数 9.44 万，较 2009 年增加 10.95%；成人高考报考人数为 11.42 万，较 2009 年增加 11.7%；一村一名大学生报考 1 583 人，比 2009 年减少 1 085 人，减幅 40.7%；自学考试累计报考 100.5 万人次、245.3 万科次，与 2009 年相比人数增加 3.50%；社会考试报考总人数达 150 多万人次。全年共命制普通高考、自学考试及委托命题任务试卷2 300套，为各类考试提供试卷清样 4 034 套。全年各项考试安全平稳顺利，无失泄密事件发生，无大面积考试违纪舞弊，命题工作科学化、规范化水平进一步提高，组考办考能力进一步提升，处理考试突发事件更显从容稳健。

【信息化管理水平提高】 2010 年，湖北省教育考试院科技办考实力大大增强，多个信息化建设重点项目取得了实质进展。其中，省教育考试院信息服务管理系统顺利通过省电子政务办验收。该项目在技术上实现了多种考试同一平台管理，改变了以往各项考试数据分散管理的状况，在国内考试机构属于首创；在高水平运动员测试中，引进人脸识别系统技术，有效打击了代考行为；在自学考试中，按照“统一平台、统一应用、统一数据、统一管理”的要求，对原有的计划管理系统进行了全面修改，建立了较为准确、完善的专业考试计划基础数据库，结束了 25 年来手工管理计划的历史，在地域范围内基本实现了网络化、信息化的管理，在系统内部实现了各项工作的综合对接。

【安全保密落实到位】 2010 年，省教育考试院共组织各项考试 39 次。在各项考试试卷保管期间，严格按照保密要求，坚决执行考试值班制度，圆满完成了秘传收发任务。全年共完成机要文件 463 份、秘密刊物 842 份的传阅及督办工作。在办理秘传件中，严格按照内容缓急程度处理，做到明电明传，密电秘传，没有发生明秘混传、误传和借传现象，保证了密码传真工作安全平稳、正常有序地进行。

普通高考

【改革组考措施】 2010 年，湖北省改革高考组考措施：第一，各科目全部恢复实行 AB 卷；第二，随机编排考场；第三，全面实施考场安全检查；第四，全省考点统一配置无声挂钟；第五，网上评卷数据安全监督措施提前介入，加强对高考数据安全的预警与防控。

【召开厅际联席会议】 5月26日，湖北省召开2010年国家教育统一考试厅际联席会议，省政府副秘书长黄国雄，教育厅厅长陈安丽及省纪委、省高级人民法院、省委宣传部、省公安厅、省武警部队、省保密局、省通信管理局、省交通厅、省卫生厅、省建设厅、省电力公司、省经济和信息化委员会（省无委办）等厅际联席会议成员单位相关负责人出席。省教育考试院党委书记、院长江畅汇报了2010年普通高考工作准备情况。黄国雄秘书长要求，厅际联系会议各成员单位要提高认识，认清形势，迎接今年高考新挑战；要明确职责，密切配合，确保普通高考安全平稳；要加强领导，落实责任，严格执行责任追究制。他强调，普通高考是全省政治生活中的一件大事，是国家考试，政府行为，各有关部门要全力以赴，把高考工作扎扎实实地办好，让考生家长放心，让社会放心，让省委省政府放心。

【省领导视察高考工作】 6月7日，湖北省副省长郭生练在湖北省政府副秘书长黄国雄、湖北省教育厅厅长陈安丽、湖北省教育考试院院长江畅及武汉市有关负责人的陪同下视察了湖北省高考实施情况。郭生练一行先后到武汉市第十五中学、水果湖中学高考考点和省教育考试院进行视察。郭生练充分肯定了武汉市在高考安检、考场监控等方面的做法，并要求全省各级政府部门要采取有力措施保障高考安全，创造良好的考试环境，做好考生的服务工作，确保高考安全平稳。

6月13日，郭生练视察2010年普通高考评卷现场。在详细听取评卷点的工作汇报后，郭生练强调，高考评卷工作重于泰山，关系全省近50万考生的切身利益，各评卷点要以高度的责任感做好评卷工作，制定科学合理的评分机制，确保评卷的公平公正。

【美术专业基础课统考】 2010年湖北省专业基础课统考于2009年12月20日举行，全省报名人数为29 799人，比2009年增加1 054人；缺考146人。全省共设考点32个，其中新增考点3个；共查处违规考生29人。

【高水平运动员测试】 2010年湖北省高水平运动员测试于3月20日至21日、27日至28日举行，报名人数777人，比2009年减少164人，实际考试缺考126人。全省共设5个测试地点，查处违规考生2人。

【艺术特长生测试】 2010年湖北省艺术特长生测试于3月13日在湖北艺术职业学院举行，全省报名人数为234人，实际考试缺考3人。

【体育专业素质测试】 2010年湖北省体育专业素质测试于4月9日至21日在华中师范大学和湖北大学两个测试点举行，参加测试总人数为12 866人。

【非美术类专科联考】 2010年湖北省非美术类专科联考于1月20日至26日在湖北艺术职业学院举行，参加考试人数为7 053人次。

研究生招生考试

【概况】 2010年，湖北省全国硕士研究生入学考试报名人数为94 440人，比2009年增加10 340人，增幅为10.95%。实际录取31 471人，录取率为32.7%。处理违纪作弊考生300人。

【部门联动打击作弊】 启动厅际联席会议机制，通过省无线电管理委员会出动无线电监测车侦测、干扰、阻断无线通信工具作弊信号，通过省公安厅出动警力重点清剿考团伙作弊，摧毁作弊团伙多个，抓获一批考试作弊违法分子。

成人高考

【概况】　2010 年，湖北省成人高考报名人数为 114 225 人，比 2009 年增加 12 015 人，增幅为 11.7%。其中，专科起点升本科 25 502 人，占 22.3%；高中起点升本科 5 843 人，占 5.1%；高中起点升专科 82 880 人，占 72.6%。处理违纪作弊考生 654 名。

自学考试

【概况】　2010 年，湖北省高等教育自学考试报考人数继续增长，累计报考 100.5 万人次、245.3 万科次。全年累计办理转（免）考手续 24.4 万科次，其中免考 16.7 万科次，转考 7.7 万科次；审核办理毕业证 51 345 个，其中本科 43 233 个，专科 8 112 个；核收主考院校实践性环节考核成绩 52.3 万科次；向教育部考试中心报送成绩数据 244.9 万科次；出具毕业生代办证明、学历认定书、成绩证明等各类证明万余份。

【调整专业结构】　2010 年，湖北省根据市场人才需求分析和专业报考规模情况，继续对自学考试开考专业进行调整。停考了 4 个报考规模小的专业，开设了 4 个市场需要的职业性和应用性较强的专业。在调整专业的同时，开展了以专业核心课程设置为主的课程体系改革试点，调整专业考试计划中公共基础课、专业核心课和选考课的学习比例，为下一阶段全面推进专业和课程改革积累经验。

【清理开考专业】　2010 年，湖北省全面清理面向社会开考专业、系统委托开考专业和全日制助学班举办专业的考试计划，解决教材老化以及课程代号重号问题，统一专业信息标准。2010 年下半年，在全国考办的大力支持下，基本解决了 278 对课程省编代码与国家代码重号的问题。清理后及时公布了专业考试计划汇编。

【推进专业考试计划现代化管理】　为推进自学考试计划管理信息化建设，全面提高计划管理的信息化、规范化和精细化水平，实现自学考试各类信息资源的共享，2010 年年初，湖北省对原有的自学考试计划管理系统进行了全面修改，并组织了计划基础信息数据采集工作，包括历年来自学考试计划汇编以及 2000 年以来各次报考简章，建立了较为准确、完善的专业考试计划基础数据库。2010 年下半年，自学考试计划管理信息系统成功启用，基本实现了报考简章自动编排、教材大纲说明自动生成等。

【登记社会助学机构】　根据全国考办文件要求，1 月 11 日至 28 日对湖北省内自学考试社会助学组织进行了登记。本次共登记 53 所社会助学组织，其中普通高校 30 所，民办普通高校 6 所，民办非学历高等教育机构 16 所，部门委托办学 1 所，登记助学规模158 655人。

【继续举办全日制助学班】　2010 年，湖北省继续举办普通高校自学考试全日制助学班。为使工作平稳顺利进行，首先，明确了举办全日制助学班学校的条件，对 2009 年办学规模过大或办学过程中出现违规的学校，采取了暂停举办或缩小办学规模的处理。其次，修改完善了湖北省高等教育自学考试全日制助学班网络报名服务平台，使该平台具备了政策宣传、举办学校办学条件信息公示、网上招生服务及注册功能。第三，组织自学考试全日制助学班办学质量及办学条件检查。5 月，省教育考试院安排 3 个检查组对全日制助学班举办学校的情况进行了实地检查，及时处理发现的问题，使办学行为得到进一步规范。

【举办“第三届自考校园文化节”】 举办第三届自考校园文化节、自考生就业推荐会、自考生风采大赛，直接参与文化节活动的自考生总人数达到12万人，人民网、新华网、中新网、湖北新闻网等30家主流媒体进行了各种形式的密集报道，全国考委自学考试简报还专门刊发一期《湖北省第三届自考校园文化节专刊》。

社会考试

【概况】 2010年，湖北省各项社会考试报考总人数达150多万人次，其中，全国大学英语四、六级考试报考97.5万人次，全国计算机等级考试报考33.4万人次，湖北省教师资格考试8.6万人次。

【规范社会考试考务管理】 2010年，先后修订并印制了《全国计算机等级考试考务细则》、《湖北省申请教师资格考试考务细则》等规范性管理文件5个，进一步完善了工作制度，明细了操作规范。

【网上评卷试点取得成功】 2010年下半年举办的全国计算机等级考试评卷工作中，选取武汉大学、华中科技大学两个考点的二级至四级答卷进行网上评卷的试点。试点工作取得成功，为逐步推进全国计算机等级考试网上评卷积累了经验。

【社会考试研究有所突破】 2010年，编辑出版《社会考试管理探索》论文集，全面、客观展示了湖北省社会考试研究水平与研究成果，填补了社会考试科研方面的空白。5月，在十堰市召开湖北省第七届非学历证书考试研讨会，共有8个市州教育考试机构、10个计算机等级考试考点、15个大学英语四、六级考试考点的代表参加，与会代表近100人。会议共收到论文近60篇，选编其中28篇印成《湖北省第七届非学历证书考试研讨会交流材料》。

供稿：湖北省教育考试院
撰稿：徐光木
审稿：张　洁

湖 南 省

综 述

【概况】 2010年，湖南省教育招生考试紧紧围绕省委、省政府提出的“保平安、保质量、保公平”的总体要求，认真落实省教育厅的部署和要求，始终坚持以考生为本，在严格规范、确保安全和质量的前提下促改革、求发展，实现了创建“平安招考”、“阳光招考”、“温馨招考”的预期目标，促进了全省教育考试事业健康协调发展，为推进教育强省建设做出了积极贡献。全年共组织各类考试40多次，考试规模达231万人次，与2009年基本持平；组织录取各类新生48.1万人，较2009年增长2.3%。

【考风考纪进一步好转】 第一，通过全面推行考场安检、无线通信屏蔽、考场视频监控、远程网上巡查等现代技术手段，实行随机编排考号，加大巡考督考和暗访工作力度，形成了有效的考试安全防范体系和监管机制。完善和落实了视频录像回放审看制度，加大了对违规行为的查处力度。2010年，普通高考违规考生166人，占考生总数的0.04%，较2009年大幅度下降；成人高考违规率为1.2%，也比2009年下降0.3%，远低于全国平均违规率；自学考试及其他考试的违纪作弊考生也明显减少。第二，首次全面实施考生身份证核验。为防止考生身份造假，制定了身份证识别设备配置标准和操作规范，投入130余万元为各考点统一配备了身份证识别仪。考试期间，各考点成立了专门的身份核验工作组，严格按程序和要求对所有参考考生的身份证进行核验。第三，进一步加大社会监督力度。首次制定并实施了有奖举报制度，鼓励群众对国家教育考试中的违规行为包括组织管理者的责任问题、监考教师的违规问题等进行举报；继续邀请省内主要新闻媒体在不影响考试正常进行的情况下随机进入考点采访、报道各地的高考组考情况，对各地组考管理、环境治理及考风考纪进行了有效的舆论监督。第四，成功处置了高考作文题网上发贴、溆浦高考考点受洪水围困等突发事件，严肃查处并妥善处置了江永高考“毛华东事件”、永州自学考试集体代考等问题，维护了社会稳定。

【业务发展空间和途径不断拓展】 第一，在规范中促进自学考试健康发展。在巩固自考社会助学整顿成果的基础上，2010年对全省157个社会助学机构进行了重新审查，暂停了18个不合格助学机构的新生注册。全国考办对湖南省的经验给予了充分肯定，并在湖南省召开了首次全国自考助学管理现场会。根据市场需求调整了专业设置，改进和加强了计划管理，全年新增开考专业15个、新增主考学校9所，增强了自学考试的吸引力。第二，积极拓展社会考试发展空间。主动适应新形势，以市场需求为导向，理顺了发展思路，启动实施社会考试发展三年规划（2010—2012年）；坚持面向高职院校、中专学校、社会培训机构发展生源，加强与行业、部门合作，不断吸纳社会生源；立足于树立品牌，进一步完善体制机制，促进了社会考试项目不断丰富、覆盖面和规模不断扩大、质量效益稳步提高。第三，加快考试服务业发展。《教育测量与评价》杂志特色品牌初步形成，杂志理论版全年有48篇文章被人大复印资料全文转载、摘编或列目。招生考试服务机构建设得到加强，教材发行、咨询服务等专业化服务能力不断提升。“湖南招生考试信息港”网站功能进一步完善，影响力和覆盖面不断扩大。全年提供高考、自考成绩证明共2 550人次，为省内有关用人机构和学历认证机构共查询自考毕业信息2 000余次。

【考试评价制度改革初见成效】 第一，首次新课改高考自主命题取得成功。坚持体现新课改要求，严格质量监控，自主命题实现了“新”“旧”课程的有效对接，为高校有效选拔合格新生和推动中学实施素质教育起到了积极作用，受到了学校师生、主管部门和专家等各方面的充分肯定，并在全国高考命题工作总结会上作了经验介绍。第二，自学考试综合评价改革试点取得进展。与国内权威网站合作，搭建了自考网络助学平台，选择13门公共课在湖南农业大学、湖南涉外经济学院开展了自考课程学业综合评价试点，首期报名参加综合评价的考生达6 000多人，报考近万科次。第三，教育考试评价科研工作得到加强。首次启动省教育考试院级课题的申报立项，共评审立项56项，全省招考系统立项的专项课题和院级课题总数达到120项，制定了课题管理、科研成果奖励等制度，组织了首届科研成果的鉴定与奖励。

【发展后劲得到增强】 第一，全面实施国家教育考试考务平台建设并完成第一期工程。全省共投入近4 000万元，建成了省、市两级国考考务指挥中心，装备了127个国考保密室、39个考点共1 915个考室的网上实时巡查系统，并全面投入使用。第二，着力推进标准化考点建设。在普及安检器、无线通信屏蔽仪等设备的基础上，全省研究生考试考点全部按要求建设了视频监控系统和标准保密室。第三，集多种功能于一体的现代化教育招生考试基地建设顺利完成，为推进考试招生现代化、实现事业可持续发展奠定了重要基础。第四，推进招生考试信息化建设。在新基地启动了智能化数字园区建设，初步建成了全省招生考试数据分析系统。第五，通过全面加强制度建设、狠抓专业技术培训、实施向基层倾斜的政策、积极开展创先争优活动、加强党的建设和思想政治工作等，切实加强了招考系统建设，使教育考试招生的软实力得到提高。2010年，湖南省教育考试院继续被评为省直机关文明标兵单位，被评为首届省直十佳“书香机关”、省教育厅直属系统“反腐倡廉建设先进单位”。

普通高考

【概况】 2010年，湖南省共有普通高考考生413 233人，比2009年减少94 600人，减幅为18.7%；全国共有1 527所普通高等学校在湖南招生，录取新生342 911人，比2009年增加1 795人；录取率达83%，比2009年增长16%，其中本科录取率达到38%，比2009年增长8%。录取的新生中，本科生159 253人，专科生183 658人。此外，全国普通高校在湖南录取的保送生和单独招生考生为6 122人，其中保送生200人，盲聋哑单独招生40人，运动训练和民族传统体育单独招生751人，高水平运动员138人，职教师资单独招生17人，小语种单独招生12人，少年班10人，高职院校单独招生

4 935 人。

【招生录取更加科学规范】　第一，在高考中首次实施单科成绩前万分之一考生增加投档录取机会的政策。全省共128人填报了单科优秀考生专设志愿，实际按单科优秀志愿投档100人（填报单科优秀志愿的考生中有16人在投档前已被自主招生院校录取，其他已在提前批次被录取），录取39人，其中投到外省院校的考生76人，录取16人；投到本省院校的24人，录取23人。第二，积极推进本科院校自主招生和高职院校单独招生扩大试点。省内自主招生试点院校扩大到3所，录取888人，比2009年增加500多人；高职院校单独招生扩大到14所，录取4 935人。第三，完善志愿设置和填报办法。将平行志愿及相应批次征集志愿个数均增加至5个，进一步增加了考生的选择机会和录取机率，提高了志愿的有效性。考生直接志愿满足率达到了99.5%，其中本科直接志愿满足率为99.1%，专科直接志愿满足率为99.9%。第四，调整了生源不足时的降分录取政策。规定农林、航海、地矿等外省本科院校以及在湘高等学校（含本科院校、高职高专学校）在生源不足时，可在同批次录取控制分数线下20分内降分投档，降分投档以考生填报的最后一次征集志愿为依据。全年省属民办本科院校和独立院校通过降分录取考生5 400余人，省属高职专科院校文理科通过降分录取考生3 600余人，既较好地满足了广大学生的上学愿望，又最大限度地帮助民办本科院校和高职专科院完成了招生任务。第五，继续严格执行“不点录”、“不补录”、“不违规降分录取”等政策，坚持和完善集体议事制度，严格录取现场管理，确保录取操作的规范有序。

研究生招生考试

【概况】　2010年，湖南省报考硕士研究生的人数为57 575人，比2009年增加7 275人，增长14.5%。全国报考湖南省17个硕士生招生单位（包括国防科学技术大学）的考生有45 525人，比2009年增加7 173人，增长18.7%。2010年教育部下达给湖南省的硕士生招生计划为16 103人，实际录取16 220人。

成人高考

【概况】　2010年，湖南省成人高考报考人数为167 765人，比2009年减少448人；其中专科起点升本科报考48 339人，高中起点升本科报考4 345人，高中起点升专科报考115 081人。实际录取新生120 013人，录取率为71.5%；其中专科起点升本科录取41 711人，高中起点升本科录取2 839人，高中起点升专科录取75 463人。

【适当调整招生政策和录取办法】　综合考虑专升本各学科门类生源不平衡的情况，对生源充足的医学类单独划线，其他生源不足的七个门类（文史、经管、理工、法学、艺术、教育、农学），不再分脱产、非脱产形式招生计划分别划线。允许将专科起点升本科、高中起点升本科招生计划调剂到高中起点升专科层次录取。按照教育部有关规定对职教师资专业、高职类院校及上线生源不足开班的专业在不受招生计划限制的情况下，实行政策倾斜。农林类专业在生源不足时，可以降低20分录取。

【加大生源组织力度】　第一，在全省城乡采用多种途径和形式，进行广泛深入的生源宣传发动。充分利用报刊、电视、媒体、广播、网站、宣传车、宣传栏，对招生政策、招生计划、报名条件等进行大力宣传，深入城镇街道、乡村集市、学校、机关、厂矿、企业发动生源。第二，进一步优化报名工作环境。在继续实行网上报名的同时，全省设立了多个报名点接受考生现场报名。各报名点按人性化管理要求，进一步理顺报名程序，积极为考生提供教材和资料。通过采取以上措施，保持了生源的相对稳定。

自学考试

【概况】 2010 年，湖南省统一组织自学考试 3 次，共有 505 848 人次报名参考，比 2009 年增加 19 328 人次，增长 4%；累计报考 1 727 189 科次，比 2009 年增加 134 507 科次，增长 8.4%。其中，面向社会开考考生共计 125 059 人次、332 793 科次，面向助学班开考考生共计 380 789 人次、1 394 396 科次。全年共有 40 所主考院校（2010 年新增 9 所），共开考专业 205 个（2010 年新增 15 个），其中本科 117 个，专科 88 个；面向社会开考 84 个专业，面向助学班开考 121 个专业。经资格审查，2010 年颁发毕业证书共 50 326 人（其中本科 35 863 人，专科 14 463 人），比 2009 年增加 14 675 人，增长 41%。

【自学考试综合评价改革迈出步伐】 与“自考 365 网站”合作共同搭建了湖南省高等教育自学考试网络助学平台，选择 13 门公共课在湖南农业大学、湖南涉外经济学院两所院校开展自学考试课程学业综合评价试点工作，采取“过程性评价与国家统考笔试成绩”相结合的综合评价方式，积极探索适应社会发展需要的人才培养新模式，进一步改革完善了高等教育自学考试制度。从 2010 年 10 月试点的情况来看，成效明显，首期报名参加课程学业综合评价的考到达 6 000 多人，报考近万科次。考后通过统计分析，参加课程学业综合评价试点的考生与没有参加试点考生的理论考试成绩相比，及格率提高了 8%；试点考生理论成绩与测评成绩结合后，及格率提高了 20%；13 门试点课程中，有 8 门课程及格率提高了 20% 以上。

社会考试

【概况】 2010 年，湖南省共承办社会考试项目 11 个，组织考试 19 次，报名总人数为 115.8 万人次，总规模比 2009 年增加 5.7 万人次，增长 5.2%。其中，全国大学英语四、六级考试考生报考 75.9 万人次，比 2009 年增加 1.6 万人次，增长 2.2%；全国计算机等级考试（NCRE）报考 24.2 万人次，比 2009 年增加 3.9 万人次，增长 19.2%；全国英语等级考试（PETS）报考 14.1 万人次，比 2009 年减少 0.5 万人次，减幅为 3.4%；剑桥少儿英语考试报考 2 388 人次，比 2009 年减少 420 人次；5 项非学历岗位资格证书考试报考 14 184 人次，比 2009 年增长 0.8%；国际计算机使用执照证书考试（ICDL）首次开考，报考总数为 78 人次。

供稿：湖南省教育考试院
撰稿：张和生　王　雷
审稿：陈最华

广　东　省

综　述

【概况】 2010年，广东省坚持以科学发展观为指导，认真贯彻落实教育部、省委省政府的工作部署，精心组织，严格管理，扎实工作，坚持以人为本、以考生为本，努力为学校、为考生提供优质服务，稳步推进考试招生制度改革，“高考调整方案”顺利实施，“平行志愿”受到社会广泛好评，“分类考试”试点工作取得显著成效，“阳光工程”建设不断深化，圆满完成了普通高考、成人高考、研究生招生考试、本科插班生招生考试、自学考试、大学英语四、六级考试及各类非学历证书考试的组织工作，实现了各类教育考试、招生工作的全面、协调、可持续发展，开创了广东省教育考试招生工作的新局面。全年组织考试53场，命制试题5 409套，印制试卷1 533万多份，答题卡1 880万多张，各类考生332万多人次，录取各类新生200多万人。

【加强考试环境综合整治】 2010年，广东省进一步加强考试工作的组织协调，不断完善多部门联动的工作机制，制订了切实有效的预案和防范措施，考试招生环境综合整治工作取得了实际成效。在普通高考、成人高考和研究生招生考试期间，保密局、公安厅、信息产业厅、卫生厅的联络员全部到省教育考试院共同值班。宣传、公安、保密、信息、卫生、气象、纪检、交通、环保和电力等有关部门积极配合、各司其职，各负其责，努力营造了公平、和谐的招生考试环境，

【加强考风考纪建设】 2010年，广东省进一步规范和完善标准化考场建设，全省500多个考场全部建成电子监控系统，全省78%的国家教育统一考试定点考场实现与省、部互联互通，全省19个地市实现考务视频指挥。各级教育行政部门和招生考试机构积极采取有效措施，加强考试招生队伍的培训和管理，严格考场管理，严肃考风考纪，加强对考生的诚信考试教育宣传，树立和弘扬“诚信考试光荣，违纪舞弊可耻”的观念，保持对考试舞弊行为的高压、强压态势，使舞弊者付出相应的代价。考试期间，采取人防与技防并举、检查与监督并重的有效措施，维护了考试的正常秩序。为畅通违纪舞弊举报渠道，各类考试均设立了考试作弊举报电话，充分发挥社会监督的作用，维护了考试的公平公正。从总体情况来看，2010年广东省各类考试招生进展顺利，考试管理更加规范，考试安全明显加强，考生诚信考试自觉性明显提高，没有发生重大的违纪舞弊事件，考风考纪持续好转，考生违纪舞弊率进一步下降。

普通高考

【概况】　2010 年，广东省普通高校招生考试报考人数为 61.5 万人，比 2009 年略有减少。其中，报考普通高考的考生 58.4 万人（包括理科类考生 28.6 万人，文科类考生 24.3 万人，体育类、艺术类考生 5.5 万人），中等职业学校毕业生报考高等职业学院招生“3 + 专业技能课程证书”考试的考生 3.1 万人。全国在广东省招生的院校总计 1 214 所，普通高考招生计划 42 万人，比 2009 年增加 1.8 万人。其中本科 20.2 万人，比 2009 年增加 1.5 万人；专科 21.8 万人，比 2009 年增加 0.3 万人。实际录取普通高考考生 49.3 万多人（含预录数），比 2009 年增加近 2 万人，超额完成招生计划。其中本科录取 21.2 万人，专科录取 28.1 万人（含“3 + 专业技能课程证书”）。不报到注销 6.3 万人，实际报到新生 43 万人。

【实施高考调整方案】　2010 年，广东省首次实施《广东省普通高校招生考试改革调整方案》（以下简称《调整方案》）。为确保《调整方案》平稳顺利实施，重点开展了以下工作：第一，切实加强对高考改革的组织领导，努力提高执行力。严格按照《调整方案》的规定和要求，落实好各项改革内容，认真研究《调整方案》实施过程中出现的新问题、新情况，妥善处理实施过程中遇到的难点、热点问题。第二，认真做好高考改革的宣传工作。通过宣传，让教师、考生和家长充分了解高考改革的目的、内容和具体要求，营造良好的舆论环境，为推进普通高校考试招生改革提供保障。第三，根据《调整方案》的变化和工作要求，进一步明确招生管理系统的各项功能需求，加强招生管理系统建设，保证高考报名、考试、评卷、录取等各项工作安全、有序进行。第四，认真做好普通高中学业水平考试工作。第五，根据招生工作实际，针对薄弱环节，制定《广东省 2010 年普通高校招生工作规定》，强化考试管理，规范招生录取行为，确保高校录取工作公平公正，确保广大考生权益得到有效保护。第六，严格按《调整方案》的要求进行档案投放工作，确保考生的合法权益，全力维护招生工作的公平公正。在各级教育行政部门、招生考试机构、各普通高等学校，以及各职能部门和广大招生考试系统工作人员的共同努力下，《调整方案》得到顺利实施，更好地维护了高考的公平公正，赢得了社会的普遍赞誉。

【科学命制试题】　2010 年，广东省严格按照《调整方案》的要求，自行命制了语文、数学（文）、数学（理）、英语、文科综合和理科综合共 6 个考试科目试卷，其中文科综合、理科综合为首次自行命题。命题组秉持稳中求变、稳中求发展的理念，精心设计各科试卷。各科试卷均以贴近时代、贴近社会、贴近学生生活的素材编制试题，关注考生的情感态度与价值观，注重考查考生关注现实社会发展、关注科技发展、理论联系实际等方面的意识及表现。同时，各科试卷更加注重测评考生的个性特长，注重考查考生的探究意识及学习潜能，注重考查考生的人文和科学素养。考后各科试卷难度适中，区分度良好，实现了广东省高考改革调整方案的平稳顺利过渡。

【实行平行志愿投档录取模式改革】　为进一步降低考生志愿填报风险，提高考生志愿填报的满意度，在对考生志愿填报方式进行多年探索和改革的基础上，2010 年广东省在本科录取中实行“平行志愿”投档录取模式改革。与其他省份“平行志愿”投档录取模式不同的是：第一，每批次设置了两个院校志愿组，第二院校志愿组作为第一院校志愿组的补充，一方面可尽量解决第一志愿组退档考生的出路，另一方面又可以弥补第一院校志愿组生源不足，适当解决高校及专业录取分数扁平化的问题。第二，根据广东省本科招生录取率低于全国平均水平的情况，只在普通类本科层次实行“平行志愿”，而提前批本科，体育、音乐、美术类本科以及专科层次院校暂不实行“平行志愿”。

为确保平行志愿顺利实施，制定了《广东省2010年普通高等学校招生平行志愿投档及录取实施办法》，细化操作要求，规范招生录取行为；印发了60多万份“平行志愿”宣传手册，为考生释疑解惑；在实施过程中，切实加强与高校的沟通，确定合理的投档比例，减少考生退档数量，确保录取公平公正，确保广大考生权益得到有效保护。针对平行志愿的特点和要求，开发了平行志愿交互系统，确保与院校之间的互动更加顺畅，提高了录取工作效率。

【加强试卷安全保密】　2010年高考前，组织召开普通高考考务工作会议，要求各级招生考试机构切实落实试卷安全保密工作责任制，切实加强保密室建设，全省155间试卷保密室全部实现与省、教育部互联互通。各级招生考试机构会同保密、公安部门认真做好试卷安全保密防范工作，强化试卷运输、保管以及考试实施每一个工作环节的安全管理与监控，做到管理措施到位，安全责任到位，检查监督到位，实现了试卷安全保密万无一失。

【加强评卷管理】　严格评卷工作程序管理，不断完善评卷工作的管理办法和评卷监督制约机制，加强对评卷工作全过程的质量监督检查，确保评卷工作更加科学公正。第一，进一步加强高考评卷教师库建设，严格评卷教师的资格审查。第二，选配好学科评卷组长，加强评卷工作的全程监控和管理。第三，认真做好答卷试评工作，制定科学合理的评分标准。第四，认真抓好岗前培训工作，统一执行评分标准。第五，拓展评卷系统的监控功能，加强评卷考核和质量检测。

【认真实施高校招生“阳光工程”】　2010年，广东省在录取工作中，严格按照教育部提出的严密制度、严格操作、严肃纪律的要求，严格执行招生录取政策，全面实施高校招生“阳光工程”，认真贯彻落实“六公开”、“六不准”的工作要求，建立科学合理、公开透明、公平公正的高校招生工作机制和体系。狠抓关键环节，完善录取制度，尽量细化、落实好招生录取的每个环节、每个流程，努力提高录取工作管理水平，尽可能减少人为因素对招生录取工作的影响，使“阳光工程”在招生录取全过程中得到深入贯彻和有效落实。

【严格规范录取程序】　2010年，广东省在录取过程中，坚持公平公正和择优录取的原则，进一步加强和完善制度建设，严密录取工作程序，严格按照向社会公布的招生章程择优录取。严格按照教育部和省招生委员会的有关规定，制订切实可行的招生章程，招生章程中公布的办学性质、录取条件、录取原则等信息更加清晰，录取操作规程更加规范。严格执行本、专科一分不降的政策，禁止“特批”、“点招”录取不符合条件的考生，坚持在全省公布的最低控制分数线上，严格按各批次高校录取投档原则进行投档。在档案投放和录取审批的管理上，坚持实行档案投放和录取审批两个“把三关”的制度，避免了人为疏漏和管理失控。

【加大信息公开力度】　积极拓展信息公开渠道，建立健全咨询制度，根据招生录取进度以最快的速度发布新闻通稿，2010年普通高考录取期间，共发布新闻通稿30多篇。同时开通了咨询热线，接听考生、家长咨询电话，为考生和家长释疑解惑，为考生提供有效信息服务，进一步加大了信息公开的力度和广度，确保招生录取工作规范有序进行。

【普通高中学业水平考试概况】　1月8日和6月9日，广东省教育考试院各组织一次普通高中学业水平考试，全省分别有1.95万和59.6万名普通高中在校学生和部分社会青年参加，考试科目为政治、历史、地理、物理、化学、生物6科。

研究生招生考试

【概况】　2010年，广东省参加全国硕士研究生招生考试的考生4.55万人，比2009年增加8 191人，增长21.98%。全国报考广东省33个硕士研究生招生单位的考生7.29万人，比2009年增加9 822人，增长15.58%；报考广东省19个博士研究生招生单位的考生7 304人。2010年广东省研究生（含博士、硕士）招生总计划为2.49万人，其中，硕士研究生招生计划为2.21万人（包括学术型1.65万人，全日制专业学位5 572人）。实际录取硕士研究生2.22万人（包括学术型1.57万人，全日制专业学位6 525人），比2009年增加966人，增长4.54%；录取博士生2 953人。

成人高考

【概况】　2010年，广东省成人高校招生考试规模居全国第一，考生共21.2万人，其中专科起点升本科考生7.1万人，高中起点升专科考生14.1万人。全国成人高校在广东省的招生计划为17.6万人，实际录取19.4万人（含预录数），其中本科录取6.5万人，专科录取12.9万人，超额完成招生计划。

高中阶段学校招生考试

【概况】　2010年，广东省进一步完善全省统一的高中阶段招生管理系统即高中阶段教育招生统一服务平台，通过平台录取中职、技校和五年制高职学生68.49万人，其中中职学校录取62.51万人，技校录取5.62万人，五年制高职录取3 559人。

自学考试

【概况】　2010年，广东省共举行4次自学考试，开考专业137个，其中本科专业69个、专科专业68个，报考77.2万人次、161.1万科次，毕业生30 481人，其中本科毕业生16 265人、专科毕业生14 213人、中专毕业生3人。与2009年相比，报考人次、报考科次和毕业生人数略有增加。

【加快专业和课程体系的调整和优化】　根据近年广东省高等教育自学考试专业和课程报考情况，结合广东省教育发展的状况，停考10个社会需求不大、报考人数少的专业，开考汽车维修与检测、艺术设计、义务教育、市场营销、现代企业管理、汽车服务工程、模具设计与制造、数控技术应用等12个专业，颁布将于2011年开考的数字媒体艺术、模具设计与制造、机械制造及自动化、工业电气自动化4个专业的考试计划。

根据全国考办关于实施高等教育自学考试开考专业公告的要求，在充分征求有关主考学校意见的基础上，调整了94个专业、478门课程的考试计划，调整了14门省统考课程的使用教材，编发了117门课程的考试大纲。

【命题管理有效，命题质量有保证】　2010年，广东省坚持把安全保密作为命题管理工作第一要务，重点加强了命题教师和命题管理人员的队伍建设，全年未出现安全保密事故。全年命制4次自学考试试卷，累计命制、审核、打印、校对试卷1 694科次、5 082套。在10月全国考办试卷质量抽查中取得了优秀的好成绩。

【强化考务管理，确保考试安全顺利实施】 根据教育部印发的《高等教育自学考试考务工作规定》，结合广东省实际情况，把组考工作重点放在试卷安全保密、考风考纪建设、防御台风和维护考试安全稳定等方面。为加强对考试工作的领导，成立了以省考试院领导为组长的考试工作领导班子，下设多个负责小组，分别负责保密、考务、命题和技术各项工作，职责明确，分工合作。通过考前召开考务考籍工作会、监察员工作会和评卷工作会等会议加强对考务工作的管理，强调试卷安全保密管理及考风考纪的重要性。为完善考务各个环节的工作规范，重新修订了《广东省高等教育自学考试考场考务工作手册》，每次考试前都制订突发事件应急处理预案，成立突发事件应急处理领导小组等。

【考籍管理工作务实高效】 全年核准免考9 658科次、转出外省919人次、外省转入785人次、省内转考2 563人次，考生信息更正3 986人次、考生成绩更正284科次、开具学历证明1 503份、打印成绩单950份、为遗失毕业生档案的考生单位补办档案169份、为遗失毕业证书的考生补办毕业证明书112份。

热情接待考生来访，切实做到来人必见、来件必回、来电必答。努力提高服务质量和效率。从2009年12月开始，办理学历证明的开始时间提前10天，考虑到应届毕业生在原定时间难以提交学历认证，2010年上半年应届毕业生提交学历的认证时间延迟到8月5日。全年受理信访业务上千人次

【积极开展高等教育自学考试与职业教育相沟通试点工作】 继续推进高等教育自学考试与高职高专教育相沟通的试点工作。2010年共有3所主考学校和20所高职高专院校加入合作办学的行列，8个本科专业首次进行相沟通试点。截至2010年年底，参加广东省高等教育自学考试与高职高专教育相沟通试点工作的主考学校18所，高职高专院校85所，共53个专业，参加考试人数累计达6万多人，各项工作进展顺利。

【社会助学工作稳步开展】 严格按照自学考试助学管理办法的规定，核准、公布各类助学、办班计划。根据近年来各类办班计划上报的情况，进一步改进和完善了上报材料的规定，对助学工作规范管理、健康有序开展起了重要的保证作用。

在推进开放（公开）学院正常办学的同时，组织每年一次的开放（公开）学院自学考试理论与实践研讨会，对广东省5所开放（公开）学院提出的“试行加强开放（公开）学院管理，提高教育教学质量的工作方案”进行了研讨，提出逐步建立科学严格的自学考试学业综合评价体系。严格按照修订后的《自学考试独立办班管理办法》规范主考学校独立办班办学行为。严格按照广东省高等教育自学考试与高职高专教育相沟通的有关规定，要求主考学校和高职高专院校采取有效措施，进一步加强和规范管理，排除办学隐患，切实做好高职高专院校的自学考试助学工作。

【积极开展自学考试理论研究】 承担中国高等教育学会自学考试分会为纪念高等教育自学考试制度建立30周年特设的专项课题《基于高等教育自学考试的农村进城务工人员教育与培养模式研究》和《高等教育自学考试业余助学管理标准化建设研究》。发挥各级考试机构、主考学校和助学组织的作用，在总结本省开展自学考试社会助学工作的同时，积极探讨实施农村进城务工人员继续教育的有效途径与措施，构建适应农村进城务工人员职业教育和文化素质提高要求的自学

考试教育模式；探讨开展高等教育自学考试业余助学管理的条件和标准建设，丰富自学考试的理论研究，为自学考试的可持续发展提供决策依据。

【积极发挥广东省自学考试研究会的作用】 根据广东省开展高等教育自学考试社会助学工作的实际情况，11月举办自学考试社会助学业务培训班，聘请自学考试研究会的专家进行讲座。聘请自学考试研究会的专家解读《高等教育自学考试社会助学管理试行办法》。聘请自学考试研究会的专家作为“纪念全国高等教育自学考试制度建立30周年”征文活动的评委等。

社会考试

【概况】 2010年，举办全国大学英语四、六级考试、全国计算机等级考试、全国英语等级考试、广东省中等职业技术教育专业技能课程考试等14项考试，累计报考约160万人次、180万科次，人数比2009年增长7%，保持了健康稳步发展的态势。承接全国大学英语四、六级考试广东、广西、海南3个省区试卷扫描工作，上半年完成约166.9万张、下半年完成约172.2万张答题卡的扫描工作。11月首次开考全国中小学教师技术水平考试，考生规模为11 877人。

【非学历证书考试健康持续发展】 坚持非学历证书考试规模与规范协调发展，初步形成学历教育与非学历教育并举的良性发展局面。继续完善有关考试考务文件的管理规定，进一步明确考点资格、办考条件、考务要求等，从制度上保证考试项目的健康持续发展；解放思想，开拓创新，大力拓展非学历证书考试；根据广东省产业结构的调整，认真做好与有关行业、部门的合作，不断扩大考试的种类和规模，积极拓展新的考试项目，做大做强原有项目。

供稿：广东省教育考试院
撰稿：唐际齐
审稿：杨开乔

广西壮族自治区

综　述

2010年，广西共组织实施了38次各类考试，涉及考生150多万人次，实现了“考试安全顺利，招生公平公正”的工作目标。

普通高考

【概况】 2010年，广西普通高考报名人数为299 110人，比2009年减少2 651人。其中，参加全国统考人数为292 781人。考生中，应届生238 051人，往届生61 059人。全国有1 481所高校在广西录取205 348人，录取率为70.78%，比2009年增加6.86%。其中，本科录取90 965人，录取率为31.07%，比2009年增加4.12%；专科录取114 383人，录取率为39.07%，比2009年增加2.74%。

【进一步完善平行志愿投档模式】 2010年，广西进一步完善平行志愿投档模式，重点对志愿设置、批次设置和系统管理等方面作了调整，意在进一步降低考生填报志愿的风险，提高针对性，减少盲目性，并通过更为合理的时间安排给院校更充分的阅档时间，给考生更充裕的思考和填报征集志愿的时间。与2009年相比，2010年录取批次做了四个方面的调整：一是在2009年的基础上，取消了本科第二批B类和高职高专批B类；二是允许区内院校设置两个院校招生代码，将招生专业分成两类，由考生分开填报，以满足考生的不同需求，降低考生退档率；三是将高职高专普通批院校志愿由2009年的6个减少为4个，以提高考生填报志愿的针对性，减少考生因盲目填报导致的不报到情况；四是在平行志愿投档批次对区内院校保留“服从部分专业调剂”选项。

【继续推进英语口语考试改革】 2010年，广西继续推进英语口语考试改革，将考试报名与高考报名分开进行，考试时间调整为2009年12月和2010年4月。放宽报考条件，允许高中二年级学生报考。考试成绩两年有效。每天分四个时段安排考试（每半天两个时段），减少考生候考时间。2010年，共有39 417人参加考试。

【规范高考加分照顾政策管理】 广西严格执行自治区教育厅、公安厅2009年11月联合下发的《关于加强我区户口迁移人员普通高考报名和享受照顾政策资格审核工作的通知》（桂教考试［2009］5号），采取户口、学籍双认定的办法确定考生的地域性加分照顾资格，坚决打击区内“高考移民”。

【严格执行招生录取规定】　2010 年，广西严格管理招生计划，各校在广西的计划总量增减必须通过教育部批准；严格执行录取规则，考生排序、投档全部由计算机按事先制定并已向社会公布的规则完成，实行双录检制度，人人签订责任状；严格执行“六不准”规定，即招生工作人员在招生录取过程中，不准违反国家有关招生政策规定，不准徇私舞弊、弄虚作假，不准采取任何方式影响、干扰招生工作的正常秩序，不准协助、参与任何中介组织或个人的非法招生活动，不准索取或接受考生及家长的现金、有价证券，不准以任何理由向考生收取与招生录取挂钩的任何费用。

【公开征集志愿】　一直以来，广西高度重视各批次的征集志愿环节，对因生源不足无法正常完成计划的院校和追加计划的院校，广西招生考试院将剩余招生计划全部向社会公开征集志愿，并通过新闻宣传、短信告知、电视台滚动字幕提醒等多种方式，及时为考生提供生源缺额信息，组织考生填报，为考生争取了更多的升学机会；明令禁止学校组织生源和工作人员推荐生源；对按志愿录取或经招生院校征求意见后同意录取的考生，一律不准其退档换录。

2010 年，广西普通高校招生 12 个批次录取中，除自主招生批和 3 个预科批次外，其余 8 个批次共进行了 12 次征集志愿，近 8 万人次填报了征集志愿，有约 2. 5 万名新生通过征集志愿如愿上了大学。其中，本科层次征集志愿录取约 1 万人，专科层次征集志愿录取约 1. 5 万人。

【增强录取过程透明度】　2010 年，广西结合自身实际，将教育部规定的六大类信息公开扩大为十三大类信息公开，开辟网络、声讯、手机短信等多条途径供考生同步查询本人档案的动态信息；加强与媒体的沟通，接受社会监督，主动邀请媒体记者、考生代表、家长代表观摩录取现场。

由于各项录取工作开展得力，社会对录取工作更加满意，2010 年招生录取期间考生和群众的来信来访明显减少，共接待咨询招生录取政策和录取结果的来电、来访、来信、电传 3 000 余人次，不到 2009 年录取期间的来访来电量的 1/3，招生录取工作的社会公信度和群众满意度显著提高。

研究生招生考试

【概况】　2010 年，广西报考硕士研究生的考生有 15 595 人，比 2009 年增加 1 573 人，增幅 11. 22%。全区 11 个招生单位共录取硕士生7 681 人，比 2009 年增加 463 人，增幅 6. 4%。其中报考“少数民族高层次人才培养计划”的硕士生人数为 710 人，与 2009 年持平，报考该“计划”博士生的人数为 306 人，比 2009 年增加 55 人。

【开展综合大检查】　2010 年，广西招生考试院严抓研究生考试考务工作：第一，对全区各考点和招生单位进行了安全保密和考前准备工作大检查，发现问题并及时整改，确保考前硬件设施达标。第二，开展考前抽查。在统考试题到达考点后，对考点保密室的值班情况进行夜间抽查和电话检查。对夜查中值班制度落实不到位的单位责其当场改正，杜绝了安全隐患，保证了试题安全。第三，加强对各考点的巡视检查工作。考试期间，组成 6 个巡视组，对考点的组织工作进行检查。第四，各考点积极开展考前各项准备工作。重点是对存放统考试题的保密室进行了认真自查和整改，努力做好考试环境的整治和试题、答卷运送保管的安全保障工作。

【严格管理，规范操作】　2010 年，为确保硕士研究生入学考试顺利进行，广西完善方案，周密安排，确保试卷印制运送的安全保密；加强考试环境的综合治理，净化考试环境；加强网上监控，对硕士生考前辅导班进行综合治理，加强对校园内小广告的清理，减少不良信息对考试的影响；加强考试巡视工作，建立与公安、信息部门配合的联动机制，确保考风考纪良好；统筹安排，按时完成评卷工作；加强复试工作指导，规范复试工作。

成人高考

【概况】　2010 年，广西成人高校招生全国统一考试报考人数为 119 075 人，比 2009 年增加 11 273人，增幅 10.5%。其中，高中起点升专科报考 70 434 人，高中起点升本科报考 1 285 人，专科起点升本科报考 47 351 人，免试生 5 人。全国成人高校在广西共录取 108 104 人，比 2009 年增加 16 554 人。其中，高中起点升专科录取 63 594人，高中起点升本科录取 1 155 人，专科起点升本科录取 43 355 人。

【做好宣传工作】　2010 年，广西招生考试院协调各高校精心设计了宣传方案，以考试院门户网站、广播电视、报纸为宣传主阵地，开辟成人高校招生专栏，联合开展多渠道、多层次、全方位的宣传；继续开通使用成人高考 QQ 咨询网页，并新增各市、县招生办的咨询 QQ 和电话号码，方便考生咨询；更加注重发动中职应届毕业生报考高中起点升专科；延长网上报名系统开放时间。

【积极探索校企联合办学】　2010 年，广西积极探索校企联合办学模式，促进成人高等教育服务企业、服务北部湾经济区。广西招生考试院 2 次组织相关人员及区内 12 所高校赴北海市、钦州市和防城港市调研，与当地 24 家企业洽谈成人高校联合办学事宜。各高校和区考试院根据企业需求的实际情况制订了单列计划、单独划线录取、定向培养专业对口人才模式的试行方案。最终，共有 10 所高校与企业合作办学或定向委托培养，2010 年有 8 332 人参加该项目，其中4 130 人达到录取分数线并被录取，另有 3 565 人按政策规定单独划线录取，录取总人数达到7 695人。

自学考试

【概况】　2010 年，广西共组织实施了 3 次高等教育自学考试，开考专业 84 个（其中专科专业 47 个，本科专业 37 个），开考科目 920 门。全年报考人数为 102 691 人次，比 2009 年减少 9.72%；报考科次为 213 187 科次，比 2009 年减少 7.58%。此外，还组织了 1 月和 7 月中英合作商务管理专业考试，开考科目 12 门，报考人数为 536 人次，报考科次为 1 232 科次。全区自学考试助学班考生参加自学考试与其他教育形式课程沟通考试为 38 671 科次。年内共审核 6 200 多份自考毕业生材料，发放自考毕业证书 6 024 份。

【加强专业建设】　第一，调整开考专业。根据广西实际状况，停考了生源极其不足的一些专业，开考了适应广西发展的一些新专业。第二，规范专业代码和课程代码。根据全国考委要求，对广西非全国统考课程的代码进行了更改，并向社会公布。第三，研究和解决部分课程通过率较低的问题。广西招生考试院就部分自学考试课程通过率较低的问题进行了积极研究和调研，决定自 2011 年 1 月起，将部分课程由必考课改为选考课，取消了部分课程考试的年龄限制。第四，安排好 2011 年全区各次自考课程时间，并及时向社会公布。

【加强考籍管理工作】　第一，在毕业审核工作中，严格遵守有关规定，把好毕业审核关，确保自考的质量，维护自考的良好社会信誉。第二，规范考籍档案管理，对自学考试的相关数据及时进行整理、归档。第三，落实专人全年受理自考毕业生登记表的申请、自考毕业证真伪的验证等工作，截至12月10日，共受理2 896份自考毕业证的真伪验证，167份自考毕业生登记表的复印。第四，做好转免考、实践考核等相关工作，为考生提供便利服务。

【推行自学考试网络助学】 第一，邀请“365自考网”负责人向地市考办及社会考生推广自考网络助学活动。第二，与该自考网签订助学合同，共同建设“广西高等教育自学考试网络助学平台专区”，为广西自考生提供网络助学服务，并在此基础上开展课程学业综合评价试点工作。第三，采取措施，激励地市自考办参与推广宣传网络助学活动。

【开展自考衔接沟通试点工作】 2010年，广西积极开展高等教育自学考试与中、高职教育衔接试点工作，构建人才培养“立交桥”。第一，积极组织调研，探索衔接模式。组织区内本、专科院校负责人前往区外省市调研，学习借鉴成功经验；组织调研组，赴区内有关本科、高职高专院校调研，摸清自考工作的基本情况；分别组织区内本、专科院校，中、高职院校及14个市招生办（考试院）负责人进行座谈，听取对完善自考政策征求意见稿的意见，研讨衔接试点工作方案。第二，制定相关政策文件，拟订自考衔接试点工作方案。先后下发《关于在我区开展高等教育自学考试本科与高职高专教育衔接试点工作的通知》、《关于下发〈关于在我区普通高等教育与自学考试本科专业衔接试点工作实施细则〉的通知》和《关于我区开展普通高等教育自学考试与中职教育衔接试点工作的通知》等文件，指导相关单位有针对性地开展具体工作。2010年，已有广西大学等24所主考院校与区内82所中、高职学校及独立学院对接开展自考衔接沟通工作，预计到2011年广西自考报考规模下滑势头能得到遏制。

社会考试

【概况】 2010年，广西全国计算机等级考试报考73 385人次，全国英语等级考试报考2 068人次，大学英语四、六级考试和英语应用能力考试报考569 818人次，剑桥少儿英语考试报考4 032人次，全国中小学教师教育技术水平考试报考77人，中国书画等级考试报考598人，中国物流职业经理人资格证书考试报考6 641科次，中英合作采购与供应管理职业资格证书考试报考647科次，调查分析师证书考试报考62科次，中国销售管理专业水平证书考试报考208科次。

【教师资格理论考试】 从2010年下半年开始，全区教师资格理论考试由自治区招生考试院组织实施。报名参加2010年下半年高校教师资格理论考试的考生有2 438人、8 987科次，实考人数为2 337人、8 444科次；报名参加中小学幼儿园教师资格理论考试的考生有15 072人、39 473科次，实际参加考试13 929人、33 978科次。

供稿：广西壮族自治区招生考试院
撰稿：胡兆阳　杨　娜
审稿：黄雄彪

重 庆 市

综　述

2010年，在重庆市招生委员会和重庆市教育委员会的领导下，重庆市教育招生考试战线求真务实、开拓创新、勤奋工作，确保了各项招生考试工作的正常推进。全年共组织各类考试34次，考生110万人次，录取新生19.1万人，自学考试毕业生1.4万人，组织命制各类考试试题1 665套。全市招生考试规模继续呈持续增长态势。

总　类

【加强党建工作】　切实完善党组和行政班子的议事制度和决策程序，从制度和措施上健全完善党建工作长效机制。切实加强党风廉政建设，召开党风廉政建设工作会，组织观看廉政教育专题片，全院党风廉政建设工作蓬勃开展。组织开展大规模学习培训活动，切实加强革命传统教育。积极开展创先争优活动，“创先争优、录取场在行动”专题活动，得到原市政府谢小军副市长、原市政协陈万志副主席、原教育部高校学生司姜钢副司长、市委创先争优活动办、市委教育工委的充分肯定，《重庆教育党建信息》第18期、第29期全文介绍了市教育考试院的做法。2010年12月被市委教育工委评为党内统计工作先进集体。

【编制“十二五”规划】　编制了《重庆市教育招生考试事业“十二五”发展规划》，明确了提高研究生招考水平、深化普通高考制度改革、促进成人高考稳步发展、拓展自学考试新领域、大力发展社会考试、加强考试题库建设、加强教育招生考试科研工作、加强机构建设、加强交流合作、提高教育招生考试公信力、统筹城乡教育招生考试事业协调发展等11项主要任务；确定了命题基地建设、信息综合管理服务平台建设、教育招生考试考点标准化建设、远程网上评卷系统建设、大容量题库建设、PETS考试应用和推广6个重大项目。

【积极开展科研工作】　加强科研制度建设，为科研工作规范化运行奠定良好基础。《高等教育自学考试多元化评价方式改革研究》、《高等教育自学考试助学管理的评价体系构建研究》、《自学考试与其他教育形式沟通衔接研究》三个课题分别被列入教育部考试中心课题。与教育部考试中心、国家教师科研专项基金管理办公室重点课题组联合开展教育部重点课题《中国学校法制教育行动研究》子课题《教育招生考试学生诚信品质培养研究》的立项、组织、研究等工作。编辑出版《重庆市教育招生考试科研文集（第一辑）》，收录各类论文和研究报告40余篇。

【加强队伍建设】　经过积极争取、多方协调，市编办、市财政局、市人力资源和社会保障局和市公务员管理局联合出台政策，妥善解决机构改革后原招办行政人员遗留问题。认真拟定事业单位岗位设置方案，坚持以人为本、定岗定责，完成岗位设置工作，扎实推进首次竞聘工作。建立干部学习培训长效机制，对职工教育、进修、学习培训按比例给予经费资助，全年选送培训干部30余人次。进一步加强机关作风建设，“比学习、比业绩、比奉献”蔚然成风，风清气正、勇于争先、甘于奉献的机关工作氛围日益形成。

【全方位开展宣传】　通过工作简报、政务信息、专题活动、媒体宣传、门户网站等渠道全方位开展宣传工作。向市教委报送政务信息87条，在市教委直属事业单位中排名第一。主动与新闻媒体沟通，主动策划宣传方案，确定宣传重点和宣传形式，与媒体建立了良性的互动关系。全年召开新闻发布会5次、领导专访3次，接待记者采访120人（次），各类报刊对本市教育招生考试工作报道新闻200余条，人民网、中国教育网、华龙网等网站报道新闻逾300条。院门户网站全年访问量近900万人次，已逐渐成为服务社会、对外宣传的重要窗口。

【广泛开展对外交流】　广泛开展与国内外知名考试机构的交流活动，先后组织赴英国、香港、台湾进行课程设置、教学评估及考试体制等方面的交流。邀请招生考试专家到市教育考试院进行专题讲座。积极开拓考试领域，不断提高承办海外考试的能力和服务品质，树立重庆教育招生考试招生对外开放的良好形象。

【信息化建设取得成效】　顺利完成40个区县保密室远程巡查系统建设，完成13个区县25个考点远程巡查系统及规范化考场建设；完成38个大学英语四、六级考试、硕士研究生考试考点保密室远程巡查系统建设；完成成人高考网上评卷系统建设；完成普通高校重点本科批平行志愿投档系统和政策调整系统的改造。

【命题质量提高稳步提高】　2010年，完成普通高考（重庆卷）、重庆市高职单独招生考试、成人高考公民道德与法律基础科目、重庆大学自主招生选拔考试、西南大学保送生文化测试、部分区县教师选拔考试等教育招生考试的命题，完成全国统考课程32门、省级统考课程763门的命题。向教育部考试中心及31个省、市（自治区、直辖市）考试机构提供全国统考课程试卷870套；提供最新《考试说明》1 100余份；开设专场省级命题教师培训20余次，培训命题、审题教师1 200名。

从教育招生考试的实测分析和考后评价来看，命题质量总体良好，既达到了选拔区分的目的，也起到了考试的反拨作用，受到了学科专家、一线教师以及社会其他方面的充分肯定。

自学考试对全年4次考试结果进行了详细的总体分析和个案分析，形成了具有指导意义的分析报告，为自考专业建设和自考命题工作提供了科学的依据。利用试卷管理的条形码技术进一步规范电子卷库，避免一套纸质试卷文档对应若干电子文档，提高卷库记录的精准度。

普通高考

【概况】　2010年，重庆市普通高校招生考试报名总人数为196 759人，比2009年增加531人；全国在重庆市招生的普通高校共计1 259所，比2009年增加35所。重庆市招生计划为117 437人，实际录取139 142人，录取率为70.7%，比2009年增加5.4%。录取最低控制分数线：本科第一批文科573分、理科533分；本科第二批文科510分、理科478分；本科第三批文科462分、理科445分；高职（专科）一阶段文科431分、理科403分；高职（专科）二阶段文科337分、理科317分。

【实施投档模式改革】 首次在本科第一批实行“平行志愿”投档改革。每个考生都可填6个平行的一志愿，并按照“分数优先、遵循志愿”的原则进行投档录取，改变过去志愿优先的投档原则。实施“平行志愿”改革后，文科院校一次投档计划满额率为97.55%，理科院校一次投档计划满额率为98.67%。此举减少了高分掉榜人数，提高了志愿满额率。

【调整照顾政策】 调整录取照顾政策，缩小照顾范围，降低照顾分值，区别加分和降分，取消累计加分；明确照顾资格审查部门职责，建立严格的资格审查制度，加强报名资格和享受照顾政策资格的审查力度；建立完善了三级公示制度，各项加分信息分别在考试院门户网站、区县招考机构、考生所在学校和班级进行公示，扩大了监督范围，整个照顾政策调整平稳顺利，进一步促进了教育公平。

【改进考试管理手段】 艺术和体育专业考试加大资金和设备投入，开发了音乐专业考试记分系统，体育专业考试中应用激光测距仪、自动电子计时器等设备，有效避免了评分的人为因素，考试成绩更加客观真实。

研究生招生考试

【概况】 2010年，重庆市硕士研究生招生计划为13 343人（含少数民族骨干计划215人），比2009年增加260人，增幅1.99%。全市硕士生报考人数总计26 356人，比2009年增加2 968人，增幅12.69%。全国报考重庆市硕士生招生单位的考生共37 764人，比2009年增加4 364人，增幅13.07%。实际录取硕士生13 637人（含农村教育硕士和少数民族骨干计划），比2009年增加661人，增幅5.09%。

成人高考

【概况】 2010年，全国共有65所成人高校在重庆市招生，招生计划为31 323人，全市报考46 901人，实际录取38 095人，录取率为81.2%。

【实施计划编制及报名方式改革】 计划编制及报名方式改革是2010年教育部确定的成人高校招生改革重点项目，重庆是四个试点省市之一。改革的核心是报名和志愿填报分段进行。市教育考试院从报名、考试、志愿填报等多个环节入手，顺利实施了这项改革。

【实施远程网上评卷】 2010年，重庆市成人高考首次实施远程网上评卷，通过统筹规划和周密实施，确保该项工作取得了圆满成功。

自学考试

【概况】 2010年，重庆市自学考试全年开考128个专业，新生超过5万人，全年考生总人数超过33万，总科次超过68万。与2009年相比，考生总人数增加7.7%。完成两次毕业证书的办理工作，共计14 082人，其中专科7 252人，本科6 830人。全年注册登记并经教育行政管理部门批准的社会助学机构共有43个。

【优化专业结构】 以市场调研为基础，以贴近经济发展需要为目标，进一步优化专业体系和课程结构。针对本专科发展不平衡的状况，在稳定本科规模的同时，开辟专科层次新渠道，发展高职院校为主考学校，为本科发展提供基础。

【突出服务特色】 针对重庆市制造业技术工人的需求，开设了数控、汽车制造与维护、旅游等特色专业；与市教委联合开设的中小学教师本科学历教育项目试点进展顺利；申办全国考办学习服务中心重庆分中心，实施首问负责制，开展自考网络宣传，基本实现网络化、信息化办考。

社会考试

【概况】 2010年，重庆市非学历教育招生考试共举办10个项目21次考试，共计报考515 434人次。其中，全国计算机等级考试92 136人次，全国英语等级考试1 553人次，剑桥少儿英语考试1 788人次，全国大学英语四、六级考试399 991人次，调查分析师证书考试376科次，中国餐饮职业经理人资格证书考试271科次，中国物流职业经理资格证书考试1 683科次，劳动和社会保障岗位资格证书考试22科次，全国中小学教师教育技术水平考试17 614人次。

供稿：重庆市教育考试院
撰稿：李　萍　徐　海　刘忠霖
审稿：邱　可

四　川　省

综　述

2010年，四川省教育考试院深入贯彻落实科学发展观，认真学习贯彻落实全国教育工作会议精神和《国家中长期教育改革和发展规划纲要(2010—2020年)》，强化考试安全和规范管理，深入实施招生“阳光工程”，稳步推进招生考试制度改革，大力推进自学考试创新发展，圆满完成了全年各项工作任务。全年共组织实施各类考试31次，其中教育招生考试8次，自学考试和各类社会考试23次。报考总人数达3 379 558人次，其中教育招生考试报考总人数达1 612 956人次，自学考试和社会考试报考达1 766 602人次。教育考试录取新生739 537人，自学考试本、专科毕业生23 666人。

总　类

【招生考试信息公开制度化】　2010年，四川省招考委、四川省教育厅出台《四川省普通高等学校招生考试信息公开公示办法（试行）》，明确规定了招生考试信息公开公示的内容、主体、时间和渠道。

【省教育考试院网站开通】　5月12日，四川省教育考试院网站（www. sceea. cn）正式启用。省教育考试院网站设有要闻咨询、普通高考、成人高考、研究生考试、艺体招生、中职中专、自考学历考试、非学历考试等栏目。通过网站，省教育考试院发布招生、自考政策信息，公示自主招生考生1 245人、艺术特长生526人、高水平运动员341人、享受加分照顾考生5 121人和所有少数民族考生。

【试卷保密室硬件再升级】　2010年，四川省所有试卷保密室和试卷分发场所，均安装了视频监控录像系统。除阿坝州外，都建立了网上巡查系统，实现了省、市、县三级联网监控。

【科技手段防作弊】　2010年，在普通高考、成人高考中，四川省统一使用手持式金属探测器，对所有入场考生进行安全检查，考场统一配置电子挂钟，规定考生一律不准带手表等计时器进入考场。普通高考期间，全省无线电管理部门所属的无线电固定监测站、移动监测车和便携测向设备全部投入使用，加强对考点的巡查。

【加强招生考试信息管理】　省招考委、省教育厅等6部门联合出台《四川省高等学校招生考试信息管理办法（试行）》，明确各级教育行政部门、招生考试机构、公安、保密、通信管理、电力、高校、中学的职责，健全招生考试信息管理制度，加强招生考试数据管理，确保招生考试信息安全。

【招生考试宣传作品获奖】 《招生考试报》、《高校招生》、《四川自考》、《高考指南》及招生考试网站在招生考试宣传中发挥了主渠道作用，报刊质量不断提升。在全国招生宣传好新闻评选中，《招生考试报》有2件作品获一等奖，7件作品分获二等奖、三等奖。

【服务考生多样化】 根据实行平行志愿投档模式的变化，编印《平行志愿辅导读本》50多万册免费赠送考生，重新设计了《高考指南》的编排体例，公布了高考成绩1分段统计，为考生填报升学志愿提供切实的帮助。畅通招生信息查询渠道，门户网站实时发布四川各项招考动态、信息，为考生提供了包括省教育厅门户网站在内的6个免费查询高考成绩和录取结果的渠道。开通了“家长网校”，开发了“升学指导测验”系统，为考生及家长提供了专业、多元的信息服务。畅通自考教材发行渠道，方便考生购书和助学单位教学。

【教育部领导肯定四川高考工作】 6月3日，教育部党组副书记、副部长陈希，中纪委驻教育部纪检组组长、教育部党组成员王立英到省教育考试院检查高考备考工作。陈希、王立英一行检查了省教育考试院试卷保密室，通过考试指挥中心网上巡查系统对部分市州、县招办保密室进行了巡查。陈希、王立英对四川高考工作给予了充分肯定，并对高校招生考试工作提出明确要求。

【招生考试目标管理】 省招考委表彰了四川省2010年国家教育考试安全保密、考风考纪目标责任先进单位，成都市等11个市州招考委和内江、达州考委获得一等奖，广元市等8个市州招考委和内江招委获得二等奖。省招考委对完成2010年度四川省硕士研究生招生考试目标责任的四川大学等35个单位进行了表彰。省教育考试院对市州招考办和自学考试主考院校（含办考院校）进行了年度工作目标量化考评。成都市等13个市州单位和四川大学等5所高校获得一等奖。南充市等10个市州单位和西南交通大学等8所高校获得二等奖。西华师范大学等7所高校获得三等奖。四川大学等6所高校和成都市等4个市自考办获得自学考试发展奖。

普通高考

【概况】 2010年，四川省普通高考报考人数为511 537人，比2009年增加211人，增幅为0.04%。其中，普通类考生497 916人，比2009年增加3 361人，增幅为0.67%；对口职教、高职考生13 621人，比2009年减少3 150人，减幅为18.78%。普通类考生中，文科类报考205 411人，占41.25%；理科类报考292 505人，占58.75%。全国1 585所高校在四川计划招生307 867人，实际录取369 304人，完成招生计划的119.96%。

【命题质量稳中有升】 圆满完成普通高考和艺术类音乐、美术、表演、播音主持、舞蹈、编导专业考试，以及职教、高职对口招生和藏语文加试、彝语文加试、藏语文、彝语文等分省命题任务。试题质量稳中有进，考生满意，社会认同。

【严格审查考生资格】 高考报名工作结束后，各级招生考试机构对考生资格进行了再次核查，有效防止了高考移民。在体育、艺术类尖子生加分测试中，对体育尖子运动项目中能够测试的10个项目进行了全部测试。从高校抽调纪检监察干部组成监察工作组，对测试全过程进行监督、检查。

【高考志愿网上填报全面推行】 在总结2009年13个试点市州经验的基础上，高考志愿网上填报工作在全省全面推行。举办了三期普通高考志愿网上填报技术培训班，培训市（州）、县（市、区）招办计算机技术人员、省级及以上重点中学负责招生的技术人员达600多人。实行高考志愿网上填报方便了考生，有效地减轻了基层招办的工作强度，保证了志愿填报信息的准确、及时。

【高职院校单独招生试点稳步推进】 经教育部批准，国家示范性高职院校单独招生试点增加绵阳职业技术学院，加上之前试点的成都航空职业技术学院、四川工程职业技术学院、四川建筑职业技术学院、四川交通职业技术学院、长沙民政职业技术学院共6所国家示范性高职院校开展单独招生试点。实行各试点院校单独组织文化课考试、面试及评卷，自主确定录取标准，被录取的考生不再参加普通高考。2010年试点院校共录取新生1 340人。

【艺术体育专业考试推出新办法】 调整了美术类专业考试范围、编导类专业考试项目和音乐类专业考试划线办法；在专业考试中使用了录音、录像、键盘打分、电子测距等科技手段，加强考试、评卷过程的监督和检查。

【首次招收免费订单医学定向生】 经教育部批准，泸州医学院、成都中医药大学、川北医学院、成都医学院首次在川招收500名五年制临床医学专业免费医学定向生。免费订单医学定向生招生主要面向农村生源，考生录取后与定岗单位所在县级卫生行政部门签订定向培养协议，承诺毕业后到基层医疗卫生机构服务6年。

【招生录取规范严格】 按照教育部提出的“六严禁”要求，改进和完善了录取办法，管理更加严格、操作更加规范，切实履行了对全社会作出的“不降低标准录取一名考生，不违反规定录取一名考生”的郑重承诺。严格执行“对所有已录考生一律不退档、不换录”的规定，整个录取工作更加规范、有序，更加公平、公正。考生和家长来访数量较2009年下降33.14%。

【招生录取公开透明】 进一步完善招生计划使用办法，对未完成的院校专业招生计划面向所有合格考生实行网上公开征集志愿。公开网上征集志愿19次，近3万名考生重拾了大学梦。每批次录取的首日，举办录取现场媒体开放日活动，共组织7次近200多人次记者入场采访。通过电话报名的方式，向社会公开聘请了10位市民代表作为阳光招生监督员进录取场参观、了解录取工作全过程。

【省领导肯定招生录取工作】 省委常委、省委宣传部部长黄新初，副省长、省招考委主任黄彦蓉在《关于今年我省普通高校招生录取工作的情况报告》上作出重要批示：“今年我省普通高校招生录取工作组织有力，管理严格，操作规范，程序公开，反响很好。”黄彦蓉副省长批示：“今年我省普通高校录取工作精心组织、严格管理、规范操作，圆满完成了招生录取任务，向同志们表示敬意和感谢!”

研究生招生考试

【概况】 2010年，四川省有48 562人（含应届本科推荐免试生5 309人，在职单独考试的考生384人，管理类专业学位联考考生3 314人，法律硕士专业学位联考考生751人）报考硕士研究生招生考试，比2009年增加4 561人，增幅为10.4%。全国共有55 974人报考在川的38所硕士生招生单位，比2009年增加6 701人，增幅为13.6%。实际录取硕士生23 141人，录取博士生

2 587 人。

成人高考

【概况】 2010 年，四川省报考各类成人高校的考生共计 211 235 人，比 2009 年增加 12 762 人，增幅 6.42%。其中，高中起点升本、专科考生 173 192人（包括文科 58 116 人，理科 115 076 人），比 2009 年增加 9 223 人，增幅 5.62%；专科起点升本科考生 38 043 人，比 2009 年增加 3 527 人，增幅 10.22%。实际录取 134 577 人，完成招生计划的 111.87%。

【加大报名资格审查力度】 2010 年成人高考报名中，首次实行凭第二代身份证报名的办法，防范替考等违纪舞弊事件的发生。

【实行远程网上录取】 继普通高校招生实行远程网上录取后，2010 年成人高校招生首次实行远程异地网上录取，录取工作顺利完成。

中等职业学校招生考试

【概况】 2010 年，四川省报考高中阶段教育学校招生统一考试人数为 841 622 人，录取 212 245 人，其中，五年制高职专科录取 13 576 人（包括五年制师范专科 3 085 人，非师范类专科 9 208 人，艺体专科 1 283 人），中职录取 198 669 人（包括普通中专 173 742 人，艺体中专 2 048 人，藏区“9 +3”免费教育 9 922 人，藏区“1 +2”高职班 238 人，高中中专 12 719 人），100% 完成招生计划。

【藏区高中起点“1 +2”高职班首次招生】 为进一步推进藏区“9 +3”免费教育的深入发展，四川省省内 5 所高职学院试办高中起点“1 +2”模式高职班。藏区高中起点“1 +2”高职班面向藏区招生，这部分学生通过 1 年的中职学习，经考核合格后升入高职学院学习 2 年，成绩合格者取得大专文凭。

自学考试

【概况】 2010 年，四川省组织自学考试 4 次，报考人数达 667 178 人次，比 2009 年增加 72 233 人次，增幅为 12.14%；报考课程 1 208 138 科次，比 2009 年增加 124 282 科次，增幅为 11.47%。

【加强自考专业建设】 2010 年，四川省自学考试新开考 7 个独立本科段（专升本）专业、2 个专科专业。面向社会开考的专业合计 78 个，面向高等学校开考的应用型专业合计 117 个。按照以公共基础课程、专业核心课程、专业拓展课程组成自学考试专业课程的要求，调整了面向社会开考的 18 个自学考试专业的考试计划。

【办考规模继续扩大】 2010 年，增加成都信息工程学院银杏酒店管理学院、西南财经大学天府学院等 4 所院校举办自学考试应用型专业，截至 2010 年年底，四川省举办高等教育自学考试应用型专业的普通高校达到 52 所。有 11 所高职院校开展高职专科与自考本科衔接工作，6 所原学历文凭考试试点院校开展 18 个高等教育自学考试应用型专科专业教学工作。高、中职院校在校生套读自考本、专科专业的考生人数已占到全省学历教育报考总规模的 1/3，成为自考学历教育生源的重要组成部分。

【推进自考面向农村基层干部岗位培训考试】

自学考试面向农村基层干部岗位培训课程考试工作有效推进，组织专家编写了乡村管理专业各门课程的助学辅导资料，出版了其中14门课程教材教辅资料。

【加强自考社会助学管理】　省招考委出台《四川省高等教育自学考试社会助学管理试行办法》，进一步规范高等学校的办学与招生行为，加强教学工作和管理工作。继续推进普通高校筹建自学考试学习服务中心工作，内江师范学院、西华大学等6所普通高校的自学考试学习服务中心通过了专家组的评估和验收。截至2010年年底，共有19所普通高校建立省级自学考试学习服务中心，1所高职学院建立了市级自学考试学习服务中心。

【调整自考过程性考核试点课程】　2010年，四川省调整了原有23门过程性考核试点课程，取消了6门不再适应自学考试改革发展需求的试点课程，另外增加了18门新的试点课程，共有35门课程实施过程性考核试点工作。新增3个自学考试学习服务中心开展过程性考核试点工作。

【开展自考命题质量评估】　2010年，开展了每三年一次的自考命题质量考核评估工作，达到以评促建、以评促改的目的，自考命题质量保障机制得到加强。18所高校分别获得命题工作一等奖、二等奖，58名优秀命题教师和16名命题管理人员受到省招考委表彰。

【自考命题任务圆满完成】　2010年，共命制596科1 754套试卷，其中全国统考试题34科68套，全省统考试题562科1 686套；共审定试卷370科1 076套，其中全国统考课试卷34科68套，全省统考试卷336科1 008套；提供全国统考试卷42科65套。

【评审自考科研成果】　开展自考“十一五”科研课题成果评审，共收到科研成果38项，评出专著一等奖1项，二等奖1项，三等奖3项；论文一等奖2篇，二等奖4篇，三等奖8篇。

社会考试

【概况】　2010年，四川省各类非学历考试报考人数为1 075 444人次，比2009年增加63 385人次，增幅为6.26%。各项目报考人数如下表：

2010年非学历考试报考情况统计表

考试项目	报考人数	比2009年增加（减少）人数	增（减）比例
全国大学英语四、六级考试	820 455人	28 114人	3.5%
全国计算机等级考试	19 2165人	37 835人	24.5%
全国公共英语等级考试	22 964人	−7 952人	−34%
剑桥少儿英语考试	12 828人	1 955人	18%
市场营销资格证书	86人	−182人	−68%
中小学教师教育技术水平考试	26 946人	4 391人	15%

【剑桥少儿英语决赛获奖】　在教育部考试中心举办的首届剑桥少儿英语大赛决赛中，四川赛区选送的6名选手获得优胜奖，省教育考试院被授予优秀组织奖。

供稿：四川省教育考试院
撰稿：寇昆仑　周连勇　阮富春　杨　亮
审稿：戴作安　李光华

贵　州　省

普通高考

【概况】　2010年，贵州省普通高考考生227 705人，其中，理工类111 134人，文史类83 280人，体育类7 822人，艺术类17 292人，中职单报高职8 177人。

2010年，全国在贵州招生的院校共计1 502所，其中省外1 455所，省内47所（含8所独立院校），共录取166 111人，录取率为72.95%。其中，本科录取89 305人，专科录取76 806人；理工类录取82 381人，文史类录取66 149人，体育类录取2 295人，艺术类录取10 486人，中职单报高职录取4 800人；男生86 530人，女生79 581人；汉族考生99 313人，少数民族考生66 798人；应届生109 402人，往届生56 709人；城镇考生60 267人，农村考生105 844人；党员874人，团员138 301人。

2010年贵州省普通高校招生最低投档控制分数线为：第一批本科录取院校：理工类481分、文史类514分；第二批本科录取院校：理工类415分、文史类448分。

【招考新举措】　2010年，贵州省招生工作认真实施科学招生、阳光招生、公平招生、廉洁招生、满意招生、平稳招生、和谐招生，具体措施有：（1）进一步修订了平行志愿实施方案，将平行志愿的实施扩大到第二批本科院校。（2）贵州交通职业技术学院开展单独招生改革试点工作。（3）铜仁学院实行招收免费师范定向生，考生毕业后定向到铜仁地区所辖各县基层学校任教。（4）按照教育部要求，贵阳医学院、遵义医学院实行招收免费医学定向生，考生毕业后定向在全省乡镇卫生院工作。

研究生招生考试

【概况】　2010年，贵州省硕士研究生招生报名人数为11 787人，较2009年增加1 441人，增幅为13.93%。省内各研究生招生单位共录取硕士研究生4 327人，较2009年增加355人，增幅为8.94%；博士生共录取113人，较2009年增加13人，增幅为13%。

成人高考

【概况】　积极探索成人高考发展的新途径，按照教育部要求，强化和细化成人高考管理规则，努力扩大生源规模，促进成人高等教育的新发展。2010年，全省报考总人数46 630人，实际录取36 575人，录取率为78.4%。

自学考试

【概况】 2010年，贵州省高等教育自学考试共设置78个专业（包括本科51个，专科27个），比2009年增加16个，完成了208门课程720套试卷的命题、审校工作，分别在1月、4月、7月、10月组织了4次考试，报考114 279人次、302 963科次，分别较2009年增加19 970人次、30 363科次，完成了30万余份试卷的评阅任务。全年共审核、办理毕业证书7 551人，其中专科1 155人，本科6 396人。审核办理了11 927科次免考，组织完成了20个专业6 458科次的实践环节考试工作。

继续开展高等教育自学考试与职业教育衔接沟通的改革工作，有28所院校开展了高职高专教育与自考本科衔接的试点工作，衔接开考专业51个；在3所学校开展了中职教育与自考专科衔接的试点工作，衔接开考专业9个。

社会考试

【概况】 积极拓展非学历教育考试，加强考务制度建设，大力推进非学历教育考试工作，繁荣和促进招生考试事业的发展。2010年共组织社会考试19次，参考考生31.9万人次，比2009年增加3.09万人次，增幅10.7%。其中，大学英语四、六级考试全年考生214 772人次，比2009年增加14 350人次，增幅7.2%；高校英语应用能力考试全年考生14 904人次，比2009年减少1 198人次；全国计算机等级考试全年考生70 428人次，比2009年增加2 378人次，增幅3.5%；全国英语等级考试全年考生1 430人次，比2009年减少32人次；剑桥少儿英语考试考生3 187人次，比2009年增加880人次，增幅38.1%；调查分析师证书考试120人次；劳动与社会保障证书考试184人次；全国青少年计算机考试685人次；中国书画等级考试24人次；首次开考中国物流职业经理资格证书考试124人次；首次承接贵州省特岗教师招聘考试笔试14 004人次。全年新增考点7个，全省非学历教育考试项目15个，开考10个，承办考试的考点98个。

供稿：贵州省招生考试中心
撰稿：黄克勇
审稿：陈伟胜

云 南 省

综 述

2010年，云南省招生考试院在教育部和云南省委高校工委、云南省教育厅的领导下，认真贯彻落实《国家中长期教育改革和发展规划纲要》精神，以科学发展观为指导，开拓创新，狠抓落实，较好地完成了所承担的9大类29项招生考试工作任务，被云南省委高校工委和省教育厅党组推选为先进。

总 类

【接管原教育服务中心，办公室整体搬迁】 根据《云南省人民政府办公厅关于同意云南教育服务中心（教育宾馆）变更为省招生考试院办公楼的函》（云政办函［2009］87号）规定和云南省教育厅党组会议要求，2010年2月上旬，云南省招生考试院成立了接收教育服务中心工作组。通过一个多月紧张的工作，登记核实了原教育服务中心工作人员情况；清查盘点了财务资产，摸清了家底，并对债权债务进行了清理，分清了责任。在此基础上，对有关遗留问题进行了梳理，提出了处理意见和建议，形成了完整翔实的书面交接材料。4月30日，在云南省教育厅监察室的现场监督下，举行了原教育服务中心由教育厅机关服务中心管理移交云南省招生考试院管理的签字移交仪式。同时，在4月，完成了云南省招生考试院办公室整体搬迁工作，将服务中心客房主楼1至4层房间改作办公室。接管教育服务中心，并进行办公室整体搬迁，不仅改善了办公条件，而且为今后招生考试院的长足发展奠定了良好的物质基础。

【实行项目负责制】 4月，云南省招生考试院根据招生考试业务实际，从健全和完善制度入手，设立了10个项目负责组，任命了10位项目负责组组长。项目负责组的设置，使各项招考工作职责更加明确清晰，便于管理和协调。此外，还进一步完善办事议事规则、会议制度、学习制度、接待工作规定、公文处理、档案管理、文印管理、财务管理、后勤服务等工作制度，确保工作快速高效运转。

【增设两个职能处室】 云南省招生考试院在成立之初仅有院办公室、招生处、考试处、信息处4个副处级职能处室。为适应招生考试工作发展需要，通过积极努力争取，2010年经云南省编办批准，增设了招考服务中心和安全处两个职能处室。

【积极开展考试评价科研工作】 为适应考试评价工作的发展需要，学习国际先进的评价理念和方法，经教育部考试中心领导批准，云南省成为学生能力国际评价PISA2009研究课题的省份之一。2009年年底至2010年年初，云南省招生考试院顺利组织和实施了学生能力国际评价PISA2009中国试测工作，积累了有关考试评价科研的经验。2010年11月，云南省招生考试院又在昆明成功承办了全国“考试评价工作研讨会暨学生能力国际评价PISA2009成果总结会”。会上，教育部考试中心领导积极评价云南省在考试评价科研方面所做的努力。

【圆满完成了常规信息安全管理工作】 2010年，云南省招生考试院圆满完成了研究生考试、普通高考、成人高考、中职学校招生考试、自学考试、社会考试的计划、报名、录取、考生档案等网上信息安全管理工作。累计处理200多万人次的考生信息，信息处理量突破80G。

【强化信息公开】 2010年，云南省招生考试院最大限度地强化了信息公开，累计开通面向考生或社会各类信息查询20余项，首次开通了普通高校投档查询，为考生查询有关个人信息提供了优质的服务，维护了考生权益，强化了社会监督。

【建立二代身份证读卡机制】 2010年，云南省招生考试院积极和省公安厅等相关部门协调，首次进行了对普通高考报名身份证信息的验证，进而全面实施报名过程中二代身份证读卡管理办法。这一举措，确保了姓名、年龄、民族、户口等关键信息的准确性，进而保障了云南省相关招生政策执行的严格性、严肃性。

【“云南省招考频道”的发展】 “云南省招考频道”是云南省招生考试院的门户网站，具有招生考试业务管理和综合服务等功能。

在招生考试业务管理方面，云南省招生考试院快速拓展网络服务范围，优化管理流程，实现了自学考试、普通高考、成人高考、研究生招生考试等考试项目的网络化管理，具体功能有：网上计划管理、网上报名、网上电子档案组建、网上考务、网上自动公示、网上举报、网上答疑、网上订购教材、网上补报志愿、网上公告管理等；省、州（市）、县（市、区）、学校四级通过工作网平台按照“统筹管理、分级实施”的原则开展各类招生考试的考务管理工作，既确保了数据信息的规范性、完整性和准确度，又提高了工作效率。

在综合服务方面，云南省招生考试院通过“招考频道”将数据资源和互联网资源进行充分整合，形成了面向考生的成绩查询、录取查询和面向社会的新闻发布、政策查询、招生计划查询、录取日报等众多服务功能。

【国家教育考试考务指挥平台的建设与发展】

云南省招生考试院加强国家教育考试考务指挥平台的建设与发展，截至2010年年底，建成省级指挥中心、16个州（市）指挥中心、147个保密室、37个考点、2 532个标准化考场。实现了教育部考试中心、云南省招生考试院对云南省国家教育考试试卷保密室、标准化考场的网上远程巡查监控、考务远程指挥、会议远程视频功能。同时，省级评卷网点也实现了网上监控。

【积极推进办公自动化系统（OA）的开发、应用】 在办公自动化平台建设方面，云南省招生考试院加强调研和规划，积极推进办公自动化系统（OA）的开发。目前，云南省招生考试院的办公自动化系统（OA）已进入试运行阶段，初显出电子化办公系统的优越性。

普通高考

【概况】 2010年，云南省普通高等学校招生工作遵循“以考生为本、为考生和高校服务”的宗旨，全面实施“阳光工程”，稳步推进招生录取改革，优化服务，实现了预期的工作目标。2010年云南省高考报名人数为22.1万人，比2009年减少0.83%。招生计划总数为134 947人，比2009年增加12.08%，其中，文科类招生计划42 761人，比2009年增加12.9%；理工类招生计划75 256人，比2009年增加11.94%；艺术类招生计划7 261人，比2009年增加6.97%；体育类招生计划2 363人，比2009年增加6.3%；“三校生”招生计划7 306人，比2009年增加16.02%。实际录取164 745人，比2009年增加32.91%，录取率达到75.36%。

【报名时间提前】 为方便考生在考前集中精力专心备考，同时也为争取更多的报名资格审查时间，防止移民考生现象的发生，云南省招生考试院将高考报名时间提前至2009年12月。2010年高考报名工作于2009年12月15日至25日进行。

在报名工作中，为较好地防范不符合云南省报名条件的考生在云南报考，云南省招生考试院对应届高中毕业生的户籍、学籍、父（母）户口不符合云南省报名条件的考生，以及照顾加分的考生，采取班内公示一周、学校公示一周的两级公示制度；同时，发布了《云南省2010年普通高校招生网上报名实施办法》，与云南省公安厅联合对考生身份证号码进行验证，并将今年报名数据与往年报名数据以及会考数据进行比对，及时发现并取消了不符合报考条件考生的报名资格。

【完善应急预案，有效应对考试突发事件】 根据《云南省教育统一考试各种偶发事件应急处置参考（暂行）》以及《云南省国家教育考试期间一般和轻微地震应急预案》等文件，省招生考试院和各级招生考试部门制定了有效应对突发事件的应急预案。6月1日和6日，云南省保山市相继发生4次轻微地震，云南省教育厅和省招考院会同保山市各级教育部门，及时启动了应急预案，做好地震灾区的考试组织工作，确保了地震灾区高考顺利平安进行。

【实施考试入场安全检查】 面对日益复杂的考试安全环境，从2010年起，云南省在全省范围内实施考试入场安全检查。每位考生在入场时都必须接受金属探测仪的检查，同时为配合安检工作的顺利实施，首次在每个考场设置了挂钟。

【积极推进与高中新课改相适应的高考改革】

2010年，云南省招生考试院积极推进与高中新课改相适应的高考改革工作，经充分调研论证，多次召开座谈会，赴北京征求教育部高校学生司和教育部考试中心的意见，结合云南经济、社会和教育发展实际，拟订了《云南省2012年新课改普通高等学校招生考试录取方案》，待批准后实施。

新高考方案的特点：一是学业水平测试的成绩与高考的录取硬性挂钩，学业水平测试的成绩转换成一定的分数值后加入高考的总分进行投档录取；二是具有更多的选择性；三是多次考试；四是多元录取。新高考方案在制定的过程中，遵循了八项原则：一是能够较好地体现《国家中长期教育改革和发展规划纲要》的精神以及改革的要求；二是有利于推进云南省高中新课改的改革；三是有利于高校选拔人才；四是能与现有的高考方案有较好的过渡、衔接，并能够平稳地实施；五是能够减轻学生的课业负担；六是具有较好的可操作性；七是能够体现选拔的公平、公正性要求；八是社会能够对高考方案基本认可。

【首次实现了各科类所有批次网上填报志愿】

在云南省各级招考部门的全力支持下，云南省招生考试院有效组织了全省各州（市）、县（市、区）、报考点三级填报志愿组织机构，并开展了广泛而深入的宣传工作；积极协调、组织了40余人的软件研发团队和硬件维护团队，通力协作、高效管理，搭建了性能健壮、数据安全、流程清晰、操作简便、警示信息亲和人性的填报志愿平台。在2010年普通高考中，首次实现所有批次网上填报志愿，5天内安全、精确地处理了近400万个志愿信息，无一例差错。

【开展部分高职院校单独招生试点】 为大力发展职业教育，探索适合云南省高职院校多元选拔模式改革，从2010年起，被列入“百所示范性高等职业院校建设工程”的昆明冶金高等专科学校和云南交通职业技术学院进行单独招生改革试点。两所学校单独组织考试，单独确定录取标准。全省共有7 149人报考，共录取考生705人。

【为考生填报志愿提供良好服务】 6月26日至7月1日，考生填报志愿期间，省招生考试院相关人员深入部分中学指导考生填报志愿，并与有关媒体联合举办填报志愿互动节目，现场解答广大考生、家长的问题。同时，通过“云南招考频道”网站，将招生考试新闻、政策法规、公告等信息及时公开。通过这些服务，考生志愿填报总体分布较为均匀，保证了特殊类型招生和定向招生院校有充足的生源。

【农村订单定向免费医学生招生】 2010年，云南省首次实行农村订单定向免费医学生招生。全省共招200人，昆明医学院和大理学院各100人，均为临床医学专业。农村订单定向免费医学生招生计划全部定向分配到全省101个基层急需全科医疗卫生人才的县（市、区）。从录取情况看，云南省农村订单定向免费医学生招生生源质量较高，昆明医学院录取最高分为589分、最低分为522分，超过一本录取线22分；大理学院录取最高分为530分、最低分为431分，有69人超过了一本录取线。

【少数民族政法干部定向招录】 2010年，云南省继续实施少数民族政法干部定向招录工作，全省共有5 854名考生报名。报名考生全部参加了23个少数民族语言口语测试，再经过政审、面试、体检等环节，严格按照高分到低分进行投档录取，共录取550人。

研究生招生考试

【概况】 云南省2010年研究生招生工作，根据“十一五”研究生招生发展和改革要求，紧紧围绕“确保考试安全，维护公平公正，不断深化改革”三项基本任务，推进研究生教育结构调整和优化，积极发展专业学位研究生教育；不断改进和完善研究生选拔的模式和办法，推动研究生教育健康发展。2010年，报考云南省各博士生招生单位的考生共1 195人，招生计划为396人，实际录取399人，比2009年增加36人，增幅为9.9%。云南省报考硕士研究生的考生共18 333人，比2009年增加3 537人，增幅为23.9%；硕士生招生计划为8 721人，实际录取9 029人，比2009年增加889人，增幅为10.9%。

【主动调剂生源】 云南省各研究生招生单位及早着手，在网上发布生源缺额信息，主动与一志愿生源较多的招生单位联系，按照调剂原则和程序积极组织生源，做好调剂录取特别是专业学位的调剂录取工作，圆满完成招生计划。

【加强自命题管理】 针对自命题管理中存在的问题，云南省招生考试院着力加强对研究生招生单位的自命题管理。规定各招生单位由招生工作领导小组负责对自命题工作的领导和统筹管理，制定规章制度，落实安全保密责任；严格选派工作人员参与试题命制、审核、印刷、装订、封装、分发、移交、保管等，加强了对涉密人员政策、纪律和保密等方面的教育和培训；落实了“分级管理、逐级负责”、“谁使用、谁负责”等保密责任制度，所有涉密人员都签订保密责任书；严禁招生单位举办任何形式的考研辅导班，命题教师不得以任何形式参与考研辅导活动。

【加强破格复试工作】 制定破格复试基本要求，严格执行破格审批制度。破格复试考生必须全部进行公示，未经公示和公示后经反映及调查不符合破格复试条件的考生不得参加复试，招生单位必须向省招生考试院提交考生的破格复试报告，经审核批准后，考生方可参加复试。2010 年云南省有 6 个研究生招生单位共 14 人参加了破格复试。

成人高考

【概况】 2010 年云南省成人高校招生工作根据全国教育工作会议精神和《教育部关于做好 2010 年成人高校招生工作的通知》精神，以四个重点为核心积极开展各项工作：一是继续加强考试环境综合治理，确保考试安全，严肃考风考纪；二是进一步优化工作程序、完善工作办法，提高管理水平；三是牢固树立质量意识，保证新生质量；四是以考生为本，提高服务水平，努力营造公平、和谐的招生考试环境。

2010 年，全国成人高校在云南省招生总计划为 83 204 人，其中专科起点升本科 32 370 人，高中起点升本科 5 243 人，高中起点升专科 45 591人。

2010 年，云南省报考各类成人高校的总数为 98 292 人（不包含中专 869 人），比 2009 年增加 4 315人，其中专科起点升本科报考38 700人（与计划数比为 1.57∶1），高中起点升本科 8 481 人（与计划数比为 2.39∶1），高中起点升专科51 111 人（与计划数比为 1.54∶1）。实际录取 79 088 人，其中专科起点升本科 31 358 人，高中起点升本科 4 869 人，高中起点升专科 42 861 人。另，中专免试生录取 1 014 人。

【延长报名时间，方便考生报考】 为方便成人考生报考，云南省招生考试院适当调整了报名时间，8 月 14 日开放报名网，8 月 24 日开始确认，在确认时间段，漏报的考生还可以继续报名。

【严把入学关，认真审核新生条件】 为确保新生入学质量，云南省招生考试院规定各成人招生学校在新生入学时，必须认真核对考生信息，对不符合条件或弄虚作假、违纪舞弊者，按照相关规定取消其入学资格；要求招生学校认真核对专科起点升本科所录新生第一学历的真实性，对于不能出具经教育部审定核准的专科或以上毕业证书，或所提供的毕业证书不能通过学籍电子注册并经学籍管理部门认定为非经教育部审定核准的专科或以上毕业证书者，立即取消其入学资格，并报省招生考试院。

中等职业学校招生考试

【概况】 中等职业学校（以下简称中职）招生是教育部2010 年的重点工作之一，也是云南省政府督办的 20 项重要工作之一。云南省招生考试院认真贯彻落实党和国家大力发展职业教育的方针政策，多方采取有效措施，超额完成了中职招生计划。2010 年，教育部下达云南省中职招生计划为 24 万人，中职、五年制高职共录取注册 254 594 人，技工学校录取 33 000 人，共录取 287 594 人，比教育部计划超额 4 万多人。

【取得成绩的原因】 第一，招生工作细节做得扎实，计划下达到每个学校每个专业，并积极采取措施落实招生计划；第二，面向东、中部地区中职学校输送初中毕业生2万多人，不但超额完成了本省中职招生任务，还支持东、中部地区扩大了招生规模；第三，统筹高中阶段教育招生工作，有力、有效地减少了中介买卖生源的情况；第四，强有力的全面数据统计，帮助国家在发放中职生助学金中减少损失，极大地减少了套取国家扶助中职生助学资金问题；第五，全面实施网上报名。

【招生宣传措施得力】 2010年，云南省招生考试院加大中职招生宣传力度，通过网络、报刊等形式，把国家大力发展中等职业教育，加速培养适应经济社会发展需要的技能型人才等方面的政策和保障措施向考生和社会广泛宣传。为强化宣传效果，组织省属中职学校，分15个组深入全省12个州（市）、56个县（市区）、约168个乡（镇）的近600所中学进行面对面地向学生介绍中职学校情况和国家对中职学生的照顾政策；编制宣传册分9期免费印发到全省2 465所中学；全省各州（市）招办编制招生宣传小册子向初中毕业生发放。

【实现高中阶段教育招生信息全面统筹管理】

根据2008年《云南省教育厅关于统筹管理云南省高中阶段教育招生信息的通知》（教育厅公告第七号）文件精神，云南省应在2010年实现高中阶段教育招生信息的全面统筹管理。经过3年的开发及对系统的不断改进，“云南省高中阶段教育招生管理系统”建成，全省129个县（市、区）实现了学校在网上填报、修改、确认计划，考生网上报名、网上填报志愿和网上录取。

【表彰先进集体和先进个人】 为发扬成绩，鼓励先进，促进学习，云南省招生考试院在2010年年底组织了全省中职、五年制高职招生工作先进集体及先进个人的评选活动。评出在招生工作中做出突出成绩的33个先进集体和47位先进个人。云南省招生考试院发出《云南省招生考试院关于对2010年中职招生工作先进集体和先进个人进行表彰的通知》（云招考院［2010］161号），对先进集体和先进个人进行了表彰。

自学考试

【概况】 2010年，云南省高等教育自学考试增加7月高职高专在校生升本科考试。全年举办4次考试，1月报考29 875人次、56 640科次，4月报考44 882人次、109 264科次，7月报考1 441人次、2 469科次，10月报考40 268人次、107 249科次。全年开考70个专业（33个本科专业，37个专科专业），审核办理自考毕业证5 860个。

【优化自学考试专业结构】 根据近几年云南省自考专业开考情况，云南省招生考试院对长期少于50人报考的美术教育（专科）、音乐教育（专科）、地理教育（专科）、思想教育（专科）、林学（专科）、农业经济管理（林业经济管理方向）（专科）、公安管理（专科）、监所管理（专科）、餐饮管理（专科）、旅游管理（独立本科段）10个专业采取了停考措施。从2010年1月起停止新生报名，对已取得考籍的考生仍未毕业者，过渡一年，于2011年1月停考。同时根据云南省有关行业需求，新开考了义务教育（本、专科）、采购与供应管理（本、专科）专业。

根据云南省高职高专在校生升本科的需求，经全国自考委批准，从2010年1月开始开考信息管理与服务、机械制造与自动化、建筑经济管理、数字媒体艺术和商务管理5个独立本科段专业，从2011年1月开始开考市场营销、公共关系、人力资源管理、农学和园林5个独立本科段专业。此举拉开了云南省高职高专在校生通过自学考试升本科试点工作的序幕。

社会考试

【概况】 2010 年，云南省共组织了 11 项 19 次社会考试，包括全国计算机等级考试（NCRE）、全国英语等级考试（PETS）、全国剑桥少儿英语考试（CYLE）、云南省高考英语口语计算机辅助考试、中国市场营销资格证书考试、调查分析师证书考试、中国餐饮业职业经理人资格证书考试、中国物流职业经理资格证书考试、全国中小学教师教育技术水平考试（NTET）、云南省高考英语听力考试、中英合作采购与供应管理职业资格证书考试。

【全国计算机等级考试（NCRE）】 2010 年，全国计算机等级考试云南省报考人数为 99 668 人，16 个州（市）共设立考点 62 个。35 211 人取得全科合格证书，37 100 人取得单科合格证书。

【全国英语等级考试（PETS）】 2010 年，全国英语等级考试云南省报考人数为 9 218 人，16 个州（市）共设立考点 33 个。1 489 人获得全科合格证书，2 834 人取得单科合格证书。

【剑桥少儿英语学习系统（CYLE）】 2010 年，云南省设立剑桥少儿英语学习系统培训机构 42 个，全年共举办两期教师和考官培训。目前，全省已获口试考官证的有 81 人，教官证的有 216 人。全年组织两次考试，有 1 789 人参加。

【全国中小学教师教育技术水平水平考试（NTET）】 2010 年，全国中小学教师教育技术水平水平考试云南省报考人数为 32 738 人，比 2009 年增长 82.08%。新增临时考点 34 个，使全省考点数达到 76 个。

【成功实施高考英语科目听力考试和口语测试改革】 根据《国家中长期教育改革和发展规划纲要（2010—2020 年）》，为稳步推进和完善云南省普通高校招生考试制度改革，减轻学生参加选拔考试的压力，经云南省招委和教育部批准，云南省在全国率先实行英语科目听力考试和口语测试改革，将英语听力考试和口语测试提前至高考前进行，测试方式采用全国英语等级考试二级听力考试和口语计算机辅助考试（简称口语机试），替代原听力考试和口语测试。自 2011 年起，每届考生可考两次，选择较好的一次听力考试成绩记入高考总分，口语机试成绩作为高考英语口语测试成绩。3 月，高考英语口语机试参加考试人数为 61 609 人；9 月，英语听力考试和口语机试参加考试人数为 181 534 人。

为了保证改革的成功实施，云南省招生考试院采取如下措施：第一，为方便考生就近考试，在每个县（市、区）设置至少一个英语口语机试考点，并严格按设备配置要求选取考点；第二，选取考点后，组织全省范围内各州（市）、县（市、区）招考办考务工作人员、各考点考务和系统管理员进行培训；第三，对口语机试使用的耳机进行了统一的招标采购；第四，每次考试前，组织当次所有参加口语机试的考生进行大规模的模拟演练；第五，细化听力和口语考试考务组织实施程序和操作规程，制定了高考英语听力口语考务工作手册；第六，考试期间除派巡视员到各州（市）进行巡视检查外，还派技术人员到各州（市）作技术支持工作。

【加强考点建设】 建立了考点动态管理和考核评估机制，每年对考点进行严格审核，做到审慎周密、统筹协调、合理布局。选择那些软硬件条件好、技术力量强、管理人员素质高、业务水平和工作责任心都非常强的单位做考点；对那些管理松懈、纪律混乱、有令不行、有禁不止或软硬件设备达不到要求的考点坚决撤销或暂停。

【大学英语四、六级考试】 2010年，大学英语四、六级考试云南省报考291 478人次。上半年考试报考139 569人次，其中英语四级105 733人次、英语六级33 675人次、日语四级52人次、法语四级109人次，全省共设39个考点；下半年考试报考151 909人次，其中英语四级114 954人次、英语六级36 955人次，全省共设43个考点。

供稿：云南省招生考试院

撰稿：王　建

审稿：朱华山

陕　西　省

综　述

【概况】　2010年，由陕西省教育招生考试部门负责组织的教育招生统一考试及证书类考试共31次，参加各类考试的考生总人数为2 472 670人次。

【考试安全】　考试安全的核心是试题试卷的安全保密，全省各级涉考部门认真执行《国家教育考试考务安全保密工作规定》，在加强保密设施硬件建设的同时，不断完善保密管理制度建设。命题、试题印制、拉运、保管、试卷分发及回收各环节落实了无缝链接的要求。在省考试管理中心负责的各类命题、评卷和各地的试题试卷保管工作中，加强了对涉密人员的保密意识教育，狠抓保密责任落实。高考自主命题开始前，坚持邀请省安全和保密部门的专家到工作现场进行技术指导，消除一切安全隐患。在考试中认真落实省政府印发的《陕西省教育考试突发事件应急处置预案实施细则》，各地建立了应急反应机制，各类考试值班制度和重大问题即时报告制度不断健全。各类统考工作未出现失泄密事件。

为了严肃各类考试的考风考纪，维护公平公正的竞争环境，重点加强了对利用现代通信工具作弊的防控和查处力度。全省高考考场全部实现网上视频监控，同时为全省所有考场配置金属探测器，要求各地加派监考员，继续实行省、市、县逐级签订目标责任书、考生签订诚信承诺书、随机调换责任考场、省市派遣督查员等措施，使高考违规人数持续下降。硕士研究生招生统考过程中，与公安、无线电管委会等部门密切配合，查处利用通信工具作弊34人次，查获笔记本电脑2台，隐形耳机2个，手机5部，橡皮式短信接收器15个，手表式信号接收器3个。查获作弊团伙4个并移交公安机关，涉及人员6人。

【信息化建设】　（1）做好国家教育考试考务管理与服务平台继续建设工作。制定了《陕西省国家教育考试考务管理与服务平台建设规划方案》和《陕西省国家教育考试考务管理与服务平台实施方案》，规范各级平台建设。同时下拨资金312万元，对各市（区）、县（区）平台建设给予了资金补助。高考前，中心派专人赴全省各地市对网上巡查系统进行专项检查，对人员配置、制度建设和设备运行情况进行深入了解，对基层招办存在的技术问题给予现场指导，确保网上巡查系统在考试期间正常运转。（2）中心办公自动化系统投入使用。为提高中心办事效率，规范公文流转程序，经过深入调研和充分论证，中心办公自动化系统于上半年正式投入运行。系统主要集成了中心的收文、发文、考勤等功能，以及车辆使用审批、办公用品领用、日常维修、请假公出申请及信息发布审核等常用功能，大大地提高中心信息化管理水平和工作效率。（3）完成了陕西招生考试信息网升级改造工作。为进一步提高服务质量，确保各类招生考试信息安全，2010 年对网站硬件设施进行了升级，对软件进行了重新开发，升级改造后的网站更加贴近考生，安全性提高，并实现了与办公自动化系统的对接，提高了信息发布速度。另外，在普通高校招生、成人高校招生、自学考试、学业水平考试、自考办证等各项日常工作中，均实现了网络信息化管理，并按照有关部门要求，开展了信息系统安全等级保护专项工作，有力推动了陕西省招生考试管理水平不断提升。

【宣传工作】　全省各级招生考试机构高度重视宣传工作，省考试管理中心在坚持和完善“新闻发言人制度”的基础上，积极争取宣传部门的大力支持，主动抓好宣传舆论工作。把握好宣传的时机、重点和方式，及时、主动地组织对招生政策、工作程序的宣传，特别是对招生改革和政策调整情况宣传到位。密切关注各类考试舆情，大力开展形式多样、注重实效的正面宣传引导，防止炒作误导，积极营造和谐、积极、宽松的高考舆论氛围。

普通高考

【概况】　2010 年，陕西省普通高考报名人数 378 556 人，其中全国统考生 368 882 人，比 2009 年减少 26 069 人；“三校生”单招考生 9 674人。在全国统考生中，应届高中毕业生 289 369人，往届高中毕业生 79 513 人；男生 188 520人，女生 180 362 人；文史类102 046 人，理工类233 165 人，体育类8 035 人，艺术（文）类18 524 人，艺术（理）类7 112 人。

全国共有 1 530 所普通高校在陕计划招生 233 765人，其中全国统招计划 229 497 人，“三校生”单招计划 4 268 人。统招计划中，本科 117 609人，高职（专科）111 888 人。各科类招生计划分别为：文史类 67 564 人，理工类 150 653人，体育类 1 461 人，艺术（文）类 8 000 人，艺术（理）类 1 819 人。

普通高校在陕实际录取 227 817 人，录取率为 60. 2%。其中，本科录取 129 366 人，录取率 35. 1%；高职（专科）录取 94 586 人，录取率 25. 6%；“三校生”单招录取 3 865 人，录取率 40. 0%。全国统招录取 223 952 人，录取率为 60. 7%，其中，文史类 65 763 人，理工类 140 681人，体育类 2 766 人，艺术（文）类 11 424人，艺术（理）类 3 318 人；男生104 635 人，女生 119 317 人；应届高中毕业生155 164 人，往届高中毕业生 68 788 人。

【深化改革】　（1）稳步实施高中课改后新的高考改革方案。新方案的变化主要体现在命题和录取两个方面。数学、英语两科自主命题，基本实现了平稳过渡，社会反响良好。录取工作首次将考生的学业水平考试等级提供给高校作为参考，在高考录取多元选拔方面迈出了步伐。（2）填报志愿改革实施顺利。2009 年陕西省首次实行“知分、知位、知线”填报志愿，并在一本到高职（专科）四个批次实施了平行志愿投档录取模式。为继续平稳推行这项改革，2010 年省招办编印了宣传手册 38 万册，免费发放到每个考生手中，同时通过各种媒体广泛宣传，确保了这一惠及所有考生的改革顺利实施。

【网上评卷】　针对高考试题结构变化对评卷工作提出的新要求，各评卷院校加强领导，认真做好评卷人员选聘、评卷任务分配、岗前业务培训、评卷进度及质量监控、安全保密和后勤保障等工作，所有评卷教师较好地掌握评分标准，做到给分有据、宽严适度、始终如一，考试结果客观公正。

【录取工作】　录取工作在省招委领导下，严格执行教育部各项政策规定，狠抓责任落实。招生计划严格按照教育部规定的程序进行管理，对享受照顾政策的各类考生坚持未经公示的，不予照顾。为确保平行志愿顺利实施，录取前进行了全员培训，录取过程中加强协调，强化过程管理，及时研究解决工作中出现的新情况、新问题，确保了首次平行志愿录取改革实施顺利。

研究生招生考试

【概况】　2010年，陕西省24个博士生招生单位报名人数为6 885人，实际录取3 419人，比2009年增加2.58%。

陕西省25个硕士生报名考试点共接收考生65 416人，比2009年增加5 528人，增幅9.23%；全国报考陕西省57个硕士生招生单位的考生共有59 700人，比2009年增加6 186人，增幅10.36%。陕西省57个硕士研究生招生单位共录取新生26 999人，比2009年增长5.30%。其中，学术型录取20 763人，占录取总数的76.90%；专业学位录取6 236人，占录取总数的23.10%。

【报名工作】　印发了《关于做好2010年硕士研究生招生考试报名工作的通知》（陕招办［2009］35号），按照教育部的统一要求，加强领导，规范管理，认真细致地做好各项报名准备工作。各报考点认真组织应届本科生预报名，对相关工作人员进行业务培训，报名工作开始前顺利完成了硕士生招生专业目录的网上编制，按教育部网上报名工作进程表的日程安排下载、上传各阶段的考生数据信息，建立了完整、规范的考生报名信息库。为保证报名现场确认工作规范有序，各报名点制作了报名流程图、报名须知、报名注意事项等，并设专人现场咨询；报名期间，省招办领导亲临报名现场，检查报名工作组织情况，深入了解工作动态，指导、协调有关工作。由于网报人数和实际参加现场确认人数有较大差距，造成部分报考点因担心考场不足而过早停止网报和限制确认人数，省招办及时进行积极协调，在方便考生报名考试的前提下，一方面敦促报考点挖掘考务资源，另一方面为确因特殊原因需要补报名的考生进行了补报名或调换报考点，受到广大考生的好评。

【全日制专业学位研究生招生工作】　2010年是单独设置全日制专业学位研究生招生的第一年。做好专业学位研究生招生是研究生教育结构转型期的重要工作，也是2010年招生工作的重要任务。省招办高度重视全日制专业学位招生计划的落实，专门召开会议，组织有关招生单位学习教育部相关文件，明确要求各招生单位统一思想、提高对研究生培养结构调整的重要性和紧迫性的认识，切实加大宣传力度，做好服务，切实做好生源调剂工作，努力完成招生计划，从招生单位的层面上切实把发展应用型、专业学位型研究生教育放在十分重要地位。经过各招生单位的积极努力，陕西省全日制专业学位研究生招生不仅完成了教育部下达的5 710名计划数，还申请超录了493名。

【复试工作】　进一步提高认识、转变观念、更积极主动地深化复试改革，不断探索新规律，不断总结新经验，不断推广新做法，下大力气克服和解决当前部分招生单位依然存在的问题，通过狠抓复试工作培训、提高复试工作的专业化水平等做法，真正提高复试在硕士研究生招生中的作用。全国招生工作会议之后，结合会议精神，针对招生单位复试中存在的问题，印发了《关于做好2010年硕士研究生复试录取工作的通知》（陕招办［2010］9号），要求各招生单位进一步落实科学发展观，进一步加强和规范复试工作，进一步深化复试改革，提高复试质量，探索建立不拘一格选拔优秀人才的机制。特别强调复试工作坚持“三个更加”的要求，即更加体现招生单位和导师的责任和权利；更加突出对考生专业素质和综合素质，特别是创新精神和能力的考查；更加体现复试内容和标准的科学性、规范性和全面性，突出复试办法的多样性和复试方式的个性化。进一步强调复试工作要坚持“三公开”制度，即复试的具体条件、要求公开，复试的办法公开，复试的结果公开。

【免试生推荐】 根据教育部《关于做好2010年推荐优秀应届本科毕业生免试攻读硕士学位工作的通知》要求，加强了对推免生工作的领导和监督，结合实际印发了《关于做好2010年硕士研究生招生推荐免试工作的通知》（陕招办［2009］32号），完善了检查程序和办法，制定了规范统一和操作简便的学校推荐情况登记表，对推荐单位提出了明确的要求。从检查过程和结果看，各单位均制定和规范了推荐免试基本原则、实施办法和细则，明确了推免生公示方式和公示时间，确保推免生工作公平、公开、公正，高质量地完成了推免生工作。

成人高考

【概况】 2010年，全国111所各类成人高等院校计划在陕西省招生63 176人，其中，专科起点升本科26 506人，高中起点升本科3 866人，高中起点升专科32 804人。实际录取60 983人。

【积极扩大生源】 根据教育部《关于做好2010年成人高校招生工作的通知》精神，通过教育部招生来源计划管理平台及时下载、汇总各院校计划，下发各市（区）招生办，并在中心网站发布，方便考生查阅；各市（区）招生部门通过省电台、电视台、省报等媒体播出或刊登招生专栏，大力宣传；许多成人高校举办考前辅导班，下到各县（区）报名点进行宣传、咨询。在报名期间，省考试中心深入基层，了解情况，及时解决各市（区）在报名过程中遇到的问题，并着重检查了报考资格和照顾考生条件的审核，报名信息的采集及考生确认工作。

【计划管理】 按照教育部的要求，招生计划的汇总和调整实行计算机异地远程网络管理。为了保证准确，实行网上核对计划，通过网上与各招生院校联系，对在核对中发现的学制、学习形式、备注说明等问题，要求学校及时与招生计划管理部门联系解决。考试成绩公布后，及时向所有在陕招生院校通报了一志愿上线生源情况，同时进行了网上计划调整，提高了工作效率，方便了院校录取。

【录取工作】 根据教育部《关于做好2010年全国成人高校招生录取工作的通知》精神，制定了《2010年陕西省成人高校招生录取指南》，对录取工作的组织机构及职责、录取体制、录取工作程序、录取工作人员须知等作了详细的介绍，以便指导院校工作人员进行录取工作。录取工作统一使用计算机管理档案，录取工作实行“学校负责，招办监督”的办法，坚持“按照志愿，从高分到低分择优录取”的原则在网上进行。纪检部门全程参与录取工作。工作过程中，严格管理，严格执行招生政策，严格执行最低控制分数线，严格按照考生志愿顺序投档录取。对不足开班的个别专业进行了调剂，从而减少了遗留问题。

普通高等教育专升本考试

【概况】 2010年，陕西省22所院校、50个专业（实为48个，其中两个为文理兼招专业）计划招收普通高等教育专升本学生6 005人，实际录取5 060人，完成招生计划的84.26%。

【报名工作】 2010年，陕西省普通高等教育专升本考试在招生对象中首次纳入了普通高职毕业后服义务兵退役人员，这部分考生只参加全省文化课统一考试，可享受“在各专业最低控制分数线下20分投档，优先录取”的照顾政策。此外，调整了报名时间，由往年的3月提前到1月初，方便了院校和考生；同时，将专升本招生政策、招生计划、信息标准、考试和信息填涂须知等及时在网上发布，使考生在考前获取相关信息的时间比往年提前了近三个月，考生咨询量明显减少。

【录取工作】 制定了《2010年陕西省普通高等教育专升本招生录取指南》，对录取工作的组织机构及职责、录取原则、档案调配细则、录取工作程序及要求等都作了详细的介绍。增加了录取工作的透明度，为院校录取工作提供了方便。

普通高中学业水平考试

【概况】 从2010年起，陕西省普通高中学业水平考试每年举行一次，时间固定在3月最后一个周末，开考物理、化学、生物、地理、历史、思想政治、通用技术7科，考生可根据个人情况自行选择参加考试的科目。2010年全省参加考试的总人数为331 967人，科次数为2 103 040科次。其中，物理299 411人次，化学299 520人次，生物299 361人次，地理300 584人次，历史300 782人次，思想政治297 668人次，通用技术305 714人次。全省共设107个考区、329个考点、10 343个考场。

【多元化评价】 按照《2010年陕西省普通高校招生考试改革方案》，考生的学业水平考试等第是高校录取的重要参考依据。2010年普通高考录取期间，省考试中心提供了所有应届考生的学业水平考试等第成绩，供高校录取时参考，改变了以往只凭高考成绩“一考定终身”的单一选拔录取模式，初步建立了高校多元化录取评价体系，为推进高校选拔录取模式和方式改革，逐步建立多元化的考试评价制度和多样化的选拔录取制度奠定了基础。

初中毕业升学考试及中等职业学校招生

【概况】 2010年，陕西省中考报名471 229人。职业技术学院、普通中等专业学校在陕西省计划招生70 865人。实际录取64 119人，其中，五年制高职20 405人，普通中专43 714人（含春季录取2 841人）。

自学考试

【概况】 2010年，陕西省自学考试共开考了96个专业，其中专科51个、本科45个。安排了共730门课程（不重复统计，不包括证书课程）的考试，累计报考389 242人次、926 352科次。与2009年相比，报考人数减少76 948人次，减幅16.51%。参加实践环节考核26 381人次，共计39 338科次。

社会考试

【概况】 2010年，陕西省社会考试开考全国计算机等级考试、全国计算机应用技术证书考试、全国英语等级考试、剑桥少儿英语考试、中国餐饮业职业经理人资格证书考试、调查分析师证书考试、中国物流职业经理资格证书考试、中英合作采购与供应管理职业资格证书考试、全国中小学教师教育技术水平考试9个项目。全年共组织18次考试，累计参加考试的考生达354 196人次。

【加强管理】　为了确保各项目的正常进行，重点加强以下几方面的管理工作：（1）高度重视安全保密工作，确保试题、试卷绝对安全。（2）加强考务管理，完善各项考试管理规定。考试期间，实行省、市（区）、考点三级值班报告制度，各级单位考试期间24小时专人值班，确保电话畅通，每天一报，随时全方位掌握考试动态，确保考试万无一失。（3）加强考风考纪建设，创建公平、公正的考试环境。考试期间，每个考点安排一名督查员，值守考点。同时，各考点按照《国家教育考试违规处理办法》及考生守则加强对考生的诚信教育，让考生熟悉考试法规，提高遵守考场纪律的自觉性。严格做好监考人员的选聘培训，认真挑选政治、业务素质高，纪律性、责任心强的教师担任监考，集中培训和学习《监考人员工作手册》，增强防范考试舞弊行为的能力和意识。（4）加强业务培训，提高专业技术人员和上岗教师的业务水平。针对新增考点，及时组织专家，对考务和系统管理人员进行业务培训。2010年举办全国计算机等级考试、全国计算机应用技术证书考试新增考点技术人员培训会1次，培训考务管理员和系统管理员24人；举办剑桥少儿英语口语考官培训班2次，培训90人；举办英语等级考试口语考官培训班2次，培训70人。

供稿：陕西省考试管理中心
撰稿：张军利
审稿：吴介军

甘　肃　省

综　述

2010年甘肃省各类招生考试工作，全面深入实施阳光工程，深化招生考试改革，优化招生考试服务，狠抓安全保密，考风考纪日趋良好，招生录取规范有序，公开透明，圆满完成了国家教育招生考试的各项任务。全年各类高等学校、中等学校招生共计报考427 680人，实际录取281 318人；高等教育自学考试报考158 884人次、370 289科次，全年毕业12 054人；社会考试共计报考533 087人次、537 579科次；教师资格证书考试共计报考60 956人次、85 993科次。

普通高考

【概况】 2010年，甘肃省普通高校招生工作进展顺利，管理措施到位，综合整治到位，安全保密到位，违纪作弊得到遏制，网上填报志愿成功实行，网上评卷保质保量，录取工作安全稳定，录取率稳中有升，达到了预期目标。

2010年，甘肃省普通高考报考290 952人，实际录取174 134人，比原计划增招12 484人，录取率为59.8%。其中，按层次分，本科录取94 425人，占录取人数的54.2%；专科（高职）录取79 709人，占录取人数的45.8%。按科类分，理工类录取99 155人，文史类录取58 202人，体育类录取1 733人，音乐类录取4 448人，美术类录取6 482人，三校生录取4 114人。

【安全措施到位】 2010年，按照教育部《国家教育考试考务安全保密工作规定》，结合甘肃省实际，省招办会同保密、公安等部门，对全省考试系统的安全保密工作进行了一次全面检查。甘肃省招生委员会发出《关于对全省高考安全保密工作进行检查的通知》，要求各地对考试安全保密工作进行全面、彻底的自查。甘肃省招办组织人力进行重点抽查，确保了考试安全保密严密可靠，万无一失。（1）完善规章制度。认真落实《试卷保密室、答卷保管室管理办法》和《试卷印刷、运送工作管理办法》，甘肃省招办和各地招办对现有的试题、试卷保密的工作制度，进行细致、全面的梳理，查漏补缺，充实完善，做到从命题、印制、押送、交接、保管、分发和考试实施、试卷回收等所有环节无缝链接，确保考试工作安全、平稳、顺利进行。（2）明确工作责任。进一步建立健全考试安全工作责任制和责任追究制，对每一个环节的工作落实到位，具体到人，明确职责和责任人。各级招生委员会层层签订《安全保密与考风考纪责任书》，建立职责一致、严密有序的工作机制。用责任制保障考试的安全，对玩忽职守者，坚决实行责任追究。（3）建设合格的试卷保密室。全省各级招办主动会同保密、公安部门，对试卷保密室进行检查验收。省、市、县三级高考试卷保密室基本都达到标准，全部具备“三铁”、“四防”、“两监控”条件。在省、市、县三级保密室和值班室继续启动了远程视频监控系统，实施全天候值班和视频监控。同时，强化对试卷运送过程的安全措施，试卷运送使用密封专用车辆，采取全程由公安（武警）押送、实时监控等措施，做到试卷绝对安全保密。（4）加强组织领导。全省各级招生委员会的主要领导要对考试安全亲自抓，负总责。各地普遍建立考试安全预警机制，对招生考试的试卷安全、考试期间发生自然灾害、传染性疾病以及网络安全等突发事件有应对措施。严格执行值班报告制度，发现重大问题，在第一时间准确上报情况，并根据应急工作预案，快速处理，防止事态扩大。

【网上填报志愿改革一举成功】　2010年，为保证网上填报志愿改革的顺利实施，甘肃省招办积极准备，购置设备，建立了数据维护和畅通安全的网络系统；培训了各级网报工作人员。省、市、县三级和各填报点克服重重困难，积极筹措资金，建立了符合要求和满足辖区考生数量的网络设备设施，并制定了应急预案和措施。各级招办、中学和有关单位各负其责，密切配合，经过模拟演练，实际填报取得了成功，为甘肃省今后实施网上分时分段征集志愿积累了经验，打好了基础。

【严格照顾政策考生资格的审核】　甘肃省招生委员会、省教育厅、省监察厅、省人口委、省体育局、省台办、省侨办、省科协8部门联合发文，进一步加强享受照顾政策考生资格审核工作。采取省、县、校三级公示方式，主动接受监督。有效地杜绝了享受照顾考生资格弄虚作假现象。

【调整艺术类录取批次】　2010年，甘肃省艺术类录取批次分为：艺术类本科一批、本科二批和专科批三个批次。相比往年增加了艺术类本科二批（三本艺术类院校或专业），解决了甘肃省艺术类本科层次不清的问题，并为艺术类考生增加了一次本科录取机会。

【藏文民语类考生采用“双记总分”办法】　甘肃省招办在广泛调研论证的基础上，充分考虑甘南州藏文民语类考生实际情况，对甘南州和武威市天祝县民语类考生采用“双记总分”办法，与全国普通高考科目过渡接轨。考生参加英语考试，既可参加民语专业的录取，也可参加普通高校录取。藏文考试科目与普通高考科目接轨，将打破民语类考生只能进入民族院校或民族班的界限，拓宽其进入普通高校学习深造的路子。

【以人为本，深化服务措施】　2010年，甘肃省招办采取以下措施方便考生：（1）细化专业方向，突出专业特点。重新修订音乐学考试大纲。按照音乐学（声乐）、音乐学（器乐）和音乐学（理论作曲）三个不同专业组织考试和填报志愿及投档录取。（2）规范录取批次名称。统一为：本科提前批、本科一批、本科二批、本科三批、专科一批、专科二批。（3）公布招生计划按照汉语拼音字母排序，方便考生查找学校、填报志愿。（4）《招生通讯》由报纸改为《甘肃高校招生》书籍，便于考生翻阅查找信息和保存。（5）增加查询高考成绩的途径。开通甘肃省招办网上成绩查询系统和移动12580高考成绩查询系统。

【加强考试过程管理】　积极采取多种积极有效的措施，维护国家统考的尊严和公平公正。继续启动考场手机屏蔽系统和无线耳机探测仪；考试期间，采取有效技术手段，加强对互联网有害信息的监控；成立突发事件处置安全工作领导小组，制定应急处置预案；各级无线电管理部门在高考期间，出动无线信号监测车，对所有考点考场巡回检测；严把监考选聘关口，严格监考职责。严肃查处招生考试工作人员各类违规行为和渎职行为；组织考生在考前签订《考生诚信承诺书》，开展文明应试、考试不违规的诚信教育；组织考生进行考试规则教育；坚持县与县监考对调制度。

【广泛开展社会监督】 甘肃省各级招办均设立举报电话与举报箱，及时听取群众意见，自觉接受监督。据统计，全省共设举报电话508部。省监察厅、省教育厅监察室全程监督检查，对招生工作中的重大事项、关键环节、重要岗位和重点时段实施有效监督。进一步强化对录取工作全过程的监督检查，切实做到招生程序和标准公开，操作规范合理。

【录取结果公布及时，录取工作公开透明】

2010年，甘肃省招办充分利用“阳光高考”信息发布平台和新闻发布会制度，进一步加大信息公开的力度、增加公开幅度和扩大公开范围。在每批次录取前后召开新闻发布会，利用各大媒体及时向社会公布招生录取政策和录取情况。第一时间公布各批次各高校第一志愿投档分数线；甘肃日报和甘肃卫视两大新闻媒体记者驻点追踪报道。每天晚上十点将该批次已录取的结果在甘肃省招生办公室网站公布，供考生随时免费查询。甘肃省招办网站点击率达4 042 417次，大大减少了信访考生的数量；成立了省、市、县三级信访机构，主动及时接待来信来访的考生和群众。

【情系灾区，关爱考生】 甘肃省舟曲县特大山洪泥石流灾害发生后，按照甘肃省省委、省政府领导的重要指示，甘肃省招生委员会及时出台符合客观实际的录取照顾政策，专科一、二批录取采取降分投档的政策，甘肃省招办积极协调沟通省内外院校尽可能录取灾区考生，并满足考生专业要求。录取工作结束，舟曲县2010年报考的830人中有824人参加高考，全部被录取到各个不同批次的院校，录取率达到99.3%，对未参加高考的6名考生全部安排到普通中专录取，保证了舟曲灾区所有考生都有学校上。

研究生招生考试

【概况】 2010年，甘肃省硕士研究生入学考试报考24 967人，博士研究生入学考试报考1 762人，实际录取硕士研究生8 357人，博士研究生890人。在甘肃省招生委员会和省教育厅的直接领导下，甘肃省研究生招生工作认真贯彻执行教育部的有关政策、规定，紧紧围绕“确保考试安全，维护公平公正，不断深化改革”三项基本任务，以推进“阳光工程”为主线，加强领导，加大投入力度、增加硬件设备、强化考场监管，狠抓安全保密，综合治理考试环境，狠抓考风考纪建设，圆满地完成了招生任务。

【完善制度，加强考务全过程的管理】 各报考点和招生单位认真贯彻落实教育部关于印发《2010年招收攻读硕士学位研究生管理规定实施细则和招生简章的通知》和《2010年全国招收攻读硕士学位研究生统一入学考试考务工作规定》的通知精神，严格按照甘肃省硕士研究生招生考试《考务工作手册》的规定，健全机构，落实制度，强化培训，责任到人，严把考生资格审查关、试卷保密关、考务管理关，抓好考务管理中的每项工作，各报考点和招生单位的主要领导负总责，考点主任负全责。为确保硕士研究生招生统一考试顺利进行，省招生委员会和省招办分别制定下发了《关于印发2010年甘肃省硕士研究生招生统一考试考风考纪教育公告的通知》、

《关于做好2010年甘肃省硕士研究生招生全国统一考试考务工作的通知》、《关于接送2010年硕士研究生招生考试试卷的通知》、《关于做好2010年硕士研究生招生考试督察工作的通知》、《关于转发〈教育部关于对2010年硕士研究生招生考试考前准备工作进行全面检查的通知〉的通知》、《关于做好硕士研究生统一入学考试安全类突发事件应急处置预案工作的通知》等相关文件，从制度上切实加强和规范了考试各环节的管理。

【强化和规范复试管理】 成立复试领导小组，制定明确的复试程序、办法和要求，对考生学历证书和身份证等报名材料原件及考生资格进行仔细审查。严格管理，规范破格复试程序，2010年甘肃省的破格限额156名，招生单位申请破格考生137名，省招办主任办公会议审核批准破格考生123名。

成人高考

【概况】 2010年，甘肃省成人高考报考44 087人，实际录取38 677人，圆满地完成了当年的招生任务。

【完成甘肃省卫生厅委托培养任务】 2010年，省招办受由甘肃省卫生厅委托，为其招收并培养“甘肃省民族地区乡镇卫生技术人员成人学历教育”考生（高中起点升专科层次）。对此，省招办采取单独制订招生计划、单独划线录取的方式，保证了此项方案的顺利实施。报名人数为108人，应试人数为98人，根据教育部“录取分数线不低于100分”的要求，上线人数为95人，分别由兰州大学、平凉医学高等专科学校全部录取。

普通高校专升本招生考试

【概况】 2010年，甘肃省普通高校专升本计划招生1 400人，实际报考5 115人，在省招办和省内11所普通高校的共同协作和努力下，录取1 402人，完成招生计划。

【主要工作措施】 （1）继续完善自主招生模式。报名、命题、制卷、考试、评卷、专业计划调整、划线等工作全部由招生院校负责组织实施，省招办负责监督。（2）结合实际，合理划定录取分数线。各院校根据招生计划、考试成绩以及生源状况，经过认真测算，按实施办法规定拟定最低控制分数线。（3）各招生院校严格执行“六公开”、“六不准”的要求，对录取考生进行公示，维护了录取工作的公平公正。

普通中专招生考试

【概况】 2010年，甘肃省普通中专招生的中心任务是以招生改革保任务，以广泛宣传吸引生源，以精心服务便利学校和考生。继续充分利用国家对中等职业学校的资助和免费两项政策的作用，拓展普通中等职业招生的生源渠道。经过各级招生机构的努力和配合，2010年普通中等职业学校招生工作有了新的进展，报考60 797人，录取55 934人，完成招生计划的80.5%。录取新生中，理工农医类53 046人（五年制高职大专班和“3+2”班共录取2 061人），体育类1 053人，艺术类1 835人。

自学考试

【概况】 2010年，甘肃省共组织高等教育自学考试6次，开考专业134个（其中本科82个，专科52个）。4月报考63 608人次、158 658科次，7月报考18 951人次、29 943科次，10月报考75 068人次、179 207科次；此外，中英合作商务管理专业（专科、本科）1月报考557人次、1 211科次，7月报考493人次、1 024科次；8月英语专业口语、听力考试报考207人次、246科次。

【专业和课程体系建设】 2010年，甘肃省高等教育自学考试专业数据库建设完成；新开考8个专业（其中本科7个、专科1个）；加强应用型专业招生的宣传，在23所学校、110个专业招生1.6万余人。

组织有关专家及管理人员，积极开展高等教育自学考试社会助学理论研究工作，征集各类论文17篇。加强社会助学组织管理工作，完善登记注册制度，对全省23个自学考试社会助学组织重新进行了登记备案，并按规定进行了审核。联合西北师范大学拟订了《西北师范大学自学考试社会助学突出事件应急处置预案》，作为拟订甘肃省《高等教育自学考试助学社会性事件应急预案》的基础。

【命题中心顺利通过验收】 2010年，甘肃省自学考试战线的重点是兰州命题中心的评估验收工作。甘肃省自考办认真准备，积极协调，按规定健全了命题中心机构，充实了人员，改善了办公条件，做到以评促改，以改促评。兰州命题中心工作得到教育部考试中心领导和专家的一致好评，并顺利通过验收。

【信息化建设取得成果】 2010年，甘肃省实现了自考办与全省各级试卷保密室的远程电子监控。全省建设37个试卷保密室远程监控工程，自学考试中心机房及网络系统升级改造工程已基本完成并投入使用。全省自学考试考务考籍管理系统升级、改造方案已修订完成，并进入实施阶段。

在经过上半年自学考试两次网上报名工作的局部实练后，7月对全省14个市（州）、各县（区）110多名工作人员进行了网上报名的集中培训工作，8月在全省全面实施自学考试网上报名工作。经过全省各级考试机构工作人员的辛勤工作，自学考试网上报名工作顺利完成。

【加强制度建设】 为进一步规范甘肃省自学考试工作，按照全国考办出台的自学考试有关管理办法，认真制定了《甘肃省高等教育自学考试考务管理实施细则》，修改完善了《甘肃省高等教育自学考试学历教育考试流程》，下发各级考试机构、有关高等学校，指导工作实际；根据全省自学考试网上报名工作的开展，及时出台了《全省自学考试网上报名流程》。

【加强宣传】 充分利用社会媒体，建立稳定的自学考试宣传渠道，在《甘肃日报》、《兰州晨报》、《兰州晚报》刊登报名招生宣传广告。在考试期间，《甘肃日报》、《兰州日报》、《兰州晨报》、《科技鑫报》、甘肃电视台等媒体刊播自学考试新闻稿件和通告10多篇；利用甘肃邮政载体，发送自考宣传DM广告彩页2万多份。

社会考试

【概况】 2010年，甘肃省全国大学英语四、六级考试报考312 382人次；全国高校英语应用能力考试报考67 796人次；全国计算机等级考试报考139 310人次；全国英语等级考试报考5 631人次；全国计算机应用技术证书考试报考4 464人次；剑桥少儿英语全国统一考试报考1 318人次；餐饮管理等5个专业资格证书考试报考1 338人次、2 584科次。

【加强考务管理】　考试期间，继续运用现代化技术，加强对考点、考场的管理力度，由专人监控网上有害信息。大学英语四、六级考试在所有考场使用手机屏蔽仪，协调无线电管理部门出动无线电监测车进行查处，有效防范和遏制了利用手机等无线电手段作弊的行为。

【探讨全国计算机等级考试的发展】　组织部分全国计算机等级考试考点召开座谈会，探讨有利于全国计算机等级考试发展的体制、机制。积极争取省教育厅出台《关于加强全国计算机等级考试管理的意见》，进一步规范全国计算机等级考试的管理体制，促进考试进一步发展。

【表彰先进，调动工作积极性】　修订《甘肃省全国大学英语四六级考试和高校英语应用能力考试工作奖励办法》和《甘肃省全国计算机等级考试（NCRE）考评奖励办法》，对符合条件的考点学校和个人经评选审定，在全省范围内召开表彰大会对优秀考点和先进工作者进行表彰，进一步调动了工作积极性。

供稿：甘肃省高等学校招生办公室
甘肃省高等教育自学考试办公室
撰稿：王　林　赵　俊　雷　钰
审稿：王德安　李晓冬　董首昌　李小平

宁夏回族自治区

综　述

【概况】 2010年，宁夏教育考试招生工作在宁夏回族自治区党委、教育工委、教育厅党组的领导下，在全区各有关部门的支持配合下，全区教育考试招生机构共同努力，尽职尽责，以党的十七大精神和科学发展观为指导，坚持围绕中心、服务大局的工作主线，牢固树立教育考试招生工作以考生为本的工作理念，着力提高全区国家教育考试管理的高科技含量和现代化水平，在成人高考网上报名、普通高考网上填报志愿、严肃普通高考报名资格审查、安全保密和考务管理远程监控、丰富高校招生"阳光工程"内涵、提升服务质量、促进和谐发展等方面取得了突破性的进展，全面完成了各项目标管理任务，实现了各类考试招生工作平稳顺利进行的管理目标。

【硬件建设】 2010年，在教育部考试中心的统一部署和宁夏回族自治区党委、政府的高度重视下，宁夏教育行政管理部门和教育考试战线共同努力筹措1 000多万资金，通过公开招标，完成了"宁夏国家教育考试考务管理网上巡查系统"建设工程和"宁夏教育考试信息管理系统"软件编制项目。"宁夏国家教育考试考务管理网上巡查系统"建成26个远程考务指挥中心、28个远程监控实时录像保密室、49个考点、2 494个远程监控实时录像标准化电子考场，覆盖全区所有考区，实现了考试过程中对全区所有保密室、考点、考场的远程实时巡查和全程录像，在提高安全保密级别和严肃考风考纪等方面发挥了巨大的震慑作用，从技术层面上有效防止了试题安全保密责任事故和考场利用高科技手段作弊等违规考试行为的发生。"宁夏教育考试信息管理系统"实现了普通高考网上报名、网上填报志愿、网上征集志愿，提高了服务质量和工作效率。

【考试安全】 2010年，宁夏在完全实现所有保密室远程监控、所有市县级考务指挥中心和省级考务指挥中心联网、所有考点考场远程监控以及所有监控点实时录像管理的基础上，在安全保密方面除抓好常规工作外，还采取了一些积极措施：（1）各类考试考前，联合省级保密局对所有保密室进行实现远程监控条件下的检查验收，并颁发允许使用的合格证；（2）印发教育部《国家教育考试标准化考点和考场管理规范》以及《自治区教育厅、公安厅、经信委关于对我区国家教育考试进行安全检查的通知》，加大了考生进入考点、考场时有关证件的检查力度，对进入考场的每一位考生都进行安全检查，从技术上严防携带易燃品、易爆品、管制刀具、枪支、无线电发射接收装置等危害安全和舞弊物品进入考场；（3）所有国家教育考试都要求考生必须持本人身份证、准考证双证进入考场参加考试。

【考风考纪】　2010年，宁夏教育考试院把抓考风考纪整肃工作作为各类教育考试考务管理工作的重点，严格执行教育部《国家教育考试标准化考点和考场管理规范》，加大考生诚信考试的宣传教育，加大舆论宣传力度、巡视督察力度，在抓好常规工作的同时，进一步采取了一些积极措施，确保了各类教育考试秩序良好。

第一，充分利用“宁夏国家教育考试考务管理网上巡查系统”实时录像功能，考试结束后，对录像进行刻录光盘存档和事后观看巡查，对事后观看巡查中发现的考生违规违纪行为进行考生确认，并按照《国家教育考试违规处理办法》进行处理。

第二，普通高考、成人高考期间，自治区教育厅派出厅级领导带队的巡视督察组，对所有考区进行巡视督查。

第三，年初召开宁夏教育考试招生工作年度会议，周密部署各项工作，签订了全区各类国家教育考试招生工作效能目标管理责任书，明确了“以县为主、分级管理、分级负责”的管理体制，划清了责任，提出了明确要求。

第四，制定《宁夏国家教育考试招生工作目标管理考核细则》，根据考核结果进行奖惩。

第五，充分发挥宁夏国家教育考试厅际联席会议制度的作用，积极协调公安、无线电管理等部门，对与考试有关的网络有害信息进行封堵、删除和无线电信号监控；

第六，印发《关于进一步严格宁夏国家教育考试违规考生处理工作程序的通知》，对各类教育考试中违规违纪的考生严格按照《国家教育考试违规处理办法》进行处理。2010年，宁夏普通高考处罚违规违纪考生35人，研究生考试处罚违规违纪考生5人，成人高考处罚违规违纪考生96人，高等教育自学考试处罚违规违纪考生446人，普通高中学业水平测试处罚违规违纪考生65人。

普通高考

【概况】　2010年，宁夏共有57 204人报名参加普通高等学校招生全国统一考试，报名人数比2009年减少1 043人。报考的少数民族和回族考生分别占报名总数的25.3%和24%。全区共设置考点49个、考场1 933个，有6 000余名工作人员参与考务工作。

2010年，宁夏普通高等学校招生计划为38 901人，其中，本科招生计划21 323人，高职（专科）招生计划17 578人。实际录取39 648人，其中，本科第一批院校录取7 084人（含预科247人），本科第二批院校录取9 992人（含预科1 286人），本科第三批院校录取4 964人（含预科66人），高职（专科）录取17 608人（含预科70人）。总录取人数占报名总数的69.3%，二本以上层次少数民族考生录取比例达到34.5%。

按照宁夏回族自治区党委、政府关于深化医药卫生体制改革实施意见的要求，顺利完成宁夏医学院定向培养医学生到乡镇卫生院工作招生计划，该计划设在提前录取二本批次进行，实际录取定向培养医学生50人。

【报名资格审查】　2010年，宁夏进一步加强普通高考报名资格审查制度建设，细化工作程序。

第一，严格执行《宁夏普通高校招生考生报名条件中有关户口和学籍管理问题的若干规定》（宁招委［2004］01号）和《宁夏普通高校招生考生报名条件中有关户口和学籍的补充规定（试行）》（宁招委［2009］12号），进一步完善了普通高校招生考生报名资格审查由县（市、区）报名资格审查工作小组负责制度，从制度和机制上规范了宁夏普通高校招生报名资格审查工作。

第二，专门印发《自治区教育厅关于做好我

区初三年级和普通高中在校学生普通高考报名相关政策宣传工作的通知》（宁教学［2010］159号），加强了政策宣传。

第三，报请自治区教育厅和自治区公安厅联合印发《关于进一步规范我区公办普通高中学校学生学籍和普通高校招生考试报名户籍审查管理工作的通知》（宁教学［2010］196号）和《关于进一步规范我区民办普通高中学校学生学籍和普通高校招生考试报名户籍审查管理工作的通知》（宁教学［2010］197号），将普通高考报名资格审查工作关口前移到高一年级入学并贯穿于学生高中阶段学习期间。

第四，建立普通高考报名资格自治区抽查、复审、监督、通报的工作机制，首次联合自治区公安厅对报考考生的户籍信息进行了比对核查，取消了66名考生的报考资格，1 005名考生限报区内普通高校。

第五，将普通高考报名时间从考试当年的4月1日至5日，提前到上一年度的12月1日至5日，使普通高考报名资格审查和各项工作安排有了充足的时间。

【考试招生改革】　2010年，宁夏在教育考试招生事业改革方面，进行了一些有益的探索，为落实《国家中长期教育改革和发展规划纲要（2010—2020年）》提出的教育考试招生改革做了一些基础性、探索性工作。

第一，在2009年成功实行“平行志愿”投档录取模式改革的基础上，2010年将“平行志愿”投档录取模式范围扩大至各个批次的少数民族预科班志愿和提前批次中的体育院校或专业志愿，各批次少数民族预科录取分数显著提高，高分落档情况明显减少，考生志愿命准率进一步提高。

第二，实行了网上报名、网上填报志愿改革，实现了考生报名信息、志愿信息采集手段的重大变革，为考生提供了更加便捷、高效的报名和志愿填报服务。为使网上报名、网上填报志愿改革顺利进行，宁夏教育考试院专门印制了《宁夏2010年普通高考网上填报志愿说明和平行志愿解读》手册免费发放给每一位考生，同时安排全区考生进行了两次网上报名、网上填报志愿模拟演练。对各县（市、区）教育考试中心、各考点学校管理人员做了专门培训，同时各县（市、区）教育考试中心、各考点学校对考生做了宣传培训工作。

第三，结合新的田径竞赛规则对普通高考体育术科测试中的田径规则进行了修订，使体育术科测试更加科学合理。

第四，将普通高考中军事、公安院校招生面试时间提前到考生填报志愿前进行，为考生能否填报军事、公安院校志愿提供了明确结论。

第五，取消了普通高考外语口试中“听力考试”的内容，减轻了考生在普通高考外语考试和外语口试中重复参加“听力考试”的过多负担。

【单独招生试点】　2010年，根据教育部关于部分国家示范性高等职业院校开展单独招生改革试点工作等有关文件精神，在宁夏教育考试院的监督、指导和协助下，宁夏职业技术学院部分专业进行了单独招生改革试点工作。宁夏职业技术学院从命题、制卷、考试、阅卷、划定录取分数线到录取全过程严格按照教育部规定单独开展工作，顺利录取179名考生，为宁夏高职招生模式改革和普通高校招生多元化录取改革积累了宝贵经验。

【“阳光工程”】　2010年，宁夏继续深化“阳光工程”内涵，通过提升服务质量进一步提高教育考试招生工作的社会满意度，在坚持各种信息“六公开”、严格执行“六不准”纪律的基础上，着力从以下几个方面进一步深化了“阳光工程内涵：（1）进一步完善了教育考试招生国家、自治区、县（区）、学校、班级五级信息公示办法，细化了公示的基本内容、时间、地点及举报方式，做到了公示内容详尽、公示信息持续有效、监督举报不受时限，有力地防范和打击了各种资格造假。（2）进一步规范了宁夏普通高等学校招生部分政策性照顾项目和加分分值。（3）普通高等学校招生录取继续在5个地级市政府所在地设立同步滚动播出录取过程的7个电子大屏幕，在22个县（市、区）政府所在地设立与录取现场联网的录取信息同步查询点。（4）普通高等学校招生录取继续开通投档录取信息网上查询系统，考生可通过登录宁夏教育考试院信息网，在第一时间查询到自己的投档、录取信息。（5）在宁夏电视台、宁夏教育电视台、宁夏日报等各种媒体上及时公开各种教育考试招生信息，接受社会监督。（6）按照考生第一次填报志愿投档录取没有完成的普通高等学校招生计划，在网上及各种媒体上全部公布进行征集志愿，所有招生计划全部按照考生志愿录取。（7）在普通高等学校招生录取过程中，积极与招生院校沟通，争取院校预留计划顺序录取宁夏区高分考生，为宁夏区考生在区外高等学校学习争取机会。（8）邀请自治区人大、政协代表以及考生、家长代表进入阅卷点对评卷过程进行了解。（9）邀请自治区纪检委、教育厅纪检组全程参与普通高等学校招生录取监督，录取点对记者开放，记者可随时进入录取点进行采访报道。

研究生招生考试

【概况】　2010年，在宁夏参加全国硕士研究生入学统一考试考生人数为3 451人，在银川市的3所重点中学设置考点，考场138个，考点监考人员、考务工作人员和自治区派巡视和督察人员近360人，无线电管理部门派出16人、公安部门派出人员及网络有害信息监测人员18人。

2010年，宁夏高校全日制硕士研究生招生计划为1 275人，实际录取1 284人，其中宁夏大学录取705人，宁夏医科大学录取445人，北方民族大学录取115人。博士研究生招生计划为25人，实际录取25人。

【身份验证】　2010年，全国招收硕士研究生统一入学考试报名信息确认期间，宁夏专门配备身份证鉴别仪，严查考生身份，严查毕业证或学生证上的信息与报名信息的一致性，从源头治理违纪现象。

成人高考

【概况】　2010年，宁夏报名参加成人高校招生全国统一考试的考生有24 628人，比2009年增加2 319人。其中，专科起点升本科报考8 747人，比2009年增加1 816人；高中起点升专科报考15 131人，比2009年略有增加；各类推免生750人。设置考区12个、考点25个、考场824个，聘用考务管理人员1 700多人。

2010年，宁夏成人高校招生计划数为17 277人，比2009年增加17.8%。其中，专科起点升本科招生计划6 198人；高中起点升本科招生计划300人，比2009年增加45.81%；高中起点升专科招生计划10 779人，比2009年增加27.98%。实际录取22 057人，其中专科起点升本科录取7 738人，高中起点升本科录取248人，高中起点升专科录取14 071人。

【考点设置】　2010年，宁夏按照报考人数不足100人不设考点的要求，对参加高中起点考试的考生参加成人高校招生全国统一考试做了合理安排。其中，石嘴山市四县（区）的考生集中在大武口区参加考试；贺兰县考生在金凤区参加考试；同心、盐池、红寺堡三县（区）的考生集中在吴忠市利通区参加考试；海源、西吉、彭阳、泾源四县（区）的考生集中在原州区参加考试。专科起点升本科考试仍然安排在五个地级市政府所在地进行。

【招生宣传】 2010年，宁夏从四个方面进行了成人高校招生宣传动员工作：（1）3月初及时召开由宁夏区属高校和区外高校驻宁函授站负责人参加的成人高校招生宣传动员会，对宁夏成人高校招生工作所面临的形势和存在的问题进行了认真全面的分析，明确了做好2010年招生宣传工作的基本思路。（2）下大力气调动各方面力量，深入基层、厂矿、生产一线做好宣传动员工作。（3）通过《宁夏日报》、《新消息报》、《交通音乐台》等媒体进行了招生宣传。（4）继续通过《宁夏教育考试院信息网》向社会广泛宣传成人高校招生政策，及时向社会公布成人高校招生计划、招生章程等招生信息。

【网上报名】 2010年，宁夏完成了成人高校招生全国统一考试网上报名软件编制并实施了网上报名。为确保成人高校招生全国统一考试网上报名工作顺利进行，宁夏针对成人高校招生对象的分散性和不确定性等特点，集中培训了各县（市、区）教育考试中心工作人员，并通过《宁夏教育考试院信息网》、《新消息报》等媒体向社会公布了网上报名的要求、须知、操作要领和工作安排。

普通高中学业水平测试

【概况】 2010年，宁夏普通高中学生报名参加了物理、化学、生物、政治、历史、地理6个学科的普通高中学业水平测试文化课考试，共计194 926科次；物理、化学、生物3个学科的实验操作考查共计报考139 678科次；39 598名普通高中学生符合毕业标准获得毕业证书。

【命题管理改革】 为配合高校招生制度改革，切实提高宁夏普通高中学业水平测试成绩的信度，创造高等职业教育录取新生使用学业水平测试成绩的有利条件，2010年，宁夏根据普通高中学业水平测试命题工作的实际情况，建立了普通高中学业水平测试命题专家库，随机抽取命题专家组成命题组，首次采取全封闭方式命制文化课测试试题。

【编辑测试结果质量分析报告】 2010年，继续编辑《普通高中学业水平测试质量分析报告》，免费发放到全区所有高中学校，对普通高中教学进行指导。

普通中专招生考试

【概况】 2010年，宁夏普通中等专业学校招生计划为20 195人，比2009年减少3 847人，占全区中职招生人数的48.01%。其中，区内普通中等专业学校招生计划为17 860人，比2009年减少3 455人；区外普通中等专业学校招生计划为2 335人，比2009年减少392人。集中录取阶段录取新生9 156人，比2009年同期增加1 000多人。

自学考试

【概况】 2010年，宁夏共有36 040人参加了95个专业、307门课程、72 133科次的高等教育自学考试；2 408名考生修完全部课程，符合毕业标准，获得了毕业证。

4月17日至18日，宁夏自学考试共设8个考区、18个考点、368个考场，考生人数为15 299人（专科4 072人，本科11 227人），报考科次为33 357科次（专科8 812科次，本科24 545科次）。参与监考、巡视及考试工作人员为960多人。

7月3日至4日，宁夏自学考试共设4个考点、82个考场，考生人数为2 109人，报考科次为5 637科次。

10月23日至24日，宁夏自学考试共设8个考区、23个考点、437个考场，考生人数为18 632人（专科4 275人，本科14 357人），报考科次为43 139科次（专科9 121科次，本科34 018科次）。参与监考、巡视及考试工作人员1 090人。

【专业和课程管理】 根据全国考办有关自考专业规范和公示的文件精神，宁夏结合本区自考专业设置的变化情况，从2009年开始整理和编辑现有自考专业计划和课程计划，规范、统一使用国家新的专业代码和课程代码，2010年编辑完成了新版《宁夏高等教育自学考试专业计划手册》。

2010年，宁夏还根据报考情况，停考物理教育（本）、教育技术（本）、通信技术（专）、计算机通信工程（本）、电子技术（本科）、音乐教育（专）6个专业。

【服务社会】 2010年，配合宁夏监狱管理局的监管改造工作，在银川、石嘴山、吴忠三市首次设立4个监狱考点、11个考场，257名服刑人员首次参加了自学考试，其中女子监狱报考服刑人员26名。

【社会助学管理】 2010年，全国考委下发了《高等教育自学考试社会助学管理试行办法》（考委［2010］1号），宁夏积极组织本地社会助学单位，召开专题学习会。在2009年开展自学考试社会助学组织现状调查和登记注册的基础上，开展了2010年度社会助学组织登记注册工作。

【实践课程考试】 2010年，宁夏先后审批了美术教育、视觉传达设计、艺术设计、汉语言文学、法律、律师、化工工艺、电力系统自动化等十多个自考专业实践性课程考试和论文答辩方案，全部录入考生报考和答辩信息，并组织人员进行现场核查、督考巡视，确保了自考实践课考试规范实施和论文答辩有序开展。

社会考试

【概况】 2010年，宁夏共有20 178人参加了全国计算机等级考试，54 745人参加了全国大学英语四、六级考试，244人参加了全国英语等级考试，440人参加了物流管理、采购与供应两个职业资格证书1 112门课程的考试。

供稿：宁夏教育考试院
撰稿：王　治　李幸福
审稿：戴冰青　张文国　李传武　黄　鹏

新疆维吾尔自治区

综 述

2010年，在教育部、新疆自治区党委、人民政府的正确领导和大力支持下，在新疆自治区教育工委、教育厅党组的直接领导和全力支持下，新疆招生系统全体工作人员以考生为本，牢固树立责任意识、质量意识和服务意识，优化工作程序，规范招生行为，综合治理考试环境，全力提高管理水平和服务水平，努力营造公平、和谐的招生考试环境，各项考试平稳、安全、有序地开展，社会满意度明显提高。

普通高考

【概况】 2010年，新疆共有16.42万人报名参加普通高考，报考人数与去年基本持平。全国1 289所普通高校在疆共投放各类招生计划111 580人，来疆招生院校数、投放招生计划数均为近年来最多。实际录取新生118 106人，录取率达71.77%，其中，本科层次录取64 249人，录取率为39.04%；专科层次录取53 857人，录取率为32.73%。招生来源计划数、总录取率和本科层次录取率三项指标均创历史新高。

【命（译）题准确安全】 新疆命（译）题工作坚持有助于高等学校选拔人才、有助于中学实施素质教育的指导思想，坚持科学、准确、规范的基本原则，扎实工作，从严把关，确保了命（译）题工作的安全保密，未出现政治性、科学性和技术性差错。普通高考命（译）题科加“三校高职”考试科目共计达到43门。

【狠抓安全保密和考风考纪】 严格实行试（答）卷安全保密工作“一把手工程”。所有考区试（答）卷保密室和自治区连通视频监控，从严加强各地试（答）卷保密室建设和验收，严格执行运送试（答）卷安全保密相关规定。抽调120余名干部组成自治区巡视人员队伍加强巡视，新疆招办负责人实行分片包干，重点加强考务管理、考风考纪薄弱地区的专项督查和监控，新疆招办巡视人员提前随各地拉运试（答）卷车下到地、州提前介入工作。完善和演练突发事件应急处置工作预案，及时有效处置突发事件。多措并举防范替考、集体舞弊，共查处100名违规考生。

【从严清理“高考移民”】 坚决封堵“高考移民”，共清理“高考移民”460余名。

【推进招生考试改革】 乌鲁木齐、克拉玛依、伊犁州三地（州）成功实现网上报名。扎实开展2011年普通高校招生实行平行志愿、网上分段填报志愿、征集志愿改革的调研以及2011年恢复外（汉）语听力测试等相关准备工作。

【内地省市、高校倾力支持】　中央新疆工作座谈会前后，内地有关省市、高校从全局出发，高度重视教育援疆工作政策落实，大力支持新疆高校招生工作，克服各种困难，调整计划投向，千方百计增加计划吸纳新疆考生。在教育部的积极协调支持下，协作计划较去年增加3 000人；各内地院校认真落实在疆招生公布计划的基础上，追加计划近6 000人，同时还有部分院校积极响应教育部增加2%计划的要求，另增加计划731人；内地对口援疆省市想方设法增加计划招收受援地区考生，招生计划较去年增加692人。

【管理更加严格规范】　进一步规范各项管理制度，严格管理，规范操作，严格执行计划调整，严格执行“对所有已录考生一律不退档、不换录”的规定。录取现场实行全封闭，严格证件管理，实行录取领导小组集体领导，坚持重大问题集体研究、集体决策，纪检监察部门全程监督。

【优惠政策有效落实】　坚持民考汉考生既可填报汉语言计划，也可填报民考汉计划的政策，共有975名民考汉考生被汉语言计划院校录取；对“民考汉”及“汉考民”等考生实行照顾，专门划出区内院校招生计划照顾录取南疆三地州考生782名；对领取《独生子女光荣证》和《计划生育光荣证》农牧民家庭子女报考区内院校加10分投档；做好区内外免费师范、“乡村医师”、“全科医师”、“少数民族语言高层次专门人才特培计划”、南疆四地州农村中小学“‘双语’教师特培计划”和“自治区重点产业紧缺人才专业建设计划”招生工作，共录取相关考生10 097人。

【录取过程更加“阳光”】　认真制订录取工作宣传计划，明确阶段工作任务、宣传形式和宣传重点，做到提前谋划、有的放矢、重点突出。加大信息公开力度，拓宽信息公开渠道，及时通过官方指定网站和地、州招生考试机构等提供免费查询渠道，及时全面准确向社会公开招生信息，指定专人负责新闻信息的发布工作，利用招生、教育网站、阳光信息服务平台等及时公布和更新录取情况。在本科一、二批次录取首日开展“现场开放日”活动，邀请中央驻疆媒体及疆内媒体记者进场参观采访，并邀请招生系统行风评议员、考生及其家长、教师代表作为“阳光监督员”参观录取现场，社会各界代表零距离感受录取工作。

【服务工作务实到位】　坚持“为考生服务、为高校服务”的宗旨优化服务方式，提高服务质量和水平。第一，强化招生接待咨询工作。进一步加大招生接待咨询工作力度，加强接待工作人员队伍。新疆自治区普通高校招生咨询接待总站共接待来访考生及家长8 000余人次；接听答复电话咨询2万余次。坚持全疆各地（州、市）、各高校挂牌设立普通高校招生录取接待咨询站，及时将录取结果信息提供给指定网站、网络、各地招生办公室等。第二，加强与教育部、内地相关省区、高校的沟通和协调。请求教育部给予政策倾斜，协调部属院校、省属院校追加计划招收新疆更多考生，对本科一、二批次未完成的计划均通过电话征求考生志愿，数百名线上合格考生通过征集志愿方式重拾大学梦。第三，通过新闻媒体加强对招生录取相关政策的宣传，特别介绍招生中介的种种手段，反复提醒考生谨防上当受骗。第四，加大打假治乱工作力度。经查实，按规定取消了通过办理假户籍、假学籍取得报考资格的多名“高考移民”考生的录取资格。新疆各地工商、教育、公安、纪检等部门集中开展了打击虚假招生宣传、招生中介诈骗的联合行动，全疆共查处23个非法招生、办学机构。

研究生招生考试

【概况】 2010年，新疆共有15 301人报名参加全国硕士研究生入学统一考试，比2009年增加2 222人。全区硕士研究生招生计划为4 824人，实际录取4 552人。全区共设17个考点，501个考场，查处违规考生14人。

【诚信教育得到强化】 各报考点和招生单位采取多种形式开展诚信教育，从报名开始一直持续到考前，做到跨年度宣传、不间断宣传。

【相关规定及时出台】 2010年，除及时制定下发常规性文件外，新疆自治区招生委员会办公室首次下发专门文件对各招生单位自行命题提出严格要求，同时制定了《新疆自治区2010年硕士研究生招生考试突发事件处理办法》、《关于加强2010年硕士研究生入学考试答卷安全保密保管及评卷工作的有关通知》重要文件。

【考前检查督促力度加大】 在对所有报考点、招生单位考前准备工作进行检查的同时，新疆自治区招生委员会办公室首次对招生单位自命题工作进行了摸底检查。

【联席会议成员单位职能作用有效发挥】 新疆自治区国家级教育考试突发事件应急处置领导小组成员单位联席会及时召开，各相关部门均安排值班人员，特别是无线电委员会及时调整工作方案，合理安排有限的监控资源，合理布控工作人员。考试期间全疆无线电管理部门共出动11辆检测车，使用11个固定监测站，192人次对考场周边环境进行检查。

【高科技作弊打击有力】 新疆自治区招生委员会办公室继续统一为各报考点配备反高科技作弊设备，高科技作弊较往年明显减少。

【评卷工作扎实开展】 新疆加强评卷工作的规范管理和统筹协调，统考和联考科目评卷工作顺利完成，全国报考新疆12家招生单位的考生人数为10 220人，成绩无一差错。突出特点有：一是完善组织机构和评卷工作方案及实施办法；二是从严选聘评卷教师；三是安全保密工作进一步强化，安全保卫力量增加，对有关数据的安全管理进一步加强；四是成绩查询渠道便捷，通过新疆招生网、招生单位网站、电话通知和寄送成绩单等多种方式按时公布成绩，同时经教育部允许，在中国研究生招生信息网上专门为报考外省市的新疆考生设计了查询分数及复试情况的版块。

【复试和调剂工作有序开展】 一是严格做好复试工作。新疆向各报考点均派了巡视联络员强化监督和检查，各招生单位均成立了研究生复试录取工作领导小组，加强组织领导，格外加强了复试场地的安全保密工作，加强了对复试教师的培训，建立有效的约束机制。二是积极做好调剂录取工作。新疆各招生单位均指定专人负责调剂系统信息发布，按时给考生确认拟录取资格。新疆自治区招生委员会办公室安排专人全天候解答招生单位及学生在调剂录取中的各类问题，全力支持招生单位按规定完成招生计划，同时协调疆内计划间的调整。

【录取信息三级联检顺利通过】 及时动员、周密部署录取信息检查工作，从严落实录取信息检查要求。新疆硕士研究生拟录取考生名单顺利通过，破格比例从往年的7%降到4%。

成人高考

【概况】 2010年，新疆成人高考报名人数达到

54 663人，比2009年增加27.2%。区内外127所招生院校计划在疆招生47 316人，其中，专科起点升本科20 686人，高中起点升本科130人，高中起点升专科26 500人。实际录取42 903人，其中，专科起点升本科录取15 186人，高中起点升本科97人，高中起点升专科27 620人，录取率达78.49%。全区共设16个考区，71个考点，2 457个考场，共查处违规考生97人，违规率1.77‰。

【安全保密工作深入推进】　各考区试（答）卷安全保密室网上巡查系统全面开通，实现了各考区、区招办、教育部联网实时监控。严格执行各地拉运试（答）卷安全保密规定，无安全事故发生。

【多措并举防范替考和高科技作弊】　严格执行考生须持二代身份证报考并赴现场进行确认等规定，各地有效利用二代身份证识别仪加强对考生身份证的审验。准考证增加考生二代身份证信息，所用纸张均增防伪功能。违规考生中替考考生明显减少。坚持和完善地区间交叉巡视和考场民、汉交叉监考制度。各考点均配备作弊克、监考大师、金属探测仪等设备加强防范。

【巡视督查工作力度加大】　新疆自治区招生委员会办公室下派巡视员深入考区、考点巡视，共抽调92名干部组成省级巡视工作队伍定点巡视督查。落实责任制和责任追究制，实行分片包干责任制，与下派各地16个巡视工作组负责人分别签订分片包干责任书。新疆招办派往各地的巡视员随各地试卷拉运车提前到各地（州、市）介入工作。

【全员系统培训加强】　坚持落实三级培训，即自治区招办、各地（州、市）招生考试机构（考区）、各考点三个层面间的逐级培训。

【评卷工作顺利开展】　成人高考试卷继续全部采用网上评卷。健全网上评卷组织机构，加强领导和管理；科学组建评卷教师队伍；完善网上评卷工作方案，规范程序，强化培训，落实责任，每个人经测试合格后方可参加评卷工作；强化网上评卷设备、数据的安全和管理；加强质量监督，杜绝打保险分等现象。

【录取工作安全有序】　科学审慎划线，严格执行招生计划，严格执行招生政策，严格执行最低控制分数线，坚持“按照志愿，从高分到低分择优录取”的原则在网上进行，不降分、不调剂、不解决特殊问题，加强录取环节监督，确保公平、公正为国家选拔人才。

自学考试

【概况】　2010年，新疆举办4次高等教育自学考试，共计报考135 151人次、340 630科次，其中1月报考12 534人次、24 700科次，4月报考56 651人次、151 878科次，7月报考10 291人次、20 746科次，10月报考55 675人次、143 306科次。全年审核专、本科毕业生13 125人。

【进一步规范专业建设】　对自治区开考的高等教育自学考试所有专业计划课程设置逐个核对、全面梳理，进一步明确了各专业计划课程设置、调整、顶替的问题。完成了专业课程代码升位（原4位升5位）的电子化管理软件，完善了毕业生专业课程代码升位的软件开发。为加强双语教育，对开考的维、哈文专业中没有设置汉语课程的，增设汉语课程。根据国家关于思想政治理论课设置的规范要求，结合自治区实际，在维哈文各专业增加了《新疆历史和民族宗教理论政策》公共政治课程。加大对维哈文专业教材建设力度，安排了7种教材编译、出版。

【加强信息化建设】　在全国高等教育自学考试

考务考籍管理系统和新疆自学考试考籍毕业生计算机智能判断系统管理软件的基础上，开发了自治区自考办综合管理系统考籍管理子系统；启动了自学考试综合管理系统的规划和设计，论证自考办办公楼安全防范系统的升级、扩充。

【提高命题制卷质量】　命题工作实施专家审题和“三校三审”办法，及时发现并纠正个别科目命题中出现的问题。每次实考后，召开命题质量分析会，专门研究命题工作问题。制卷工作管理规范、严谨，流程进一步优化、制度进一步完善，责任更加明确，确保了试卷准确分装、分发。

【强化安全保密】　始终把安全保密工作作为第一要务常抓不懈。不断加强干部职工安全保密方面的教育，与有关涉密人员、各级考试机构签订保密责任书，加强对各考试环节保密工作的全面检查，严格执行国家教育考试安全保密的各项要求，确保安全保密万无一失。

【严抓考风考纪】　加强对考点、考场的规范化管理，严格执行考点审核检查、登记、备案的规定。坚持不在登记、备案考点以外的地址设立分考点、分考场。加大对考风考纪薄弱地区和经批准下延考点的巡视检查力度。加强对考试巡视工作人员的业务培训，坚持未经培训或培训考核不合格人员不能去考点巡视；坚持回避制度，实行巡视报告制度，对考试情况进行认真总结。加强对考试期间互联网不良信息的监控，防止利用信息技术手段非法传播考试信息。为进一步提高评卷质量，组织学科带头人和专家对部分试卷进行复评，对复评中查出的问题，进行认真分析，该纠正的纠正，该追究责任的追究责任。全年各类考试考风考纪良好，没有出现重大违纪、舞弊事件，保证了国家考试的严肃性和公正性。

【加强考籍管理，确保数据安全】　精心组织登分工作，严把每一个工作环节，确保了登分准确无误。严格执行数据管理制度、及时备份数据，确保数据安全。通过各种途径及时发布毕业生须知，方便考生及时了解申请毕业条件和工作流程。积极协调、督促主考院校及时办理毕业证书副署工作，给考生及时发放毕业证，为考生尽快获得毕业证书创造了便利。对考籍管理软件进行升级、改造，提高了考籍管理工作水平和效率。

社会考试

【概况】　2010 年，新疆全国英语等级考试报考 1 663 人次，全国计算机等级考试报考 30 174 人次，教师资格认证“教育学、心理学”考试报考 43 349 人次、74 283 科次，全国中学校教师教育技术水平考试报考 5 025 人次，调查分析师证书考试报考 117 人次、189 科次，中国餐饮业职业经理人资格证书考试报考 10 人次、21 科次，中国物流经理资格证书考试报考 949 人次、2 382 科次，农村中小学特岗教师招聘考试报考 79 368 人次，全国大学英语四级考试报考 111 572 人次，全国大学英语六级考试报考 38 387 人次，高校英语应用能力考试（A 级）报考 44 594 人次。

供稿：新疆维吾尔自治区招生委员会办公室
　　　新疆维吾尔自治区高等教育自学考试办公室
撰稿：谢成功　刘倩如　宋　华　古丽扎
　　　尤努斯　曹　阳　孙　阳
审稿：孙红新　米吉提·胡加力木　张雨明
　　　阿　岩

统 计 资 料

2010 年普通高等高校招生全国统一考试报考情况统计表

单位：人

省 份	报考人数
北京市	80 619
天津市	71 004
河北省	464 394
山西省	360 446
内蒙古	219 278
辽宁省	241 456
吉林省	161 613
黑龙江	195 530
上海市	65 858
江苏省	518 259
浙江省	273 241
安徽省	559 841
福建省	278 539
江西省	312 817
山东省	612 478
河南省	858 781
湖北省	492 207
湖南省	407 548
广东省	604 085
广西区	299 121
海南省	54 621
重庆市	196 811
四川省	517 318
贵州省	219 502
云南省	207 994
西藏区	18 026
陕西省	378 060
甘肃省	290 135
青海省	38 541
宁夏区	57 204
新疆区	164 565
总 计	9 219 892

2010年招收攻读硕士学位研究生全国统一入学考试报考情况统计表

单位：人

省份	报考人数
北京	114 283
天津	34 255
河北	67 152
山西	45 564
内蒙古	23 272
辽宁	60 352
吉林	40 423
黑龙江	49 262
上海	44 516
江苏	93 660
浙江	36 290
安徽	58 082
福建	22 691
江西	36 578
山东	143 110
河南	99 248
湖北	94 306
湖南	57 506
广东	45 425
广西	15 584
海南	5 531
重庆	26 327
四川	48 496
贵州	11 772
云南	18 300
西藏	1 445
陕西	65 337
甘肃	24 931
青海	2 927
宁夏	4 577
新疆	15 264
总计	1 406 466

注：以上数据由教育部高校学生司提供。

2010年成人高等学校招生全国统一考试报考情况统计表

单位：人

省份	高中起点						专升本	总计
	文科			理科				
	专科报考人数	本科报考人数	合计	专科报考人数	本科报考人数	合计		
北京市	32 758	9 820	42 578	14 959	4 226	19 185	51 936	113 699
天津市	3 220	10	3 230	14 000	267	14 267	15 649	33 146
河北省	26 324	3 157	29 481	41 045	3 652	44 697	64 863	139 041
山西省	22 562	1 318	23 880	35 575	1 326	36 901	49 315	110 096
内蒙古	17 295	1 174	18 469	33 529	2 518	36 047	33 471	87 987
辽宁省	18 919	1 378	20 297	50 303	7 165	57 468	30 598	108 363
吉林省	18 076	3 235	21 311	28 942	2 974	31 916	19 241	72 468
黑龙江	19 005	1 792	20 797	26 838	4 814	31 652	35 613	88 062
上海市	8 039	3 932	11 971	12 996	3 854	16 850	42 785	71 606
江苏省	46 521	7 209	53 730	66 732	11 715	78 447	79 488	211 665
浙江省	65 669	1 481	67 150	31 471	1 499	32 970	46 538	146 658
安徽省	28 711	1 508	30 219	37 171	2 012	39 183	40 791	110 193
福建省	20 738	432	21 170	22 173	575	22 748	28 978	72 896
江西省	18 994	3 287	22 281	21 923	14 052	35 975	25 693	83 949
山东省	62 817	4 205	67 022	66 803	8 196	74 999	112 051	254 072
河南省	44 460	2 613	47 073	67 448	4 608	72 056	77 725	196 854
湖北省	31 449	1 968	33 417	51 433	3 874	55 307	25 502	114 226
湖南省	49 198	1 400	50 598	65 879	2 945	68 824	48 338	167 760
广东省	76 247	1 253	77 500	63 641	348	63 989	70 590	212 079
广西区	24 654	771	25 425	45 782	514	46 296	47 354	119 075
海南省	4 320	381	4 701	4 514	1 392	5 906	8 339	18 946
重庆市	16 413	828	17 241	20 299	1 050	21 349	8 311	46 901
四川省	55 300	2 816	58 116	112 298	2 778	115 076	38 043	211 235
贵州省	12 017	1 563	13 580	11 660	1 481	13 141	19 909	46 630
云南省	22 404	4 387	26 791	29 720	4 094	33 814	38 700	99 305
西藏区	1 126	73	1 199	1 234	20	1 254	5 524	7 977
陕西省	31 601	1 794	33 395	48 258	4 232	52 490	20 720	106 605
甘肃省	7 415	231	7 646	18 408	961	19 369	17 073	44 088
青海省	1 603	135	1 738	2 228	246	2 474	6 678	10 890
宁夏区	0	0	0	685	15 131	15 816	8 811	24 627
新疆区	13 074	36	13 110	21 900	75	21 975	19 578	54 663
总计	800 929	64 187	865 116	1 069 847	112 594	1 182 441	1 138 205	3 185 762

2010 年全国高等教育自学考试报考情况统计表

单位：人次/科次

省份	报考人数	报考科次
北京市	340 755	891 990
天津市	310 657	637 606
河北省	250 132	593 242
山西省	136 315	392 026
内蒙古	242 666	875 429
辽宁省	203 475	479 291
吉林省	216 583	571 298
黑龙江	107 960	295 570
上海市	186 415	475 615
江苏省	852 842	1 971 997
浙江省	409 923	779 846
安徽省	345 075	752 527
福建省	326 477	649 829
江西省	619 873	1 686 366
山东省	473 252	869 100
河南省	306 188	800 212
湖北省	998 546	2 449 045
湖南省	284 225	873 756
广东省	741 394	1 521 151
广西区	102 814	213 746
海南省	57 089	136 159
重庆市	327 254	681 966
四川省	466 317	883 676
贵州省	113 967	282 493
云南省	116 482	275 463
西藏区	2 054	4 994
陕西省	389 242	926 352
甘肃省	128 756	311 731
青海省	10 845	23 421
宁夏区	29 626	69 974
新疆区	142 711	357 449
解放军	410 150	1 294 277
合计	9 650 060	23 027 597

2010 年全国大学英语四、六级考试报考情况统计表

单位：人次

省份	英语四级	英语六级	日语四级	日语六级	德语四级	德语六级	俄语四级	法语四级	合计
11－北京	227 134	272 337	372	119	309	13	89	881	501 254
12－天津	265 621	166 559	67	7	179	3	19	392	432 847
13－河北	645 080	328 634	488	34	51	0	180	815	975 282
14－山西	227 361	128 603	184	21	916	0	29	215	357 329
15－内蒙古	189 701	64 792	983	88	16	6	320	32	255 938
21－辽宁	472 359	276 468	1 938	601	443	4	559	618	752 990
22－吉林	375 462	147 621	1 103	253	394	181	269	361	525 644
23－黑龙江	429 867	192 525	574	139	162	7	4 364	849	628 487
31－上海	333 920	307 511	802	163	2 208	0	22	1 961	646 587
32－江苏	914 259	663 271	567	32	529	45	49	391	1 579 143
33－浙江	442 379	338 818	446	23	361	35	89	405	782 556
34－安徽	505 275	294 864	304	3	174	18	41	357	801 036
35－福建	357 379	188 025	123	4	12	0	2	117	545 662
36－江西	397 512	186 364	82	72	50	7	1	61	584 149
37－山东	588 369	442 826	405	64	588	0	1 541	599	1 034 392
41－河南	701 145	283 311	71	2	15	0	6	30	984 580
42－湖北	607 877	365 078	554	4	458	32	51	1 012	975 066
43－湖南	484 562	273 192	49	5	339	7	52	494	758 700
44－广东	746 850	440 534	256	15	103	0	44	178	1 187 980
45－广西	284 642	107 159	73	0	6	0	2	416	392 298
46－海南	87 539	28 869	427	11	0	0	120	2	116 968
50－重庆	251 453	147 992	152	21	122	43	47	161	399 991
51－四川	502 511	316 963	313	30	201	0	136	304	820 458
52－贵州	172 153	42 580	30	0	0	0	9	0	214 772
53－云南	220 687	70 630	52	0	0	0	0	109	291 478
54－西藏	3 243	489	0	0	0	0	0	0	3 732
61－陕西	461 400	273 262	325	14	540	16	52	495	736 104
62－甘肃	221 699	90 261	139	10	23	0	44	206	312 382
63－青海	26 386	7 979	20	1	0	0	4	0	34 390
64－宁夏	43 490	11 255	0	0	0	0	0	0	54 745
65－新疆	111 018	38 371	0	0	0	0	397	0	149 786
总计	11 298 333	6 497 143	10 899	1 736	8 199	417	8 538	11 461	17 836 726

全国教育考试大事记

全国教育考试大事记

1月

3日　国家教育考试评价研究院筹备会在教育部考试中心召开。北京师范大学校长钟秉林、常务副校长董奇，教育部考试中心主任戴家干、副主任梁育民出席会议，双方就合作共建国家教育考试评价研究院的前期准备工作及相关事宜进行了交流和研讨。

6日　教育部考试中心召开2009年度高等教育自学考试社会助学组织登记工作视频会，各省（自治区、直辖市）自学考试机构相关负责人及教育部考试中心有关处室负责人参加了会议。会上，教育部考试中心开发的“高等教育自学考试信息管理系统”中“助学组织管理子系统”正式面向各省级考办开通运行，同时对与会人员进行了业务和技术培训。

8日　教育部考试中心召开“汉语能力测试”项目应用计算机自适应测验（CAT）可行性分析研讨会，邀请国内教育测量学专家，就汉语能力测试项目应用CAT方法的可行性、应用过程中存在的问题和解决办法等进行了讨论。

8日~12日　教育部考试中心邀请澳门大学PISA中心的专家对学生能力国际评价PISA2009测试的阅卷人员进行编码培训。天津教育招生考试院、朝阳区教研室等单位的阅卷教师和中心相关部门的同志参加了培训。11日~22日，教育部考试中心在天津组织完成了PISA2009试测研究项目11个试点省市的试题册和问卷的编码阅卷工作。

9日~10日　高等教育自学考试全国统考课程考试在23个省（自治区、直辖市）开考，报考人数182.2万，报考科次384.7万。

9日~10日　2010年全国硕士研究生入学统一考试举行。教育部考试中心在考前通过考务指挥平台召开安全保密视频工作会，同时派出巡视检查组赴江西、湖南进行监督检查。1月4日起，教育部考试中心有关部门实行24小时值班，通过平台指导和协调各省级考试机构工作。1月7日、8日晚，对部分省、地市级考试机构和考点高校的试卷保密室值班情况进行了抽查。考试整体情况安全、平稳。

11日~23日　教育部考试中心组织专人赴云南省开展全国英语等级考试（PETS）二级计算机辅助口语考试的考务及技术培训工作，组织云南省各级教育考试机构相关工作人员进行了模拟操练和考核。

13日　全国考委教育类专业委员会在西安组织召开义务教育专业《有效教学理论与方法》等5门课程新编考试大纲、教材审稿会议。

17日~22日　全国教师资格教育教学能力测试大纲编写会在北京召开。教育部师范司相关处室负责人出席会议并讲话。

18日~19日　剑桥少儿英语工作研讨会在云南召开，会议就剑桥少儿英语推广发展的有关内容进行了研讨。

20 日、22 日、2 月 2 日　相继召开全国教育科学“十一五”规划教育部重点课题“专业化教育考试评价机构建设的对比研究”、“高等教育自学考试试题难度及标准研究”、“学生能力国际评价 PISA 的教育评价技术在高考中的应用”和“学校教育投入对学生高考成绩的影响：一个增值性分析”开题会。

20 日～23 日　全国高等教育自学考试命题中心工作会议在北京召开。会议对 2009 年自考命题工作进行了总结，就命题安全、题库建设、平台应用等内容进行了研讨，提出了下一阶段自考命题工作思路。教育部考试中心副主任刘军谊、李光明出席会议并讲话，北京等 17 个命题中心负责人及所在省级自学考试机构负责人参加了会议。

24 日　英国皇家采购与供应学会副会长 Chris Gallagher 一行访问教育部考试中心，双方回顾了中英合作采购与供应管理资格证书考试取得的成绩，总结了该项目开展情况，就今后合作中的相关问题进行了讨论。

26 日　教育部考试中心与北京师范大学合作共建“国家教育考试评价研究院”签约仪式在北京师范大学举行。

29 日　教育部考试中心召开 2009 年度部门行业合作考试研讨会。会议总结了 2009 年度部门行业合作考试情况，提出了今后一段时期的工作目标。教育部考试中心副主任刘军谊出席会议并讲话。

1 月 29 日～2 月 3 日　在北京召开全国教师资格教育教学能力考试大纲第二次编写会，完成幼儿园教师资格知识与能力考试大纲和历史、化学、政治三个学科教学知识与能力（包括初中、高中）共 7 个科目考试大纲的编写工作。

2 月

25 日　中纪委驻教育部纪检组组长王立英同志带队到教育部考试中心进行“推进惩治和预防腐败体系建设”专项调研，听取了教育部考试中心领导班子的情况汇报。王立英同志对教育部考试中心惩防体系建设工作给予充分肯定，结合中纪委五次会议精神和教育考试工作面临的形势，对反腐倡廉工作提出了新的要求和希望。

3 月

5 日　教育部考试中心举行安全保密日教育活动。国家保密局和教育部保密办有关负责同志作专题讲话。教育部考试中心主任戴家干作大会总结。中心各部门、各直属单位围绕大会内容进行讨论并对《中心涉密计算机及移动存储介质管理办法》提出修改意见和建议。

8 日～10 日　教育部考试中心召开自学考试工作研讨会，研究和交流 2010 年自学考试工作思路和要点。教育部考试中心主任戴家干出席会议并讲话，副主任刘军谊主持会议并对相关工作提出具体要求。

9 日　在教育部考试中心召开社会考试考前动员视频会。会议针对将于 3 月举行的全国英语等级考试、全国计算机等级考试和剑桥少儿英语考试 3 个项目的考务管理、考试实施、考试新变化等方面做了强调和部署。

12 日　中央纪委惩防体系建设工作赴教育部检查组一行 8 人在中纪委驻教育部纪检组王立英等同志的陪同下来教育部考试中心进行实地察看，了解情况。检查组听取了教育部考试中心主任戴家干所作的汇报，实地察看了屏蔽室和国家教育考试管理与服务平台。

13 日　全国考委教育类专业委员会在北京召开了自学考试义务教育专业 6 门课程考试大纲、教材审稿会议。

19 日～24 日　教育部考试中心在北京召开了教师资格测试第 3 次考试大纲编写会，完成 7 个学科教学知识与能力（包括初中、高中）共 14 个科目考试大纲的编写工作。至此，已全部完成教师资格测试34个科目考试大纲的研制工作。

20日~21日　2010年上半年全国英语等级考试（PETS）顺利实施。报考人数约73万。其中，云南省首次采用PETS二级计算机辅助口语考试替代高考英语口语考试。考前，教育部考试中心派专人赴云南对口试教师进行了集中培训。

21日、4月1日　在教育部考试中心分别召开了命题基地“办公网络系统集成项目深化设计方案”和“专网网络集成及分级保护方案”专家论证会，就设计方案进行了评审。

23日　教育部在教育部考试中心召开2010年国家教育考试安全管理工作视频会议。教育部党组成员、部长助理林蕙青出席会议并讲话，教育部考试中心主任戴家干通报了有关情况，学生司司长王建国主持会议。会议肯定了近年来国家教育考试安全管理工作取得的成绩，分析了目前考试安全工作面临的形势，指出了个别地区存在的问题和隐患，强调要高度重视安全工作重要性，加强领导和管理，提出了2010年国家教育考试安全工作具体目标和要求。

25日~26日　教育部考试中心与中国民办教育协会在长沙联合召开“2010年全国高等教育自学考试社会助学工作研讨会”。教育部考试中心主任戴家干、副主任刘军谊、中国民办教育协会会长陶西平出席会议并讲话，各省级自学考试机构有关负责同志、全军考办负责人、部分普通高校和民办高校、教育机构及行业部门自考社会助学组织代表共230多人参加了会议。

25日　国务院法制办在教育部考试中心举行《考试法》立法调研座谈会，围绕考试机构的设置、职能及考试组织等问题进行了交流和讨论。国务院法制办教科文卫司刘晓霞副司长主持会议，教育部法制办副主任王家勤、教育部考试中心主任助理张为舟与会，人力资源和社会保障部、财政部、卫生部、司法部等部委的考试相关部门及北京教育考试院代表参加了会议。

27日　2010年上半年剑桥少儿英语考试顺利进行。本次考试在全国31个省（自治区、直辖市）开考，报考人数达8万，其中预备级报考考生超过9 000人。

28日　教育部考试中心主任戴家干、副主任刘军谊率队赴上海调研，与上海远程教育集团就自学考试领域开展合作相关事宜进行商谈，签订了合作框架备忘录。

31日　2010年大学英语四、六级考试（CET）考务工作会召开。教育部考试中心主任助理张为舟、CET考委办主任吴江出席会议并讲话，各省级CET承办机构、CET考委办和12所评卷高校的相关负责人参加了会议。

4月

1日~2日　教育部考试中心与民族司在北京联合召开“2010年中国少数民族汉语水平等级考试工作会”，总结交流该项目前期各项工作，研究确定2010年各项任务，讨论民族汉考项目领导小组和项目专家委员会组建方案。民族司司长阿布都、副司长张强，教育部考试中心主任戴家干、副主任刘军谊出席会议并讲话，各开考省区及有关高校项目相关负责人参加了会议。

6日~11日　教育部考试中心主任戴家干、副主任李光明带队，分赴吉林、黑龙江和陕西、湖南四省开展高考调研，了解课程标准改革后的实际教学和备考情况，指导高考命题工作。

6日~9日　“全国社会考试项目推介会”在南京召开，会议介绍了2010年即将开考的社会考试项目，探讨加强项目宣传和推广的途径和方式。教育部考试中心副主任刘军谊出席会议并讲话，各省级教育考试机构相关负责人、合作单位代表共130多人参加了会议。

7日　全国教育科学规划办在教育部考试中心召开全国教育科学规划专项课题“考场无线电作弊侦测”开题会。会议听取了教育部考试中心主任助理张为舟关于该课题研究的背景介绍及清华大学所作的开题报告，还就样机生产和2010

年高考和全国大学英语四、六级考试期间样机试用方案进行了探讨。

9 日～10 日　教育部考试中心与教育部师范司在北京联合召开教师资格考试试点工作研讨会，讨论教师资格考试试点工作实施方案。师范司司长管培俊、副司长宋永刚，教育部考试中心副主任刘军谊出席会议并讲话，北京、上海等 12 个省（自治区、直辖市）教育行政机构师资（人事）部门及教育考试机构相关负责人参加会议。

10 日　教育部考试中心与美国教育考试服务中心（ETS）、美国大学理事会（CB）通过网络召开 AP 考试考务培训视频会议，就考试流程进行了讲解，对考点常见问题进行了解答，并交流了考点组考经验。

11 日～14 日　2010 年课程标准后高考命题工作交流会在南昌召开，会议就 2010 年高考命题准备工作进行了分组讨论和交流。

13 日　海峡两岸教育考试与评价改革发展研讨会在教育部考试中心举行。台湾大考中心主任简茂发、副主任沈青嵩和教育部考试中心副主任梁育民、数据处理与研发中心负责人在研讨会上分别做专题报告。

14 日　在教育部考试中心召开自学考试安全保密工作视频会，就安全保密、考风考纪等方面提出了要求。

14 日　青海玉树发生地震，教育部考试中心立即成立了由主任戴家干为组长、副主任刘军谊为副组长的应急领导小组，启动应急预案，协调青海省考试管理中心安排玉树州考生参加 10 月举行的自学考试。

14 日　荷兰国家教育测量院（CITO）国际合作部主任 Henk 先生访问教育部考试中心，双方交流了近年来的发展情况，并就今后开展合作的相关事宜进行了讨论。

15 日　教育部考试中心召开了汉语应用能力测试标准、考试大纲和样题研讨会，就测试标准课题组提交的《汉语应用能力标准》（讨论稿）和《汉语应用能力测试大纲》（讨论稿）进行了研讨。

17 日～18 日　2010 年 4 月高等教育自学考试举行，全国报考人数达 353 万。

21 日　全国考委法学类专业委员会在北京召开自学考试法律专业（本科）《公证与律师制度》课程考试大纲、教材审稿会。

22 日　2009 年度高等教育自学考试社会助学组织登记备案工作顺利完成，全国共有 28 个省（自治区、直辖市）通过教育部考试中心新开通的“高等教育自学考试信息管理系统”报送了 1 464 个社会助学组织信息。

22 日～24 日　教育部考试中心党委副书记、纪委书记来启华率队随教育部工作组赴青海地震灾区，了解玉树地震对当地高考产生的影响，与青海教育行政部门及教育考试机构就灾区高考有关工作进行了交流，指导并协助青海初步形成了灾区高考组织实施方案。

27 日　全国教育科学“十一五”规划 2009 年度教育部重点课题“教育考试国家题库的研究与应用”开题会在教育部考试中心召开。与会评议组专家对该课题的理论意义、应用价值、研究方案等给予了肯定，并就国家题库的定位、有关课题研究内容提出了具体的建议。

28 日　教育部考试中心在北京召开 2010 年全国普通高校招生考试考务管理工作会，传达教育部 2010 年全国普通高校招生考试工作电视电话会议精神，明确了 2010 年高考的工作目标和工作职责，并对相关工作进行了具体部署。学生司副司长姜钢、教育部考试中心副主任刘军谊、主任助理张为舟出席会议并讲话，各省（自治区、直辖市）教育考试机构主要负责人及考务工作负责人共 60 余人参加了会议。

5 月

4 日　2010 年高考及全国英语大学四、六级考试网上评卷技术支持工作会在北京召开，会议分析了2010年高考及全国英语大学四、六级考试面临的形势，强调和部署了评卷安全保密、应急预案制订等工作，并就评卷工作关键环节及容易出现的问题提出了具体要求。

8日~9日　全国外语翻译证书考试顺利举行。本次考试开考英语一级至四级、日语一级至三级，全国报考总计2 755科次，考点数量增至47个。

10日　《国家教育考试标准化考点规范》专家评审会在京召开。会议通过了对《国家教育考试标准化考点规范（试行）》、《国家教育考试标准化考点评估指标体系》、《利用现代通信工具考试作弊及其防范》送审稿的论证和评审。来自高校、工信部无线电管理局以及省级考试机构的有关专家参加会议。

14日　高等教育自学考试信息系统开通仪式在教育部考试中心举行。该系统包括6大功能，51个子功能，是教育部考试中心“十一五”事业发展规划十大任务之一。教育部考试中心副主任刘军谊出席仪式并讲话。

15日　剑桥通用五级英语证书考试KET/PET青少版首次在中国大陆开考。北京等四省市的2 000多名考生参加了本次考试。

15日~16日　教育部考试中心与行业部门合作的非学历证书考试顺利举行。本次考试包括中国物流职业经理资格证书考试等6个项目，共32门课程。

15日~19日　全国中小学教师教育技术水平考试举行。本次考试在辽宁、上海等11个省（自治区、直辖市）开考，报考人数77 791人。同时，还在上海市进行了该考试项目“教学人员中级”的首次试点考试。

17日　教育部考试中心与教育部学生司在北京联合召开2010年高考信息安全协调工作会，就打击无线通信工具作弊、互联网有害信息监控处理等高考信息安全相关工作进行部署。国务院新闻办网络局、公安部治安局、网安局、工信部通保局、无线电管理局及网安中心有关部门负责同志参加会议。

22日~24日　全国考委公共管理类专业委员会2010年年会在上海召开。会议总结了2010年的工作，研究了下阶段工作计划，传达了2009年专业建设会议和主任秘书长会议的有关精神。

22日~23日　中国书画等级考试在全国20个省（市）顺利举行，报考人数13 708人，比2009年同期增长140.5%。

26日　中国高等教育学会自学考试分会理事长扩大会议在厦门召开。会议围绕自学考试现状、新时期改革发展思路、自考分会课题研究方向、纪念自考制度实施30周年等工作进行了讨论，并布置了自考分会新一轮“自学考试制度改革创新研究”课题规划、立项等任务。教育部考试中心副主任刘军谊出席会议并讲话，部分省级自学考试机构相关负责同志共40余人参加了会议。

27日　教育部考试中心主任戴家干、副主任刘军谊陪同中纪委驻教育部纪检组组长、党组成员王立英检查吉林省高考工作准备情况，听取了吉林省教育厅、松原市市委市政府的工作汇报，对严肃考风考纪管理、应对自然灾害等工作提出了要求。

31日　教育部考试中心主任戴家干、副主任刘军谊陪同教育部副部长、党组副书记陈希，中纪委驻教育部纪检组组长、党组成员王立英到内蒙古自治区教育招生教育部考试中心检查高考考前准备情况。

6月

2日　教育部考试中心副主任刘军谊、主任助理张为舟参加教育部召开的高考新闻通气会。刘军谊副主任就高考组考相关工作做了介绍，并回答了记者提问。

2日~5日　教育部考试中心与师范司联合召开教师资格考试教育教学实践能力测试大纲编

写会。师范司副司长宋永刚、教育部考试中心副主任刘军谊出席会议并讲话，北京、河北等9省市的教育教学专家参加了会议。

5日、12日　剑桥通用五级英语证书考试顺利实施，在北京、上海、广东、天津、重庆5省市分别举行了部分级别的考试。

5日~6日　全国外语水平考试（WSK）上半年考试顺利举行。全国共有37个考点开考，英、法、德三个语种共报考12 047人，创开考以来人数之最，比2009年同期增长21%。

7日、9日　中国少数民族汉语水平等级考试（三级）顺利举行。本次考试在内蒙古、青海两省区开考，共报考19 331人。

7日~9日　2010年普通高等学校招生全国统一考试举行。为保证考试顺利实施，考前及考试期间，教育部考试中心相关部门实行24小时值班，通过国家教育考试管理与服务平台与各地保持联系，抽查各地试卷保密室的值班情况，并派出巡视检查组赴吉林、内蒙古、浙江、湖北、四川、青海等省区，对试卷保管、考前组织及考风考纪工作进行监督检查。针对青海玉树、山西阳曲地震，先后派出应急工作小组赴当地协助高考工作。考试结束后，派出专家工作组赴四川、青海、内蒙古进行网上评卷检查工作。考试整体平稳，考风考纪良好。

7日　教育部副部长、党组副书记陈希，中纪委驻教育部纪检组组长、党组成员王立英，教育部部长助理、党组成员林蕙青到国家教育考试考务指挥中心检查高考工作，通过视频系统与青海、新疆、河南、吉林四省（区）负责同志通话。陈希同志代表教育部向工作在高考第一线的同志表示亲切慰问，要求切实做好安全保密、考风考纪工作，防范自然灾害对高考组织工作的影响。国家发改委、财政部有关部门负责同志应邀参加了检查，教育部学生司、财务司、监察局相关负责人及教育部考试中心领导班子成员陪同检查。

8日　国务院新闻办、公安部、工业和信息化部等相关国家教育考试部际联席会议成员单位的同志来到教育部考试中心，通过国家教育考试考务指挥中心检查各地高考情况。教育部考试中心主任戴家干、副主任梁育民、主任助理张为舟陪同检查。

12日　全国考委医药学类专业委员会在上海组织召开自学考试护理学专业（本科）《外科护理学（二）》课程考试大纲、教材审稿会。

14日　教育部考试中心主任戴家干、副主任刘军谊、主任助理张为舟率队检查北京市高考评卷工作，听取了北京教育考试院工作汇报，检查了语文评卷点，对一线评卷教师进行了慰问。戴家干主任对北京市高考组考工作给予了肯定，就进一步做好评卷组织管理等工作提出了要求。新华社等媒体应邀随行并进行了相关报道。

19日　2010年上半年全国大学英语四、六级考试（CET）举行，全国报考人数达878万。为保证考试顺利进行，考前教育部考试中心召开CET安全工作视频会议，就考试组织、安全保密等向全国各省级教育考试机构进行部署。6月14日开始，中心有关部门实行24小时值班，通过国家教育考试管理与服务平台指导协调各省级教育考试机构工作，并对部分地市级考办和考点的试卷保密室值班情况进行了抽查。同时，还派出巡视组分别对黑龙江、甘肃等省的考前准备、安全保密及考试实施情况进行了检查。

20日　全国考委电子电工类专业委员会在北京召开了自学考试计算机网络专业（本科）《网络操作系统》、计算机信息管理专业（本科）《信息资源管理》2门课程考试大纲、教材审稿会。

24日　中国少数民族汉语水平等级考试（二级）在青海省开考，全省7个考区的5 715名考生参加了此次考试。

27日　全国考委医药学类专业委员会在北京召开了自学考试护理学专业（本科）《社区护理学》、《妇产科护理学》2门课程考试大纲、教材审稿会。

7月

2日～4日　高等教育自学考试在24个省（自治区、直辖市）举行。本次考试全国报考人数127.3万，其中本科82.5万，专科44.8万；报考总科次280.3万。

3日　全国考委教育类专业委员会在北京召开自考义务教育专业《初中语文教学实践与反思》等5门课程考试大纲、教材编前会。

5日～8日　全国考委公共管理类专业委员会在南京召开自学考试行政管理专业（本科）《公共政策》等4门课程考试大纲、教材审稿会。

8日　全国考委文史类专业委员会在天津召开自学考试汉语言文学专业（本科）《中国古代文学史（一）》、《中国古代文学史（二）》2门课程考试大纲、教材编前会。

13日　教育部考试中心主任戴家干参加了中共中央、国务院召开的全国教育工作会议。

15日～16日　全国考委新闻类专业委员会年会在银川召开，会议回顾了新一届专业委员会成立以来的工作，讨论了新闻类原有专业的调整和新专业的拟定、大纲教材的修订和编写工作，并对下一阶段工作提出了要求。

16日　全国考委土木水利矿业环境类专业委员会在北京召开自学考试房屋建筑工程专业（专科）《结构力学（一）》、《工程力学（二）》2门课程考试大纲、教材编前会。

19日～23日　2010年全国高考试题评价会在京召开，会议从试题的政治性、公平性、科学性、规范性等角度对2010年教育部考试中心命制的高考试卷、分省命题试卷共118份进行了分析和评价。

23日　教育部考试中心组织召开国家教育考试标准化考点建设方案专家评审会。与会专家经过听取方案汇报、质询、讨论等程序，一致同意方案通过评审并建议尽快推广建设。

26日　英国皇家采购与供应学会（CIPS）总裁David Noble先生一行访问教育部考试中心，双方就中英合作采购与供应管理职业资格证书考试项目的发展情况及今后的合作进行了探讨和交流。

29日　教育部考试中心召开2010年度高等教育自学考试社会助学招生工作视频会议，总结一年来各地区社会助学招生管理工作取得的成绩，分析目前助学工作中存在的问题，强调加强助学管理的重要性和紧迫性，对今后的工作提出了要求。全国各省级自考办相关负责人等共200余人通过国家教育考试管理与服务平台参加了会议。

7月31日～8月1日　2010年政法干警招录培养体制改革试点招生考试笔试举行，全国共有30个省（区、市，含新疆生产建设兵团）参加，报名人数近26万。

8月

24日～25日　全国考委医药学类专业委员会2010年年会在郑州召开。会议通报了自学考试医药学类专业的开展情况，讨论修改了中药学专业考试计划，分析了当前面临的形势，研究了专业委员会近期工作。

27日　泰国教育考试院院长及院执委会一行7人访问教育部考试中心，双方就考试机构的概况、主要业务、全国性考试的命题组织实施和双方开展合作的意向等议题进行了广泛交流，决定着手签署双方合作备忘录。教育部考试中心主任戴家干会见了泰国客人。

28日～31日　全国考委电子、电工与信息类专业委员会2010年年会在合肥召开。会议通报了自学考试电子、电工与信息类专业的开展情况，布置了专业委员会今后一段时间的工作，并对自考计划、教材大纲建设、教材招标等具体工作开展讨论。

9月

2日　教育部考试中心召开“高等教育自学

考试信息管理系统”验收专家评审会，与会专家经过听取方案汇报、质询、讨论等程序，一致通过了系统验收。

3日~6日　华东地区六省一市自学考试协作会议在烟台召开。会议总结交流华东地区一年来自学考试工作取得的经验和成绩，研讨在新形势下自学考试的改革和发展。教育部考试中心主任戴家干、副主任刘军谊应邀出席会议并讲话。

6日　中国高等教育学会自学考试分会报刊宣传委员会第16届年会在伊犁举行。会议介绍了高等教育自学考试改革和发展的相关情况，总结今年的宣传工作，并深入交流了报刊宣传工作经验。

7日　台湾大考中心主任牟宗灿一行12人访问教育部考试中心，就教育考试评价改革发展问题与中心展开研讨，交流了各自在考试制度、评价测量等方面改革探索的经验和做法。

8日　教育部考试中心召开2010年下半年全国英语等级考试（PETS）和全国计算机等级考试（NCRE）安全工作视频会议。会议分析了当前社会考试考务工作所面临的形势，对下阶段重点工作提出了明确要求。

9日　教育部考试中心与教育部学生司联合召开视频会议，部署“高考时间是否调整”调研工作。会议对调研工作实施方案进行了详细解读。

11日~12日　2010年下半年全国英语等级考试（PETS）举行。本次考试在全国31个省（自治区、直辖市）及解放军系统开考，全国报考81.9万人次。云南省首次用PETS二级听力考试替代高考听力考试，报考考生达18万。

11日~13日　全国中小学教师教育技术水平考试举行。本次考试是各省根据培训计划选择增加的考试，辽宁、新疆两地组织了考试，报名人数为9 821人。

15日　韩国国立国际教育院院长丁相基、韩国驻华大使馆政务科科长朴起準一行7人访问教育部考试中心，双方就合作举办韩国语能力考试（TOPIK）相关事宜进行交流并举行签约仪式。

15日~16日　全国考委公共管理类专业委员会在广东珠海召开自学考试行政管理专业（本科）《西方政治制度》等3门课程考试大纲、教材审稿会议。

9月16日~10月21日　教育部考试中心先后派出6路调研组，由中心副主任梁育民、李光明及命题中心负责同志带队，对实行课程改革高考命题的16个省（自治区、直辖市）开展高考命题和评价工作调研，通过与学生、一线教学人员、教育行政部门人员等各方面代表座谈，了解新课程实施状况、高考命题情况，探讨今后考试评价发展等问题。

18日~19日　2010年度自学考试社会助学工作培训会议在西安召开。会议研讨贯彻落实《高等教育自学考试社会助学管理试行办法》要求，加强自学考试社会助学队伍建设和制度建设等方面的思路和措施，总结和部署社会助学登记注册工作，并就相关问题进行了业务培训。

18日~22日　2010年下半年全国计算机等级考试（NCRE）举行。本次考试在全国33个省开考，报考人数约246万。同时，在北京、广东、湖北等地进行了NCRE二级Visual Basic科目无纸化考试试点，实施平稳。

24日　台湾教育研究院（筹）代表团一行7人访问教育部考试中心。中心副主任梁育民会见了台湾客人。双方就命题、考务管理和评价等方面的业务进行了广泛而深入的交流。

24日~25日　全国考委法学类专业委员会2010年年会在郑州召开。会议通报了自学考试法学类专业报考情况，总结了专业委员会的工作，并就如何落实《国家中长期教育改革和发展规划纲要（2010—2020年）》进行了深入探讨。

10月

9日　教育部考试中心副主任刘军谊率队赴

河北进行高等教育自学考试专业和课程改革方案调研。调研组听取了河北省教育考试院的情况汇报，就《高等教育自学考试专业和课程改革方案（征求意见稿）》征求了各方面意见。

10日　全国考委电子电工及信息类专业委员会在北京召开了自学考试计算机信息管理专业（独立本科段）《信息系统开发与设计》等3门课程考试大纲、教材审稿会议。

11日～13日　2010年自学考试全国统考课程命题质量评估会议在京召开。会议强调了命题质量评估工作对进一步加强统考课程命题管理、提高命题质量的重大意义，对自学考试7个专业类别的8门全国统考课程试卷进行了评估。

13日　台湾语言训练测验中心（LTTC）吴天恩主任一行5人访问教育部考试中心，教育部考试中心副主任梁育民会见了台湾客人。双方分别介绍了所在机构的整体情况，就共同关心的英语语言测验、海外考试及对外汉语考试等问题进行交流，并探讨了进一步合作的可能性。

13日～14日　2010年全国高考命题工作总结会在湖北武汉召开。会议总结2010年高考命题工作，并就贯彻落实《教育规划纲要》精神、强化命题组织与管理、加强命题队伍建设、创新试题内容和形式等问题进行了讨论。教育部考试中心主任戴家干出席会议并讲话。

14日　高等教育自学考试全国统编教材主编首次招标评审会在京召开。会议圆满完成了对42门招标教材的91份标书的评审任务，共评审和推选出42门教材的主编人选。

14日～16日　高等教育自学考试社会助学突发事件应急预案编制工作研讨会在成都召开。会议专题研究《高等教育自学考试社会助学突发事件应急预案（讨论稿）》，并就预案的修改和完善进行了充分讨论。

16日～17日　2010年成人高等学校招生全国统一考试顺利实施。考前教育部考试中心与教育部学生司联合召开考试安全工作视频会，对考务工作做出总体部署和要求，教育部学生司司长王建国、教育部考试中心副主任刘军谊到会并讲话，教育部考试中心主任助理张为舟主持会议，全国各省级教育考试机构相关负责人通过国家教育考试管理与服务平台视频系统参加了会议。教育部考试中心派出巡视检查组赴吉林、江西等省对试卷保管、考试实施等情况进行了实地检查。

18日　纪念自学考试制度建立30周年专项课题立项评审会在太原召开，对申请立项的34个课题进行审阅、讨论评议和投票，完成了课题的立项评审工作。教育部考试中心主任戴家干出席会议并讲话。

18日　全国考委机械及轻纺化工类专业委员会在南京召开自学考试机电一体化专业（本科）《工业用微型计算机》课程考试大纲、教材审稿会议。

23日　教育部考试中心与教育部学生司联合在北京召开全国招考系统学习贯彻全教会和《教育规划纲要》精神专题研讨会。教育部学生司司长王建国、教育部考试中心主任戴家干在会上讲话，北京师范大学教育学部周作宇教授应邀作专题报告，教育部考试中心党委书记李鹏主持会议。

23日～24日　2010年10月高等教育自学考试顺利实施，全国报考324.7万人，其中，本科218.3万，专科106.4万；报考总科次816.8万，其中，本科556.7万，专科260.1万。

24日　"国家命题基地"落成典礼举行。中纪委驻教育部纪检组组长、党组成员王立英出席典礼并讲话，教育部部长助理、党组成员林蕙青出席典礼。教育部相关司局、国家教育考试部际联席会议成员单位、基建单位，在京参加全国招考系统会议的各省级教育考试机构主要负责人等约200人参加了典礼。教育部考试中心主任戴家干在典礼上致辞，党委书记李鹏同志主持典礼仪式。

25日～26日　青海省玉树地震灾区举行了

因地震延迟的4月自考，报考515人、1 477科次。

25日~30日　教育部考试中心副主任刘军谊带队分赴重庆、吉林和天津，开展“高等教育自学考试专业和课程改革方案”第二批调研工作，全国考委部分专业委员会秘书长、北京等4省市自学考试机构相关负责人及教育部考试中心有关处室的同志参加了调研。

26日　中英合作商务管理与金融管理证书管理段合作课程考试自编教材科目考试大纲和课程教材审稿会在北京召开。会议对该考试项目中教育部考试中心负责的3门课程自编教材大纲和内容进行了审定。

11月

3日~4日　《国家教育考试违规处理办法》(18号令）修订会在北京召开。会议完成了对18号令的初步修订。

4日~5日　全国考委机械及轻纺化工类专业委员会2010年年会在杭州召开。会议讨论了《高等教育自学考试专业和课程改革方案（征求意见稿)》，对机电一体化和工业工程两个专业考试计划调整进行了初步论证，确定了相关课程的自学考试大纲和教材修订建设工作任务。

8日~17日　教育部考试中心主任戴家干率中心代表团赴英国、希腊访问。在英国与剑桥大学考试委员会举行了年度峰会；在希腊与欧洲计算机使用执照基金会（ECDL）协商了进一步推进国际计算机使用执照证书考试项目（ICDL）在中国开考的思路和措施。希腊教育部部长会见了代表团并表达了对中希双方合作开展中文和希腊文教育、教学、设立考试项目的愿望。

7日~11日　全国考办组织专家组对兰州自学考试命题中心进行了评估验收。与会专家按照《高等教育自学考试命题中心管理办法》及评估指标体系进行逐项评估，一致同意兰州命题中心通过验收。

9日　英国皇家采购与供应学会（CIPS）教育与会员部主任阿曼达·欧布莱恩女士访问教育部考试中心，双方就中英合作采购与供应项目的发展形势、2011年工作计划等议题进行了交流讨论。

12日~14日　全国考委文史类专业委员会2010年年会在浙江金华召开。会议介绍了自学考试总体情况，通报了文史类专业的报考情况，分析了当前面临的形势，研究了有关专业教材大纲重新编写的问题，并对秘书学等三个专业教材重编进行了初步讨论。

13日~14日　全国外语翻译证书考试顺利进行。此次考试共设51个考点，开考科目为英语笔译、口译2~4级，报考3 615人次，同比增长29%。

20日~21日　全国考委农科类专业委员会第四届三次会议暨2010年年会在福建召开。会议总结了专业委员会2010年的主要工作，通报了农科类专业开考和报考情况，研究了2011年工作计划，并就《高等教育自学考试专业和课程改革方案（征求意见稿)》进行了讨论。

20日~21日　中英合作采购与供应管理职业资格证书考试举行。此次考试在全国16个省份开考，报考科次近2.3万，同比增长7.6%。

20日~24日　全国中小学教师教育技术水平考试举行。此次考试在全国13个省份开考，考试科目为教学人员初级、中级2个级别，其中初级报考人数12.5万，中级报考人数1.9万。

20日　因美国ETS错发GRE试题而安排的GRE重考在全国31个考点平稳举行。共有16 068名考生参加了考试，其中包括厦门受台风影响取消考试的244名考生。教育部考试中心采取系列措施，最大限度保障考生利益，保证了该事件的平稳妥善处置。

21日、28日　中国少数民族汉语水平等级考试举行。此次考试在北京、内蒙古、吉林、江西、青海、宁夏、新疆6地的28个考点开考，开考三级、四级2个级别，其中三级笔试报考人数10 236人，三级口试8 082人，四级笔试3 853人。

22日 全国考委法学类专业委员会在北京组织召开自学考试法律专业《民法原理与实务》课程考试大纲、教材审稿会议。

22日~24日 教育部考试中心组织的考试评价工作研讨会暨学生能力国际评价PISA2009成果总结会在云南召开。会议分析了开展考试评价的背景、趋势和意义，结合《国家中长期教育改革和发展规划纲要（2010—2020年）》精神对评价工作的推进提出了要求，并就从考试到评价跃升的实现途径、PISA2009成果、考试评价工作实施方案、今后工作计划等进行了交流讨论。教育部考试中心主任戴家干出席会议并讲话。

25日~29日 教育部考试中心副主任刘军谊率队赴江苏、浙江，开展“高等教育自学考试专业和课程改革方案”第三批调研工作，广泛听取两地自学考试机构、主考学校、助学单位、用人单位、考生代表等各有关方面的意见。

26日 蒙古国教育评审中心主任Byambaa Enkhbat一行7人访问教育部考试中心，教育部考试中心主任戴家干、副主任梁育民会见了代表团。双方就两国考试制度、考试机构主要业务等进行了交流。通过交流双方得以相互借鉴启发，共同促进。

30日 教育部考试中心召开2010年12月全国大学英语四、六级考试（CET）网上评卷技术工作会，总结上半年考试网上评卷工作，对本次考试网上评卷相关工作进行具体部署。

12月

1日 教育部召开2011年研究生考试安全管理工作视频会议，主会场设在教育部考试中心，各地设分会场。教育部部长助理、党组成员林蕙青出席会议并讲话。学生司司长王建国主持会议，学生司、监察局相关负责同志及教育部考试中心有关领导参加会议，教育部考试中心副主任刘军谊进行了工作部署。全国各省（自治区、直辖市）教育行政部门、教育考试机构相关负责人通过平台视频系统参加了会议。

4日~5日 全国考委外语类专业委员会2010年年会在广州召开。会议通报了外语类专业开考和报考情况，总结了专业委员会2010年主要工作，研究了2011年主要工作和英语专业部分大纲、教材修订计划，就《高等教育自学考试专业和课程改革方案（征求意见稿）》进行了讨论。

4日 剑桥少儿英语考试（CYLE）、剑桥英语五级证书KET、PET级别（青少版）、医护英语水平考试（METS）顺利举行。

4日 “全国高校市场营销大赛”初赛笔试在全国74个考点举行，全国报考6 140人。

6日~8日 2010年中国书画等级考试全国工作会在厦门召开。会议总结了中国书画等级考试近几年开展情况，提出了今后一段时期工作的指导思想和思路。

10日 美国大学理事会总裁高斯顿（Gaston Caperton）一行来教育部考试中心访问，教育部考试中心主任戴家干接待了外宾并与其座谈，双方就进一步开展合作进行了交流。

11日~12日 2010年12月全国外语水平考试（WSK）举行。本次考试开考英、日、俄3个语种，全国共设37个考点，报考人数11 705人。

15日 中国教育发展战略学会郝克明会长一行来教育部考试中心访问，教育部考试中心主任戴家干、副主任刘军谊与对方进行了座谈。双方就自学考试的改革发展等议题进行了讨论，就开展相关合作达成了一致意见。

18日 2010年12月全国大学英语四、六级考试（CET）进行，全国报考人数达905万。教育部考试中心于考前召开了CET安全工作视频会议，就安全保密、考风考纪、标准化考点建设及网络有害信息监控等方面对各省级CET承办机构提出了要求。

18日　2010年高等教育自学考试全国统考课程大纲和教材编写启动会在京召开。全国考委经管、法学、新闻等10个专业委员会的主任或秘书长，首批通过面向社会招标评选出的41门课程教材主编参加了会议。会议强调了大纲和教材建设的重要性，就编写相关要求进行了说明，签署了委托编写合同并向新任主编发放聘书，同时对新任主编进行了系统培训。

22日　汉语能力测试学术委员会在教育部考试中心举行专家审定会。会议通过了《汉语能力标准（试行）》的审定，国家语委、教育部语用司有关领导及教育部考试中心副主任刘军谊出席会议并讲话。《汉语能力标准（试行）》是我国第一部为使用汉语作为生活、学习和工作基本用语的人群制定的国家标准。

22日　国家社会科学基金教育学重点课题“教育考试与评价制度创新研究”检查会在教育部考试中心召开，国家教育咨询委员会委员谈松华、全国教科规划办常务副主任曾天山应邀到会，教育部考试中心副主任梁育民出席会议并讲话。会议对课题的研究情况和取得成果给予了充分的肯定，并对课题的进一步深入研究提出了建议。

26日　全国考委公共课课程指导委员会2010年年会在北京召开。会议总结了委员会2010年开展的主要工作，重点研究了如何适应新形势需要，调整相关课程内容和要求、修订有关课程考试大纲等议题，并就《高等教育自学考试专业和课程改革方案（征求意见稿）》进行了讨论。

附　　录

附录一：2011年教育部考试中心考试历

序号	考试时间	考试项目名称	备 注
1	1月7日~9日	中英合作商务管理、金融管理专业考试	
2	1月8日	TOEFL（托福）	
		IELTS（雅思）	
3	1月8日~9日	高等教育自学考试全国统考课程考试	
4	1月15日	IELTS（雅思）	
5	1月15日~16日	硕士学位研究生入学全国统一考试	
6	1月22日	TOEFL（托福）	
		IELTS（雅思）	
7	1月27日	IELTS（雅思）	
8	1月30日	TOEFL（托福）	
9	2月12日	TOEFL（托福）	
		IELTS（雅思）	
10	2月17日	IELTS（雅思）	
11	2月19日	IELTS（雅思）	
12	2月20日	TOEFL（托福）	
13	2月26日	TOEFL（托福）	
		IELTS（雅思）	
14	3月5日	IELTS（雅思）	
15	3月10日	IELTS（雅思）	
16	3月12日	TOEFL（托福）	
		IELTS（雅思）	
17	3月13日	TOEFL（托福）	
18	3月19日	IELTS（雅思）	
19	3月19日~20日	全国英语等级考试（PETS）	1B级~3级
20	3月20日	TOEFL（托福）	
21	3月26日	TOEFL（托福）	
		BEC（商务英语）中级考试	
		剑桥少儿英语	
		剑桥少儿英语预备级	

（续表）

序号	考试时间	考试项目名称	备　注
22	3月26日~30日	全国计算机等级考试（NCRE）	1级~4级
23	3月	全国计算机应用技术证书考试（NIT）	具体考试日期以各省级承办机构公布为准
		全国青少年计算机考试（YNIT）	
24	4月2日	IELTS（雅思）	
		TestDaF（德福）	
25	4月6日~12日	LCCIIQ（国际职业资格证书考试）	1级~3级
26	4月9日	TOEFL（托福）	
27	4月16日	IELTS（雅思）	
28	4月16日~17日	高等教育自学考试全国统考课程考试	
29	4月17日	TOPIK（韩国语能力考试）	
30	4月23日	TOEFL（托福）	
31	4月28日	IELTS（雅思）	
32	4月30日	IELTS（雅思）	
33	4月	全国信息技术高级人才水平考试（NIEH）	具体考试日期以各省级承办机构公布为准
		中国少数民族汉语水平等级考试（MHK）	三级
34	5月7日	IELTS（雅思）	
35	5月7日~8日	全国外语翻译证书考试	
36	5月14日	TOEFL（托福）	
		IELTS（雅思）	
		BEC（商务英语）初级考试	
		TestAs（德适）	
		CAE考试	MSE－4级
		CPE考试	MSE－5级
		KET考试	MSE－1级（青少年版）
		PET考试	MSE－2级（青少年版）
37	5月15日	中国少数民族汉语水平等级考试（MHK）	四级
38	5月19日	IELTS（雅思）	
39	5月21日	BEC（商务英语）高级考试	
		中国市场营销资格证书考试	
		剑桥少儿英语	

（续表）

序号	考试时间	考试项目名称	备 注
40	5月21日~22日	大陆普通高校招收港、澳、台学生入学考试（本科）	
		中国物流职业经理资格证书考试	
		中国餐饮业职业经理人资格证书考试	
		劳动和社会保障岗位资格证书考试	
		调查分析师证书考试	
		中英合作采购与供应管理职业资格证书考试	
		中英合作商务管理、金融管理证书（管理段）课程考试	
		中国销售管理专业水平证书考试	
		中国书画等级考试（CCPT）	
41	5月21日~25日	全国中小学教师教育技术水平考试（NTET）	
42	5月28日	TOEFL（托福）	
		IELTS（雅思）	
		BEC（商务英语）中级考试	
43	5月29日	TOEFL（托福）	
44	5月	国际计算机使用执照（ICDL）	具体考试日期以各省级承办机构公布为准
45	6月1日~8日	LCCIIQ（国际职业资格证书考试）	1级~3级
46	6月4日	IELTS（雅思）	
		KET考试	MSE-1级（成人版）
		PET考试	MSE-2级（成人版）
47	6月4日~5日	全国外语水平考试（WSK）	英（PETS-5）、法、德
48	6月7日~9日	普通高等学校招生全国统一考试	
49	6月11日	TOEFL（托福）	
		IELTS（雅思）	
		GRE一般纸笔考试	
		FCE考试	MSE-3级
		医护英语水平考试（METS）	
50	6月18日	大学英语四、六级考试（笔试）	
51	6月19日	TOEFL（托福）	
52	6月23日	IELTS（雅思）	
53	6月25日	TOEFL（托福）	
		IELTS（雅思）	
54	6月26日	LSAT（美国法学院入学考试）	

（续表）

序号	考试时间	考试项目名称	备 注
55	6月	全国计算机应用技术证书考试（NIT）	具体考试日期以各省级承办机构公布为准
		全国青少年计算机考试（YNIT）	
		全国信息技术高级人才水平考试（NIEH）	
		中国少数民族汉语水平等级考试（MHK）	一级、二级、三级
56	7月3日	JLPT（日本语能力测试）	
57	7月8日~10日	中英合作商务管理、金融管理专业考试	
58	7月9日~10日	高等教育自学考试全国统考课程考试	
59	7月9日	TOEFL（托福）	
		IELTS（雅思）	
60	7月16日	IELTS（雅思）	
		TestDaF（德福）	
61	7月23日	TOEFL（托福）	
62	7月28日	IELTS（雅思）	
63	7月30日	IELTS（雅思）	
64	7月	国际计算机使用执照（ICDL）	具体考试日期以各省级承办机构公布为准
65	8月13日	TOEFL（托福）	
		IELTS（雅思）	
66	8月20日	IELTS（雅思）	
67	8月21日	TOEFL（托福）	
68	8月25日	IELTS（雅思）	
69	8月27日	TOEFL（托福）	
		IELTS（雅思）	
70	7月—8月间	政法干警招录培养体制改革试点招生考试	具体时间另行通知
71	暑假期间	全国音乐等级考试	具体考试日期以各省级承办机构公布为准
72	9月3日	IELTS（雅思）	
73	9月10日~11日	全国英语等级考试（PETS）	1级~4级
74	9月10日~12日	全国中小学教师教育技术水平考试（NTET）	
75	9月15日	IELTS（雅思）	
76	9月17日	IELTS（雅思）	
77	9月17日~21日	全国计算机等级考试（NCRE）	1级~4级

（续表）

序号	考试时间	考试项目名称	备　注
78	9月18日	TOEFL（托福）	
		TOPIK（韩国语能力考试）	
89	9月24日	TOEFL（托福）	
		IELTS（雅思）	
		剑桥少儿英语	
		剑桥少儿英语预备级	
80	9月25日	TOEFL（托福）	
81	9月	国际计算机使用执照（ICDL）	具体考试日期以各省级承办机构公布为准
		全国计算机应用技术证书考试（NIT）	
		全国青少年计算机考试（YNIT）	
82	10月8日	IELTS（雅思）	
83	10月15日~16日	成人高等学校招生全国统一考试	
84	10月16日	TOEFL（托福）	
85	10月20日	IELTS（雅思）	
86	10月22日	TOEFL（托福）	
		IELTS（雅思）	
87	10月22日~23日	高等教育自学考试全国统考课程考试	
88	10月29日	IELTS（雅思）	
89	10月30日	TOEFL（托福）	
90	10月	全国信息技术高级人才水平考试（NIEH）	具体考试日期以各省级承办机构公布为准
91	11月5日	IELTS（雅思）	
		TestDaF（德福）	
92	11月7日~11日	LCCIIQ（国际职业资格证书考试）	1级~3级
93	11月12日	TOEFL（托福）	
		TestAs（德适）	
94	11月12日~13日	全国外语翻译证书考试（NAETI）	英语二级~四级
95	11月13日	TOEFL（托福）	
		中国少数民族汉语水平等级考试（MHK）	四级
96	11月17日	IELTS（雅思）	

（续表）

序号	考试时间	考试项目名称	备 注
97	11月19日	IELTS（雅思）	
		BEC（商务英语）高级考试	
		KET考试	MSE－1级（成人版）
		PET考试	MSE－2级（成人版）
		中国市场营销资格证书考试	
98	11月19日～20日	中国销售管理专业水平证书考试	
		中英合作商务管理、金融管理证书（管理段）课程考试	
		中国物流职业经理资格证书考试	
		中国餐饮业职业经理人资格证书考试	
		劳动和社会保障岗位资格证书考试	
		中小企业经理人证书考试	
		调查分析师证书考试	
		中英合作采购与供应管理职业资格证书考试	
		中国书画等级考试（CCPT）	
99	11月19日～23日	全国中小学教师教育技术水平考试（NTET）	
100	11月20日	TOEFL（托福）	
101	11月26日	TOEFL（托福）	
		IELTS（雅思）	
		BEC（商务英语）初级考试	
102	11月	国际计算机使用执照（ICDL）	具体考试日期以各省级承办机构公布为准
103	12月1日	IELTS（雅思）	
104	12月3日	IELTS（雅思）	
		LSAT（美国法学院入学考试）	
		BEC（商务英语）中级考试	
		CAE考试	MSE－4级
		CPE考试	MSE－5级
		医护英语水平考试（METS）	
		剑桥少儿英语	
		剑桥少儿英语预备级	
		KET考试	MSE－1级（青少年版）
		PET考试	MSE－2级（青少年版）
105	12月4日	JLPT（日本语能力测试）	

（续表）

序号	考试时间	考试项目名称	备　注
106	12月10日	TOEFL（托福）	
		IELTS（雅思）	
		FCE考试	MSE－3级
107	12月10日～11日	全国外语水平考试（WSK）	英（PETS－5）、日、俄
108	12月11日	TOEFL（托福）	
109	12月17日	大学英语四、六级考试（笔试）	
		IELTS（雅思）	
110	12月18日	TOEFL（托福）	
111	12月	全国计算机应用技术证书考试（NIT）	具体考试日期以各省级承办机构公布为准
		全国青少年计算机考试（YNIT）	
		全国信息技术高级人才水平考试（NIEH）	
		中国少数民族汉语水平等级考试（MHK）	三级
112	一年中的每个工作日	GMAT（美国工商管理研究生院入学考试）	计算机方式考试
113		2011年8月开始，GRE改为网考形式	具体考试日期另行公布

附录二：2011年高等教育自学考试全国统考课程4月和10月考试时间安排表

专科

	4月				10月			
	星期六（4月16日）		星期日（4月17日）		星期六（10月22日）		星期日（10月23日）	
	上午（8:30—11:00）	下午（14:00—16:30）	上午（8:30—11:00）	下午（14:00—16:30）	上午（8:30—11:00）	下午（14:00—16:30）	上午（8:30—11:00）	下午（14:00—16:30）
公共课	毛泽东思想、邓小平理论和“三个代表”重要思想概论(03707) 普通逻辑(00024) 中国近现代史纲要(03708) 教育学（一）(00429)	政治经济学（财经类）(00009) 思想道德修养与法律基础(03706) 马克思主义基本原理概论(03709)	心理学(00031)	大学语文(04729) 英语（一）(00012) 英语（二）(00015)	思想道德修养与法律基础(03706) 马克思主义基本原理概论(03709) 政治经济学（财经类）(00009) 心理学(00031)	教育学（一）(00429)	中国近现代史纲要(03708) 大学语文(04729) 毛泽东思想、邓小平理论和“三个代表”重要思想概论(03707)	英语（一）(00012) 英语（二）(00015)
公共课	复变函数与积分变换(02199)	线性代数（经管类）(04184) 线性代数(02198) 物理（工）(00420)	概率论与数理统计（二）(02197) 概率论与数理统计（经管类）(04183)	高等数学（一）(00020) 高等数学（工本）(00023) 高等数学（工专）(00022)	概率论与数理统计（经管类）(04183)	高等数学（一）(00020) 高等数学（工本）(00023) 高等数学（工专）(00022)	线性代数（经管类）(04184) 线性代数(02198)	物理（工）(00420)
经济类共同课	管理系统中计算机应用(00051)	计算机应用基础(00018) 管理学原理(00054)	基础会计学(00041)	对外经济管理概论(00053)	计算机应用基础(00018)	国民经济统计概论(00065)		经济法概论（财经类）(00043) 管理系统中计算机应用(00051)

（续表）

	4月				10月			
	星期六（4月16日）		星期日（4月17日）		星期六（10月22日）		星期日（10月23日）	
	上午（8:30—11:00）	下午（14:00—16:30）	上午（8:30—11:00）	下午（14:00—16:30）	上午（8:30—11:00）	下午（14:00—16:30）	上午（8:30—11:00）	下午（14:00—16:30）
农科类共同课	化学基础（02539）	普通遗传学（02666）	植物生理学（02662） 植物生产概论（02717） 动物生产概论（02762）	土壤肥料学（02668）	作物栽培生理（02676）	植物学（二）（02660）	田间试验与统计方法（02677）	
统计（会统方向）（020101）	社会经济统计学原理（00042）	企业经济统计学（00045） 计算机应用基础（00018）	基础会计学（00041）	社会经济调查方法与应用（00209）	财务管理学（00067）	国民经济核算原理（00206）	财政与金融（00048）	统计法规概论（00251）
财税（020103）	政府预算管理（00999）	国家税收（00061） 计算机应用基础（00018）	基础会计学（00041） 税收管理（00062）	财政学（00060）		国民经济统计概论（00065）	企业会计学（00055） 货币银行学（00066）	经济法概论（财经类）（00043）
金融（020105）	银行信贷管理学（00073）	商业银行业务与经营（00072） 计算机应用基础（00018）	中央银行概论（00074） 基础会计学（00041）	财政学（00060）	证券投资与管理（00075）	国民经济统计概论（00065）	企业会计学（00055） 货币银行学（00066）	经济法概论（财经类）（00043）
保险（020107）		计算机应用基础（00018）	基础会计学（00041）	财政学（00060）		国民经济统计概论（00065）	货币银行学（00066）	经济法概论（财经类）（00043）
国际贸易（020109）	国际商法（00091） 市场营销学（00058）	国际贸易（00089） 计算机应用基础（00018）	基础会计学（00041） 外贸函电（00094）	国际技术贸易（00093）	基础英语（00088）	国际金融（00076）	国际贸易实务（一）（00090）	中国对外贸易（00092）
证券投资与管理（020111）		计算机应用基础（00018）	基础会计学（00041）	财政学（00060）	财务管理学（00067）	国民经济统计概论（00065）	货币银行学（00066）	经济法概论（财经类）（00043）
工商行政管理（020112）		现代管理学（00107） 计算机应用基础（00018）	基础会计学（00041）	工商行政管理学概论（00108）		国民经济统计概论（00065）	财政与金融（00048）	经济法概论（财经类）（00043）

（续表）

	4月				10月			
	星期六（4月16日）		星期日（4月17日）		星期六（10月22日）		星期日（10月23日）	
	上午（8:30—11:00）	下午（14:00—16:30）	上午（8:30—11:00）	下午（14:00—16:30）	上午（8:30—11:00）	下午（14:00—16:30）	上午（8:30—11:00）	下午（14:00—16:30）
劳动和社会保障（020231）			劳动和社会保障法制建设（03313）		劳动和社会保障概论（03312）	公文写作与处理（00341）	劳动和社会保险统计与计算机应用（03320）	劳动和社会保险业务案例分析（03321）
物流管理（020228）	物流数学（05361）	计算机应用基础（00018）	物流企业会计（05364）		计算机应用基础（00018）		物流英语（05362）	国际物流导论（05372）
电子商务（020215）	市场信息学（00893）	商务交流（二）（00892） 互联网软件应用与开发（00898）	基础会计学（00041） 网页设计与制作（00900）	经济学（二）（00889） 电子商务案例分析（00902）	市场营销（三）（00890） 国际贸易实务（三）（00891）	电子商务英语（00888）	计算机与网络技术基础（00894）	电子商务概论（00896）
电子商务中级证书			网页设计与制作（00900）	电子商务案例分析（00902）	市场营销（三）（00890）		计算机与网络技术基础（00894）	电子商务概论（00896）
工商企业管理（020201）	市场营销学（00058）	计算机应用基础（00018） 中国税制（00146）	生产与作业管理（00145） 基础会计学（00041）	企业管理概论（00144）	人力资源管理（一）（00147）	国际企业管理（00148） 国民经济统计概论（00065）	企业会计学（00055）	经济法概论（财经类）（00043）
会计（020203）	管理会计（一）（00157）	计算机应用基础（00018） 中国税制（00146）	中级财务会计（00155） 基础会计学（00041）	企业管理概论（00144）	财务管理学（00067）	国民经济统计概论（00065）	成本会计（00156） 政府与事业单位会计（00070）	经济法概论（财经类）（00043）
房地产经营与管理（020206）	房地产经济学（00168）	计算机应用基础（00018）	建筑工程概论（00174）		房地产经营管理（00172）			房地产法（00169）
市场营销（020207）	市场营销学（00058） 谈判与推销技巧（00179）	计算机应用基础（00018） 市场调查与预测（00178）	消费心理学（00177） 基础会计学（00041）	企业管理概论（00144）	企业定价（00180）	国民经济统计概论（00065）	广告学（一）（00181） 公共关系学（00182）	经济法概论（财经类）（00043）

(续表)

	4月				10月			
	星期六(4月16日)		星期日(4月17日)		星期六(10月22日)		星期日(10月23日)	
	上午(8:30—11:00)	下午(14:00—16:30)	上午(8:30—11:00)	下午(14:00—16:30)	上午(8:30—11:00)	下午(14:00—16:30)	上午(8:30—11:00)	下午(14:00—16:30)
企业财务管理(020212)		金融理论与实务(00150) 计算机应用基础(00018)	中级财务会计(00155) 基础会计学(00041)	企业管理概论(00144)	财务管理学(00067)	国民经济统计概论(00065)		财务报表分析(一)(00161) 经济法概论(财经类)(00043)
法律(030112)	宪法学(05679) 国际法(00247)	刑法学(00245)	刑事诉讼法学(00260)	法理学(05677)	民法学(00242)	行政法学(00261) 中国法制史(00223)	民事诉讼法学(00243)	经济法概论(00244)
律师(030111)	宪法学(05679)	刑法原理与实务(一)(00919)	刑事诉讼原理与实务(一)(00920)	法理学(05677) 行政法与行政诉讼法(一)(00923)	经济法原理与实务(00922)	民事诉讼原理与实务(一)(00918) 法律文书写作(00262)	商法原理与实务(00921)	民法原理与实务(00917)
监所管理(030103)	宪法学(05679) 狱政管理学(00239)	刑法原理与实务(一)(00919) 犯罪学(二)(00470)	刑事诉讼原理与实务(一)(00920)	教育改造学(00238) 法理学(05677)	警察管理学(00241)	监狱学基础理论(00236) 劳教管理学(00852)	劳教学基础理论(00237)	民法原理与实务(00917)
行政管理(030301)	市政学(00292)	计算机应用基础(00018) 现代管理学(00107)	行政管理学(00277)	工商行政管理学概论(00108)法学概论(00040) 企业管理概论(00144)	人力资源管理(一)(00147) 管理心理学(00163)	公文写作与处理(00341) 政府经济管理概论(03349)	社会研究方法(03350) 公共关系学(00182)	经济法概论(财经类)(00043) 政治学概论(00312)
机关管理及办公自动化(030307)	信息资源管理(02378)	计算机应用基础(00018)	行政管理学(00277)	行政法与行政诉讼法(一)(00923)	管理心理学(00163) 人力资源管理(一)(00147) 秘书学概论(00345)	高级语言程序设计(一)(00342) 公文写作与处理(00341)	办公自动化原理及应用(00346) 公共关系学(00182)	管理系统中计算机应用(00051) 数据库及其应用(02120)
公安管理(030403)	宪法学(05679)	刑法学(00245) 公安秘书学(00355)	刑事诉讼法学(00260) 治安管理学(00357)	预审学(00360)	保卫学(00359)	公安法规(00361) 公安学基础理论(00354)	公安管理学(00356)	刑事侦查学(00358)
餐饮管理(020118)	酒水知识(00984)	计算机应用基础(00018) 管理学原理(00054)	消费心理学(00177)	烹饪原料学(二)(00980)	计算机应用基础(00018)	餐饮业法规(00977)	餐饮服务(00982)	烹饪工艺学(二)(00978)

（续表）

	4月				10月			
	星期六（4月16日）		星期日（4月17日）		星期六（10月22日）		星期日（10月23日）	
	上午（8:30—11:00）	下午（14:00—16:30）	上午（8:30—11:00）	下午（14:00—16:30）	上午（8:30—11:00）	下午（14:00—16:30）	上午（8:30—11:00）	下午（14:00—16:30）
电子政务（082217）	计算机应用技术（02316）		行政管理学（00277）	社会学概论（00034） 工商行政管理学概论（00108）		公文写作与处理（00341） 行政法学（00261） 政府经济管理概论（03349）	办公自动化原理及应用（00346）	管理信息系统（02382） 数据库及其应用（02120） 政治学概论（00312）
学前教育（040101）	幼儿园课程（00394） 学前心理学（00384）	学前卫生学（00385） 计算机应用基础（00018） 现代教育技术（00413）	幼儿园组织与管理（00387） 学前儿童美术教育（00396） 学前儿童体育（00392） 学前儿童音乐教育（00397）	学前教育学（00383）	幼儿文学（00386） 学前教育科学研究（00389）	学前儿童数学教育（00388）	学前儿童语言教育（00393）	学前儿童科学教育（00390） 科学·技术·社会（00395）
义务教育（040124）		义务教育概论（09276） 小学体育健康与安全教育（09286）	教师职业道德与专业发展（09277）	小学数学课程与教学（09279） 小学英语教育（09283）	小学语文课程与教学（09278） 小学品德与社会教育（09282）	小学教育心理学（00407）	小学科学教育（00408）	小学班主任（00412）
小学教育（040103）	教育原理（00405）	小学教育科学研究（00406） 计算机应用基础（00018） 现代教育技术（00413）	中外文学作品导读（00415） 高等数学基础（00417）	汉语基础（00416） 数论初步（00418）	美育基础（00409）	小学语文教学论（00410） 小学教育心理学（00407）	小学数学教学论（00411） 小学科学教育（00408）	科学·技术·社会（00395） 小学班主任（00412）
汉语言文学（050114）	现代汉语（00535）	中国现代文学作品选（00530）	写作（一）（00506）	中国古代文学作品选（一）（00532）	文学概论（一）（00529）	古代汉语（00536）	外国文学作品选（00534） 中国当代文学作品选（00531）	中国古代文学作品选（二）（00533）

（续表）

	4月				10月			
	星期六（4月16日）		星期日（4月17日）		星期六（10月22日）		星期日（10月23日）	
	上午（8:30—11:00）	下午（14:00—16:30）	上午（8:30—11:00）	下午（14:00—16:30）	上午（8:30—11:00）	下午（14:00—16:30）	上午（8:30—11:00）	下午（14:00—16:30）
秘书（050102）	现代汉语基础（00854） 市场营销学（00058）	当代中国政治制度（00315）	秘书实务（00510）	法学概论（00040） 企业管理概论（00144） 社会学概论（00034）	秘书学概论（00345） 财务管理学（00067） 管理心理学（00163）	公文写作与处理（00341）	办公自动化原理及应用（00346） 公共关系学（00182） 国际贸易实务（一）（00090）	外国秘书工作概况（00514） 机关管理（00509）
英语语言文学（050207）	英语阅读（一）（00595）	综合英语（一）（00794）	英语国家概况（00522）	综合英语（二）（00795）	英语阅读（二）（00596）	综合英语（二）（00795）	英语写作基础（00597）	综合英语（一）（00794）
新闻学（050308）	新闻学概论（00633） 普通逻辑（00024）	中国现代文学作品选（00530） 计算机应用基础（00018）	中国新闻事业史（00653）	社会学概论（00034） 法学概论（00040）	报纸编辑（00655）	新闻采访写作（00654） 新闻心理学（00657）	广告学（二）（00853）	广播新闻与电视新闻（00656）
公共关系（050303）	市场营销学（00058） 传播学概论（00642） 新闻学概论（00633）	计算机应用基础（00018） 现代管理学（00107）	公共关系策划（00645）	社会学概论（00034）	公关心理学（00643）	公共关系写作（00646） 公关礼仪（00644）	中国文化概论（00321） 公共关系学（00182） 广告学（二）（00853）	经济法概论（财经类）（00043） 公关语言（00647）
电力市场营销（020219）	管理会计（一）（00157） 市场营销学（00058） 谈判与推销技巧（00179）	企业经济统计学（00045） 计算机应用基础（00018）	电力市场法律法规选读（06138） 消费心理学（00177）	电力销售与管理（06141） 多种经营管理（06142）	应用文写作（02126）	电力企业管理概论（06137）	公共关系学（00182） 广告学（一）（00181）	电力市场基础（06139） 农村电力市场基础（06140）

（续表）

	4月				10月			
	星期六（4月16日）		星期日（4月17日）		星期六（10月22日）		星期日（10月23日）	
	上午（8:30—11:00）	下午（14:00—16:30）	上午（8:30—11:00）	下午（14:00—16:30）	上午（8:30—11:00）	下午（14:00—16:30）	上午（8:30—11:00）	下午（14:00—16:30）
机电一体化（080306）	机械制图（一）（02183）	电子技术基础（一）（02234）	机械设计基础（02185）	微型计算机原理与接口技术（02205）	机械制造（02230）	工程力学（一）（02159） 数控技术及应用（02195）	可编程控制器原理与应用（02236）	自动控制系统及应用（02237） 电工技术基础（02232）
电力系统及其自动化（080604）	电力系统继电保护（02302）	电机学（02271）	计算机基础与程序设计（02275） 电力系统自动装置（02304）	电子技术基础（二）（02273） 工程制图（02151）	电工原理（02269）	发电厂电气主系统（02301）	电力系统基础（02300）	微型计算机原理及应用（02277）
计算机及应用（080701）	计算机应用技术（02316） 计算机组成原理（02318）	电子技术基础（三）（04730）	计算机网络技术（02141）	操作系统概论（02323）	数据结构导论（02142）	高级语言程序设计（一）（00342）	微型计算机及接口技术（04732）	数据库及其应用（02120）
计算机信息管理（082207）	计算机应用技术（02316）	计算机原理（02384）	基础会计学（00041） 计算机网络技术（02141）	管理信息系统（02382） 企业管理概论（00144）	电子商务与电子政务（04754）	高级语言程序设计（一）（00342）	计算机原理（02384）	数据库及其应用（02120） 管理信息系统（02382）
林业生态环境管理（090608）	森林资源与环境管理（03168）	生态经济管理（03169） 森林防火（03165）	林业生态环境评价（03167）	林业政策与法规（02830） 林业经济管理（03163）	林学概论（03162）	森林生态学（02745） 森林资源与环境管理（03168）	社会林业（03166） 生态经济管理（03169）	环境科学概论（03164） 林业推广学（02853）
农业推广（090701）	农业推广心理基础（02861）	农业推广学（02678） 农业政策与法规（02554）	植物生产概论（02717） 动物生产概论（02762）	农产品加工（02680） 市场营销（一）（02546）	农业生态基础（02665）农村社会学（00290）	农业经济与管理（00135）	农业推广技能（02845）	视听教育（02862） 农业推广项目管理与评价（02852）
房屋建筑工程（080801）	工程力学（二）（02391）	结构力学（一）（02393）	土木工程制图（02386）	建筑材料（02389）	建筑施工（一）（02400）	工程测量（02387）	混凝土及砌体结构（02396）	土力学及地基基础（02398）
农业经济管理（090601）	农业资源利用与环境保护（02541）	计算机应用基础（00018） 农业政策与法规（02554）	植物生产概论（02717） 动物生产概论（02762） 基础会计学（00041）	市场营销（一）（02546）		国民经济统计概论（00065） 农业经济与管理（00135）		经济法概论（财经类）（00043）

（续表）

	4月				10月			
	星期六（4月16日）		星期日（4月17日）		星期六（10月22日）		星期日（10月23日）	
	上午（8:30—11:00）	下午（14:00—16:30）	上午（8:30—11:00）	下午（14:00—16:30）	上午（8:30—11:00）	下午（14:00—16:30）	上午（8:30—11:00）	下午（14:00—16:30）
护理学（100701）	护理学基础（02997） 健康教育学（00488）	生物化学（三）（03179） 营养学（03000）	微生物学与免疫学基础（02864）	生理学（02899） 儿科护理学（一）（03003）	病理学（02901）	药理学（一）（02903） 护理伦理学（02996）	内科护理学（一）（02998） 医学心理学（02113）	外科护理学（一）（03001） 妇产科护理学（一）（03002）
营养、食品与健康（081310）	医学基础总论（05735） 烹饪与膳食管理基础（05751）	计算机应用基础（00018） 基础化学（05737）	生物化学（四）（05739）	食品卫生学（05746） 中医营养学基础（05749）	人体营养（05745） 临床医学总论（05747）	基础营养学（05743） 疾病的营养防治（05748）	食品加工与保藏（专）（05744）	微生物与食品微生物（05741） 食品卫生法规与监督（05750）
心理健康教育（040109）	心理健康教育概论（05615）	青少年心理卫生（05618）	心理学（00031）		心理咨询与辅导（一）（05619）	心理测量与评估（05616）	发展与教育心理学（00466）	
调查与分析（020163）	调查法规（04766）	计算机应用基础（00018） 抽样调查案例（04776）	访问技巧（04773）	经济数学（一）（04829）	现场调查组织与管理（04767）		宏观经济指标分析（04775）	
社区护理学（100704）	健康教育学（00488） 社区护理学导论（03621）	营养学（03000） 计算机应用基础（00018）	微生物学与免疫学基础（02864）	生理学（02899） 社区健康评估（03622）	病理学（02901） 计算机应用基础（00018）	药理学（一）（02903） 社区常见健康问题（03624）	社区特殊人群保健（03623）	社区护理技术（03625）
采购与供应管理（020265）	物流数学（05361）	计算机应用基础（00018） 商业组织与过程（05734）	物流企业会计（05364）	采购谈判与供应商选择（05728）	人力资源管理（一）（00147）		物流英语（05362）	

本科

	4月				10月			
	星期六（4月16日）		星期日（4月17日）		星期六（10月22日）		星期日（10月23日）	
	上午（8:30—11:00）	下午（14:00—16:30）	上午（8:30—11:00）	下午（14:00—16:30）	上午（8:30—11:00）	下午（14:00—16:30）	上午（8:30—11:00）	下午（14:00—16:30）
财税（020104）	市场营销学（00058）	管理学原理（00054）		对外经济管理概论（00053）	财务管理学（00067）		政府与事业单位会计（00070）	社会保障概论（00071） 管理系统中计算机应用（00051）
金融（020106）	市场营销学（00058）	管理学原理（00054）	银行会计学（00078）	对外经济管理概论（00053）	财务管理学（00067）	国际金融（00076）	金融市场学（00077）	管理系统中计算机应用（00051）
保险（020108）	市场营销学（00058）	管理学原理（00054）		对外经济管理概论（00053）	财务管理学（00067）			社会保障概论（00071） 管理系统中计算机应用（00051）
国际贸易（020110）	外贸英语写作（00097）	国际商务英语（05844） 企业经济统计学（00045）	外刊经贸知识选读（00096）	涉外经济法（00099）	国际运输与保险（00100）	外经贸经营与管理（00101）	世界市场行情（00102） 企业会计学（00055）	国际市场营销学（00098） 管理系统中计算机应用（00051）
经济学（020115）	西方经济学（00139）	发展经济学（00141）		国际经济学（00140）	经济思想史（00143）	计量经济学（00142）	中国近现代经济史（00138）	管理系统中计算机应用（00051）
会计（020204）	市场营销学（00058）	金融理论与实务（00150）	审计学（00160）	资产评估（00158）	会计制度设计（00162）	国际贸易理论与实务（00149）	高级财务会计（00159）	财务报表分析（一）（00161） 管理系统中计算机应用（00051）
市场营销（020208）	商品流通概论（00185）	金融理论与实务（00150）	市场营销策划（00184）	消费经济学（00183）	国际商务谈判（00186）	国际贸易理论与实务（00149）	企业会计学（00055）	国际市场营销学（00098） 管理系统中计算机应用（00051）

（续表）

	4月				10月			
	星期六（4月16日）		星期日（4月17日）		星期六（10月22日）		星期日（10月23日）	
	上午（8:30—11:00）	下午（14:00—16:30）	上午（8:30—11:00）	下午（14:00—16:30）	上午（8:30—11:00）	下午（14:00—16:30）	上午（8:30—11:00）	下午（14:00—16:30）
企业财务管理（020213）	市场营销学（00058） 管理会计（一）（00157）	中国税制（00146）	审计学（00160）	资产评估（00158）	国际财务管理（00208）		金融市场学（00077）	管理系统中计算机应用（00051）
工商企业管理（020202）	企业经营战略（00151）	管理学原理（00054） 金融理论与实务（00150）	质量管理（一）（00153）	组织行为学（00152）	财务管理学（00067）	国际贸易理论与实务（00149）	企业管理咨询（00154）	管理系统中计算机应用（00051）
法律（030106）	国际私法（00249） 中国法律思想史（00264）	国际经济法概论（00246） 西方法律思想史（00265） 公证与律师制度（00259）	保险法（00258） 劳动法（00167）	知识产权法（00226） 税法（00233）	金融法（05678） 合同法（00230）	公司法（00227） 法律文书写作（00262） 票据法（00257）	外国法制史（00263） 婚姻家庭法（05680）	环境与资源保护法学（00228） 房地产法（00169）
律师（030108）	国际私法（00249） 国际法（00247）	国际经济法概论（00246） 律师执业概论（00224）	劳动法（00167） 司法鉴定概论（00926）	知识产权法（00226） 税法（00233）	金融法（05678） 合同法（00230）	公司法（00227） 法院与检察院组织制度（00993）	证据法学（00229） 婚姻家庭法原理与实务（00924）	公证与基层法律服务实务（00925） 环境与资源保护法学（00228）
监所管理（030109）	劳动教养学（00929）	矫正教育学（00931）	中国监狱史（00934） 监所法律文书（00930）	中国司法制度（00927） 行政法与行政诉讼法（一）（00923）	罪犯劳动改造学（00928）	民事诉讼原理与实务（一）（00918） 狱内侦查学（00932）	婚姻家庭法原理与实务（00924） 西方监狱制度概论（00935）	罪犯改造心理学（00933）
行政管理学（030302）	公共政策（00318） 普通逻辑（00024）	当代中国政治制度（00315）	公务员制度（01848）	社会学概论（00034） 行政法与行政诉讼法（一）（00923）	领导科学（00320） 财务管理学（00067）	行政组织理论（00319）	西方政治制度（00316） 中国文化概论（00321）	中国行政史（00322） 西方行政学说史（00323）

（续表）

	4月				10月			
	星期六（4月16日）		星期日（4月17日）		星期六（10月22日）		星期日（10月23日）	
	上午（8:30—11:00）	下午（14:00—16:30）	上午（8:30—11:00）	下午（14:00—16:30）	上午（8:30—11:00）	下午（14:00—16:30）	上午（8:30—11:00）	下午（14:00—16:30）
公安管理（030401）	警察伦理学（00369）	刑事证据学（00370）	刑事侦查情报学（00861）	公安决策学（00371） 警察组织行为学（00859）	公安信息学（00372）	犯罪学（一）（00235）	公安行政诉讼（00860）	涉外警务概论（00373）
文化产业（020155）	传播学概论（00642）	中国文化导论（04121）	文化经济学（04124）		外国文化导论（04123）	文化市场与营销（04127）	文化产业与管理（04122）	
公共事业管理（020230）	公共政策（00318）			管理信息系统（02382） 法学概论（00040） 社会学概论（00034）	人力资源管理（一）（00147） 劳动和社会保障概论（03312） 管理心理学（00163）	行政法学（00261） 非政府组织管理（05723）	公共关系学（00182） 教育管理原理（00449）	公共经济学（05722）
餐饮管理（020119）	管理系统中计算机应用（00051）	食品营养学（00988）	宴会设计（00990）	餐饮经济学导论（00985）	国外饮食文化（00989）	中国饮食文化（00986）	餐饮美学（00987）	管理系统中计算机应用（00051）
电子商务（020216）	互联网数据库（00911） 电子商务法概论（00996）	网络营销与策划（00908）	数量方法（二）（00994）	电子商务与金融（00913）	网络经济与企业管理（00910）	电子商务与现代物流（00915） 商法（二）（00995）	电子商务网站设计原理（00906）	电子商务安全导论（00997）
电子商务高级证书	互联网数据库（00911）	网络营销与策划（00908）	网页设计与制作（00900）	电子商务与金融（00913）	网络经济与企业管理（00910）	电子商务与现代物流（00915）	电子商务网站设计原理（00906）	电子商务概论（00896）
教育管理（040107）	教育统计与测量（00452）	教育管理心理学（00455）	中外教育管理史（00445）	教育法学（00453） 教育评估和督导（00450）	教育预测与规划（00454）	教育经济学（00451） 学前教育管理（00457） 中小学教育管理（00458）	教育管理原理（00449）	教育科学研究方法（二）（00456）

（续表）

	4月				10月			
	星期六（4月16日）		星期日（4月17日）		星期六（10月22日）		星期日（10月23日）	
	上午（8:30—11:00）	下午（14:00—16:30）	上午（8:30—11:00）	下午（14:00—16:30）	上午（8:30—11:00）	下午（14:00—16:30）	上午（8:30—11:00）	下午（14:00—16:30）
教育学（040108）	教育统计与测量（00452）	心理卫生与心理辅导（00465）	德育原理（00468） 比较教育（00472）	课程与教学论（00467） 教育法学（00453）	中外教育简史（00464）	教育学原理（00469）	教育管理原理（00449） 发展与教育心理学（00466）	教育科学研究方法（二）（00456）
义务教育（040124）	课程设计与评价（09338）	心理卫生与心理辅导（00465）	义务教育教师专业发展导论（09288）	初中语文学科基础（09290） 初中数学学科基础（09293） 初中英语学科基础（09296）	中外教育简史（00464） 初中语文课程与教学（09291） 初中数学课程与教学（09294） 初中英语课程与教学（09297）	中小学教育管理（00458）	中小学生品德发展与道德教育（09339）	教育科学研究方法（二）（00456）
学前教育（040102）	学前教育原理（00398） 普通逻辑（00024）		学前教育史（00402）	课程与教学论（00467）	学前比较教育（00401） 美育基础（00409）	学前特殊儿童教育（00883）		
小学教育（040112）		心理卫生与心理辅导（00465）	比较教育（00472）	课程与教学论（00467）	中外教育简史（00464）	中小学教育管理（00458）	发展与教育心理学（00466）	
秘书学（050104）	中国秘书史（00523）	现代管理学（00107） 文书学（00524）	中外秘书比较（00527）	档案管理学（00511） 公文选读（00525）	领导科学（00320）	行政法学（00261）	中国文化概论（00321）	管理系统中计算机应用（00051） 经济法概论（财经类）（00043） 政治学概论（00312） 秘书参谋职能概论（00526）

（续表）

	4月				10月			
	星期六（4月16日）		星期日（4月17日）		星期六（10月22日）		星期日（10月23日）	
	上午（8:30—11:00）	下午（14:00—16:30）	上午（8:30—11:00）	下午（14:00—16:30）	上午（8:30—11:00）	下午（14:00—16:30）	上午（8:30—11:00）	下午（14:00—16:30）
汉语言文学（050105）	美学（00037）		中国古代文学史（一）（00538）	中国现代文学史（00537）	外国文学史（00540）		中国古代文学史（二）（00539）	语言学概论（00541）
英语语言文学（050201）	英语翻译（00087）	英语语法（00831） 英语科技文选（00836）	英语词汇学（00832） 外贸函电（00094）	英美文学选读（00604）	高级英语（00600）	旅游英语选读（00837） 现代语言学（00830）	外语教学法（00833） 语言与文化（00838）	英语写作（00603）
新闻学（050305）	传播学概论（00642）	中外新闻作品研究（00661）		新闻评论写作（00658）	文学概论（一）（00529） 新闻事业管理（00662）	新闻摄影（00659）	公共关系学（00182） 中国文化概论（00321）	外国新闻事业史（00660） 经济法概论（00244） 政治学概论（00312）
劳动和社会保障（020232）	管理系统中计算机应用（00051）	社会保险基金管理与监督（03327）	公共管理（03328）	社会学概论（00034）	人力资源管理（一）（00147） 劳动经济学（03323）	劳动关系学（03325）	劳动和社会保障法（03322）	社会保障国际比较（03326）
物流管理（020229）					物流企业财务管理（05374）			经济法概论（财经类）（00043）
调查与分析（020121）	管理系统中计算机应用（00051） 市场营销学（00058） 西方经济学（00139）		管理经济学（02628）	国际经济学（00140）		计量经济学（00142）		

（续表）

	4月				10月			
	星期六（4月16日）		星期日（4月17日）		星期六（10月22日）		星期日（10月23日）	
	上午（8:30—11:00）	下午（14:00—16:30）	上午（8:30—11:00）	下午（14:00—16:30）	上午（8:30—11:00）	下午（14:00—16:30）	上午（8:30—11:00）	下午（14:00—16:30）
公共关系（050309）	创新思维理论与方法(03298) 公共政策(00318)	公共关系口才(03292) 企业文化(03297)	现代谈判学(03293)	公共关系案例(03294) 组织行为学(00152)	人际关系学(03291) 领导科学(00320) 人力资源管理(一)(00147)	现代媒体总论(03300)	国际公共关系(03295) 中国文化概论(00321)	广告运作策略(03299)
档案学（060202）	档案行政学(00788)	文书学(00524) 情报学概论(00792)	行政管理学(00277)	档案管理学(00511) 社科文献检索(00786) 知识产权法(00226)	科技档案编研(00791) 外国档案管理(00789)	中国档案事业史(00785) 科技档案管理(00777)	办公自动化原理及应用(00346) 档案文献编纂学(00778)	档案保护技术(00779) 管理系统中计算机应用(00051) 中国行政史(00322)
机电一体化（080307）	机电一体化系统设计(02245)	计算机软件基础(一)(02243)	现代设计方法(02200)	模拟、数字及电力电子技术(02238)	工程经济(02194)	机械工程控制基础(02240)	传感器与检测技术(02202)	工业用微型计算机(02241)
工业工程（082205）	机械基础(02825) 现代制造系统(02633)	生产管理与质量工程(02647) 电工与电子技术(02187) 计算机软件基础(一)(02243)	企业经营战略与市场营销(02897)	基础工业工程(02629)	机械制造(02230) 工程经济(02194)	设施规划与设计(02648)	运筹学与系统分析(02627)	计算机辅助管理(02631)
电力系统及其自动化（080605）	计算机软件基础(二)(02365)	电磁场(02305) 电力企业经济管理(02268)	电力系统微型计算机继电保护(02313)	高电压技术(02653) 电力电子变流技术(02308)	电力系统分析(02310)	电力系统远动及调度自动化(02312)	自动控制理论(二)(02306)	发电厂动力部分(02311)

（续表）

	4月				10月			
	星期六（4月16日）		星期日（4月17日）		星期六（10月22日）		星期日（10月23日）	
	上午（8:30—11:00）	下午（14:00—16:30）	上午（8:30—11:00）	下午（14:00—16:30）	上午（8:30—11:00）	下午（14:00—16:30）	上午（8:30—11:00）	下午（14:00—16:30）
计算机及应用（080702）	离散数学（02324） 计算机组成原理（02318）	操作系统（02326） 电子技术基础（三）（04730）	计算机系统结构（02325）	计算机网络原理（04741）	Java语言程序设计（一）（04747） 数据结构（02331）	高级语言程序设计（一）（00342） 数据库系统原理（04735）	C++程序设计（04737）	软件工程（02333）
计算机网络（080709）	网络操作系统（02335） 计算机组成原理（02318）		计算机网络安全（04751）	通信概论（04742） 计算机网络原理（04741）	Java语言程序设计（一）（04747） 数据结构（02331）	网络工程（04749） 数据库系统原理（04735） 高级语言程序设计（一）（00342）	计算机网络管理（02379）	互联网及其应用（03142）
计算机信息管理（082208）	信息资源管理（02378） 运筹学基础（02375）	计算机原理（02384）	管理经济学（02628）	计算机网络原理（04741） 管理信息系统（02382） 操作系统概论（02323）	数据结构导论（02142） 网络经济与企业管理（00910）	数据库系统原理（04735）	C++程序设计（04737） 软件开发工具（03173） 计算机原理（02384）	信息系统开发与管理（04757） 管理信息系统（02382）
计算机通信工程（080708）	复变函数与积分变换（02199） 程控交换与宽带交换（02372）	操作系统（02326）	概率论与数理统计（二）（02197） 信号与系统（02354）	数据通信原理（02364） 通信英语（02368） 通信技术基础（02361）	非线性电子电路（02342） 数据结构（02331）	计算机通信网（02373） 数据库系统原理（04735）	数字通信原理（02360） 光纤通信原理（02338）	计算机通信接口技术（02369）
邮电管理工程（082211）	运筹学基础（02375）	邮政管理（03158） 电信管理（03157） 管理学原理（00054）	管理经济学（02628）	通信经济理论基础（03154）	人力资源管理（一）（00147） 财务管理学（00067）	邮电经营管理（03159）	现代电信技术概论（03155） 现代邮政通信技术概论（03156） 邮电管理信息系统（03160）	数据库及其应用（02120）

（续表）

	4月				10月			
	星期六（4月16日）		星期日（4月17日）		星期六（10月22日）		星期日（10月23日）	
	上午（8:30—11:00）	下午（14:00—16:30）	上午（8:30—11:00）	下午（14:00—16:30）	上午（8:30—11:00）	下午（14:00—16:30）	上午（8:30—11:00）	下午（14:00—16:30）
建筑工程（080806）	结构力学（二）（02439）	线性代数（02198）	计算机基础与程序设计（02275） 概率论与数理统计（二）（02197）	钢结构（02442）	混凝土结构设计（02440）	流体力学（03347）	工程地质及土力学（02404） 建筑结构试验（02448）	建筑经济与企业管理（02447）
电子政务（082218）	西方经济学（00139） 公共政策（00318）	当代中国政治制度（00315）		计算机网络原理（04741）	财务管理学（00067）	行政法学（00261）		电子商务概论（00896）
护理学（100702）	内科护理学（二）（03202）	计算机应用基础（00018） 预防医学（二）（03200）	护理学导论（03201） 老年护理学（04435）	急救护理学（03007） 社区护理学（一）（03004）	护理管理学（03006） 外科护理学（二）（03203）	护理学研究（03008） 精神障碍护理学（03009）	护理教育导论（03005） 公共关系学（00182）	妇产科护理学（二）（03010） 儿科护理学（二）（03011） 康复护理学（04436）
林业生态环境工程与管理（090609）	生物学基础（03224）	环境经济管理（03230） 管理学原理（00054）	自然保护区管理（03228） 环境生态学（02471）	林政学（03229） 林业经济管理（03163）	森林培育学（02752） 林学概论（03162）	水土保持学（03231） 森林生态学（02745）	森林资源经营管理（03225） 林业生态工程学（03233）	林业生态工程项目管理（03235） 森林保护学（03227）
营养、食品与健康（081311）	食品加工与保藏（本）（05767） 烹饪营养学（一）（05770）	食品化学与分析（05753）	流行病学（05757） 食品毒理学（05764）	健康教育与健康促进（05759）	营养学（一）（05760） 社区营养学（05769）	中医营养学（05763）	新型食品概论（05766） 临床营养学（05762）	实用卫生统计学（05755）
心理健康教育（040110）	变态心理学（一）（05626）		临床心理学（05622）		心理治疗（一）（05624）	职业辅导（05627）	团体咨询（05628）	心理的生物学基础（05621）

（续表）

	4月				10月			
	星期六（4月16日）		星期日（4月17日）		星期六（10月22日）		星期日（10月23日）	
	上午（8:30—11:00）	下午（14:00—16:30）	上午（8:30—11:00）	下午（14:00—16:30）	上午（8:30—11:00）	下午（14:00—16:30）	上午（8:30—11:00）	下午（14:00—16:30）
社区护理学（100705）	护理社会学概论（03700） 社区护理学导论（03621）	计算机应用基础（00018） 预防医学（二）（03200）	老年护理学（04435）	中医护理学基础（03629） 社区健康评估（03622）	护理管理学（03006） 社区卫生服务管理（03627） 计算机应用基础（00018）	护理学研究（二）（03699） 社区康复护理（03626）	护理教育导论（03005） 公共关系学（00182）	社区精神卫生护理（03628）
采购与供应管理（020282）	采购战术与运营（03616）				物流企业财务管理（05374）			

附录三：2011年高等教育自学考试全国统考课程1月和7月考试时间安排表

	1月				7月			
	星期六(1月8日)		星期日(1月9日)		星期六(7月9日)		星期日(7月10日)	
	上午(8:30—11:00)	下午(14:00—16:30)	上午(8:30—11:00)	下午(14:00—16:30)	上午(8:30—11:00)	下午(14:00—16:30)	上午(8:30—11:00)	下午(14:00—16:30)
公共课	思想道德修养与法律基础(03706) 政治经济学(财经类)(00009)	毛泽东思想、邓小平理论和“三个代表”重要思想概论(03707) 高等数学(一)(00020) 高等数学(工专)(00022) 高等数学(工本)(00023)	中国近现代史纲要(03708) 大学语文(04729) 线性代数(经管类)(04184)	马克思主义基本原理概论(03709) 英语(一)(00012) 英语(二)(00015) 概率论与数理统计(经管类)(04183)	毛泽东思想、邓小平理论和“三个代表”重要思想概论(03707) 管理系统中计算机应用(00051)	思想道德修养与法律基础(03706) 政治经济学(财经类)(00009) 线性代数(经管类)(04184)	马克思主义基本原理概论(03709) 高等数学(一)(00020) 高等数学(工专)(00022) 高等数学(工本)(00023)	中国近现代史纲要(03708) 大学语文(04729) 英语(一)(00012) 英语(二)(00015) 概率论与数理统计(经管类)(04183)
经济类	财务管理学(00067)	国民经济统计概论(00065)	企业会计学(00055)	经济法概论(财经类)(00043)	市场营销学(00058)	管理学原理(00054) 金融理论与实务(00150)	基础会计学(00041)	企业管理概论(00144) 对外经济管理概论(00053)
法学类	民法学(00242)	中国法制史(00223)	民事诉讼法学(00243)			刑法学(00245)		法理学(05677)
汉语言文学专业		古代汉语(00536)						
计算机类	数据结构导论(02142) 数据结构(02331)	高级语言程序设计(一)(00342) 数据库系统原理(04735)		数据库及其应用(02120)	计算机应用技术(02316)	电子技术基础(三)(04730) 操作系统(02326)		

附录四：2011年高等教育自学考试全国统考单独申报课程考试时间安排表

专科

	1月				7月			
	星期六(1月8日)		星期日(1月9日)		星期六(7月9日)		星期日(7月10日)	
	上午(8:30—11:00)	下午(14:00—16:30)	上午(8:30—11:00)	下午(14:00—16:30)	上午(8:30—11:00)	下午(14:00—16:30)	上午(8:30—11:00)	下午(14:00—16:30)
共同课	计算机应用基础(00018)	教育学(一)(00429)	线性代数(02198)	心理学(00031) 物理(工)(00420) 管理系统中计算机应用(00051)	普通逻辑(00024) 教育学(一)(00429) 复变函数与积分变换(02199)	线性代数(02198) 物理(工)(00420) 计算机应用基础(00018)	概率论与数理统计(二)(02197)	心理学(00031)
农科类共同课		植物学(二)(02660)	田间试验与统计方法(02677)		化学基础(02539)		植物生理学(02662)	土壤肥料学(02668)
统计(会统方向)(020101)			财政与金融(00048)			企业经济统计学(00045)		
财税(020103)			货币银行学(00066)			国家税收(00061)		财政学(00060)
金融(020105)	证券投资与管理(00075)		货币银行学(00066)		银行信贷管理学(00073)	商业银行业务与经营(00072)	中央银行概论(00074)	财政学(00060)
保险(020107)			货币银行学(00066)					财政学(00060)

（续表）

	1月				7月			
	星期六（1月8日）		星期日（1月9日）		星期六（7月9日）		星期日（7月10日）	
	上午（8:30—11:00）	下午（14:00—16:30）	上午（8:30—11:00）	下午（14:00—16:30）	上午（8:30—11:00）	下午（14:00—16:30）	上午（8:30—11:00）	下午（14:00—16:30）
国际贸易（020109）	基础英语（00088）	国际金融（00076）	国际贸易实务（一）（00090）	中国对外贸易（00092）	国际商法（00091）	国际贸易（00089）	外贸函电（00094）	国际技术贸易（00093）
工商行政管理（020112）			财政与金融（00048）			现代管理学（00107）		工商行政管理学概论（00108）
电子商务（020215）	市场营销（三）（00890） 国际贸易实务（三）（00891）	电子商务英语（00888）	计算机与网络技术基础（00894）		市场信息学（00893）	商务交流（二）（00892） 互联网软件应用与开发（00898）	网页设计与制作（00900）	经济学（二）（00889） 电子商务案例分析（00902）
工商企业管理（020201）	人力资源管理（一）（00147）	国际企业管理（00148）				中国税制（00146）	生产与作业管理（00145）	
会计（020203）			成本会计（00156） 政府与事业单位会计（00070）			中国税制（00146）	中级财务会计（00155）	
房地产经营与管理（020206）	房地产经营管理（00172）			房地产法（00169）	房地产经济学（00168）		建筑工程概论（00174）	
市场营销（020207）	企业定价（00180）		广告学（一）（00181） 公共关系学（00182）		谈判与推销技巧（00179）	市场调查与预测（00178）	消费心理学（00177）	
劳动和社会保障（020231）	劳动和社会保障概论（03312）	公文写作与处理（00341）	劳动和社会保险统计与计算机应用（03320）				劳动和社会保障法制建设（03313）	
物流管理（020228）			物流英语（05362）	国际物流导论（05372）	物流数学（05361）		物流企业会计（05364）	

（续表）

	1月				7月			
	星期六（1月8日）		星期日（1月9日）		星期六（7月9日）		星期日（7月10日）	
	上午（8:30—11:00）	下午（14:00—16:30）	上午（8:30—11:00）	下午（14:00—16:30）	上午（8:30—11:00）	下午（14:00—16:30）	上午（8:30—11:00）	下午（14:00—16:30）
企业财务管理（020212）				财务报表分析（一）（00161）			中级财务会计（00155）	
法律（030112）		行政法学（00261）		经济法概论（00244）	宪法学（05679） 国际法（00247）		刑事诉讼法学（00260）	
律师（030111）	经济法原理与实务（00922）	民事诉讼原理与实务（一）（00918） 法律文书写作（00262）	商法原理与实务（00921）	民法原理与实务（00917）	宪法学（05679）	刑法原理与实务（一）（00919）	刑事诉讼原理与实务（一）（00920）	行政法与行政诉讼法（一）（00923）
监所管理（030103）		监狱学基础理论（00236）		民法原理与实务（00917）	宪法学（05679）	刑法原理与实务（一）（00919）	刑事诉讼原理与实务（一）（00920）	教育改造学（00238）
行政管理（030301）	人力资源管理（一）（00147） 管理心理学（00163）	公文写作与处理（00341） 政府经济管理概论（03349）	社会研究方法（03350） 公共关系学（00182）	政治学概论（00312）	市政学（00292）	现代管理学（00107）	行政管理学（00277）	工商行政管理学概论（00108） 法学概论（00040）
机关管理及办公自动化（030307）	管理心理学（00163） 人力资源管理（一）（00147） 秘书学概论（00345）	公文写作与处理（00341）	办公自动化原理及应用（00346） 公共关系学（00182）		信息资源管理（02378）		行政管理学（00277）	行政法与行政诉讼法（一）（00923）
公安管理（030403）	保卫学（00359）	公安学基础理论（00354）	公安管理学（00356）		宪法学（05679）		刑事诉讼法学（00260） 治安管理学（00357）	预审学（00360）

（续表）

	1月				7月			
	星期六(1月8日)		星期日(1月9日)		星期六(7月9日)		星期日(7月10日)	
	上午(8:30—11:00)	下午(14:00—16:30)	上午(8:30—11:00)	下午(14:00—16:30)	上午(8:30—11:00)	下午(14:00—16:30)	上午(8:30—11:00)	下午(14:00—16:30)
餐饮管理(020118)		餐饮业法规(00977)	餐饮服务(00982)	烹饪工艺学(二)(00978)	酒水知识(00984)		消费心理学(00177)	烹饪原料学(二)(00980)
学前教育(040101)	幼儿文学(00386) 学前教育科学研究(00389)	学前儿童数学教育(00388)	学前儿童语言教育(00393)	学前儿童科学教育(00390) 科学·技术·社会(00395)	幼儿园课程(00394) 学前心理学(00384)	学前卫生学(00385) 现代教育技术(00413)	幼儿园组织与管理(00387) 学前儿童美术教育(00396) 学前儿童体育(00392) 学前儿童音乐教育(00397)	学前教育学(00383)
义务教育(040124)	小学语文课程与教学(09278)					义务教育概论(09276) 小学体育健康与安全教育(09286)	教师职业道德与专业发展(09277)	小学数学课程与教学(09279) 小学英语教育(09283)
小学教育(040103)	美育基础(00409)	小学语文教学论(00410) 小学教育心理学(00407)	小学数学教学论(00411) 小学科学教育(00408)	科学·技术·社会(00395) 小学班主任(00412)	教育原理(00405)	小学教育科学研究(00406) 现代教育技术(00413)	中外文学作品导读(00415) 高等数学基础(00417)	汉语基础(00416)
汉语言文学(050114)	文学概论(一)(00529)		外国文学作品选(00534) 中国当代文学作品选(00531)	中国古代文学作品选(二)(00533)	现代汉语(00535)	中国现代文学作品选(00530)	写作(一)(00506)	中国古代文学作品选(一)(00532)
秘书(050102)	秘书学概论(00345) 管理心理学(00163)	公文写作与处理(00341)	办公自动化原理及应用(00346) 公共关系学(00182) 国际贸易实务(一)(00090)	外国秘书工作概况(00514) 机关管理(00509)	现代汉语基础(00854)	当代中国政治制度(00315)	秘书实务(00510)	法学概论(00040) 社会学概论(00034)

（续表）

	1月				7月			
	星期六(1月8日)		星期日(1月9日)		星期六(7月9日)		星期日(7月10日)	
	上午(8:30—11:00)	下午(14:00—16:30)	上午(8:30—11:00)	下午(14:00—16:30)	上午(8:30—11:00)	下午(14:00—16:30)	上午(8:30—11:00)	下午(14:00—16:30)
英语语言文学(050207)	英语阅读（二）(00596)	综合英语（二）(00795)	英语写作基础(00597)	综合英语（一）(00794)	英语阅读（一）(00595)	综合英语（一）(00794)	英语国家概况(00522)	综合英语（二）(00795)
新闻学(050308)	报纸编辑(00655)	新闻采访写作(00654) 新闻心理学(00657)	广告学（二）(00853)	广播新闻与电视新闻(00656)	新闻学概论(00633)	中国现代文学作品选(00530)	中国新闻事业史(00653)	社会学概论(00034) 法学概论(00040)
公共关系(050303)	公关心理学(00643)	公共关系写作(00646) 公关礼仪(00644)	中国文化概论(00321) 公共关系学(00182) 广告学（二）(00853)	公关语言(00647)	传播学概论(00642) 新闻学概论(00633)	现代管理学(00107)	公共关系策划(00645)	社会学概论(00034)
电力市场营销(020219)		电力企业管理概论(06137)	公共关系学(00182) 广告学（一）(00181)	农村电力市场基础(06140)	谈判与推销技巧(00179)	企业经济统计学(00045)	消费心理学(00177)	
机电一体化(080306)	机械制造(02230)	工程力学（一）(02159) 数控技术及应用(02195)	可编程控制器原理与应用(02236)	自动控制系统及应用(02237) 电工技术基础(02232)	机械制图（一）(02183)	电子技术基础（一）(02234)	机械设计基础(02185)	微型计算机原理与接口技术(02205)
电力系统及其自动化(080604)	电工原理(02269)	发电厂电气主系统(02301)		微型计算机原理及应用(02277)	电力系统继电保护(02302)	电机学(02271)	计算机基础与程序设计(02275) 电力系统自动装置(02304)	电子技术基础(二)(02273) 工程制图(02151)
计算机及应用(080701)				微型计算机及接口技术(04732)	计算机组成原理(02318)		计算机网络技术(02141)	操作系统概论(02323)
计算机信息管理(082207)	电子商务与电子政务(04754)		计算机原理(02384)	管理信息系统(02382)		计算机原理(02384)	计算机网络技术(02141)	管理信息系统(02382)
林业生态环境管理(090608)	林学概论(03162)			环境科学概论(03164) 林业推广学(02853)		森林防火(03165)	林业生态环境评价(03167)	林业政策与法规(02830)

（续表）

	1月				7月			
	星期六(1月8日)		星期日(1月9日)		星期六(7月9日)		星期日(7月10日)	
	上午(8:30—11:00)	下午(14:00—16:30)	上午(8:30—11:00)	下午(14:00—16:30)	上午(8:30—11:00)	下午(14:00—16:30)	上午(8:30—11:00)	下午(14:00—16:30)
农业推广(090701)		农业经济与管理(00135)				农业推广学(02678) 农业政策与法规(02554)		
房屋建筑工程(080801)	建筑施工(一)(02400)	工程测量(02387)	混凝土及砌体结构(02396)	土力学及地基基础(02398)	工程力学(二)(02391)	结构力学(一)(02393)	土木工程制图(02386)	建筑材料(02389)
农业经济管理(090601)		农业经济与管理(00135)			农业资源利用与环境保护(02541)	农业政策与法规(02554)		
护理学(100701)	病理学(02901)	药理学(一)(02903) 护理伦理学(02996)	内科护理学(一)(02998) 医学心理学(02113)	外科护理学(一)(03001) 妇产科护理学(一)(03002)	护理学基础(02997) 健康教育学(00488)	生物化学(三)(03179) 营养学(03000)	微生物学与免疫学基础(02864)	生理学(02899) 儿科护理学(一)(03003)
社区护理学(100704)	病理学(02901)	药理学(一)(02903)			健康教育学(00488) 社区护理导论(03621)	营养学(03000)	微生物学与免疫学基础(02864)	生理学(02899) 社区健康评估(03622)
调查与分析(020163)	现场调查组织与管理(04767)		宏观经济指标分析(04775)		调查法规(04766)	抽样调查案例(04776)	访问技巧(04773)	经济数学(一)(04829)
心理健康教育(040109)			发展与教育心理(00466)			青少年心理卫生(05618)		心理学(00031)
营养、食品与健康(081310)	人体营养(05745) 临床医学总论(05747)	基础营养学(05743) 疾病的营养防治(05748)		食品卫生法规与监督(05750)	医学基础总论(05735)			食品卫生学(05746) 中医营养学基础(05749)
采购与供应管理(020265)	人力资源管理(一)(00147)		物流英语(05362)		物流数学(05361)	商业组织与过程(05734)	物流企业会计(05364)	采购谈判与供应商选择(05728)

本科

	1月				7月			
	星期六(1月8日)		星期日(1月9日)		星期六(7月9日)		星期日(7月10日)	
	上午(8:30—11:00)	下午(14:00—16:30)	上午(8:30—11:00)	下午(14:00—16:30)	上午(8:30—11:00)	下午(14:00—16:30)	上午(8:30—11:00)	下午(14:00—16:30)
财税(020104)			政府与事业单位会计(00070)	社会保障概论(00071)				
金融(020106)		国际金融(00076)	金融市场学(00077)				银行会计学(00078)	
保险(020108)				社会保障概论(00071)				
国际贸易(020110)	国际运输与保险(00100)	外经贸经营与管理(00101)	世界市场行情(00102)	国际市场营销学(00098)	外贸英语写作(00097)	国际商务英语(05844) 企业经济统计学(00045)	外刊经贸知识选读(00096)	涉外经济法(00099)
经济学(020115)	经济思想史(00143)	计量经济学(00142)	中国近现代经济史(00138)		西方经济学(00139)	发展经济学(00141)		国际经济学(00140)
会计(020204)	会计制度设计(00162)	国际贸易理论与实务(00149)		财务报表分析(一)(00161)				资产评估(00158)
市场营销(020208)	国际商务谈判(00186)	国际贸易理论与实务(00149)		国际市场营销学(00098)	商品流通概论(00185)			消费经济学(00183)
企业财务管理(020213)			金融市场学(00077)			中国税制(00146)		资产评估(00158)
工商企业管理(020202)		国际贸易理论与实务(00149)			企业经营战略(00151)		质量管理(一)(00153)	组织行为学(00152)
法律(030106)	金融法(05678) 合同法(00230)	公司法(00227) 法律文书写作(00262) 票据法(00257)	外国法制史(00263) 婚姻家庭法(05680)	环境与资源保护法学(00228) 房地产法(00169)	国际私法(00249) 中国法律思想史(00264)	国际经济法概论(00246) 西方法律思想史(00265) 公证与律师制度(00259)	保险法(00258) 劳动法(00167)	知识产权法(00226) 税法(00233)

（续表）

	1月				7月			
	星期六(1月8日)		星期日(1月9日)		星期六(7月9日)		星期日(7月10日)	
	上午(8:30—11:00)	下午(14:00—16:30)	上午(8:30—11:00)	下午(14:00—16:30)	上午(8:30—11:00)	下午(14:00—16:30)	上午(8:30—11:00)	下午(14:00—16:30)
律师(030108)	金融法(05678) 合同法(00230)	公司法(00227) 法院与检察院组织制度(00993)	证据法学(00229) 婚姻家庭法原理与实务(00924)	公证与基层法律服务实务(00925) 环境与资源保护法学(00228)	国际私法(00249) 国际法(00247)	国际经济法概论(00246) 律师执业概论(00224)	劳动法(00167) 司法鉴定概论(00926)	知识产权法(00226) 税法(00233)
监所管理(030109)		民事诉讼原理与实务(一)(00918)	婚姻家庭法原理与实务(00924)		劳动教养学(00929)	矫正教育学(00931)	中国监狱史(00934)	中国司法制度(00927) 行政法与行政诉讼法(一)(00923)
行政管理学(030302)	领导科学(00320)	行政组织理论(00319)	西方政治制度(00316) 中国文化概论(00321)	中国行政史(00322) 西方行政学说史(00323)	公共政策(00318)	当代中国政治制度(00315)	公务员制度(01848)	社会学概论(00034) 行政法与行政诉讼法(一)(00923)
公安管理(030401)	公安信息学(00372)	犯罪学(一)(00235)		涉外警务概论(00373)	警察伦理学(00369)	刑事证据学(00370)		公安决策学(00371) 警察组织行为学(00859)
餐饮管理(020119)	国外饮食文化(00989)	中国饮食文化(00986)	餐饮美学(00987)			食品营养学(00988)	宴会设计(00990)	餐饮经济学导论(00985)
电子商务(020216)	网络经济与企业管理(00910)	电子商务与现代物流(00915) 商法(二)(00995)	电子商务网站设计原理(00906)	电子商务安全导论(00997)	互联网数据库(00911) 电子商务法概论(00996)	网络营销与策划(00908)	数量方法(二)(00994)	电子商务与金融(00913)
教育管理(040107)	教育预测与规划(00454)	教育经济学(00451) 学前教育管理(00457) 中小学教育管理(00458)	教育管理原理(00449)	教育科学研究方法(二)(00456)	教育统计与测量(00452)	教育管理心理学(00455)	中外教育管理史(00445)	教育法学(00453) 教育评估和督导(00450)
义务教育(040124)	初中语文课程与教学(09291) 初中数学课程与教学(09294) 初中英语课程与教学(09297)				课程设计与评价(09338)	心理卫生与心理辅导(00465)	义务教育教师专业发展导论(09288)	初中语文学科基础(09290) 初中数学学科基础(09293) 初中英语学科基础(09296)

（续表）

	1 月				7 月			
	星 期 六（1月8日）		星 期 日（1月9日）		星 期 六（7月9日）		星 期 日（7月10日）	
	上午（8:30—11:00）	下午（14:00—16:30）	上午（8:30—11:00）	下午（14:00—16:30）	上午（8:30—11:00）	下午（14:00—16:30）	上午（8:30—11:00）	下午（14:00—16:30）
教育学（040108）	中外教育简史（00464）	教育学原理（00469）	教育管理原理（00449） 发展与教育心理学（00466）	教育科学研究方法（二）（00456）	教育统计与测量（00452）	心理卫生与心理辅导（00465）	德育原理（00468） 比较教育（00472）	课程与教学论（00467） 教育法学（00453）
学前教育（040102）	学前比较教育（00401） 美育基础（00409）	学前特殊儿童教育（00883）			学前教育原理（00398）		学前教育史（00402）	课程与教学论（00467）
小学教育（040112）	中外教育简史（00464）	中小学教育管理（00458）	发展与教育心理学（00466）			心理卫生与心理辅导（00465）	比较教育（00472）	课程与教学论（00467）
秘书学（050104）	领导科学（00320）	行政法学（00261）	中国文化概论（00321）	政治学概论（00312） 秘书参谋职能概论（00526）	中国秘书史（00523）	现代管理学（00107） 文书学（00524）	中外秘书比较（00527）	档案管理学（00511） 公文选读（00525）
汉语言文学（050105）	外国文学史（00540）		中国古代文学史（二）（00539）	语言学概论（00541）	美学（00037）		中国古代文学史（一）（00538）	中国现代文学史（00537）
英语语言文学（050201）	高级英语（00600）	旅游英语选读（00837） 现代语言学（00830）	外语教学法（00833） 语言与文化（00838）	英语写作（00603）	英语翻译（00087）	英语语法（00831） 英语科技文选（00836）	英语词汇学（00832） 外贸函电（00094）	英美文学选读（00604）
新闻学（050305）	文学概论（一）（00529） 新闻事业管理（00662）	新闻摄影（00659）	公共关系学（00182） 中国文化概论（00321）	外国新闻事业史（00660） 经济法概论（00244） 政治学概论（00312）	传播学概论（00642）	中外新闻作品研究（00661）		新闻评论写作（00658）

（续表）

	1月				7月			
	星期六(1月8日)		星期日(1月9日)		星期六(7月9日)		星期日(7月10日)	
	上午(8:30—11:00)	下午(14:00—16:30)	上午(8:30—11:00)	下午(14:00—16:30)	上午(8:30—11:00)	下午(14:00—16:30)	上午(8:30—11:00)	下午(14:00—16:30)
公共关系(050309)	人际关系学(03291) 领导科学(00320) 人力资源管理(一)(00147)	现代媒体总论(03300)	国际公共关系(03295) 中国文化概论(00321)	广告运作策略(03299)	创新思维理论与方法(03298) 公共政策(00318)	公共关系口才(03292)	现代谈判学(03293)	公共关系案例(03294) 组织行为学(00152)
档案学(060202)	科技档案编研(00791) 外国档案管理(00789)	中国档案事业史(00785)	办公自动化原理及应用(00346)	中国行政史(00322)	档案行政学(00788)	文书学(00524)	行政管理学(00277)	档案管理学(00511) 社科文献检索(00786) 知识产权法(00226)
机电一体化(080307)	工程经济(02194)	机械工程控制基础(02240)	传感器与检测技术(02202)	工业用微型计算机(02241)	机电一体化系统设计(02245)	计算机软件基础(一)(02243)	现代设计方法(02200)	模拟、数字及电力电子技术(02238)
工业工程(082205)	机械制造(02230) 工程经济(02194)	设施规划与设计(02648)	运筹学与系统分析(02627)	计算机辅助管理(02631)	机械基础(02825) 现代制造系统(02633)	生产管理与质量工程(02647) 电工与电子技术(02187) 计算机软件基(一)(02243)	企业经营战略与市场营销(02897)	基础工业工程(02629)
劳动和社会保障(020232)	人力资源管理(一)(00147) 劳动经济学(03323)	劳动关系学(03325)	劳动和社会保障法(03322)	社会保障国际比较(03326)		社会保险基金管理与监督(03327)	公共管理(03328)	社会学概论(00034)
物流管理(020229)	物流企业财务管理(05374)							
采购与供应管理(020282)	物流企业财务管理(05374)				采购战术与运营(03616)			

（续表）

	1月				7月			
	星期六(1月8日)		星期日(1月9日)		星期六(7月9日)		星期日(7月10日)	
	上午(8:30—11:00)	下午(14:00—16:30)	上午(8:30—11:00)	下午(14:00—16:30)	上午(8:30—11:00)	下午(14:00—16:30)	上午(8:30—11:00)	下午(14:00—16:30)
调查与分析(020121)		计量经济学(00142)			西方经济学(00139)		管理经济学(02628)	国际经济学(00140)
电力系统及其自动化(080605)			自动控制理论(二)(02306)	发电厂动力部分(02311)	计算机软件基础(二)(02365)	电磁场(02305)	电力系统微型计算机继电保护(02313)	电力电子变流技术(02308)
计算机及应用(080702)	Java语言程序设计(一)(04747)		C++程序设计(04737)	软件工程(02333)	离散数学(02324)		计算机系统结构(02325)	计算机网络原理(04741)
计算机网络(080709)	Java语言程序设计(一)(04747)	局域网技术与组网工程(03141)	计算机网络管理(02379)	互联网及其应用(03142)	网络操作系统(02335)		计算机网络安全(04751)	通信概论(04742) 计算机网络原理(04741)
计算机信息管理(082208)	网络经济与企业管理(00910)		C++程序设计(04737) 软件开发工具(03173)	信息系统开发(02376) 管理信息系统(02382)	信息资源管理(02378) 运筹学基础(02375)		管理经济学(02628)	计算机网络原理(04741) 管理信息系统(02382) 操作系统概论(02323)
计算机通信工程(080708)	非线性电子电路(02342)	计算机通信网(02373)	数字通信原理(02360)	计算机通信接口技术(02369)			信号与系统(02354)	数据通信原理(02364) 通信技术基础(02361)
邮电管理工程(082211)	人力资源管理(一)(00147)		现代邮政通信技术概论(03156)		运筹学基础(02375)	邮政管理(03158)	管理经济学(02628)	
建筑工程(080806)	混凝土结构设计(02440)	流体力学(03347)	工程地质及土力学(02404) 建筑结构试验(02448)	建筑经济与企业管理(02447)	结构力学(二)(02439)		计算机基础与程序设计(02275)	钢结构(02442)

（续表）

	1月				7月			
	星期六(1月8日)		星期日(1月9日)		星期六(7月9日)		星期日(7月10日)	
	上午(8:30—11:00)	下午(14:00—16:30)	上午(8:30—11:00)	下午(14:00—16:30)	上午(8:30—11:00)	下午(14:00—16:30)	上午(8:30—11:00)	下午(14:00—16:30)
护理学(100702)	护理管理学(03006) 外科护理学(二)(03203)	护理学研究(03008) 精神障碍护理学(03009)	护理教育导论(03005) 公共关系学(00182)	康复护理学(04436) 妇产科护理学(二)(03010) 儿科护理学(二)(03011)	内科护理学(二)(03202)	预防医学(二)(03200)	护理学导论(03201)	急救护理学(03007) 社区护理学(一)(03004)
林业生态环境工程与管理(090609)				森林保护学(03227)			环境生态学(02471)	
文化产业(020155)	外国文化导论(04123)				传播学概论(00642)		文化经济学(04124)	
公共事业管理(020230)	人力资源管理(一)(00147) 劳动和社会保障概论(03312) 管理心理学(00163)	行政法学(00261)	公共关系学(00182) 教育管理原理(00449)		公共政策(00318)			管理信息系统(02382) 法学概论(00040) 社会学概论(00034)
电子政务(082218)		行政法学(00261)			西方经济学(00139) 公共政策(00318)	当代中国政治制度(00315)		计算机网络原理(04741)
营养、食品与健康(081311)	营养学(一)(05760) 社区营养学(05769)		临床营养学(05762)	实用卫生统计学(05755)	食品加工与保藏(本)(05767) 烹饪营养学(一)(05770)	食品化学与分析(05753)	流行病学(05757) 食品毒理学(05764)	健康教育与健康促进(05759)
心理健康教育(040110)	心理治疗(一)(05624)		团体咨询(05628)		变态心理学(一)(05626)			
社区护理学(100705)	护理管理学(03006)		护理教育导论(03005) 公共关系学(00182)		护理社会学概论(03700) 社区护理学导论(03621)	预防医学(二)(03200)	老年护理学(04435)	社区健康评估(03622) 中医护理学基础(03629)

附录五：2011 年高等教育自学考试商务管理专业与金融管理专业（本科段）全国统考课程考试时间安排表

时间 / 专业	1 月					
	星期五（1 月 7 日）		星期六（1 月 8 日）		星期日（1 月 9 日）	
	上　午（8:30—11:00）	下　午（14:00—16:30）	上　午（8:30—11:00）	下　午（14:00—16:30）	上　午（8:30—11:00）	下　午（14:00—16:30）
商务管理（020226）	政府、政策与经济学（00937）	组织行为学（二）（00938）			企业管理咨询（00154）	电子商务概论（00896）
金融管理（020120）	政府、政策与经济学（00937）	组织行为学（二）（00938）	国际财务管理（00208）		高级财务会计（00159）	电子商务概论（00896）

时间 / 专业	7 月					
	星期五（7 月 8 日）		星期六（7 月 9 日）		星期日（7 月 10 日）	
	上　午（8:30—11:00）	下　午（14:00—16:30）	上　午（8:30—11:00）	下　午（14:00—16:30）	上　午（8:30—11:00）	下　午（14:00—16:30）
商务管理（020226）	商业伦理导论（00939）	战略管理教程（00940）	管理系统中计算机应用（00051）	国际商务管理学（00947）	市场营销策划（00184）	国际市场营销学（二）（00952）
金融管理（020120）	商业伦理导论（00939）	战略管理教程（00940）	管理会计（一）（00157）	公司法律制度研究（00943）	审计学（00160）	

附录六：2011年高等教育自学考试中英合作商务管理专业和金融管理专业（专科）全国统考课程考试时间安排表

时间 / 专业	1月					
	星期五（1月7日）		星期六（1月8日）		星期日（1月9日）	
	上午（8:30—11:15）	下午（14:00—16:45）	上午（8:30—11:15）	下午（14:00—16:45）	上午（8:30—11:15）	下午（14:00—16:45）
商务管理（020214）	经济学（00800）	会计学（00801）	财务管理（00803）	数量方法（00799）	人力资源管理（二）（00810）	国际贸易实务（二）（00811）
金融管理（020116）	经济学（00800）	会计学（00801）	财务管理（00803）	数量方法（00799）	财务报表分析（二）（00806）	金融概论（00807）

时间 / 专业	7月					
	星期五（7月8日）		星期六（7月9日）		星期日（7月10日）	
	上午（8:30—11:15）	下午（14:00—16:45）	上午（8:30—11:15）	下午（14:00—16:45）	上午（8:30—11:15）	下午（14:00—16:45）
商务管理（020214）	商务交流（00798）	企业组织与环境（00797）	管理信息技术（00802）	商务英语（00796）	商法（00808）	市场营销（二）（00809）
金融管理（020116）	商务交流（00798）	企业组织与环境（00797）	管理信息技术（00802）	商务英语（00796）	金融法（二）（00804）	管理会计（二）（00805）

附录七：2011年高等教育自学考试全国统考课程新编或修订的考试大纲、教材目录

课程名称	课程代码	大纲名称	教材名称	主编	出版社	版次
管理心理学	00163	管理心理学自学考试大纲	管理心理学	程正方	高等教育出版社	2011年版
普通逻辑	00024	普通逻辑自学考试大纲	普通逻辑	杜国平	高等教育出版社	2010年版
市政学	00292	市政学自学考试大纲	市政学	孙亚忠	高等教育出版社	2010年版
西方政治制度	00316	西方政治制度自学考试大纲	西方政治制度	谭君久	高等教育出版社	2011年版
领导科学	00320	领导科学自学考试大纲	领导科学	黄强、彭向刚	高等教育出版社	2011年版
公共政策	00318	公共政策学自学考试大纲	公共政策学	宁骚	高等教育出版社	2010年版
公共关系学	00182	公共关系学自学考试大纲	公共关系学	廖为建	高等教育出版社	2011年版
银行信贷管理学	00073	银行信贷管理学自学考试大纲	银行信贷管理学	陈颖	中国财政经济出版社	2010年版
金融理论与实务	00150	金融理论与实务自学考试大纲	金融理论与实务	贾玉革	中国财政经济出版社	2010年版
民事诉讼法学	00243	民事诉讼法学自学考试大纲	民事诉讼法学	江伟、潘剑峰	北京大学出版社	2011年版
知识产权法	00226	知识产权法自学考试大纲	知识产权法	吴汉东	北京大学出版社	2010年版
国际经济法概论	00246	国际经济法概论自学考试大纲	国际经济法概论	陈安	北京大学出版社	2010年版
公证与律师制度	00259	公证与律师制度自学考试大纲	公证与律师制度	马宏俊	北京大学出版社	2010年版
民法学	00242	民法学自学考试大纲	民法学	郭明瑞、房绍坤、刘凯湘	北京大学出版社	2011年版
保险法	00258	保险法自学考试大纲	保险法	徐卫东	北京大学出版社	2010年版
民法原理与实务	00917	民法原理与实务自学考试大纲	民法原理与实务	李仁玉	北京大学出版社	2011年版
刑事诉讼原理与实务(一)	00920	刑事诉讼原理与实务(一)自学考试大纲	刑事诉讼原理与实务(一)	王国枢	北京大学出版社	2010年版
司法鉴定概论	00926	司法鉴定概论自学考试大纲	司法鉴定概论	何家弘、刘晓丹	北京大学出版社	2010年版
刑法原理与实务(一)	00919	刑法原理与实务(一)自学考试大纲	刑法原理与实务(一)	张明楷	北京大学出版社	2010年版
外科护理学(二)	03203	外科护理学(二)自学考试大纲	外科护理学(二)	顾沛	北京大学医学出版社	2011年版
妇产科护理学(二)	03010	妇产科护理学(二)自学考试大纲	妇产科护理学(二)	何仲	北京大学医学出版社	2011年版
儿科护理学(二)	03011	儿科护理学(二)自学考试大纲	儿科护理学(二)	陈京立	北京大学医学出版社	2011年版

（续表）

课程名称	课程代码	大纲名称	教材名称	主编	出版社	版次
护理教育导论	03005	护理教育导论 自学考试大纲	护理教育导论	郑修霞	北京大学医学出版社	2011 年版
社区护理学(一)	03004	社区护理学(一)自学考试大纲	社区护理学(一)	李春玉	北京大学医学出版社	2010 年版
信息系统开发与管理	04757	信息系统开发与管理自学考试大纲	信息系统开发与管理	刘世峰	机械工业出版社	2011 年版
网络工程	04749	网络工程自学考试大纲	网络工程	王文东	机械工业出版社	2011 年版
网络操作系统	02335	网络操作系统自学考试大纲	网络操作系统	陈向群	机械工业出版社	2010 年版
软件工程	02333	软件工程自学考试大纲	软件工程	王立福	机械工业出版社	2011 年版
软件开发工具	03173	软件开发工具自学考试大纲	软件开发工具	陈禹、方美琪、蒋洪迅	机械工业出版社	2011 年版
信息资源管理	02378	信息资源管理自学考试大纲	信息资源管理	武刚	机械工业出版社	2010 年版
互联网及其应用	03142	互联网及其应用自学考试大纲	互联网及其应用	贾卓生	机械工业出版社	2011 年版
义务教育概论	09276	义务教育概论自学考试大纲	义务教育概论	袁桂林	东北师范大学出版社	2009 年版
小学语文课程与教学	09278	小学语文课程与教学自学考试大纲	小学语文课程与教学	王宗海	东北师范大学出版社	2009 年版
小学数学课程与教学	09279	小学数学课程与教学自学考试大纲	小学数学课程与教学	刘娟娟	东北师范大学出版社	2009 年版
教师职业道德与专业发展	09277	教师职业道德与专业发展自学考试大纲	教师职业道德与专业发展	范先佐	东北师范大学出版社	2010 年版
小学品德与社会教育	09282	小学品德与社会教育自学考试大纲	小学品德与社会教育	杜时忠	东北师范大学出版社	2010 年版
小学英语教育	09283	小学英语教育自学考试大纲	小学英语教育	张虹	东北师范大学出版社	2010 年版
小学体育健康与安全教育	09286	小学体育健康与安全教育自学考试大纲	小学体育健康与安全教育	王健	东北师范大学出版社	2010 年版
义务教育教师专业发展导论	09288	义务教育教师专业发展导论自学考试大纲	义务教育教师专业发展导论	饶从满	东北师范大学出版社	2009 年版
初中语文课程与教学	09291	初中语文课程与教学自学考试大纲	初中语文课程与教学	宋祥	东北师范大学出版社	2009 年版
初中数学课程与教学	09294	初中数学课程与教学自学考试大纲	初中数学课程与教学	徐文彬	东北师范大学出版社	2009 年版
初中英语课程与教学	09297	初中英语课程与教学自学考试大纲	初中英语课程与教学	王来喜	东北师范大学出版社	2009 年版
初中语文学科基础	09290	初中语文学科基础自学考试大纲	初中语文学科基础	朱芒芒、张春	东北师范大学出版社	2010 年版
初中数学学科基础	09293	初中数学学科基础自学考试大纲	初中数学学科基础	孔凡哲	东北师范大学出版社	2010 年版
课程设计与评价	09338	课程设计与评价自学考试大纲	课程设计与评价	张立昌	东北师范大学出版社	2010 年版
中小学生品德发展与道德教育	09339	中小学生品德发展与道德教育自学考试大纲	中小学生品德发展与道德教育	阎平	东北师范大学出版社	2010 年版
机械设计基础	02185	机械设计基础自学考试大纲	机械设计基础	张鄂	机械工业出版社	2010 年版
工业用微型计算机	02241	工业用微型计算机自学考试大纲	工业用微型计算机	朱岩	机械工业出版社	2011 年版